AF110216

www.ingramcontent.com/pod-product-compliance
Lightning Source LLC
LaVergne TN
LVHW021234080526
838199LV00088B/4341
9789358728675

ڈاکٹر محمد افضل الدین اقبال کی علمی و ادبی خدمات

ڈاکٹر ثمینہ نکہت فاطمہ

© Taemeer Publications

Dr. Mohd Afzaluddin Iqbal ki Elmi wo Adabi Khidmaat
by: Dr. Sameena Nikhat Fatima
Edition: January '2024
Publisher :
Taemeer Publications LLC (Michigan, USA / Hyderabad, India)

ISBN 978-93-5872-867-5

مصنف یا ناشر کی پیشگی اجازت کے بغیر اس کتاب کا کوئی بھی حصہ کسی بھی شکل میں بشمول ویب سائٹ پر اَپ لوڈنگ کے لیے استعمال نہ کیا جائے۔ نیز اس کتاب پر کسی بھی قسم کے تنازع کو نمٹانے کا اختیار صرف حیدرآباد (تلنگانہ) کی عدلیہ کو ہوگا۔

© تعمیر پبلی کیشنز

کتاب	:	ڈاکٹر محمد افضل الدین اقبال کی علمی و ادبی خدمات
مصنفہ	:	ڈاکٹر ثمینہ نکہت فاطمہ
صنف	:	تحقیق و تنقید
ناشر	:	تعمیر پبلی کیشنز (حیدرآباد، انڈیا)
سالِ اشاعت	:	۲۰۲۴ء
صفحات	:	۳۰۶
ملنے کے پتے	:	ہمالیہ بک ڈپو، نامپلی، حیدرآباد ھدیٰ بک ڈپو، پرانی حویلی، حیدرآباد

3

فہرست مشمولات

☆ پیش لفظ پروفیسر محمد انورالدین 5

☆ پہلا باب ڈاکٹر محمد افضل الدین اقبال حالات زندگی اور شخصیت 6

☆ دوسرا باب علمی وادبی خدمات 29

☆ تیسرا باب محقق 49

☆ چوتھا باب مدون ومرتب 129

☆ پانچواں باب نقاد 180

☆ چھٹواں باب ادیب 204

☆ ساتواں باب مورخ 225

☆ آٹھواں باب ماہر دکنیات 236

☆ نواں باب مترجم 242

☆ دسواں باب اسلوب نگارش 252

☆ گیارہواں باب مشاہیر کی نظر میں 261

☆ اختتامیہ 293

☆ کتابیات 298

انتساب

ڈاکٹر محمد افضل الدین اقبال کے اہل خانہ کے نام
جن کی کاوشوں سے جنوبی ہند میں اردو کو فروغ حاصل ہوا۔

پیش لفظ

ڈاکٹر محمد افضل الدین اقبال دکن میں فروغ اردو کے لیے کام کرنے والوں میں ایک نمایاں نام ہے۔ خاندان نوائط سے ان کا تعلق تھا۔ اسی خاندان سے نصیر الدین ہاشمی کا تعلق تھا جنہوں نے ''دکن میں اردو'' جیسی اہم تحقیقی کتاب تصنیف کی۔ ڈاکٹر محمد افضل الدین اقبال جامعہ عثمانیہ کے شعبہ اردو سے وابستہ تھے۔ دوران ملازمت انہوں نے تعلیم و تدریس کے علاوہ تصنیف و تالیف پر بھی توجہ دی اور کئی اہم کتابوں کو اردو دنیا سے روشناس کروایا۔ مدراس میں اردو ادب کی نشو نما'' ان کا اہم تحقیقی کارنامہ ہے جس پر انہیں پی ایچ ڈی کی ڈگری ملی۔ انہوں نے اپنی تحقیق کا میدان مدراس میں اردو سے متعلق ہی رکھا۔ ان کی اس تحقیق میں جنوبی ہند میں اردو کی ابتداء اور ترقی سے متعقل اہم تحقیقی باتیں سامنے آتی ہیں جن سے مزید تحقیق کی راہیں ہموار ہوسکتی ہیں۔ انہوں نے فورٹ سینٹ جارج کالج کی ادبی خدمات بیان کرتے ہوئے یہ ثابت کیا کہ جنوبی ہند کے اس کالج نے فورٹ ولیم کالج کی طرح اردو زبان و ادب کے فروغ کے اولین دور میں اہم کارنامے انجام دیئے۔ افضل الدین اقبال کی چھوٹی چھوٹی کتابیں اہم معلومات فراہم کرتی ہیں۔ انہوں نے اپنی تحریروں سے دکن کا نام روشن کیا۔ ان کی حیات شخصیت اور علمی و ادبی کارناموں پر مشتمل یہ تحقیقی کتاب ڈاکٹر ثمینہ نکہت فاطمہ پیش کر رہی ہیں۔ اس کتاب کی اشاعت سے جامعہ عثمانیہ کے اہم سپوت کے علمی و ادبی کارنامے محفوظ ہو رہے ہیں میں کتاب کی مصنفہ کو مبارکباد پیش کرتے ہوئے اس امید کا اظہار کرتا ہوں کہ یہ کتاب ادبی حلقوں میں پسند کی جائے گی۔ اور اس کتاب کے ذریعے افضل الدین اقبال کے کارناموں کو یاد رکھا جائے گا۔

پروفیسر محمد انورالدین

☆ پہلا باب

ڈاکٹر محمد افضل الدین اقبال' حالات زندگی اور شخصیت

ہندوستان گنگا جمنی تہذیب کا علمبردار ملک ہے ۔ یہاں صدیوں سے رنگ برنگی تہذیبوں کے حامل' کئی زبانیں بولنے والے لوگ مِل جُل کر رہتے آئے ہیں ۔ برصغیر کہلانے والے اس ملک کی معتدل آب وہوا' قدرتی وسائل سے بھرپور زمین اور یہاں کے لوگوں کی زندہ دلی نے ہر زمانے میں بیرونی اقوام کو اپنی جانب متوجہ کیا۔ آریاوں سے لیکر انگریزوں تک بیرونی اقوام کا ایک طویل سلسلہ ہے جنھوں نے سرزمین ہند کو اپنا وطن بنایا۔ وہ یہاں کی تہذیب میں مل گئے ۔ یہاں رہ کر انھوں نے عظیم یادگاریں چھوڑیں اور ہندوستان کو ایک خوبصورت باغ بنادیا جس کے بارے میں اقبال نے کہا۔

سارے جہاں سے اچھا ہندوستاں ہمارا
ہم بلبلیں ہیں اس کی یہ گلستاں ہمارا

ہندوستان کثرت میں وحدت کی عظیم مثال والا ملک بن گیا۔ اس عظیم ملک کا ایک خوبصورت شہر حیدرآباد ہے جو آج شہر اُردو کے نام سے جانا جاتا ہے۔ یہ شہر اپنی گنگا جمنی تہذیب 'اُردو زبان' چارمینار' مکہ مسجد' مادر علمیہ عثمانیہ یونیورسٹی اور عصر حاضر کی جدید تعمیرات کے سبب ساری دنیا میں جانا جاتا ہے۔ ہندوستان کی تہذیبی روایات کو شہر حیدرآباد نے پروان چڑھایا۔ یہ شہر قدیم و جدید تہذیبوں کا سنگم ہے اور اپنی تاسیس کے چار سو سال مکمل کر چکا ہے۔ شہر حیدرآباد کے بانی قطب شاہی سلطنت کے فرمانروا محمد قلی قطب شاہ نے جب اس شہر کی بنیاد رکھی تو اپنی نظم "مناجات" کے ذریعہ خُلوص دِل کے ساتھ خالق کائنات کے حضور یہ دُعا مانگی کہ:

میرا شہر لوگاں سوں معمور کر
رکھیا جوں توں دریا میں من یا سمیع

یعنی ’’اے خدا! تو میرے بسائے ہوئے اس شہر کو لوگوں سے ایسا آباد رکھ جیسے دریا میں مچھلیاں ہوتی ہیں‘‘۔ شائد وہ گھڑی قبولیت دُعا کی تھی ہوگی کہ شہر حیدرآباد آج لاکھوں انسانوں سے بھر گیا ہے اور یہاں کی تہذیبی و تمدنی ترقی دُنیا بھر میں حیدرآباد کی شناخت برقرار رکھے ہوئے ہے۔

قطب شاہی فرماں رواؤں نے اس شہر میں جو لسانی اور تہذیبی روایتیں چھوڑی تھیں انھیں آصف جاہی سلاطین نے آگے بڑھایا اور آصف سابع میر عثمان علی خاں کے دور تک ان سلاطین نے حیدرآباد میں جامعہ عثمانیہ‘ عثمانیہ دواخانہ‘ سالار جنگ میوزیم‘ کُتب خانہ آصفیہ‘ ہائی کورٹ‘ فلک نما پیالیس‘ عثمان ساگر‘ حمایت ساگر اور دیگر کئی تاریخی یادگاریں چھوڑیں۔ جن سے آج بھی زمانہ فیض یاب ہو رہا ہے۔ ہندوستان کی آزادی کے بعد ریاست حیدرآباد کا ہندیونین میں انضمام عمل میں آیا۔ بدلتے زمانے کے ساتھ حیدرآبادی تہذیب نے بھی ترقی کی سمت قدم بڑھائے۔ آج زندگی کے ہر شعبے میں حیدرآبادی تہذیب کی شناخت ڈھونڈی جاسکتی ہے۔

ہندوستان کی تاریخ میں 1857ء کا سال انقلابی تبدیلی کا سال تھا۔ اس سال انگریزوں کے خلاف لڑی گئی ہندوستانیوں کی پہلی جنگ آزادی مغلیہ سلطنت کے خاتمے کا باعث بنی۔ انگریز پوری طرح ہندوستان پر قابض ہوگئے۔ ریاست حیدرآباد میں نظام کی حکومت قائم تھی ۔ لیکن سرسید اور دیگر مصلحین قوم نے لوگوں کے لیے نوشتہء دیوار پڑھ کر سنا دیا کہ اب جاگیردارانہ دور ختم ہو چکا ہے۔ ہندوستان والوں کو زیور تعلیم سے آراستہ ہونا ہوگا۔ اور ماضی کی تلوار کو قلم سے بدلنا ہوگا۔ حیدرآبادی نظام میر عثمان علی خاں آصف سابق نے اپنی فراست اور دوراندیشی و دانش مندی کا ثبوت دیتے ہوئے بیسویں صدی کی دوسری دہائی میں حیدرآباد میں عثمانیہ یونیورسٹی کا قیام عمل میں لایا۔ جہاں اُردو ذریعہ تعلیم سے روایتی اور فنی تعلیم کی سہولت فراہم

کی گئی۔ ہندوستان والوں کو اعلیٰ تعلیم کے لیے اب ولایت جانے کی ضرورت نہیں تھی۔ جامعہ عثمانیہ نے اپنے قیام سے اب تک بے شمار لائق سپوت پیدا کیے۔ جنھوں نے اپنے اپنے شعبوں میں کام کرتے ہوئے ساری دُنیا میں اپنا اور مادر علمیہ جامعہ عثمانیہ کا نام روشن کیا۔ عثمانیہ یونیورسٹی کے شعبۂ اُردو سے ڈاکٹریٹ تک تعلیم حاصل کرنے کے بعد اُردو تحقیق اور زبان وادب میں اپنا نام روشن کرنے والی ایک اہم شخصیت ڈاکٹر محمد افضل الدین اقبال ہیں۔ جو نوائط خاندان کے چشم و چراغ اُردو کے نامور محقق، معتبر نقاد، ممتاز ادیب، مستند مورخ، ماہر دکنیات، مدون، مرتب، مترجم اور اُردو کے ایک فعال سپاہی گذرے ہیں۔ انھوں نے اپنی حیات خاموشی سے اُردو ادب کی خدمت میں گذاری۔ اپنی زندگی جنوبی ہند میں اُردو کی ترقی کو پیش کرنے میں گذار دی۔ تحقیق وتنقید ادب و صحافت ان کے پسندیدہ موضوعات تھے۔ اُردو ادب کی تاریخ میں جنوبی ہند کے اُردو ادب کو پہلی مرتبہ متعارف کروانے والوں میں اہم نام ڈاکٹر محمد افضل الدین اقبال کا ہے۔ انھوں نے تحقیق وتنقید، ادب وصحافت کے موضوع پر بیس (20) سے زائد کتابیں لکھیں۔ اُن کی اُردو خدمات کا احاطہ کرتے ہوئے ''ڈاکٹر افضل الدین اقبال کی علمی وادبی خدمات'' کے عنوان سے شعبۂ اُردو، یونیورسٹی آف حیدرآباد میں اُردو میں ڈاکٹریٹ کی ڈگری کے لیے یہ مقالہ پیش کیا جارہا ہے۔ مقالے کے اس پہلے باب میں ڈاکٹر محمد افضل الدین اقبال کے حالاتِ زندگی پیش کیے جارہے ہیں۔

آباء واجداد :- ڈاکٹر محمد افضل الدین اقبال اس عربی النسل نوائط خاندان سے تعلق رکھتے تھے جو مشہور سیاح ابن بطوطہ کی آمد سے پہلے ہی جنوبی ہند میں اسلام کی نشر و اشاعت علم وادب کی خدمت میں لگا ہوا تھا۔ اہلِ نوائط کے افراد تین شاخوں پر مشتمل تھے۔ ہندوستان میں جو لوگ وارد ہوئے اُن کا سلسلہ نائط بن نفر سے ملتا ہے۔ نفر بن کنانہ کو عربوں نے جدۂ القریش کہا ہے۔ دراصل ''نوائط'' لفظ جمع ہے نائط کی یہ عربوں کی ایک قوم ہے جو تاریخ طبری کی تحقیق کے لحاظ سے قریشی ہیں اور حجاج بن یوسف کے مظالم کی وجہ سے بے وطن ہوئے اور ہندوستان میں

وارد ہوئے اور جنوبی ہند کے علاقہ مدراس اور ارکاٹ میں رشد وہدایت کی روشنی پھیلانے لگے۔
خاندان نوائط کی تاریخ بیان کرتے ہوئے ڈاکٹر محمد مصطفیٰ شریف سابق اسوسی ایٹ پروفیسر شعبہ عربی عثمانیہ یونیورسٹی لکھتے ہیں:

> ہندوستان میں دو خانوادے ایسے ہیں جنکا علمی و روحانی فیض صدیوں سے متواتر جاری وساری ہے۔ ان میں سے ایک حضرت شاہ ولی اللہ محدث دہلوی کا خانوادہ ہے۔ اور دوسرے حضرت محمد غوث شرف الملک بہادر کا۔ اول الذکر نے شمالی ہند کو اپنا ماویٰ اور مسکن بنایا۔۔۔۔خانوادہ شرف الملک کا تعلق اہل نوائط سے ہے۔ جو خالصاً عربی النسل ہے۔ اہل نوائط کے بارے میں یہ بات مشہور ہے کہ وہ آٹھویں صدی ہجری میں بصرہ سے ہجرت کر کے ہندوستان کا رُخ کئے تھے۔ ۔۔اہل نائط نسلی و سماجی حیثیت سے دوسروں سے بالکل ممتاز تھے۔ وہ دوسروں سے اپنا رشتہ کرنا پسند نہیں کرتے تھے۔ یہ رجحان آج تک بھی جاری ہے۔ اہل نائط کے بعض خانوادوں کا سلسلہ نسب قریش تک جا ملتا ہے۔اس لئے ان کو اپنے حسب نسب پر بڑا فخر تھا۔علم وفضل کے لحاظ سے بھی وہ بہت اونچا مقام رکھتے تھے۔بہمنی سلاطین اور پھر عادل شاہی اور نظام شاہی حکمرانوں نے ان کی بڑی تعظیم وتوخیر کی۔اور انہیں اعلیٰ عہدوں پر فائز کیا۔ [1]

ڈاکٹر محمد افضل الدین اقبال کے جدامجد الحاج قادر مرتضیٰ حسین سالار الملک محتشم الدولہ ارکاٹ کے آخری حکمراں نواب محمد غوث خاں والا جاہ پنجم کے میر منشی اور معتمد خاص تھے۔

قادر مرتضیٰ حسین کے والد کا نام حاجی محمد غوث صاحب تھا۔ قادر مرتضیٰ حسین کے میر منشی عہدے سے اندازہ ہوتا ہے کہ وہ اعلیٰ درجے کے انشاء پرداز تھے۔ قادر مرتضیٰ حسین محتشم الدولہ کے دوماموں امام العلماء قاضی الاسلام قاضی بدرالدولہ اور مدارالامراء مولوی عبدالوہاب دیوانِ نواب ارکاٹ تھے۔ اس خاندان کے بزرگوں میں کئی افراد زندگی کے مختلف شعبوں میں مشہور ہوئے۔ ان افراد میں شیخ الاسلام مفتی محمد سعید خاں، مولوی حسین عطاء اللہ، مولوی عبدالقادر، مولوی محمد مرتضیٰ حافظ محمد مظہر، نامور محقق مولوی نصیرالدین ہاشمی ڈاکٹر محمد یوسف الدین اور ماہر اسلامیات ومشہور مبلغ اسلام ڈاکٹر محمد حمیداللہ شامل ہیں۔ ڈاکٹر محمد افضل الدین اقبال دین واسلام علم وادب کے اعتبار سے ان بزرگوں کے وارث رہے۔

نواب سر سالار جنگ اوّل وزیراعظم حکومتِ حیدرآباد کی خواہش پر اس خاندان کے ایک بزرگ شیخ الاسلام مفتی محمد سعید خاں اور اُن کے بھائی مولوی حسین عطاء اللہ حیدرآباد تشریف لائے اور یہیں سکونت پذیر ہوئے۔ ان لوگوں نے اور ان کی آل واولاد نے حیدرآباد کی ہمہ جہتی ترقی میں خاص دلچسپی لی۔ علمی وادبی خدمات کی معاشی ترقی، عثمانیہ یونیورسٹی کے قیام، حیدرآباد ایجوکیشنل کانفرنس کا انعقاد اور کل ہند صنعتی نمائش کے فروغ میں اس خاندان کے احباب نے بہت بڑی خدمات انجام دیں۔

والدین :- ڈاکٹر محمد افضل الدین اقبال کے والد کا نام مولوی محمد شرف الدین تھا۔ یہ قادر مرتضیٰ حسین صاحب مرحوم تحصیلدار کے منجھلے فرزند تھے۔ ان کے دو اور بیٹے اور مولوی شرف الدین کے بھائی برہان الدین حسین (نائب ناظم زراعت حکومت آندھرا پردیش) اور ڈاکٹر یوسف الدین (صدر شعبہء مذہب وثقافت جامعہ عثمانیہ) تھے۔ مولوی شرف الدین 1912ء کو حیدرآباد میں پیدا ہوئے۔ یہیں ان کی تعلیم وتربیت ہوئی۔ 1937ء میں انہوں نے عثمانیہ یونیورسٹی سے معاشیات میں بی اے کی ڈگری حاصل کی۔ مولوی شرف الدین عثمانیہ یونیورسٹی کے ان ہونہار سپوتوں میں سے تھے جنہوں نے حیدرآباد کی معاشی ترقی میں حصہ لیا۔ نظام دورِ

حکومت میں وہ کئی اہم عہدوں پر فائز رہے۔ وہ نہ صرف کل ہند صنعتی نمائش کے بانیوں سے ہیں بلکہ مسلسل نو سال تک وہ صنعتی نمائش حیدرآباد کے سکریٹری رہے۔ ان کی محنت لگن انتھک کوششوں اور بے لوث خدمات کے بدولت صنعتی نمائش وسیع سے وسیع تر ہوتی گئی۔ حکومت وقت نے بھی مفاد عامہ کی ترقی کے لئے ان کی خدمات کا اعتراف کرتے ہوئے 1948ء میں انہیں ''تمغہ خسرو دکن'' کے اعزاز سے نوازا تھا۔ اُن کی جدت طبع میں انسانیت کی خدمت کا جذبہ بدرجہ اتم موجود تھا۔ مولوی شرف الدین نے معاشیات کے موضوع پر آٹھ کتابیں لکھیں جن کے نام اس طرح ہیں۔ ہندوستانی معاشیات کے مبادی، موضع پھول مری کی معاشی ترقی، عثمانین کے تراجم و تالیفات، تحفہ نمائش، دنیائے نمائش مملکت آصفیہ کی صنعتی ڈائرکٹری، اسلامی دنیا کے معاشی حالات، قرآنی صنعتیں (انگریزی و اردو)۔ مولوی شرف الدین کی شادی اپنے ماموں عبدالرؤف صاحب ڈپٹی کلکٹر کی صاحبزادی منیرہ بیگم سے ہوئی۔ اُن کی اولاد میں چار بیٹے اور دو بیٹیاں تھیں ۔ ڈاکٹر محمد افضل الدین اقبال اُن کے سب سے بڑے فرزند تھے۔ ان کے دیگر فرزندان محمد امجد احمد (مقیم پاکستان گیس کمپنی کے مینیجر)، محمد وقار الدین (مقیم حیدرآباد ملازم اے جی آفس) اور محمد اظہر الدین (مقیم حیدرآباد خانگی کمپنی میں ملازم) ہیں۔ ڈاکٹر محمد افضل الدین اقبال کے یہ تینو ں بھائی ابھی باحیات ہیں۔ ان کی دو بہنیں ناہید النساء پاکستان میں اور مہر النساء سعودی عرب میں مقیم ہیں۔ مولوی شرف الدین کا کم عمری میں 15 فروری 1954ء کو انتقال ہوا۔ جبکہ وہ محکمہ صنعت وحرفت میں ملازم تھے۔ ان کی وفات پر ملک کے اخبارات نے اداریے لکھے تھے۔ ان کی تمام تر خدمات کے اعتراف میں مجلس نمائش نے ان کی الاد کے نام تعلیمی وظائف بھی منظور کئے تھے۔ مولوی شرف الدین کی اہلیہ اور ڈاکٹر محمد افضل الدین اقبال کی والدہ منیرہ بیگم 84 کی عمر میں تا دم تحریر باحیات ہیں اور کثرت سے درود شریف کا ورد کرتی رہتی ہیں۔ کم عمری میں بیوہ ہونے کے باوجود انہوں نے اپنی بچوں کی اچھی پرورش اور تربیت کی اور انہیں زندگی کے عملی میدان میں آگے بڑھانے میں مدد کی۔

پیدائش :- مولوی محمد شرف الدین کے گھر 15/اپریل 1944ء کو جس لڑکے نے آنکھیں کھولیں اُس کا نام محمد افضل الدین رکھا گیا۔ بعد میں یہی لڑکا اپنی لیاقت اور قابلیت سے جامعہ عثمانیہ کا نامور سپوت بنا۔

نصیر الدین ہاشمی سے تحقیقی اُپج اور ڈاکٹر محمد حمید اللہ سے فکر اسلامی لے کر پروان چڑھنے والے مولوی محمد شرف الدین کے فرزند اکبر نے پروفیسر محمد افضل الدین اقبال کے نام سے نہ صرف ادب کی دُنیا میں اپنا نام روشن کیا بلکہ اپنے خاندان کے عظیم علمی ورثے کو پروان چڑھاتے ہوئے اپنے خاندان کا نام بھی روشن کیا۔

بچپن اور ابتدائی تعلیم :- کم عمری میں یتیم ہو جانے اور والد کے سائے سے محرومی نے ڈاکٹر محمد افضل الدین اقبال کو عام بچوں کے بچپن کی طرح زندگی گذارنے نہیں دیا۔ وہ کم عمری سے ہی ذمہ داری کا احساس کرنے لگے تھے۔ والدہ کی حُسن تربیت اور علمی شوق کی بدولت ڈاکٹر محمد افضل الدین اقبال جلد سے جلد اپنے پیروں پر آپ کھڑے رہنے کی دھن میں لگے رہے۔ انھوں نے بڑی محنت، لگن اور جدوجہد سے تعلیم حاصل کی۔ ڈاکٹر محمد افضل الدین اقبال کی ابتدائی تعلیم محلے کے اسکول اشرف المدارس میں ہوئی جو اب ترپ بازار سے یاقوت پورہ منتقل ہو چکا ہے۔ اس اسکول سے انھوں نے مڈل پاس کیا۔ مڈل اسکول میں الحاج مولوی سید محمد صدیق رمزؔ محمودی مرحوم نے انھیں اُردو پڑھائی۔ اسکول کے زمانے سے ہی ڈاکٹر محمد افضل الدین اقبال لکھنے لگے تھے۔ اُن کی ادبی زندگی کا آغاز ''رہنمائے دکن'' اخبار کے بچوں کے صفحہ سے ہوا۔ ان کی ابتدائی مضامین اشرف المدارس اور چادر گھاٹ ہائی اسکول میگزین میں شائع ہوئے۔

ڈاکٹر محمد افضل الدین اقبال نے 1959ء میں چادر گھاٹ ہائی اسکول سے میٹرک کامیاب کیا۔ میٹرک کے بعد انھوں نے سائنس کے اختیاری مضامین لے کر تعلیم جاری رکھنے کا فیصلہ کیا۔

اعلیٰ تعلیم :- ڈاکٹر محمد افضل الدین اقبال پری یونیورسٹی تعلیم کے لیے سائنس کالج سیف آباد عثمانیہ یونیورسٹی میں شریک ہوئے۔اس کالج میں اُردو کے نامور اُستاد پروفیسر اکبر الدین صدیقی سے انھیں فیض حاصل کرنے کا موقع ملا۔سیف آباد سائنس کالج سے ڈاکٹر محمد افضل الدین اقبال نے 1960ء میں پی یوسی امتحان کامیاب کیا۔دورانِ تعلیم وہ اس کالج کے میگزین ''مشعل'' کے جائنٹ ایڈیٹر منتخب ہوئے اور اس میگزین میں اُن کا پہلا سائنسی مضمون شائع ہوا۔بی ایس سی کے لیے ڈاکٹر محمد افضل الدین اقبال نے ممتاز کالج میں داخلہ لیا۔اس کالج میں انھوں نے پروفیسر سید محمد اور ڈاکٹر حسینی شاہد سے اُردو پڑھی۔ 1962ء میں ممتاز کالج کے میگزین میں اُن کا پہلا تحقیقی مضمون ''ڈاکٹر محمد حمید اللہ کی علمی وادبی خدمات شائع ہوا۔اس مضمون کے لیے انھیں بہترین مضمون کا پہلا انعام ملا۔یہ ایک سوانحی مضمون تھا۔جس میں بین الاقوامی شہرت کے حامل مترجم قرآن و مبلغِ اسلام ڈاکٹر محمد حمید اللہ کے حالات بیان کئے گئے تھے۔

ڈاکٹر محمد افضل الدین اقبال جب چادرگھاٹ اسکول کے طالب علم تھے تب اُن کے ہم جماعت ساتھیوں میں جناب محمود سلیم سابق پی آر او اُردو اکیڈیمی' جناب امتیاز الدین برادر شاذ تمکنت' جناب عظمت اللہ شریف' جناب قادر حسین خاں اور عبدالحمید خاں قابلِ ذکر ہیں

ڈاکٹر محمد افضل الدین اقبال نے ممتاز کالج سے 1963ء میں بی ایس سی کامیاب کیا ۔دورانِ تعلیم وہ اپنے اساتذہ سے کافی متاثر رہے۔گھر کی ذمہ داری کا احساس اور اعلیٰ تعلیم کے شوق کے درمیان وہ کشمکش میں مبتلا رہے۔ بی ایس سی کا نتیجہ آنے سے پہلے ہی ڈاکٹر محمد افضل الدین اقبال ممتاز کالج کے بیالوجی لیباریٹری میں لیاب اسسٹنٹ مقرر ہوئے۔ملازمت میں آنے کے باوجود اُن کا اعلیٰ تعلیم حاصل کرنے کا شوق ختم نہیں ہوا۔گھر کی ذمہ داریوں کے سبب ملازمت کا چھوڑنا ممکن نہ تھا۔ اُس وقت کے بیشتر گریجویٹس کے سامنے تعلیم اور فکرِ معاش کے یہ مسئلے ساتھ ساتھ درپیش تھے۔ڈاکٹر محمد افضل الدین اقبال کی تمنا تھی کہ وہ عثمانیہ یونیورسٹی سے

ریگولر ایم اے کریں لیکن ملازمت کے سبب اُن کی یہ حسرت پوری نہ ہوسکی۔ اس زمانے میں ایوننگ کالج میں ایم اے اُردو کی تعلیم کا انتظام نہیں تھا۔اس لیے ڈاکٹر محمد افضل الدین اقبال نے 1969ء میں خانگی اُمیدوار کے طور پر ایم اے اُردو کامیاب کیا۔خانگی اُمیدوار کے طور پر امتحان لکھنے کی اجازت بھی انہیں بڑی مشکل سے ملی تھی۔ اس زمانے میں ایم اے کے بعد ایم فل کا رواج نہیں تھا اور ایم اے کامیاب اُمیدواروں کو راست پی۔ایچ۔ڈی میں داخلہ مل جاتا تھا۔ پروفیسر رفیعہ سلطانہ سابق صدر شعبۂ اُردو عثمانیہ یونیورسٹی کی کاوشوں سے انھیں آسانی سے پی۔ایچ۔ڈی میں داخلہ مل گیا۔ اُن کے تحقیقی مقالے کا موضوع ''مدراس میں اُردو ادب کی نشوونما'' تھا۔یہ موضوع پروفیسر رفیعہ سلطانہ نے ہی تجویز کیا تھا۔اور انھیں قیمتی مشورے دیئے۔ڈاکٹر محمد افضل الدین اقبال نے اس موضوع پر کڑی محنت کی۔اور بعد تحقیق مدراس میں اُردو ادب کی نشوونما اور فورٹ سینٹ جارج کالج سے متعلق کئی نئی باتیں سامنے لاتے ہوئے اپنے مقالے کی تکمیل کی۔ڈاکٹر محمد افضل الدین اقبال نے یہ تحقیقی مقالہ اُردو کی ممتاز محقق، ماہرِ دکنیات و نقاد پروفیسر سیدہ جعفر کی نگرانی میں 1976ء میں مکمل کیا۔دورانِ تحقیق ڈاکٹر محمد افضل الدین اقبال کے رویے کا ذکر کرتے ہوئے پروفیسر سیدہ جعفر لکھتی ہیں:

> ''افضل الدین نے میری نگرانی میں پی۔ایچ۔ڈی کی ڈگری حاصل کی تھی۔ اُن کے وائیوا میں اُردو کے نامور نقاد پروفیسر شبیہہ الحسن صدر شعبۂ اُردو لکھنؤ یونیورسٹی نے اُن کے مقالے کی تعریف کی تو انھوں نے توصیف وستائش کا رخ موڑ دیا اور پروفیسر صاحب سے طالب علمانہ عاجزی کے ساتھ ادب کے بارے میں ایک سوال پوچھنے کی جسارت کی۔افضل الدین کم گو انسان تھے لیکن ضرورت پڑتی تو اس کم گوئی کو بالائے طاق بھی رکھ دیتے''۔ ۲

''مدراس میں اُردو ادب کی نشو ونما'' تحقیقی مقالے پر ڈاکٹر محمد افضل الدین اقبال کو 1978ء میں ڈاکٹریٹ کی ڈگری ملی۔ 1979ء میں اس تحقیقی مقالے کی اشاعت عمل میں آئی ۔کتاب کی رسم اجراء مشہور جرمن مستشرقہ انا میری شمیل' پروفیسر انڈو مسلم کالج ہارورڈ یونیورسٹی امریکہ نے انجام دی۔ ہندو پاک کے ممتاز اخبارات ورسائل نے اس کتاب کی خوب ستائش کی ۔ پروفیسر لئیق صلاح نے اس کتاب کو گلبرگہ یونیورسٹی کے نصاب میں شامل کیا۔ اسی طرح پروفیسر انجم الھدیٰ صدر شعبۂ عربی' فارسی' مدراس یونیورسٹی نے فوری اس کتاب کو یونیورسٹی کے ایم ۔اے' ایم ۔فل کے نصاب میں شامل کیا۔ اُردو کے اکثر تحقیقی مقالے اپنے کمزور معیار کے سبب نہ تو شائع ہوتے ہیں اور نہ مقبولیت حاصل کر پاتے ہیں لیکن ڈاکٹر محمد افضل الدین اقبال کا پی۔ ایچ۔ڈی کا تحقیقی مقالہ نہ صرف زیورِ طباعت سے آراستہ ہوا بلکہ اشاعت کے فوری بعد اسے اس قدر مقبولیت حاصل ہوئی کہ اسے جامعات کے نصاب میں شامل کیا گیا۔ اس سے ڈاکٹر محمد افضل الدین اقبال کے بلند پایہ محقق ہونے کا ثبوت ملتا ہے۔

پی ۔ایچ۔ڈی کے بعد انھوں نے عربی و فارسی کے امتحانات اور مخطوطہ شناسی اُردو کا پی جی ڈپلومہ کورس کا امتحان کامیاب کیا۔ یو جی سی کے مائنر ریسرچ پروجیکٹ کے تحت انھوں نے'' ایسٹ انڈیا کمپنی کے تعلیمی ادارے فورٹ ولیم کالج اور فورٹ سینٹ جارج ایک تقابلی مطالعہ'' کے عنوان سے کتاب لکھی۔ ڈاکٹر محمد افضل الدین اقبال نے ''گود سے گور تک علم حاصل کرتے رہو'' کے مصداق زندگی بھر اپنے علمی سفر کو جاری رکھا اور مطالعہ اور لکھنا ان کا محبوب مشغلہ رہا۔ اپنے تعلیمی سفر سے انھوں نے نئی نسل کے نوجوانوں کو علم کی راہ میں آنے والی دشواریوں کو پار کرتے ہوئے اعلیٰ علمی مدارج طے کرنے کا حوصلہ سکھایا۔

شادی :- ڈاکٹر محمد افضل الدین اقبال کی شادی 1971ء میں اپنے چاچا یوسف الدین صاحب کی بیٹی بلقیس سے ہوئی۔ ڈاکٹر محمد افضل الدین اقبال کے خاندان کی یہ رویت رہی ہے کہ یہ لوگ شادیاں اپنے ہی خاندان میں کرتے ہیں۔ چنانچہ ان کی شادی کے معاملے میں بھی یہ

روایت قائم رہی۔ ڈاکٹر محمد افضل الدین نے اپنی اہلیہ اور اولاد کے ساتھ ایک بہتر پرسکون اور گھریلو زندگی گزاری۔ وہ ایک ذمہ دار شوہر اور ایک محبت کرنے والے باپ رہے۔

اولاد : -ڈاکٹر محمد افضل الدین اور بلقیس کو اللہ نے اولاد کی نعمت سے بھی سرفراز کیا۔ انہیں تین بیٹے اور چار بیٹیاں ہوئیں۔ 1973ء میں دو جڑواں لڑکے پیدا ہوئے۔ بڑے لڑکے کا نام سعید الدین فرخ رکھا گیا۔ دوسرے لڑکے کا نام احتشام الدین خرم رکھا گیا۔ سب سے چھوٹے بیٹے کا نام حمید الدین حیدر ہے۔ جن کی پیدائش 1988ء میں ہوئی۔ ڈاکٹر محمد افضل الدین کی تین بیٹیاں سلمٰی یاسمین، فریدہ نازیہ اور صبیحہ نکہت ہیں۔ بچوں کی تعلیم اور تربیت پر ڈاکٹر محمد افضل الدین اور ان کی اہلیہ نے خاص توجہ دی۔ تعلیم اور دین داری انہیں وراثت میں ملی تھی۔ چنانچہ بڑے لڑکے سعید الدین فرخ نے ایم اے تک تعلیم حاصل کی۔ وہ اپنے گھر پر ورڈ ماسٹر کمپیوٹر انسٹیٹیوٹ کے مالک ہیں۔ جہاں انٹر سے لے کر پوسٹ گریجویشن تک روایتی اور دیگر کمپیوٹر کورسس کے علاوہ اہم مسابقتی امتحانات کی معیاری کوچنگ فراہم کی جاتی ہے۔ یہاں ایک چھت کے نیچے کمپیوٹر، زیراکس فیاکس انٹرنیٹ اور دیگر خدمات فراہم کی جاتی ہیں۔ سعید الدین فرخ یوسف شرف الدین ٹرسٹ کے بھی سربراہ ہیں۔ اس ٹرسٹ کے تحت اردو اور انگریزی میں ادبی دینی اور تعلیمی کتابیں شائع کی جاتی ہیں۔ اس طرح سعید الدین فرخ اپنے والد کی چھوڑی علمی وراثت کو پروان چڑھانے میں لگے ہوئے ہیں۔ ڈاکٹر محمد افضل الدین کے دوسرے فرزند احتشام الدین خرم نے عثمانیہ یونیورسٹی سے پروفیسر محمد علی اثر کے زیر نگرانی 2009ء میں اردو میں ڈاکٹریٹ کی ڈگری حاصل کی۔ ڈاکٹر احتشام الدین خرم کے مقالے کا موضوع ''ڈاکٹر محمد حمید اللہ کے خطوط تہذیبی وتمدنی مطالعہ'' تھا۔ یہ اب اردو اکیڈیمی آندھرا پردیش حیدرآباد میں ملازم ہیں۔ انہوں نے ایم اے، ایم ایس سی، ایم سی اے پی جی ڈی سی ایس بھی کیا ہے۔ کمپیوٹر کے موضوع پر ان کی کئی مفید اور معلوماتی کتابیں شائع ہو چکی ہیں۔ ڈاکٹر محمد افضل الدین کے چھوٹے فرزند حمید الدین حیدر گھر پر ہی کمپیوٹر ہارڈ ویر کی کلاسس چلاتے ہیں۔ اور دیگر کمپیوٹر خدمات چلاتے ہیں۔

ڈاکٹر محمد افضل الدین کی بڑی لڑکی سلمٰی یاسمین مدراس میں ہیں۔ دوسری لڑکی فریدہ نازیہ امریکہ میں اور تیسری لڑکی صبیحہ نکہت حیدرآباد میں مقیم ہیں۔ تینوں لڑکیوں اور دو لڑکوں کی شادیاں ہو چکی ہیں۔ ڈاکٹر محمد افضل الدین کی چوتھی لڑکی کا کم عمری میں انتقال ہو گیا۔ اس طرح انہوں نے اولاد کو اچھی طرح پال پوس کر پروان چڑھایا۔ اور انہیں زندگی کے عملی میدان میں آگے بڑھایا۔

ملازمت :- ڈاکٹر محمد افضل الدین اقبال اپنے بھائی بہنوں میں سب سے بڑے تھے۔ بچپن میں ہی اُن کے سر سے باپ کا سایہ اُٹھ چکا تھا۔ اُن کی والدہ منیرہ بیگم نے سخت آزمائشوں اور کڑی محنت کے بعد انھیں پال پوس کر بڑا کیا اور انھیں زیور تعلیم سے آراستہ کرا کر زندگی کے عملی میدان میں پروان چڑھایا۔ ڈاکٹر محمد افضل الدین اقبال کو بھی گھریلو ذمہ داریوں کا احساس تھا چناں چہ بی۔ ایس۔ سی کا نتیجہ آنے سے قبل ہی وہ ایک ملازمت سے جڑ گئے۔ چنانچہ 1963ء تا 1984ء وہ ممتاز کالج میں لیاب اسسٹنٹ رہے۔ 84-1983ء کے تعلیمی سال کے آغاز پر ڈاکٹر زینت ساجدہ نے جو اس وقت صدر شعبۂ اُردو عثمانیہ یونیورسٹی تھیں۔ ڈاکٹر محمد افضل الدین اقبال کو سکندرآباد ایوننگ کالج عثمانیہ یونیورسٹی میں پارٹ ٹائیم لکچرر مقرر کیا۔ ڈاکٹر اقبال یہ احسان کبھی بھول نہ سکے۔ اُن کی علمی استعداد اور اُردو قابلیت کی بناء 1984ء میں انھیں آرٹس کالج عثمانیہ یونیورسٹی کے شعبۂ اُردو میں اُردو لکچرر کے عہدہ پر مستقل ملازمت مل گئی اور 2/ جولائی کو انھوں نے اس نئی ملازمت کا آغاز کر دیا۔ بہت جلد انھیں سلکشن گریڈ بھی ملا۔ ڈاکٹر محمد افضل الدین اقبال کو جنوری 1992ء میں ریڈر (اسوسی ایٹ پروفیسر) اور جنوری 2000ء میں پروفیسر کے عہدے پر ترقی ملی۔ اس دوران 2000ء تا 2002ء وہ چیرمین بورڈ آف اسٹیڈیز شعبۂ اُردو بھی رہے۔ ڈسمبر 2002ء میں وہ صدر شعبۂ اُردو عثمانیہ یونیورسٹی کے عہدے پر فائز ہوئے۔ جنوری 2003ء میں یو جی سی ریفریشر کورس کے کوآرڈینیٹر رہے۔ جامعہ عثمانیہ میں تقریباً 20 سال خدمات انجام دینے کے بعد وہ 30/ اپریل 2004ء کو وظیفہ حُسن خدمت پر سبکدوش ہوئے اور اپنی باقی زندگی تصنیف و تالیف میں گذاردی۔

ڈاکٹر محمد افضل الدین اقبال جب صدر شعبہ اردو کے باوقار عہدے پر فائز ہوئے تو شعبے کے ان کے دیگر ساتھیوں نے ان کی تعریف میں تہنیتی کلام پیش کیا۔ چنانچہ پروفیسر مجید بیدار ڈاکٹر محمد افضل الدین اقبال کے بارے میں کہتے ہیں کہ

تہنیتی قطعہ

پروفیسر افضل الدین اقبال

صدر شعبہ اردو عثمانیہ یونیورسٹی کے عہدہ پر فائز ہونے کے ضمن میں

مروت جن کی بے پایاں، محبت میں مثالی ہیں
خلوص و پیار کے گلشن میں یہ سرسبز ڈالی ہیں
مبارک دو دسمبر دو ہزار اور دو کا یہ تحفہ
کہ افضل شعبہ اردو کے اب تو صدر عالی ہیں

۳

شعبہ اردو کے ایک اور رفیق کار ڈاکٹر عقیل ہاشمی اپنے منظوم خیالات اس طرح پیش کرتے ہیں:

تاریخی قطعات

بہ سلسلہ عہدہ صدارت شعبہ اردو عثمانیہ یونیورسٹی

عزیز دوست پروفیسر محمد افضل الدین اقبال المعروف افضل اقبال صاحب

علم و حکمت میں بے مثالی ہیں
دھن کے پکے ہیں مثل حالی ہیں
اوج عزت بڑھائی شعبہ کی
افضل اقبال صدر عالی ہیں

۴۸۷+۱۵۱۵=۲۰۰۲ء

مطمئن ہے جہان فکر و خیال
علم و دانش کا دیکھئے گا جمال
ہو گئے صدر شعبہ اردو
افضل اقبال مرجع اجلال

۱۴۲۳ ھ

؎۴

ڈاکٹر صبیحہ نسرین اپنے منظوم خیالات اس طرح پیش کرتی ہیں:

افضل اقبال پیکر خوشرو
سبز و شاداب گلشن اردو

نرگس و گل بہار افزا ہیں
چار سو عطر بیز ہے خوشبو

حسن خدمت کا مل گیا ثمرہ
شکر و احسان سے جھکا پہلو

جلسہ تہنیت مبارک ہو
بزم کا ذرہ ذرہ ہے مہ رو

شعر نسرین کا یہ حسین طغرا
ہے مسرت کے پھول سے مملو! ؎۵

ڈاکٹر محمد افضل الدین اقبال کے رفقائے کار کے شعری خیالات پڑھنے سے اندازہ ہوتا ہے کہ وہ اپنے ساتھیوں اور رفقائے کار میں کس قدر مقبول تھے۔

بیرونی اسفار:۔ ڈاکٹر محمد افضل الدین اقبال کو مذہب اسلام سے بہت لگاؤ تھا۔ وہ سنتوں کی بڑی سختی سے اور عقیدت کے ساتھ پابندی کرتے تھے۔ ہر سچے مسلمان کی طرح ان کے دل میں بھی حج بیت اللہ اور زیارت مدینہ کی آرزو رہی۔ اللہ تعالیٰ نے ان کی یہ آرزو پوری کی۔ انہوں نے تین مرتبہ حج بیت اللہ کی سعادت حاصل کی۔ اور کئی مرتبہ عمرے کے لئے بھی سعودی عرب جاتے رہے۔ انہوں نے ایک مرتبہ پاکستان کا سفر کیا۔ وہاں اردو کے بیشتر شعرا اور ادیبوں اور تحقیق وتنقید کے نامور افراد سے ملاقاتیں کیں۔ اور حکایات الجلیلہ کے مخطوطے کا مشاہدہ بھی کیا۔ ہندوستان میں جنوبی ہند کے علاقے مدراس میں وہ اپنی تحقیقی ضرورت کے تحت اکثر جاتے رہے۔ حیدرآباد میں ایک عرصے تک اپنے آبائی مکان واقع جام باغ میں رہے۔ بعد میں اپنے ذاتی مکان ملے پلی میں منتقل ہوگئے۔ جہاں ان کے بچوں کا مشہور ورڈ ماسٹر انسٹیٹیوٹ قائم ہے۔

بیماری اور انتقال:۔ ڈاکٹر محمد افضل الدین اقبال زندگی بھر صحت مند رہے۔ وہ اسلامی اصولوں کے مطابق زندگی گذارتے تھے۔ اس لئے بیماریوں میں مبتلا نہیں رہے۔ انہیں سگریٹ نوشی یا شراب نوشی کی عادت نہیں تھی۔ البتہ وہ خوش خوراک تھے۔ آخری ایام میں ان کا وزن کافی بڑھ گیا تھا۔ وہ چلتے تو ان کی سانس پھولتی تھی۔ انہیں ذیابطیس کا عارضہ لاحق ہوگیا تھا۔ وہ گھر پر تصنیف و تالیف کے کاموں میں مصروف رہتے اور جامع مسجد معظم پورہ ملے پلی حیدرآباد کی بڑی مسجد میں اگلی صفوں میں نماز ادا کرتے۔ وہ بہادر پورہ کے ایک بزرگ اور اپنے عہد کی عظیم ہستی بحرالعلوم حضرت علامہ محمد عبدالقدیر حسرت صاحب سے بیعت تھے۔ انتقال سے ایک دن پہلے ان سے ملاقات کی تھی 14 مئی 2008ء کی شب انہوں نے اپنی بیٹیوں سے مدراس اور امریکہ بات کی۔ ڈاکٹر محمد افضل الدین اقبال تہجد گذار تھے۔ پابندی سے تہجد کی نماز پڑھتے تھے۔ تہجد سے لے کر فجر تک ذکرواذکار میں مصروف رہتے تھے۔ انتقال کی رات وہ تہجد کو نہیں اٹھ سکے صبح جب موذن فجر کی

اذان ختم کر رہے تھے تو لا الہ الا اللہ کی آواز پر ان کی روح پرواز کر گئی۔ اس طرح جنوبی ہند میں اردو کا ماہر تحقیق و تنقید صحافت اور تاریخ کے ماہر کا چراغ 15 مئی 2008ء بروز جمعرات کو ہمیشہ ہمیشہ کے لئے بجھ گیا۔ حیدرآباد کے ادبی حلقوں میں غم کی لہر دوڑ گئی۔ ان کے دوست احباب شاگرد اور رشتے دار سبھی ان کا مکان اقبال ہال ملے پلی آنے لگے۔ لوگ ڈاکٹر محمد افضل الدین اقبال کے بچوں احتشام الدین خرم' سعید الدین فرخ اور حمید الدین حیدر کو پرسہ دینے لگے۔ بعد نماز عصر ڈاکٹر محمد افضل الدین اقبال کی نماز جنازہ ان کے ایک خاندانی بزرگ ناصر الدین صاحب نے پڑھائی۔

ڈاکٹر محمد افضل الدین اقبال کے سانحہ ارتحال پر حیدرآباد کے اردو اور ادبی حلقوں نے تعزیتی جلسے منعقد کئے۔ ایک تعزیتی اجلاس شعبہ اردو جامعہ عثمانیہ میں منعقد کیا گیا۔ جس میں صدر شعبہ پروفیسر میمونہ مسعود' ڈاکٹر فاطمہ پروین چیرمین بورڈ آف اسٹڈیز پروفیسر مجید بیدار اور ڈاکٹر تاتارخان نے شرکت کی۔ اور مرحوم سے اپنے دیرینہ روابط کا اظہار کرتے ہوئے ان کی علمی وادبی خدمات کے حوالے سے انہیں خراج تحسین پیش کیا۔ اسی طرح کا ایک اجلاس ایوان اردو پنجہ گٹہ میں منعقد ہوا۔ جس میں پروفیسر مغنی تبسم' سید خالد قادری' پروفیسر رحمت یوسف زئی' پروفیسر سلیمان اطہر جاوید' حسن فرخ اور علی ظہیر وغیرہ نے شرکت کی۔ اور ڈاکٹر محمد افضل الدین اقبال کی تحقیق و صحافت میں پیش کردہ گراں قدر خدمات کو پیش کیا۔ اور کہا کہ ان کی اچانک موت سے ہمارے ادبی معاشرے میں ان کی کمی محسوس کی جاتی رہے گی۔ ڈاکٹر محمد افضل الدین اقبال کے انتقال کے ایک سال بعد سیاست ہال میں ایک تعزیتی اجلاس منعقد ہوا۔ جس میں مدیر سیاست جناب زاہد علی خان 'پروفیسر بیگ احساس' پروفیسر سلیمان اطہر جاوید' پروفیسر عبدالرحیم' جسٹس اسمٰعیل' ایس کے افضل الدین' مختار احمد فردین اور دوسروں نے خطاب کیا۔ اور ان کی یاد تازہ کی۔ پروفیسر عبدالرحیم کے خیالات بیان کرتے ہوئے پروفیسر سلیمان اطہر جاوید ادبی ڈائری کے اپنے کالم ''افضل اقبال کی یاد'' میں لکھتے ہیں۔

پروفیسر عبدالرحیم نے اظہار خیال کرتے ہوئے کہا کہ آج

ایک ایسی شخصیت کے تعلق سے گفتگو کر رہے ہیں جو اپنی مثال آپ تھا۔ انہوں نے کہا کہ ہم نے صحافت کے لئے نصاب ترتیب دیا۔ اور یہ کام جب ہم شروع کرنا چاہتے تھے تو اقلیت دشمن، مخالف اور منفی قوتوں نے ہنگامہ برپا کر دیا۔ ایسے میں افضل اقبال نے اخلاقی طور پر ہمارا ساتھ دے کر ہماری بڑی ہمت افزائی کی۔ افضل اقبال کی اردو سے دلچسپی کا اندازہ اس بات سے لگایا جا سکتا ہے کہ انہوں نے جنوبی ہند کی اردو صحافت کے بعنوان معلوماتی کتاب تحریر کی۔ [6]

ڈاکٹر محمد افضل الدین اقبال کی یاد میں منعقد ہونے والے ان اجلاسوں میں مقررین کے پیش کردہ خیالات سے اندازہ ہوتا ہے کہ وہ ہر دلعزیز شخصیت کے مالک تھے۔ اور ایک غیر متنازعہ شخصیت کے طور پر انہوں نے اپنی زندگی بسر کی۔

ڈاکٹر محمد افضل الدین اقبال کی شخصیت

ڈاکٹر محمد افضل الدین اقبال ایک بھرپور اور مثالی شخصیت کے حامل انسان تھے۔ بہ حیثیت شوہر، باپ، استاذ، دوست اور سماج کے ایک فرد کے طور پر وہ ایک ذمہ دار انسان تھے۔ انہوں نے اپنی شخصیت کی گوناگوں خصوصیات سے سب کو متاثر کیا۔ وہ ایک مثالی انسان تھے۔ اور ایسے ہی مثالی انسانوں کے بارے میں کہا جاتا ہے کہ

ے مت سہل ہمیں جانو پھرتا ہے فلک برسوں
تب خاک کے پردے سے انسان نکلتے ہیں

ے ہزاروں سال نرگس اپنی بے نوری پہ روتی ہے
بڑی مشکل سے ہوتا ہے چمن میں دیدہ ور پیدا

جانے والے کبھی نہیں آتے
جانے والوں کی یاد آتی ہے

ذیل میں ڈاکٹر محمد افضل الدین اقبال کی شخصیت کے چند نمائندہ پہلو پیش کئے جا رہے ہیں۔

سراپا:- ڈاکٹر محمد افضل الدین اقبال عربی النسل نوائط خاندان سے تعلق رکھتے تھے۔ اس لئے ان میں عرب لوگوں کی خصوصیات پائی جاتی تھیں۔ بلند قامت، چوڑا شانہ، گٹھیلا بھاری بھر کم جسم، گورا رنگ، ستواں ناک، کھلی بھوری آنکھیں، سیاہ وسفید بال، آنکھوں پر بڑے شیشوں والا چشمہ لگائے جو شخصیت ہمارے ذہنوں میں ابھرتی ہے وہ ڈاکٹر محمد افضل الدین اقبال کی شخصیت تھی۔ وہ دھیمے لہجے میں بات کرتے تھے۔ اپنے شاگردوں اور دوستوں سے خندہ پیشانی سے ملتے تھے۔ توجہ سے کسی کی بات سنتے اور مناسب انداز میں بات کو جواب دیتے تھے۔ وہ بہت کم غصے میں آتے تھے۔ ان کی شخصیت کے نقوش بھلائے نہیں بھولتے۔

لباس:- ڈاکٹر محمد افضل الدین اقبال حیدرآبادی تہذیب کے علمبردار تھے۔ جس کا انداز ہ ان کے لباس سے ہوتا تھا۔ وہ دوران ملازمت اکثر سفاری سوٹ زیب تن کرتے تھے۔ جو زیادہ تر گہرے رنگ کے اور کبھی ہلکے رنگ میں ہوا کرتے تھے۔ شادی بیاہ اور دیگر تقاریب میں شیروانی زیب تن کرتے۔ گھر میں اور نماز کو جاتے وقت کرتا پائجامہ پہنتے تھے۔ پینٹ شرٹ بھی ان کے لباس کا حصہ ہوتے۔ انہوں نے انگریزی طرز کے کوٹ پینٹ اور ٹائی کا استعمال نہیں کیا۔ ان کا لباس صاف ستھرا اور نفیس ہوتا تھا۔

غذا:- ڈاکٹر محمد افضل الدین اقبال کو سادہ اور مرغن سبھی قسم کی غذائیں پسند تھیں۔ وہ ایک خوش خوراک انسان تھے۔ خود بھی اچھا کھاتے تھے۔ اور دوسروں کو بھی اکثر کھانے پر مدعو کرتے تھے۔ انہیں غذا میں خاص طور سے دودھ اور کھجور بہت پسند تھے۔ اور اسے سنت کے طور پر بھی استعمال کرتے تھے۔ گھر میں جب بھی کھانے کی کوئی چیز لاتے تو پہلے بیٹیوں کو دیتے تھے۔ انہیں

حیدرآبادی کھانے پسند تھے۔ گھر پر سبزی دال گوشت ہر قسم کے کھانے کھاتے۔ ڈاکٹر محمد افضل الدین اقبال کی خوش خوراکی کا اظہار ان کے شاگردوں اور دوستوں نے بھی کیا ہے۔ پروفیسر مجید بیدار اس ضمن میں لکھتے ہیں:

> افضل الدین اقبال خوش طبع اور خوش خوراک انسان تھے۔ ماہ رمضان میں ان کے گھر پر خصوصی دعوت لازمی تھی۔ جس میں وتمام احباب کو بطور خاص مدعو کرتے اور ماہ رمضان کی رحمتوں کو لوٹنے کا موقع فراہم کرتے تھے۔۔۔ کیونکہ وہ خوش خوراک تھے۔ اس لئے دوسروں کو مدعو کر کے اوران کی ضیافت کر کے خوش ہوا کرتے تھے۔ اور یہ روزمرہ کا معمول بن گیا تھا۔ جب عثمانیہ یونیورسٹی سے نکلتے تو اساتذہ کا پورا گروپ راستے میں رک کر کسی نہ کسی ہوٹل میں بیٹھ کر چائے کی ضیافت سے لطف اندوز ہوتا اور ایسے وقت پیشکش کرنے والے افضل الدین اقبال ہی ہوتے۔۔۔ گھر کے ماحول میں وہ کسی قسم کی تبدیلی کو مناسب نہیں سمجھتے تھے اس لئے دوست احباب آئیں تو کمرے میں بات ہونے کے بعد قریبی ہوٹل کا رخ کرنا ان کی عادت ثانی بن چکی تھی۔ چنانچہ تمام احباب کو ضیافت کے لئے قریبی ہوٹلوں میں لے جا کر اپنی اعلیٰ ظرفی کا ثبوت دیتے تھے۔ ے

مذہبی عقائد:- ڈاکٹر محمد افضل الدین اقبال مذہبی انسان تھے۔ بہ حیثیت مسلمان وہ شافعی مسلک کے پیروکار تھے۔ لیکن شدت سے اس کا اظہار نہیں کرتے تھے۔ وہ نمازوں کے پابند تھے۔ فرض نمازوں کی ادائیگی کے علاوہ پابندی سے وہ تہجد کی نماز پڑھتے تھے۔ تہجد کے بعد صبح تک ذکر واذکار

میں مصروف رہتے تھے۔قرآن شریف کی پابندی سے تلاوت کرتے۔انہیں قرآن کے مفاہیم اور مطالب پر کافی عبور تھا۔ اور اکثر اپنی تصانیف میں قرآنی آیات کا حوالہ اوراس کا مطلب بیان کرتے تھے۔اپنے والد کی انگریزی کتاب ''قرآنی مصنوعات'' کا اردو ترجمہ کیا۔اس کتاب میں قرآنی آیات کے حوالے سے مختلف صنعتوں کی تشریح اور توضیح کی گئی ہے۔انہیں تاریخ اسلام پر بھی عبور تھا۔اپنی ادبی وسائنسی موضوعات پر لکھی گئی کتابوں ''خرگوش پروری' پرنٹنگ کی کہانی اور ہوائی چکیاں'' میں بھی انہوں نے تاریخ اسلام کے حوالے سے معلومات فراہم کیں۔ڈاکٹر محمد افضل الدین اقبال حیدرآباد کے ایک بزرگ بحرالعلوم حضرت علامہ محمد عبدالقدیر حسرت سے بیعت بھی تھے۔انہوں نے تین مرتبہ حج بیت اللہ اور زیارت مدینہ منورہ وروضہ اقدس ﷺ کی سعادت حاصل کی۔کئی مرتبہ انہوں نے عمرے کے ارادے سے بھی حجاز مقدس کا سفر کیا۔انہوں نے اپنی اولاد کی بھی مذہبی اعتبار سے اچھی تربیت کی۔وہ بچوں کو سنتوں کی پابندی کی تلقین کرتے اور خود بھی سنتوں کی پابندی کیا کرتے تھے۔ان کے فرزند ڈاکٹر احتشام الدین خرم صوم وصلوٰۃ کے پابند ہیں۔ ہر سال ماہ رمضان کے آخرے عشرے میں ملے پلی کی مسجد میں اعتکاف میں بیٹھتے ہیں۔دوسرے فرزند سعید الدین فرخ اپنے والد کی وصیت کی تکمیل میں لگے ہوئے ہیں۔اوراپنے اسلاف ڈاکٹر محمد حمید اللہ' یوسف الدین صاحب اور دیگر احباب کی کتابوں اور اہم تقاریر کی اشاعت میں لگے ہوئے ہیں۔اس طرح مذہب اسلام سے وابستگی اوراس کی ترویج میں ڈاکٹر محمد افضل الدین اقبال اوران کی اولاد اپنے اسلاف کے نقش قدم پر چلتے رہے۔

گھریلوزندگی:-ڈاکٹر محمد افضل الدین اقبال اپنی اہلیہ بلقیس بیگم بچوں اور بچیوں کے ساتھ ذمہ دار انسان کی حیثیت سے رہے۔ذمے داری کا احساس تو انہیں بچپن ہی ہو گیا تھا جب کے ان کے والد مولوی محمد شرف الدین صاحب کا کم عمری میں انتقال ہو گیا تھا۔یتیمی کے داغ نے انہیں ایک فرض شناس انسان بنادیا۔یہی وجہہ ہے کہ وہ اپنی گھریلو زندگی میں غیر متنازعہ رہے۔ بچوں کی اچھی پرورش کی۔گھر کا خیال رکھا۔اوراپنی ذمہ داریاں آخر دم تک نبھاتے رہے۔اپنے بچوں کے لئے

گھر پر انسٹیٹیوٹ قائم کیا اور محنت ولگن سے اسے ایک معیاری ادارے میں تبدیل کیا۔ وہ بچوں کو محنت سے پڑھانے کی تلقین کرتے تھے۔گھریلو زندگی میں وہ ایک کامیاب انسان تھے۔یہی وجہہ ہے کہ ان کے بچے آج ان کی کمی بہت محسوس کرتے ہیں۔لیکن ان کی نصیحتوں پر عمل کرتے ہوئے زندگی کے سفر میں پامردی کے ساتھ آگے رواں دواں ہیں۔

شخصیت کی دیگر خوبیاں:- ڈاکٹر محمد افضل الدین اقبال اپنی ذات میں ایک انجمن تھے۔ان کے رفقاء اور ہم عصروں نے ان کی خاموش ملنسار اور خوش مزاج طبعیت کی تعریف کی ہے۔وہ ایک ہمہ پہلو شخصیت کے مالک تھے۔انکساری ان کے مزاج کا خاص وصف تھا۔ان کا ظاہر اور باطن ایک ہی ہوتا تھا۔کبھی جھنجھلاہٹ اور غصہ کا اظہار نہیں کیا۔کام کو اہمیت دیتے۔انہوں نے کبھی صلے اور ستائش کی تمنا نہیں کی۔کوئی ان کی تعریف کرتا تو وہ بات کا موضوع بدل دیتے تھے۔نمائش اور شہرت سے وہ ہمیشہ دور رہے۔کتب بینی تصنیف وتالیف اور تدریس میں اپنے آپ کو مشغول رکھا۔اقتصادی اعتبار سے وہ ایک خوش حال گھرانے سے تعلق رکھتے تھے۔مزاج میں ہمدردی بھری تھی ۔اس لئے وہ اکثر ضرورت مندوں اور حاجت مندوں کی دامے درمے مدد کرتے رہتے۔اپنے شاگردوں کی حوصلہ افزائی کرتے اور انہیں تحقیق کے میدان میں آگے بڑھنے میں رہبری کرتے۔وہ ایک خداترس عبادت گزار اور خوش عقیدہ انسان تھے۔انہوں نے اپنے کام کے سلسلے میں کسی کی خوشامد نہیں کی۔اکثر کہا کرتے کہ جسے خدا پر بھروسہ ہو وہ انسانوں کے تعلق سے اپنی زبان کیوں آلودہ کرے۔اپنی علمی برتری اور فوقیت جتانے کی کوشش نہیں کی۔اور نہ کسی کا مذاق اڑایا۔معاصر مصنفین اور اپنے ساتھیوں کی تصانیف کو سراہتے تھے۔ڈاکٹر محمد افضل الدین اقبال مجلسی آدمی نہیں تھے یہی وجہہ ہے کہ ان کے دوست احباب کا حلقہ ذیادہ وسیع نہیں ہے۔جامعہ عثمانیہ اور دیگر یونیورسٹیوں کے اساتذہ سے ان کی شناسائی تھی۔اپنے کام میں انہاک اور وقت کی پابندی یہ دو باتیں ایسی تھیں جن سے ان کی شخصیت ترکیب پائی۔وہ ہم میں نہیں لیکن ان کی مثالی شخصیت کی یادیں اور باتیں دوسرے لوگوں کو اپنی زندگی کو مثالی بنانے کی

دعوت دیتی ہیں۔

زندگی کا پیغام: ڈاکٹر محمد افضل الدین اقبال نے اپنی مثالی زندگی سے اپنے شاگردوں دوستوں اور اولاد کو حرکت و عمل کا پیغام دیا ہے۔ اسلامی تعلیمات پر عمل کرنا۔ ریا، جھوٹ، دکھاوا، حرص لالچ سے بچنا، انکساری، ہمدردی، فیاضی کا اظہار کرنا۔ وقت کی پابندی کرنا، کام سے کام رکھنا، ضرورت کے وقت دوسروں کے کام آنا یہ وہ خوبیاں ہیں۔ جو ڈاکٹر محمد افضل الدین اقبال کی حیات کا پیغام بن کر ہمارے سامنے آتی ہیں۔ وہ سنتوں کے بڑے پابند تھے۔ اور اپنی اولاد اور شاگردوں کو بھی اس کی تلقین کرتے رہے۔ اکثر لوگ غیاب میں کسی کی برائی کر دیتے ہیں۔ لیکن ڈاکٹر محمد افضل الدین اقبال نے ایسی شفاف زندگی گذاری کہ ان کے کوئی مخالفین ہی نہیں تھے اور نہ ہی ان کے غیاب میں کسی نے ان کی برائی کی۔ یہی ان کی کامیاب شخصیت کا بڑا راز ہے۔ ان کی زندگی اردو ادب کے طلباء کے لئے ایک مثال ہے۔ وہ اردو تحقیق کے ایک مضبوط سپاہی تھے۔ اور اپنے شاگردوں کے لئے بھی عظیم مثال چھوڑ گئے۔

حواشی

۱)　ڈاکٹر محمد مصطفیٰ شریف　　بحوالہ۔ مضامین یوسف مرتبہ ڈاکٹر راحت محمودہ ص ۱۔۲ حیدرآباد ۱۹۹۹ء

۲)　پروفیسر سیدہ جعفر　　بحوالہ۔ پروفیسر محمد افضل الدین اقبال حیات اور ادبی خدمات مرتبہ ڈاکٹر محمد احتشام الدین خرم ص ۳ حیدرآباد ۲۰۰۹ء

۳)　پروفیسر مجید بیدار　　بحوالہ۔ پروفیسر محمد افضل الدین اقبال حیات اور ادبی خدمات ص ۸۱

۴)　ڈاکٹر عقیل ہاشمی　بحوالہ۔ پروفیسر محمد افضل الدین اقبال حیات اور ادبی خدمات ص ۸۳

۵)　ڈاکٹر صبیحہ نسرین بحوالہ۔ پروفیسر محمد افضل الدین اقبال حیات اور ادبی خدمات ص ۸۲

۶)　پروفیسر سلیمان اطہر جاوید　　روزنامہ سیاست ۴۔ جولائی ۲۰۰۹ء

۷)　پروفیسر مجید بیدار　　بحوالہ۔ پروفیسر محمد افضل الدین اقبال حیات اور ادبی خدمات ص ۹۔۸

☆ دوسرا باب

ڈاکٹر محمد افضل الدین اقبال کی علمی اور ادبی خدمات

ڈاکٹر محمد افضل الدین اقبال کی علمی وادبی خدمات اظہر من الشمس ہیں۔ انہوں نے بیس سے ذائد کتابیں تصنیف و مرتب کیں۔ ''مدراس میں اردو ادب کی نشو نما'' ان کا اہم تحقیقی کام ہے۔ انہوں نے تحقیق، تنقید، تدوین، ترتیب، تاریخ نگاری، ادب، ترجمہ اور صحافت میں اپنی گراں قدر تصانیف چھوڑی ہیں۔ ان کی کتابوں پر مختلف اداروں نے انعامات دیئے۔ انہوں نے بہ حیثیت استاد اپنے شاگردوں میں حصول علم کی سچی لگن پیدا کی۔ ان کے زیر نگرانی کئی طلباء نے تحقیقی مقالے لکھے۔ مختلف یونیورسٹیوں کے ممتحن اور نگرانی کے فرائض بھی ڈاکٹر محمد افضل الدین اقبال نے انجام دیئے۔ ذیل میں ان کی علمی وادبی خدمات کا احاطہ کیا جا رہا ہے۔

ڈاکٹر محمد افضل الدین اقبال کی تصانیف کا تعارف

1) پرنٹنگ کی کہانی (1965ء)

کتابت و طباعت با قاعدہ ایک فن ہے پرنٹنگ ٹکنالوجی پر پرنٹنگ کی کہانی (تاریخ فن و طباعت) ایک معلومات آفریں کتاب ہے اس میں ان تاریخی ٹھوس حقائق کو پیش کیا گیا ہے جو اس فن کی ترقی کا باعث بنے اور بڑے مدلل انداز میں مسلمانوں کی ان کوششوں کا بھی ذکر ہے جو اس کو معراج کمال تک پہنچاتی ہے۔ مولانا عبدالماجد دریابادی ایڈیٹر صدق جدید لکھنو نے اس اچھوتی کتاب کی دل کھول کر ستائش کی۔

2) تذکرہ سعید (اردو وانگریزی) (1973)

مولانا عبدالماجد دریابادی نے اس کتاب کے متعلق لکھا تھا'' حیدرآباد کے مشہور علمی ودینی خدمت گزار خاندان کا مفصل ومستند تذکرہ بہت سے مضامین کا مجموعہ جن میں سے ہر ایک دلچسپ و پر معلومات ہے خصوصاً ڈاکٹر یوسف الدین' ڈاکٹر افضل اقبال' ڈاکٹر محمد غوث کے قلم سے نکلے ہوئے مضامین علوم اسلامیہ ثقافت اسلامیہ اور عثمانیہ یونیورسٹی کے بارے میں طلبہ کیلئے قابل مطالعہ ہیں۔

3) مدراس میں اردو ادب کی نشوونما (جلد اول) (1979)

یہ کتاب مصنف کا وہ تحقیقی مقالہ ہے جس پر عثمانیہ یونیورسٹی نے ان کو ڈاکٹریٹ کی ڈگری دی۔ ابھی تک اس موضوع پر کوئی اچھی کتاب موجود نہیں تھی اس کتاب سے یہ کمی پوری ہوگئی اس سے مصنف کی محنت اور سلیقہ کا پتہ چلتا ہے۔ پروفیسر گیان چند نے اس مقالہ کے بارے میں لکھا ہے کہ مقالہ نگار نے علاقہ مدراس کے ادیبوں کا تذکرہ بڑی جامعیت سے کیا ہے۔ ادیبوں کی تفصیل اور ریل پیل دیکھ کر مقالہ نگار کی غیر معمولی عرق ریزی کا اندازہ ہوتا ہے۔ عام طور سے پی ایچ ڈی کے مقالوں کی تیاری میں اتنی محنت نہیں کی جاتی علاقہ مدراس کی حد تک انکا کارنامہ ایک جامع کام ہے اور تاریخ ادب کے احیاء کا ایک خلا پر کرتا ہے۔ بہت کم ایسے محقق ہوں گے جن کی پہلی تصنیف اتنے اچھے معیار کی ہو۔

4) فورٹ سینٹ جارج کالج دکنی زبان وداب کا ایک اہم مرکز (1979)

مشہور جرمن مستشرقہ ڈاکٹر انا میری شمیل پروفیسر انڈو مسلم کلچر ہارورڈ یونیورسٹی امریکہ نے اس کتاب کی رسم اجراء انجام دی تھی۔ اس موقع پر انہوں نے کہا تھا'' اردو زبان وادب کی نشوونما میں مدراس اور جنوبی ہند کا حصہ انتہائی اہمیت رکھتا ہے کلکتہ کے فورٹ ولیم کالج کی طرح مدراس کے فورٹ سینٹ جارج کالج کا رول نہایت اہم ہے۔ ڈاکٹر افضل اقبال نے بڑی محنت کے ساتھ منتشر مواد کو جمع کیا ہے ان کی تحقیقی کتاب اردو لٹریچر میں ایک خوش گوار اضافہ ہے۔

5) جنوبی ہند کی اردو صحافت (1857 سے پیشتر) (1981)

اردو میں صحافت نگاری پر امداد صابری، عتیق صدیقی، عبدالسلام خورشید وغیرہ کی کتابیں دستیاب ہیں لیکن ان تصانیف میں جنوبی ہند کی صحافت کو مناسب نمائندگی نہ مل سکی تھی۔ ڈاکٹر افضل الدین اقبال کی کاوشوں سے یہ گوشہ پوری طرح روشنی میں آ گیا ہے۔ کتاب کو چھوٹے بڑے تقریباً 80 عنوانات میں تقسیم کیا گیا ہے۔ پروفیسر مظفر حنفی کلکتہ یونیورسٹی کا بیان ہے کہ کتاب کہ ہر صفحہ سے مصنف کی عرق ریزی اور جان سوزی کا ثبوت ملتا ہے۔ ڈاکٹر خلیق انجم ایڈیٹر ہماری زبان نئی دہلی کا بیان ہے ''یہ کتاب اس نقطہ نظر سے بہت اہم ہے کہ اس موضوع پر اس سے پہلے کوئی کام نہیں ہوا۔ اس کتاب میں کئی ایسے اخباروں کا ذکر ہے جن کا نام اس سے پہلے نظر سے نہیں گزرا۔

6) اردو کا پہلا نثری ڈراما اور کیپٹن گرین آوے (1984)

ڈاکٹر گیان چند جین نے اس کتاب کے بارے میں لکھا ہے۔ 1852 کے بعد جن ڈراموں کو جن سرپرستوں نے اعزاز اولیت سے نوازا ہے ڈاکٹر افضل الدین اقبال نے ان کے دعوؤں کو بھک سے اڑا دیا ہے یہی ان کی اہمیت ہے۔ انہوں نے گوپی چند جالندھر، بلبل بیمار، خورشید، سجاد سبل اور صولت عالم گیری کو اردو کے پہلے ڈرامے کے مقالے میں ایک قلم سے خارج کر دیا۔ اندر سبھا بھی اس زمرے سے خارج ہو جاتی ہے۔ اس طرح ڈاکٹر افضل الدین اقبال کی کتاب اردو ڈرامے کی تحقیق میں غیر معمولی اہمیت کی حامل ہے۔

7) خرگوش پروری:۔ (1984)

ادب میں یہ اپنی نوعیت اور اردو دنیا میں وہ پہلی کتاب ہے جس میں خرگوش کی پرورش کی معاشی اہمیت بیان کی گئی ہے۔ پروفیسر افضل اقبال کی مرتبہ تصانیف میں ایک خرگوش پروری بھی ہے جس کو پروفیسر گیان چند نے بہت زیادہ سراہا تھا۔

8) نواب اعظم و مثنوی اعظم نامہ (1987)

نواب اعظم و مثنوی اعظم نامہ اردو ادب کی تاریخ پر لکھی جانے والی کتابوں میں ایک گراں قدر اضافہ ہے۔ مثنوی اعظم نامہ مدراس کے والا جاہی حکمران آرکاٹ کے آخری نواب محمد غوث خاں

اعظم کے درباری شاعر قادر حسین جوہر کی غیر مطبوعہ مثنوی ہے اس مثنوی میں انہوں نے از ہلاتا لحد نواب اعظم کے حالات زندگی منظوم کئے ہیں۔ کہنے کو تو یہ ایک والی ریاست کی منظوم سوانح ہے جس نے صرف 32 سال کی عمر پائی لیکن اس مختصر سی عمر میں بھی جس کی علم دوستی' ادب پروری' ادبا وشعرا کی سرپرستی فیاضی اپنے عہد کی معاشرت سے تعلق خاطر اور خود تقریر و تصنیف سے دلچسپی نے وہ کام کیا جس کو بہت سے طویل عمر پانے والے حکمران بھی کرنے سے قاصر رہے۔ ڈاکٹر جمیل جالبی کا بیان ہے کہ ڈاکٹر افضل اقبال نے مثنوی کے متن کو سلیقہ سے مرتب کیا ہے مقدمہ میں مصنف اور کتاب کا اچھا تعارف رہا ہے

9) شمس العلماء قاضی عبیداللہ اورینٹل لائبریری مدراس کے اردو مطبوعات (1987)

10) امانتی کتب خانہ خاندان شرف الملک مدراس کے اردو مخطوعات (1987)

مندرجہ بالا دونوں کتابیں مدراس کے مشہور کتب خانوں کے نایاب قلمی کتابوں کے بارے میں ہیں۔ یہ دونوں کتابیں ڈاکٹر افضل اقبال نے ڈاکٹر محمد غوث کے اشتراک سے مرتب کئے ہیں مصنفین اور شعراء کے بارے میں تفصیلی نوٹ ڈاکٹر افضل اقبال کے تحریر کردہ ہیں۔

11) ہوائی چکیاں: (1989)

اس کتاب میں مصنف نے ہوائی توانائی کے بارے میں تفصیل بیان کی ہے۔آج کے دور میں ہوائی چکی کا بھی اہم رول ہوگیا ہے کہ جس کے ذریعہ سے برقی پیدا کی جاسکتی ہے۔آج یورپ اور امریکہ میں ہزاروں ہوائی چکیاں کام کرتی ہیں۔

12) دکنی ادب کا مطالعہ (1990)

ڈاکٹر افضل اقبال نے پروفیسر سیدہ جعفر کی سرپرستی میں دکنی نظم ونثر کا ایک انتخاب ایم اے کے طلباء کے لئے مرتب کیا یہ کتاب ایم اے کے نصاب میں شامل تھی۔

13) حکایات لطیفہ۔اردو کی قدیم ترین دلچسپ مختصر کہانیاں (1993)

حکایات لطیفہ اردو کی قدیم ترین دلچسپ مختصر کہانیوں کا مجموعہ ہے یہ فورٹ سینٹ جارج کالج کا

ایک نا قابل فراموش ادبی کارنامہ ہے۔اس کتاب کے مواد کے لئے ڈاکٹر افضل اقبال پاکستان گئے اور کراچی کے قومی عجائب گھر کے کتب خانہ سے استفادہ کیا۔

14) تاریخ اردو زبان وادب 1998 تا 2001

یہ تاریخ ادب اردو عثمانیہ یونیورسٹی کے فاصلاتی ایم اے اردو سال اول میں شامل ہے۔اس میں ڈاکٹر افضل الدین اقبال کے 8 مضامین شامل ہیں شعبہ کے دوسرے اساتذہ بھی اس کے لئے مضامین لکھے۔یہ کتاب نصابی ضرورتوں کو پورا کررہی ہے اب تک تین بار شائع ہوچکی ہے۔

15) مجمع الامثال۔قدیم وجدید ضرب الامثال پر پہلی کتاب (1999)

یہ فورٹ سینٹ جارج کالج کے نامور استاد مہدی واصف کی تصنیف ہے اردو میں تا حال یہ قدیم و جدید کہاوتوں کا پہلا جامع اور مکمل مجموعہ ہے۔اس میں ضرب الامثال کی مختصر تشریح بھی کی گئی ہے ۔ڈاکٹر افضل اقبال نے اسے بڑی محنت سے مرتب کیا۔

16) حیدرآباد میں اردو صحافت کا آغاز وارتقاء 1866 تا 1950 (2002)

یہ کتاب نظامس اردو ٹرسٹ کے ایک تحقیقی پراجکٹ کے تحت لکھی گئی ۔اس میں حیدرآباد میں اردو صحافت کے پس منظر اور حیدرآباد کے پہلے پریس کے بارے میں تفصیل دی گئی ہے۔اسی کے ساتھ سقوط حیدرآباد اور اردو صحافت اور مسائل مابعد سقوط حیدرآباد کی شمولیت کی وجہ سے مقالہ خاصا مکمل اور سیر حاصل ہے۔

17) ایسٹ انڈیا کمپنی کے علمی ادارے فورٹ ولیم اور فورٹ سینٹ جارج کالج
تقابلی وتنقیدی جائزہ (2003)

اردو ادب کی تاریخ میں فورٹ ولیم کالج کی خدمات کا محققین نے تفصیلی تذکرہ کیا ہے لیکن فورٹ سینٹ جارج کالج کا ذکر اردو ادب کے مورخین نے نہیں کیا۔حالانکہ یہ کالج انیسویں صدی کے دو تین دہائیوں تک دکنی اردو کی ترویج واشاعت کا ایک اہم مرکز تھا۔چنانچہ اس سمت میں ڈاکٹر افضل الدین اقبال کی پہل سے فورٹ سینٹ جارج کا تفصیلی جائزہ پہلی بار مطبوعہ شکل میں منظر عام پر آیا

ہے جس کی ادبی اہمیت زیادہ نہ سہی لیکن سماجی اور تاریخی حیثیت سے انکار نہیں کیا جاسکتا۔اس کتاب میں فورٹ ولیم کالج اور فورٹ سینٹ جارج کالج کا تقابلی وتنقیدی جائزہ ہے جس سے اس حقیقت کا انکشاف ہوتا ہے کہ فورٹ ولیم کالج اور فورٹ سینٹ جارج کالج ایک ہی مشن کی دوشاخیں ہیں اس طرح دونوں کالجوں کے تقابلی جائزہ دستاویزی اہمیت کے حامل نظر آتے ہیں۔

18) نصیرالدین ہاشمی حیات اورادبی خدمات (2007) نصیرالدین ہاشمی صاحب اردو زبان کے ان ممتاز قلم کاروں میں ہیں جنھوں نے بنیادی اہم اور ٹھوس خدمات انجام دیں ان کی کتابوں کی تعداد خاصی ہے لیکن ان کی جس کتاب کو شہرت دوام حاصل ہوئی وہ ''دکن میں اردو'' ہے جو 1923 میں شائع ہوئی تھی۔اس کتاب کے اب تک کئی ایڈیشن شائع ہو چکے ہیں۔ہاشمی صاحب نے مخطوطات کی فہرستیں بھی مرتب کیں لیکن ان کی بدولت نئی زندگی ملی دکن اور دکنیات ان کے پسندیدہ موضوع تھے۔ڈاکٹر افضل اقبال نے اس کتاب میں ان کا سیر حاصل تعارف کروایا ہے۔

19) قرآنی صنعتیں (انگلش اور اردو) (2007)

صحیفہ آسمانی قرآن مجید میں جہاں بے شمار امور کا تذکرہ ہے وہیں پر دستی گھریلو مصنوعات چھوٹے پیمانے کی صنعتوں اور بڑی صنعتوں کا بھی تذکرہ ملتا ہے۔ممتاز عثمانین و ماہر معاشیات مولوی شرف الدین مرحوم نے انگریزی میں ایک رسالہ قرآنی صنعتوں کے عنوان سے لکھا تھا وہ شائع ہو چکا ہے۔اس کتاب کا ڈاکٹر افضل اقبال نے اردو میں ترجمہ کر کے یوسف شرف الدین ادبی و مذہبی ٹرسٹ حیدآباد کی جانب سے شائع کیا ہے۔یہ کتاب دوزبانوں اردو انگریزی میں شائع کی گئی ہے۔

20) تذکرہ تاج الاولیاء:۔ (2008)

یہ کتاب 70 سال پہلے شائع ہوئی تھی۔اب نایاب ہے۔پروفیسر افضل الدین اقبال اور سید خواجہ معین الدین کی تصحیح وترمیم کے بعد اس کا دوسرا بڑا ایڈیشن شائع کیا۔انتہائی ماہرانہ انداز میں لکھا گیا ہے۔

21) علامہ اقبال کی نظمیں:۔ (2009)

یہ کتاب علامہ اقبال کی چنندہ بچوں کی نظموں پر مشتمل ہے۔اقبال کی بچوں کے لئے لکھی گئی سبق آموز نظموں کو علحدہ طور پر شائع کرتے ہوئے بچوں کی اصلاح کتاب کی اشاعت کا مقصد رہا۔مصنف کو علامہ اقبال سے بے حد انس تھا۔جس کی وجہ شاید یہ بھی ہے کہ ان کے نام کے ساتھ اقبال موجود رہا۔

23) The Merchant of Baghdad:۔ یہ کتاب انگریزی زبان میں قابل قدر تصنیف ہے۔

24) دکنی نعت:۔

اس کتاب کو قومی کونسل برائے اردو ترقی اور حکومت ہند نے شائع کیا ہے۔اس کتاب کی تدوین و اشاعت میں پروفیسر افضل الدین اقبال نے پروفیسر سیدہ جعفر کی کافی مدد کی تھی۔

25) اقوال حضرت غوث اعظمؒ:۔

اس کتاب میں حضرت غوث اعظمؒ کے حالات زندگی مختصراً بیان کئے گئے ہیں۔

ڈاکٹر محمد افضل الدین اقبال کی تصانیف کی تفصیلات دیکھنے سے اندازہ ہوتا ہے کہ وہ ایک زود نویس مصنف تھے۔ان کی دکنی ادب سے متعلق تصانیف ادب کی تاریخ میں اہم اضافہ ہیں۔ان کی تصانیف سے اردو تحقیق کی نئی راہیں ہموار ہوئیں۔اور دکنی کے کئی شاہکار دریافت ہوئے۔

ڈاکٹر محمد افضل اقبال کی تصانیف پر

مشاہیر ادب اور ناقدین کی رائے

1۔تذکرۂ سعید (اُردو انگریزی)

حیدرآباد کے مشہور علمی و دینی خدمت گذار خاندان کا مفصل و مستند تذکرہ بہت سے مضمونوں کا مجموعہ جن میں سے ہر ایک دلچسپ و پُر معلومات ہے خصوصاً ڈاکٹر یوسف الدین، محمد افضل اقبال، ڈاکٹر محمد غوث کے قلم سے نکلے ہوئے علوم اسلامیہ، ثقافت اسلامیہ اور عثمانیہ یونیورسٹی

کے سارے طلبہ کے لیے قابلِ مطالعہ محمد عبدالماجد دریا بادی' مدیر صدقِ جدید لکھنؤ

2۔ مدراس میں اُردو ادب کی نشو ونما (جلد اوّل) 1979ء

مدراس یونیورسٹی کے ایم ۔فل کے نصاب میں شامل اور آندھرا پردیش اُردو اکیڈیمی کا پہلا انعام پانے والی تحقیقی کتاب:

''یہ کتاب مصنف کا وہ تحقیقی مقالہ ہے جس پر عثمانیہ یونیورسٹی حیدرآباد نے ان کو ڈاکٹریٹ کی ڈگری دی ہے۔ ابھی تک اس موضوع پر کوئی اچھی کتاب موجود نہیں تھی اس کتاب سے یہ کمی پوری ہوگی۔ اس سے مصنف کی محنت اور سلیقہ کا پتہ چلتا ہے''۔

ماہ نامہ ''معارف'' اعظم گڈھ۔(یوپی)

'مدراس میں اُردو اداب کی نشو ونما' کا ایک نسخہ وصول ہوا اور موضوع سے شغف کی بناء پر ایک دم پڑھ ڈالا ۔ یہ کام آپ نے خوب کیا ہے اور ڈھنگ سے کیا ہے جس کے لیے آپ لائق مبارک باد ہیں خدا آپ کی علمی توفیق زیادہ کرے۔

پروفیسر ڈاکٹر مسعود حُسین خاں صدر شعبۂ لسانیات علی گڑھ مسلم یونیورسٹی

مقالہ نگار نے علاقہ مدراس کے ادیبوں کا تذکرہ بڑی جامعیت سے کیا ہے۔ ادیبوں کی تفصیل اور ریل پیل دیکھ کر مقابلہ نگار کی غیر معمولی عرق ریزی کا اندازہ ہوتا ہے۔ عام طور پر پی۔ ایچ۔ ڈی کے مقالوں کی تیاری میں اتنی محنت نہیں کی جاتی۔ علاقہ مدراس کی حد تک ان کا کارنامہ ایک جامع کام ہے اور تاریخِ ادب کے احصار کا ایک خلاء پر کرتا ہے۔ بہت کم ایسے محقق ہوں گے جن کی پہلی تصنیف اتنے اچھے معیار کی ہو۔

پروفیسر گیان چند جین ۔صدر شعبہ اُردو یونیورسٹی آف حیدرآباد

میں نے اس کتاب کو اپنے یہاں ایم ۔فل میں مقامی موضوعات پر کام کرنے والوں کے لیے داخل نصاب فی الفور کرلیا۔ یہ کتاب کام کی ہے اور آئندہ تحقیق کرنے والوں کے لیے بنیادی مواد فراہم کرتی ہے۔ اللہ کرے کہ آپ کا ذوق تحقیق وتصنیف اور بالیدہ ہو اور آپ اُردو

دنیا میں اس سے زیادہ شہرت حاصل کریں۔

پروفیسر نجم الھدیٰ، صدر شعبۂ عربی، اُردو، مدراس یونیورسٹی

3۔فورٹ سینٹ جارج کالج دکنی زبان وادب کا ایک اہم مرکز 1979ء

''اُردو زبان وادب کی نشو ونما میں مدراس اور جنوبی ہند کا حصہ انتہائی اہمیت رکھتا ہے۔ کلکتہ کے فورٹ ولیم کالج کی طرح مدراس کے فورٹ سینٹ جارج کالج کا رول نہایت اہم ہے۔ ڈاکٹر افضل اقبال نے بڑی محنت کے ساتھ منتشر مواد کو جمع کیا ہے۔ان کی تحقیقی کتاب اُردو لٹریچر میں ایک خوش گوار اضافہ ہے۔ میں بڑی مسرت کے ساتھ اس نئی کتاب کا خیر مقدم کرتی ہوں۔

پروفیسر انا میری شمل پروفیسر انڈو مسلم کلچر ہارورڈ یونیورسٹی (امریکہ)

یہ دیکھ کر بے حد خوشی ہوئی کہ آپ کے مقالے کا پہلا جُز چھپ کر شائع ہو گیا ہے آپ کو دِلی مبارکباد پیش کرتا ہوں قبول کیجیے۔ آپ نے بلاشبہ اس کی تیاری میں بہت محنت کی ہے۔انشاء اللہ یہ کتاب بہت مقبول ثابت ہوگی۔

''مصنف نے فورٹ سینٹ جارج کالج پر بہت تفصیلی کام کیا ہے اسے دیکھنے سے پہلے مجھے اندازہ نہ تھا کہ اس کالج میں بھی اُردو کے اتنے قلم کار ہوئے ہیں اس عہد کے کئی مستشرقین اور ادیبوں کے نام اور کام سے واقفیت تھی لیکن ان میں سے بعض کے بارے میں یہ خیال نہ تھا کہ ان کا تعلق فورٹ سینٹ جارج کالج سے ہے، زیرِ نظر کتاب سے یہ معلوم ہوا''۔

پروفیسر ڈاکٹر گیان چند جین، صدر شعبۂ اُردو، حیدر آباد یونیورسٹی

''خوشی ہوئی کہ آپ کا ڈاکٹریٹ کا مقالہ خصوصاً جو قلعہ سینٹ جارج مدراس کے علمی کارناموں سے متعلق ہے چھپ گیا ہے جو رٹ سینٹ جارج کالج مدراس اور فورٹ سینٹ ولیم کالج کلکتہ کے علمی کارناموں سے ہمارے علمی اِداروں کو روشنی ملے گی اور کام کو آگے بڑھانے کا سلیقہ یا ڈھنگ آجائے گا۔ انشاءاللہ یہ علمی کارنامہ آئندہ ترقی کا زینہ بنے گا''۔

ڈاکٹر محمد یوسف الدین موظف صدر شعبۂ مذہب وثقافت عثمانیہ یونیورسٹی

''جس قدر میں نے اس کا مطالعہ کیا ہے اس سے اندازہ ہوتا ہے کہ تم نے اس کا مواد جمع کرنے میں واقعی بڑی محنت کی ہے اتنے قدیم دور کی تاریخ کا مطالعہ کرنا اور اس پر تحقیق وتنقید اور ریسرچ کرنا کوئی آسان کام نہیں اس کے لیے بڑی فرصت اور محنت وعرق ریزی سے کام کرنا پڑتا ہے۔ خصوصاً آج کل اُردو دشمنی کا ماحول پیدا ہوگیا ہے اس میں تاریخ ادب کے ایسے قدیم دور کا پتہ چلانا بڑے دل گرُدے کا کام ہے اور تمہاری یہ کامیاب کوشش لائق تحسین وقابلِ مبارک باد ہے۔

پروفیسر محمد اعظم خاں، پروفیسر اُردو بہاول پور یونیورسٹی (پاکستان)

آپ کی خوبصورت، دیدہ زیب اور شاہکار تصنیف ''مدراس میں اُردو ادب کی نشو ونما'' پڑھ کر طبعیت باغ باغ ہوگئی۔ کتاب کیا ہے گنجینۂ تحقیق و تدقیق ماشاء اللہ آپ نے تاریخی پس منظر میں حقاق و واقعات کو جس انداز سے پیش فرمایا واقعی قابلِ داد ہے۔ کتاب کے ایجاز واعجاز کے باوصف ''فورٹ سینٹ جارج کالج'' کا اضافہ اس سلسلہ کی اگلی کتابوں میں اس کو ممتاز و مرتاض کردیا ہے جزاکم اللہ خیر الجزاء

راہی فدائی، ایڈیٹر ''سفر'' ویلور

4۔ جنوبی ہند کی اُردو صحافت 1981ء

اُتر پردیش اُردو اکیڈیمی اور مغربی بنگال اُردو اکیڈیمی کی ایوارڈ یافتہ تحقیقی کتاب

یہ کتاب اس نقطہ نظر سے بہت اہم ہے کہ اس موضوع پر اس سے پہلے کوئی کام نہیں ہوا ۔اس کتاب میں کئی ایسے اخباروں کا ذکر آیا ہے جن کا نام اس سے پہلے نظر سے نہیں گذرا۔

ڈاکٹر خلیق انجم ۔ایڈیٹر ہماری زبان۔ نئی دہلی

یہ کتاب اگرچہ مختصر ہے مگر اپنے مواد کے لحاظ سے خاصی اہمیت رکھتی ہے۔

مولف نے بڑی تحقیق وتلاش کے بعد اس خطے میں شائع ہونے والے قدیم اخبارات

کو کھوج لگایا ہے اور اس کے ساتھ ہی ساتھ مدراس کے ان قدیم مطابع کی نشاندہی بھی کی ہے جو اس دور میں طباعت کی خدمات انجام دے رہے تھے۔

۔۔۔۔اس طرح انھوں نے اپنے موضوع کے بہت سے نئے گوشوں پر روشنی ڈال کر یہ مختصر مگر مفید اور تحقیقی کتاب پیش کی ہے۔

روزنامہ ''جنگ'' کراچی

میں کراچی گیا تھا آپ کی تصنیف ''جنوبی ہند کی اُردو صحافت'' جناب حمید الدین شاہد نے عنایت فرائی دیکھ کر طبعیت خوش ہوئی۔ اُردو صحافت کی اہمیت کو علمی و ادبی طبقے نے سمجھا نہیں ہے۔اس پر کام زیادہ سے زیادہ ہونا چاہئے۔آپ اس پر زیادہ توجہ دیں۔نوجوان ہیں۔

مولانا امداد صابری۔دہلی

اُردو میں صحافت نگاری سے متعلق امداد صابری، عتیق صدیقی، عبدالسلام خورشید وغیرہ کی کتابیں دستیاب ہیں لیکن ان تصانیف میں جنوبی ہند کی صحافت کو مناسب نمائندگی نہ مل سکی تھی ۔افضل الدین اقبال کی کاوشوں سے یہ گوشہ پوری طرح روشنی میں آگیا ہے۔کتاب کو چھوٹے بڑے تقریباً اسی (80) عنوانات میں بانٹا گیا ہے۔اس کے خاص خاص ابواب مندرجہ ذیل ہیں ۔صحافت کیا ہے، ہندوستان میں صحافت کی ابتداء جنوبی ہند میں اُردو صحافت کی ابتداء مدراس کے قدیم اُردو اخبارات، جنوبی ہند کی قدیم اُردو صحافت کا ایک جائزہ، جنوبی ہند کے اُردو مطابع۔ کتاب کے ہر صفحے پر مصنف کی عرق ریزی اور جان سوزی کا ثبوت ملتا ہے۔

پروفیسر مظفر حنفی، پروفیسر اقبال چیر شعبۂ اُردو، کلکتہ یونیورسٹی

5۔اُردو کا پہلا نثری ڈرامہ 1984ء

اُتر پردیش اُردو اکیڈیمی اور آندھرا پردیش اُردو اکیڈیمی کی ایوارڈ یافتہ کتاب

آپ نے جن دلائل اور حوالوں کے ساتھ یہ کتاب پیش کی ہے اس سے یہ بات واضح ہو جاتی ہے کہ یہی ڈرامہ اُردو کا پہلا نثری ڈرامہ ہے اس تحقیق پر میں آپ کو مبارک باد پیش کرتا ہوں۔

ڈاکٹر جمیل جالبی، وائس چانسلر کراچی یونیورسٹی، پاکستان

1952ء کے بعد جن ڈراموں کو جن سرپرستوں نے اعزاز اولیت سے نوازا ہے ڈاکٹر افضل الدین اقبال نے ان کے دعوؤں کو بھک سے اُڑا دیا ہے۔ یہی ان کی اہمیت ہے۔ انھوں نے گوپی چند جالندھر، بلبل بیمار، خورشید، سجاد سنبل اور صولت عالم گیری کو اُردو کے پہلے ڈرامے کے مقابلے سے ایک قلم خارج کر دیا۔ اندر سبھا بھی اس زمرے سے خارج ہو جاتی ہے اس طرح ڈاکٹر افضل الدین اقبال کی کتاب اُردو ڈرامہ کی تحقیق میں غیر معمولی اہمیت کی حامل ہے۔

پروفیسر گیان چند جین، صدر شعبۂ اُردو، سنٹرل یونیورسٹی، حیدر آباد

6۔ حکایات لطیفہ اُردو کی قدیم ترین دلچسپ مختصر کہانیاں

آندھرا پردیش اُردو اکیڈیمی کی ایوارڈ یافتہ تحقیقی کتاب

''حکایات لطیفہ'' اُردو کی قدیم ترین دلچسپ مختصر کہانیوں کا مجموعہ ہے اس شعبۂ اُردو عثمانیہ یونیورسٹی کے جواں سال محقق ڈاکٹر افضل الدین اقبال نے مرتب کر کے شائع کیا ہے۔ ڈاکٹر افضل الدین اقبال دکن کے ان چند قابلِ ذکر مصنفین میں سے ہیں جنھوں نے اپنی تحقیقی کاوشوں سے یہ ثابت کر دیا ہے کہ جامعہ عثمانیہ کی نئی نسل شعبۂ اُردو کی گراں قدر ادبی روایات کی پاسداری سے غافل نہیں اور اس کا تسلسل برقرار رکھنے کی مساعی میں مصروف ہے۔ حکایات لطیفہ فورٹ سینٹ جارج کالج کا ایک ناقابلِ فراموش ادبی کارنامہ ہے۔

پروفیسر سیدہ جعفر، صدر شعبۂ اُردو، سنٹرل یونیورسٹی حیدر آباد

(7) پرنٹنگ کی کہانی (تاریخ فنِ طباعت) 1965ء

''کتابت وطباعت باقاعدہ ایک فن ہے۔ زیرِ نظر کتابچہ اس فن کی ایک مختصر کہانی ہے۔ ایک عام قاری کے لیے یہ کتاب بڑی معلومات آفریں ہے۔ اس میں ان تاریخی ٹھوس حقائق کو

پیش کیا گیا ہے جو اس فن کی ترقی کا باعث بنے اور بڑے مدلل انداز میں مسلمانوں کی ان کوششوں کا بھی ذکر ہے جو اس کو معراجِ کمال تک پہونچائے' یہ کتاب اس قابل ہے کہ ہر لائبریری کی زینت بنے''۔

عاتق شاہ

روزنامہ ''سیاست'' حیدرآباد

ڈاکٹر محمد افضل الدین اقبال کی تصانیف پر ملک اور بیرون ملک کے مشاہرین اور ناقدین نے اپنی رائے دی ہے۔اس رائے سے ان کی تصانیف کی مقبولیت کا پتہ چلتا ہے۔

انعامات واعزازات :- ڈاکٹر محمد افضل الدین اقبال کو ان کی تصانیف پر اب تک مختلف اکیڈیمیوں سے (9) ایوارڈس مل چکے ہیں۔جن کی تفصیل درجِ ذیل ہے۔

(1) مدراس میں اُردو ادب کی نشو ونما : آندھرا پردیش اُردو اکیڈیمی کا پہلا انعام پانے والی یہ کتاب مدراس یونیورسٹی کے ایم۔اے اور ایم۔فل کے نصاب میں شامل ہے۔

(2) فورٹ سینٹ جارج کالج :- اُتر پردیش اُردو اکیڈیمی کی ایوارڈ یافتہ

(3) جنوبی ہند کی اُردو صحافت (1857ء سے بیشتر) : اُتر پردیش اُردو اکیڈیمی او رمغربی بنگال اُردو اکیڈیمی کی ایوارڈ یافتہ ۔اس کتاب کی ہندوستان و پاکستان کے اخبارات و رسائل نے بڑی ستائش کی۔ یہ گلبرگہ یونیورسٹی کے نصاب میں شامل ہے۔

(4) اُردو کا پہلا نثری ڈرامہ اور کیپٹن گرین آوے : اُتر پردیش اُردو اکیڈیمی اور آندھرا پردیش اُردو اکیڈیمی کی ایوارڈ یافتہ ۔اس ڈرامہ کی اشاعت سے اندرا سبھا' گوپی چند جالندھر' بلبلِ بیمار' سجاد سنبل اور صولت عالمگیری اُردو کے پہلے ڈرامے کے مقابلے سے خارج ہوگئے یہ ایک اہم تحقیقی انکشاف ہے۔

(5) نواب اعظم و مثنوی اعظم نامہ : آندھرا پردیش اُردو اکیڈیمی کی ایوارڈ یافتہ ۔ تہذیبی و تاریخی

اہمیت کی حامل کتاب۔

(6) حکایاتِ لطیفہ۔اُردو کی قدیم ترین دلچسپ مختصر کہانیاں : آندھراپردیش اُردو اکیڈیمی کی ایوارڈ یافتہ ۔ فورٹ سینٹ جارج کالج کا ایک ناقابلِ فراموش ادبی کارنامہ۔

(7) مجمع الامثال۔قدیم وجدید ضرب الامثال پر پہلی کتاب : آندھراپردیش اُردو اکیڈیمی کی ایوارڈ یافتہ ۔ فورٹ سینٹ جارج کالج کا ایک ناقابلِ فراموش ادبی کارنامہ۔

(8) تاریخ ادب اُردو : ایم۔اے عثمانیہ یونیورسٹی فاصلاتی تعلیم کی نصابی کتاب۔

(9) ایسٹ انڈیا کمپنی کے علمی ادارے : فورٹ ولیم کالج وفورٹ سینٹ جارج کالج۔تقابلی و تنقیدی جائزہ ۔

یو جی سی ریسرچ پروجکٹ آندھراپردیش اُردو اکیڈیمی کے مالی تعاون سے شائع ہوئی۔

(10) حیدرآباد میں اُردو صحافت کا آغاز اورارتقاء : نظامس اُردو ٹرسٹ کا تحقیقی پروجکٹ ۔ کتاب ٹرسٹ کی جانب سے شائع ہوئی ہے۔

تحقیقی نگران کار :- ڈاکٹر محمد افضل الدین اقبال ہندوستان و پاکستان کی مختلف جامعات کے ایک درجن سے زیادہ پی۔ایچ۔ڈی کے مقالوں کے ممتحن (Examiner) رہ چکے ہیں۔ شعبہ اردو جامعہ عثمانیہ میں بھی ان کے زیرنگرانی کئی طلباء نے مقالے لکھے ذیل میں ان کے زیر نگرانی ایم۔فل اور پی ایچ ڈی کرنے والے طلبہ کی فہرست دی جارہی ہے جن میں 14 ایم۔فل کے اور 5 پی ایچ ڈی کے طلبہ ہیں۔

ایم۔فل کے طلبہ کی فہرست

سیریل نمبر	عنوان	نام طالب علم
(1)	**اردو ڈرامے پر انگریزی ڈرامے کے اثرات۔** مقالہ برائے ایم۔فل 1990	سید اصغر
(2)	**تحریک آزادی نسواں اور خواتین حیدرآباد کی اردو خدمات**	

مقالہ برائے ایم۔فل۔1990　　　　اکبر عبدالحفیظ

(3) حافظ محمد مظہر حیات اور کارنامے

مقالہ برائے ایم۔فل۔1993　　　　بدر

(4) اشاریہ نوائے ادب' 11 سالہ نوائے ادب بمبئی کا صنف وار اشاریہ

مقالہ برائے ایم۔فل۔1993　　　　سید عزیز الدین

(5) روح ترقی توضیحی اشاریہ

مقالہ برائے ایم۔فل۔1993　　　　محمد عبدالرؤف

(6) تدوین داستان ملک زماں وکام کندلہ

مقالہ برائے ایم۔فل۔2000　　　　خواجہ مبشر الدین احمد

(7) جہاں دار افسر۔حیات اور ادبی خدمات

مقالہ برائے ایم۔فل۔2000　　　　محمد موسی قریشی

(8) مولانا ابوالکلام آزاد بحیثیت صحافی

مقالہ برائے ایم۔فل۔2002　　　　امیر علی

(9) پروفیسر حبیب الرحمٰن کی ادبی خدمات

مقالہ برائے ایم۔فل 2003　　　　مبینہ

(10) پروفیسر معین الدین عقیل کی اردو خدمات

مقالہ برائے ایم۔فل۔ 2003　　　　فرحت سلطانہ

(11) پروفیسر سلیمان اطہر جاوید کی ادبی خدمات

مقالہ برائے ایم۔فل۔2004　　　　افسری بیگم

(12) مولانا ابوالحسن علی ندوی کے سفرنامے

مقالہ برائے ایم۔فل۔2004　　　　عشرت جہاں

(13) سید معین الدین قریشی' حیات اور ادبی کارنامے

مقالہ برائے ایم۔فل۔2005 محمد ناہید علی

(14) حیدر آباد میں اردو ذرائع ترسیل وابلاغ' بیسویں صدی کی آخری دہائی میں

مقالہ برائے ایم۔فل۔2008 محمد مصطفیٰ علی

پی ایچ۔ڈی کے طلبہ کی فہرست

(15) مولوی نصیر الدین ہاشمی بحیثیت محقق

مقالہ برائے پی ایچ ڈی۔1998 فاطمہ آصف

(16) خمسہ متحیرہ اوج آگاہی (از باقر آگاہ)

مقالہ برائے پی ایچ ڈی۔2003 حنیف رفعت بنت غلام احمد

(17) محمد مہدی واصف حیات اور ادبی خدمات

مقالہ برائے پی ایچ ڈی۔2004 موسی اقبال

(18) مولانا ابوالحسن علی ندوی کے سفرنامے

مقالہ برائے پی ایچ ڈی۔2004 عشرت جہاں

(19) دکنی ادب کے فروغ میں پروفیسر سیدہ جعفر کا حصہ

مقالہ برائے پی ایچ ڈی ۔ 2007 امیر علی

ڈاکٹر محمد افضل الدین اقبال کے زیر نگرانی تحقیق کرنے والے یہ طالب علم آج جامعات اور کالجوں میں پیشہ تدریس سے وابستہ ہیں۔اور اپنے استاد کے فیض تربیت سے دوسروں کو فیضیاب کرنے میں لگے ہوئے ہیں۔ان کے طلباء کو روشن دیئے قرار دیتے ہوئے ان کے ایک رفیق میر تراب علی ید اللہی لکھتے ہیں:

کچھ شخصیتیں ایسی ہوتی ہیں۔ جو نام ونمود اور شہرت و

پذیرائی سے بے نیاز ہوتی ہیں۔ جبکہ یہی بے نیازی ان کی شخصیت کی پہچان بن جاتی ہے۔ مرحوم کی اسی بے نیازی نے ان کے کئی شاگردوں کو ان کا نیاز مند بنا دیا تھا۔ ڈاکٹر محمد افضل الدین اقبال نے دنیا چھوڑ دی مگر جو دیئے انہوں نے اپنے طلبا و طالبات کی شکل میں روشن کئے ہیں ان کی تھرتھراتی لو میں بھی ان کا روشن اور چمک دار چہرہ ہمیشہ روشنی فراہم کرتا رہے گا۔

شام در شام جلیں گے تری یادوں کے چراغ
نسل در نسل ترا درد نمایاں ہو گا

(بحوالہ ''پروفیسر محمد افضل الدین اقبال حیات اور ادبی خدمات'' ص ۵۰)

ادارت :- ڈاکٹر محمد افضل الدین اقبال کو صحافت سے بڑی دلچسپی ہے وہ دو صحافتی کتابوں کے مصنف ہیں۔ مولانا ابوالکلام آزاد اور مولانا عبدالماجد دریابادی کی صحافتی خدمات پر ان کی نگرانی میں مقالے لکھے جا چکے ہیں۔ وہ سائنس کالج سیف آباد کے میگزین ''مشعل'' کے اڈیٹر اور مشیر رہ چکے ہیں۔ ابھی حال میں ان کی ادارت میں مجلّہ عثمانیہ کا ''سربراہانِ شعبۂ اُردو'' نمبر شائع ہوا ہے جس میں شعبۂ اُردو کی (86) سال کی تاریخ ہے اس طرح اس مجلّہ کو دستاویزی حیثیت حاصل ہے۔

مجلّہ عثمانیہ کی تاریخ اور اس مجلّے کی اشاعت کے بارے میں ڈاکٹر محمد افضل الدین اقبال رقم طراز ہیں:

مجلّہ عثمانیہ شعبہ اردو یونیورسٹی کا علمی و ادبی ترجمان ہے۔ اس کا پہلا شمارہ فروری 1927 میں شائع ہوا تھا۔ نا مساعد حالات اور کئی برسوں کی خاموشی کے بعد اپریل 2004 میں

مجلّہ عثمانیہ کا دسواں خصوصی شمارہ سر براہان شعبہ اردو شائع ہوا۔ یہ نہ عثمانیہ یونیورسٹی کا نمبر ہے اور نہ اساتذہ شعبہ اردو نمبر ۔اس خصوصی شمارے کا مقصد شعبہ اردو عثمانیہ یونیورسٹی کے سر براہوں (صدور) کا ایک تعارف ہے۔ 86 سال کے عرصہ میں شعبہ اردو نے کیا ترقی کی۔ ہر سر براہ (صدر شعبہ) کے دور میں کیا کام انجام پائے۔ شعبہ میں کیا تحقیقی کام ہوا۔ خود سر براہان شعبہ نے کیا علمی کارنامے انجام دیئے اس کا ایک مختصر تعارف پھر ان کے بارے میں ایک مضمون شامل ہے۔ بعض سر براہان شعبہ پر مضامین نہیں ملے تو ان کا تعارف تفصیلی طور پر دیا گیا ہے۔ 86 سالہ دور میں شعبہ اردو سے کئی اساتذہ وابستہ رہے اگر روٹیشن سسٹم ابتداء سے عثمانیہ یونیورسٹی میں لاگو ہوتا تو کئی اساتذہ سر براہان شعبہ ہو جاتے۔ خراج عقیدت کے طور پر ابتدائی دور کے چند نامور مرحوم اساتذہ کا تذکرہ شامل کیا گیا ہے۔

عثمانیہ یونیورسٹی کے قیام کے لئے 1917ء میں شاہی فرمان (چارٹر) جاری ہوا اور 1918ء میں شعبہ فنون اور شعبہ سائنس کا آغاز ہوا۔ جامعہ عثمانیہ کی ڈائمنڈ جوبلی کے موقع پر ایک ارمغان جشن الماس 1978-1918 شائع ہوا۔ اس میں ابتداء ہی میں لکھا ہے کہ فرمان کی رو سے 1918 میں یہ جامعہ عالم وجود میں آئی۔ اسی شمارے میں ڈاکٹر رضی الدین صدیقی اپنے مضمون جامعہ عثمانیہ چند یادیں میں لکھتے ہیں کہ

جامعہ عثمانیہ سے میرا تعلق 1918 سے شروع ہوا۔ سید علی اکبر
مرحوم کا بیان ہے کہ 1918 میں جامعہ عثمانیہ کا قیام عمل میں آیا
۔مجلّہ عثمانیہ سربراہان شعبہ اردو نمبر تقریباً چالیس سال بعد کسی
مددیا تعاون کے بغیر صرف دو تین ہفتوں میں شائع ہوا۔

(بحوالہ ''پروفیسر محمد افضل الدین اقبال حیات اور ادبی خدمات مرتبہ ص ۱۰۴)

ڈاکٹر محمد افضل الدین اقبال کی تصانیف اور ان پر مشاہیر ادب کی رائے کو دیکھتے ہوئے یہ اندازہ لگایا جا سکتا ہے کہ دکنی ادب کے تعارف اور اس کی ترقی اور ترویج میں ان کی خدمات گراں قدر ہیں۔ خاص طور سے انہوں نے جس انداز میں مدراس کے شعر و ادب کے جائزے کے ذریعے دکنی کے جن گمنام شعراء اور ان کے کارناموں کو پہلی مرتبہ پیش کیا ہے اس سے ان کے ایک ماہر محقق ہونے کا پتہ چلتا ہے۔ انہوں نے فورٹ ولیم کالج کے مقابلے میں فورٹ سینٹ جارج کالج کا تفصیلی تعارف پیش کیا اور اس کالج کے تحت ہوئے اردو کارناموں خاص طور سے مہدی واصف کے کارناموں کو جس انداز میں پیش کیا اس سے جنوبی ہند کے اس کالج کی اردو خدمات پہلی مرتبہ تاریخ ادب اردو میں جگہ پاتی ہیں۔ اس طرح ڈاکٹر محمد افضل الدین اقبال نے اپنی تحقیق سے ایک علاقے کے کارناموں کو ہمیشہ کے لئے اردو ادب کی تاریخ میں جگہ دلا دی۔ اردو کے پہلے نثری ڈرامے کے تعین اور مثنوی اعظم نامہ کی تدوین کے ذریعے بھی ڈاکٹر محمد افضل الدین اقبال نے اردو ادب کی بڑی خدمت کی۔ یہی وجہ ہے کہ ان کی بیشتر تصانیف کو انعام سے نوازا گیا۔ اور انہیں مختلف جامعات کی نصابی کتابوں کا درجہ دیتے ہوئے ان کی اہمیت اجاگر کی گئی۔ ڈاکٹر محمد افضل الدین اقبال کے زیر نگرانی طلباء نے جو تحقیقی مقالے لکھے ان کے عنوانات سے بھی اندازہ ہوتا ہے کہ ان مقالوں کے ذریعے انہوں نے اپنی مزید معلومات محفوظ کر دیں۔ یہ تحقیقی مقالے بھی اردو کے تحقیقی ادب میں اچھا اضافہ ہیں۔ اس طرح ڈاکٹر محمد افضل الدین اقبال کی علمی و ادبی خدمات اردو تحقیق و تنقید میں گراں قدر اضافہ ہیں۔ ان کی

خدمات اس لائق ہیں کہ ان کی بھر پور ستائش کی جائے۔ اور یہ ستائش ان کے معاصرین اور مشاہیر ادب نے کی ہے۔ بلا شبہ ڈاکٹر محمد افضل الدین اقبال کی علمی و ادبی خدمات اردو کے نئے محققین کے لئے مشعل راہ ہیں۔ ڈاکٹر محمد افضل الدین اقبال نے اپنی تحقیقی کتابوں میں جن قدیم مخطوطات کی نشاندہی کی ہے۔ اگر اردو کے نئے محققین ان پر کام کریں تو دکنی اردو کا مزید گوشے سامنے آ سکتے ہیں۔ اور اردو ادب کی تاریخ میں دکنی اردو کا وزن اور وقار مزید بڑھ سکتا ہے۔

☆ تیسرا باب

ڈاکٹر محمد افضل الدین اقبال بہ حیثیت محقق

ڈاکٹر محمد افضل الدین اقبال جامعہ عثمانیہ کے ایک لائق سپوت اور جنوبی ہند و حیدر آباد دکن کے ایک نامور محقق و نقاد اور ماہرِ دکنیات گذرے ہیں۔ جامعہ عثمانیہ کے شعبۂ اُردو سے وابستہ رہے۔ لکچرر، پروفیسر و صدر شعبہ کے عہدوں پر فائز رہے اور اپنی زندگی کو اُردو تحقیق کے لیے وقف کردی۔ تحقیق و تدوین تالیف و ترتیب اُن کا محبوب میدان رہا۔ اُردو تحقیق میں اُن کی بے شمار کتابیں شائع ہوئیں۔ اور بہت سی کتابیں زیورِ طباعت سے آراستہ ہونا باقی ہیں۔

اُردو کے ممتاز ادیب، نامور محقق، معتبر نقاد، مستند مورخ، ماہرِ دکنیات اور صاحبِ طرزِ ادیب کے طور پر اُردو کے ادبی حلقوں میں پہچانے جانے والے ڈاکٹر محمد افضل الدین اقبال کے تحقیق کے شعبے میں خاص موضوعات مدراس میں اُردو، صحافت، ڈرامہ، قدیم حکایات و ضرب الامثال رہے ہیں۔ مدراس میں اُردو ادب کی نشو و نما، فورٹ سینٹ جارج کالج، والا جاہی حکمران خاص طور پر ارکاٹ کے آخری حکمران نواب محمد غوث اعظم اور اُن کے عہد کی ادبی اور لسانی خدمات ڈاکٹر محمد افضل الدین اقبال کے پسندیدہ موضوعات رہے ہیں۔ تحقیق کے شعبے میں اُن کی حسبِ ذیل کتابیں منظر عام پر آچکی ہیں اور انھیں ادبی حلقوں میں مقبولیت حاصل ہوچکی ہے۔

(1) تذکرہ سعید ۔ 1973ء

(2) مدراس میں اُردو ادب کی نشو و نما ۔ 1979ء

(3) فورٹ سینٹ جارج کالج ۔ 1979ء

(4) اُردو کا پہلا نثری ڈرامہ اور کیپٹن گرین آوے۔ 1984ء

(5) نواب اعظم و مثنوی اعظم نامہ ۔ 1987ء

(6) شمس العلماء قاضی عبید اللہ اورینٹل لائبریری، مدراس کے اُردو مخطوطات ۔ 1987ء

(7) امانتی کتب خانہ خاندان شرف الملک، مدراس کے اُردو مخطوطات۔ 1987ء

(8) دکنی ادب کا مطالعہ ۔ 1980ء

(9) حکایات لطیفہ۔ اُردو کی قدیم ترین دلچسپ مختصر کہانیاں۔ 1993ء

(10) تاریخِ ادب اُردو۔ 1998 تا 2001

(11) نصیر الدین ہاشمی حیات اور ادبی خدمات ۔ 2007ء

(12) جنوبی ہند کی اردو صحافت (1857 سے پیشتر) (1981)

اُردو تحقیق کے میدان میں ڈاکٹر محمد افضل الدین اقبال کے ان گراں قدر کارناموں کے تفصیلی جائزے سے قبل ضروری ہے کہ تحقیق کی تعریف، تحقیق کے فن اور اُس کی مبادیات کا جائزہ لیا جائے تا کہ اس فن کے اُصولوں کی روشنی میں ڈاکٹر محمد افضل الدین اقبال کے تحقیقی کارناموں کا جائزہ لیا جائے اور اُردو تحقیق میں اُن کے مستحقہ مقام کا تعین کیا جا سکے۔

تحقیق کی تعریف:-

تحقیق کے معنی حقائق کی کھوج، تفتیش، دریافت، چھان بین اور تلاش کے ہیں۔ تحقیق عربی زبان کے لفظ ''حق'' سے مشتق ہے جس کے معنیٰ حق کو ثابت کرنا یا حق کی طرف پھیرنے کے ہیں۔ حق کے معنیٰ سچائی کے ہیں اور اس طرح تحقیق سچ یا حقیقت کی دریافت کا عمل ہے۔

اُردو کے مختلف نقادوں اور ماہرینِ فن نے تحقیق کی مختلف تعریفیں کی ہیں۔

ڈاکٹر سید عبد اللہ لکھتے ہیں:

''تحقیق کے لغوی معنیٰ کسی شئے کی حقیقت کا اثبات ہے۔ اصطلاحاً یہ ایک ایسے طرزِ مطالعہ کا نام ہے جس میں

موجود مواد کے صحیح یا غلط کو بعض مسلمات کی روشنی میں پرکھا جاتا ہے۔ [۱]

تحقیق کے بارے میں قاضی عبدالودود کی رائے ہے:

''تحقیق کسی امر کو اس کی اصلی شکل میں دیکھنے کی کوشش ہے۔ [۲]

پروفیسر گیان چند جین تحقیق کے بارے میں لکھتے ہیں:

''ریسرچ ایک حقیقت پنہاں یا حقیقت مبہم کو افشاء کرنے کا باضابطہ عمل ہے اور اسی تعریف سے تحقیق کا مقصد بھی صاف ہو جاتا ہے۔ نا معلوم یا کم معلوم کو جاننا، یعنی جو حقائق ہماری نظروں کے سامنے نہیں ہیں انھیں کھوجنا جو سامنے تو ہیں لیکن دھندلے ہیں۔ ان کی دھند دور کر کے انھیں آئینہ کر دینا''۔ [۳]

''تحقیق کے لغوی معنیٰ کسی شئے کی حقیقت کا پتہ لگانا ہے۔ خواہ وہ امتدادِ زمانہ کے ہاتھوں مدفون حقائق کو روشنی میں لانا ہو یا موجود مواد کو ازسرِ نو ترتیب دینا''۔ [۴]

تحقیق کی مختلف تعریفوں اور توضیحات کے مطالعہ سے پتہ چلتا ہے کہ تحقیق حرکت و عمل و زندگی کی علامت ہے۔ اگر تحقیق رک جائے تو زندگی بھی رک جاتی ہے۔ اُردو میں ادبی تحقیق کے ضمن میں مصنفین اور ان تحقیقات کی بازیافت ادبی تحریکات، صحت متن کی تحقیق و تدوین، لسانی حقیقتوں کی کھوج، جس میں قدیم زبان، محاورات، عروض و رسم الخط وغیرہ شامل ہیں جیسے اُمور پر بحث کی جاتی ہے اور بعد تحقیق ادب کے سرمائے میں اضافہ کی کوشش کی جاتی ہے۔ تحقیق میں کسی موضوع کے انتخاب کے بعد قائم کردہ مفروضات سے حقائق تک پہنچنے کی کوشش کی جاتی ہے۔

تحقیق کبھی بھی حتمی اور فیصلہ کن نہیں ہوتی۔ایک تحقیق مزید تحقیق کی راہیں کھولتی ہیں۔تحقیق کا فن صبر آزما فن ہے۔اس کے لیے جگر کاری کی ضرورت پڑتی ہے۔ڈاکٹر شارب ردولوی لکھتے ہیں:

> ''یہ کام آسان نہیں ہے اس میں بڑی جگر کاری' محنت اور صبر کی ضرورت ہے۔ جلد اکتا جانے والا انسان تحقیق کی راہ میں زیادہ آگے نہیں بڑھ سکتا۔ اس لیے کہ حقائق کی تلاش بہت دشوار کام ہے۔۵

بعض لوگ تحقیق کو بے کار کام اور گڑے مردے اکھاڑنے کا کام سمجھتے ہیں اور اس کی اہمیت کو کم کرنے کی کوشش کرتے ہیں۔مشہور نقاد ڈاکٹر محمد احسن فاروقی بھی اسی قبیل سے تعلق رکھتے ہیں۔تحقیق کے فن کے بارے میں وہ لکھتے ہیں:

> .... تحقیق ایک قسم کی منشی گیری ہے۔اس کے لیے وہ خصوصیات کافی ہیں جو کسی معمولی ذہن کے انسان میں ہوں۔اس میں جدت طبع' قوت اختراع کی ضرورت نہیں۔محض ایک کام سے لگ جانا ہے اور ٹکے بندھے طریقے پر ایک لکیر پر چلتے رہنا ہے پھر اس میں جس قسم کی محنت درکار ہے اس کو اعلیٰ ذہن اور اعلیٰ تخیل رکھنے والا انسان کبھی قبول نہ کرے گا۔تحقیق کرنے والے کی حیثیت ایک مزدور کی سی ہوتی ہے جو اینٹیں اُٹھا کر لاتا ہے اور ان کو جوڑ کر دیوار بناتا ہے۔ ٦

ڈاکٹر محمد احسن فاروقی کے تحقیق کے بارے میں اس طرح کے منفی اور بیزار نظریات موجودہ دور کی جامعاتی تحقیق پر پورے اُترتے ہیں۔ جب کہ آج کل جامعات میں تحقیق کا معیار صرف سند کی خاطر تحقیقی مقالے لکھوانا ہی رہ گیا ہے۔جب کہ حقیقت یہ ہے کہ تحقیق اس کی

اہمیت کے احساس اور پوری لگن سے کی جائے تو اس سے بڑے معنیٰ خیز نتائج برآمد ہو سکتے ہیں۔

تحقیق کا فن بذاتِ خود تنہا نہیں ہوتا بلکہ اس کے ساتھ تخلیق اور تنقید کا رشتہ بھی جڑا ہوتا ہے۔ تحقیق اور تنقید، تخلیق کے بغیر ممکن نہیں کیوں کہ ایک تخلیق وجود میں آنے کے بعد ہی اس کے بارے میں تحقیق کی جاتی ہے اور تنقید کے ذریعہ اس کے مقام کا تعین کیا جاتا ہے لیکن ان تینوں میں اولیت کا مسئلہ ماہرین کے نزدیک زیرِ تصفیہ ہے۔ بعض لوگوں کا خیال ہے کہ جب تک انسان میں تنقیدی رجحان نہ ہو، چیزوں میں ردوانتخاب کی صلاحیت نہ ہو وہ کوئی تخلیق پیش نہیں کر سکتا۔ اس طرح تخلیق سے پہلے تنقیدی شعور کارفرما دکھائی دیتا ہے۔ اسی طرح تحقیق کے دوران بھی بہت سی موجود اشیاء میں صحیح چیزوں یا باتوں کا انتخاب ایک اچھے محقق کی تنقیدی صلاحیت کی نشاندہی کرتا ہے۔ تحقیق وتنقید کے مابین پائے جانے والے رشتہ کے بارے میں ڈاکٹر شارب ردولوی لکھتے ہیں:

> تنقید وتحقیق کو ہم معنیٰ یا ایک دوسرے کے مترادف سمجھنا یا ایک دوسرے سے قطعاً بے تعلق سمجھنا غلط ہے۔ اس لیے کہ بغیر تنقیدی شعور اور تنقیدی بصیرت کے تحقیق مکمل نہیں ہو سکتی اور اگر کوئی تحقیق بغیر تنقیدی بصیرت کے ہے تو وہ معاشیات اور مالیات کے اعداد وشمار کی طرح ہوگی۔ جس سے معنیٰ خیز نتائج کی توقع نہیں کی جا سکتی۔۔۔ تحقیق بغیر تنقید کے مکمل نہیں ہے اور تنقید میں تحقیق سے بعض معنیٰ خیز نتائج رونما ہوتے ہیں''۔ [7]

تحقیق وتنقید کے مابین اس رشتے سے پتہ چلتا ہے کہ ایک کامیاب محقق کے لیے ایک اچھا نقاد ہونا بھی ضروری ہے۔ اُردو تحقیق کے ابتدائی نقوش میں تنقیدی شعور کی کمی پائی گئی ہے۔ لیکن جیسے جیسے وسائل بڑھے اور زبان ترقی پاتی گئی تحقیق کے معیارات میں بھی تبدیلی آئی اور تنقیدی شعور کو بروئے کار لاتے ہوئے

اُردو کے محققین نے سائنٹفک انداز میں تحقیق کی اور اپنے تحقیقی کاموں میں بہت کم خامیاں چھوڑیں۔
آزادی کے بعد اُردو تحقیق میں ہونے والی پیش رفت کے بارے میں ڈاکٹر شارب ردولوی لکھتے ہیں:

"آزادی کے بعد اُردو میں تحقیقی کاموں کی رفتار میں کافی اضافہ ہوا ہے اور بہت سی اہم چیزیں سامنے آتی ہیں۔ جن سے ایک طرف ادب کے سرمایہ میں اضافہ ہوا ہے اور دوسری طرف لوگوں کی معلومات میں۔ ان محققین میں بیشتر ایسے ہیں جو تنقید و تحقیق کو برابر اہم سمجھتے ہیں اور تنقیدی شعور کے ساتھ تحقیقی فیصلہ کرتے ہیں۔ اس طرح تحقیق بھی تنقید کی ایک روایت بن جاتی ہے۔ ۸ے

تحقیق کی مختلف تعریفوں، تحقیق کا فن اور اُس کی مبادیات، تحقیق کی روایت اور تخلیق، تحقیق اور تنقید کے مابین آپسی رشتے کے بارے میں تفصیلات جاننے کے بعد اب دیکھا جائے تاکہ ڈاکٹر محمد افضل الدین اقبال نے اپنی تحقیقی کاوشوں میں تحقیق و تنقید کے فنی اُصولوں کو کس حد تک بروئے کار لایا۔ اس کے لیے ذیل میں اُن کی تحقیقی کتابوں کا تنقیدی جائزہ پیش کیا جارہا ہے۔

ڈاکٹر محمد افضل الدین اقبال کی تحقیقی کتابوں کا تنقیدی جائزہ

1۔ تذکرہ سعید: تحقیق کے موضوع پر ڈاکٹر محمد افضل الدین اقبال کی لکھی ہوئی پہلی تصنیف "تذکرہ سعید" کے عنوان سے 1973ء میں سعیدیہ لائبریری اینڈ ریسرچ انسٹی ٹیوٹ حیدرآباد کے زیراہتمام شائع ہوئی۔ اس کتاب میں شیخ الاسلام مفتی محمد سعید خاں صاحب چیف جسٹس و مفتی عدالت العالیہ اور سعید انسٹی ٹیوٹ کے متعلق زیادہ سے زیادہ معلومات پیش کی گئی ہیں۔ کتاب کا پیش لفظ ڈاکٹر محمد افضل الدین اقبال نے لکھا اور اس کتاب کی اشاعت کے اغراض بیان کیئے۔ اس کتاب میں حیدرآباد کی مشہور شخصیات کے پیامات اور مضامین کے ساتھ ڈاکٹر محمد افضل الدین اقبال کا مضمون "شیخ الاسلام مفتی محمد سعید خاں حیات اور کارنامے شامل ہیں۔ اس

کتاب کو ترتیب دینے میں ڈاکٹر محمد افضل الدین اقبال نے بڑی کاوش کی اور اہم شخصیات کے پیامات کو شامل کیا۔ جن شخصیات کے پیامات اس کتاب میں شامل ہیں ان میں ڈاکٹر ذاکر حسین، نواب سر نظامت جنگ، نواب مہدی نواز جنگ، نواب علی یاور جنگ نواب میر اکبر علی خاں، پروفیسر علی اکبر، علامہ سید سلیمان ندوی، نواب صدر یار جنگ، نواب بہادر یار جنگ، نواب محمد یار جنگ، شمس العلماء الحاج مفتی قاضی محمد حبیب احمد مولانا سید شاہ محمد حسینیؒ، مولانا حبیب الرحمٰن الاعظمی، پروفیسر سعید احمد اکبر آبادی، پروفیسر ڈاکٹر میر ولی الدین، پروفیسر ڈاکٹر مختار الدین، نثار احمد فاروقی اور سید احتشام بن حسن شامل ہیں۔

ڈاکٹر محمد افضل الدین اقبال کے مضمون کے علاوہ اس کتاب میں شامل دیگر مضامین کے عنوانات اور اُن کے لکھنے والوں کے نام اس طرح ہیں۔

1۔ مفتی سعید خاں : شمس العماء نواب عزیز جنگ

2۔ کتاب خانہ سعیدیہ : حسن الدین احمد

3۔ مفتی محمد سعید خاں صاحب کے خاندان کی علمی خدمات گذاری: ڈاکٹر محمد غوث

4۔ خانوادہ مفتی محمد سعید کی خواتین : ڈاکٹر ناصرہ بیگم

5۔ کتب خانہ سعیدیہ کے عربی، فارسی اور اُردو مخطوطات : محمد افضل الدین اقبال

6۔ عثمانیہ یونیورسٹی میں اسلامی تاریخ وتمدن پر تحقیق : ڈاکٹر محمد یوسف الدین

7۔ سعیدیہ ریسرچ انسٹی ٹیوٹ : محمد افضل اقبال

8۔ مفتی محمد سعید خاں صاحب کا خاندان : ڈاکٹر محمد غوث

9۔ کتب خانہ خواتین دکن وادارہ تحقیقات پر ایک مختصر نوٹ : خدیجہ ہاشمی

10۔ کتب خانہ مدرسہ محمدی : حسن الدین احمد

''تذکرہ سعید'' میں ڈاکٹر محمد افضل الدین اقبال کے تین تحقیقی مضامین شامل ہیں۔ ڈاکٹر حسن الدین احمد ''ہمارا مقصد'' کے تحت ''تذکرہ سعیدیہ'' کی اشاعت کے اغراض و مقاصد

بیان کرتے ہوئے لکھتے ہیں:

> ''تذکرہ سعید'' کی اشاعت کا مقصد دانشورانِ عالم خصوصاً مشرقِ وسطیٰ کے علماء اور مستشرقین کو جنوبی ہند کے علمی ذخیروں سے واقف کرانا' ریسرچ کی معقول سہولتوں کی فراہمی کے لیے سازگار ماحول تیار کرنا' کیٹلاگ کی تیاری کی اہم ضرورت کو ذہنوں میں اُجاگر کرنا' کتابوں کی حفاظت کے عصری طریقوں سے استفادہ کرنے کی اہمیت پر زور دینا اور سلسلہ میں آخر لیکن بلالحاظ اہمیت اولین مقصد ان برگزیدہ ہستیوں کو خراج عقیدت پیش کرنا ہے جنھوں نے ان اہم ذخیروں کو ہم تک پہونچانے میں نمایاں حصّہ لیا اور زمانے کی دستبرد پر قابو پایا۔ 9

تذکرہ سعید کے پہلے حصّے میں ڈاکٹر محمد افضل الدین اقبال نے کتب خانہ سعیدیہ کا معائنہ کرنے آنے والے مشاہیر کی آراء کو شامل کیا۔ چناں چہ ڈاکٹر ذاکر حسین صدر جمہوریہ ہند اپنی رائے دیتے ہوئے لکھتے ہیں:

> ''محبِ گرامی ڈاکٹر نظام الدین صاحب کی عنایت سے مجھے کتاب خانہ سعیدیہ دیکھنے کا اور اس کے مخلص کارکنوں اور ہمدردوں سے ملنے کا شرف حاصل ہوا۔ پرانی قلمی کتابوں کا نہایت گراں قدر مجموعہ یہاں ہے۔ حدیث تفسیر اور رجال میں تو خصوصیت سے بڑے بے بہا نوادر یہاں محفوظ ہیں۔ خطاطی اور جلد سازی کے بھی بہت اچھے نمونے ہیں۔ گلستان کا ایک نسخہ خط' جلد آرائش ہر

اعتبار سے بے مثل کہا جاسکتا ہے۔ میں سمجھتا ہوں کہ اسلامی
علوم کی قلمی کتابوں کے اعتبار سے یہ کتب خانہ ہندوستان
کے بہترین ذخیروں میں شمار کیا جاسکتا ہے۔ جس خاندان
نے اس کو ایک عالم کے لیے کارآمد بنانے کا ذمہ لے رکھا
ہے۔ وہ قومی شکریہ کا مستحق ہے"۔ ۱۰

کتاب تذکرہ سعید میں مفتی سعید صاحب اور اُن کے کتب خانے کے بارے میں نہایت معلومات مضامین شامل کیے گئے ہیں۔ جناب حسن الدین احمد آئی اے ایس صدر سعیدیہ ریسرچ انسٹی ٹیوٹ نے اپنے مضمون "کتب خانہ سعیدیہ" میں کتب خانے کا تعارف کراتے ہوئے لکھتے ہیں۔

"کتب خانہ سعیدیہ مفتی صاحب کے خاندانی ذخیرہ
کتب اور خود اُن کی فراہم کی ہوئی نادر کتابوں پر مشتمل ہے۔
کتب خانہ سعیدیہ میں مخطوطات کا ایک انمول ذخیرہ ہے۔
جو پشت ہا پشت سے محمد سعید صاحب کے خاندان میں چلا آتا
ہے و نیز مفتی صاحب نے مکہ معظّمہ، مدینہ منورہ، بغداد، دمشق،
قاہرہ وغیرہ کے علمی کتب خانوں سے نایاب علمی کتب کی
نقلیں سو سال قبل کروائیں اور اپنے ذخیرہ کو اہمیت کا حامل
بنایا"۔ ۱۱

حسن الدین احمد نے اس مضمون میں کتب خانہ سعیدیہ کے بانی مفتی سعید صاحب کا تعارف جامع انداز میں کرایا۔ چناں چہ وہ مفتی صاحب کے احوال بیان کرتے ہوئے لکھتے ہیں:

"اس کتب خانے کے بانی مفتی محمد سعید صاحب کا
تعلق جنوبی ہند کے مشہور علمی خاندان اہلِ نائط سے ہے۔

آپ قاضی بدرالدولہ کے بڑے فرزند اور محمد غوث شرف الملک کے پوتے تھے۔آپ کی ولادت ۳/ جمادی الاوّل ۱۲۴۷ھ مطابق 1831ء بمقام مدراس واقع ہوئی۔ سرسالار جنگ اوّل نے آپ کے فضائل علوم کے لحاظ سے آپ کو حیدرآباد طلب فرمایا۔ 1871ء میں آپ کا تقرر بہ حیثیت رکن اوّل مجلس مرافعہ عمل میں آیا۔عرصہ تک آپ عدالت دیوانی بزرگ کے ناظم بھی رہے۔ پھر مفتی عدالت العالیہ کے عہدہ پر فائز رہے ۔ جامعہ نظامیہ اور دائرۃ المعارف کے قیام میں نواب عمادالملک کے ساتھ تعاون فرمایا اوراس کی مجلس انتظامی اور علمی کمیٹی میں بہ حیثیت رکن شریک رہے۔آپ کا انتقال ۱۰/ شعبان ۱۳۱۲ھ م فروری 1895ء کو بمقام حیدرآباد پیدا ہوئے''۔ ۱۲

''تذکرہ سعید'' میں ڈاکٹر محمد افضل الدین اقبال کا ایک طویل مضمون ''شیخ الاسلام مفتی محمد سعید خاں' حیات اور کارنامے'' شامل ہے۔اس مضمون میں انھوں نے کافی تحقیق کے بعد مفتی سعید صاحب کے حالاتِ زندگی اور اُن کے کارناموں کو پیش کیا۔مضمون کے آغاز میں مفتی صاحب کے آباء واجداد اور مفتی صاحب کے حالاتِ زندگی کو مفصل انداز میں پیش کیا۔مفتی صاحب کے بلند کردار کا تذکرہ کرتے ہوئے ڈاکٹر محمد افضل الدین اقبال لکھتے ہیں:

''مفتی صاحب نے قاضی اور جج کے لیے جو اُصول موضوعہ قائم ہیں اُن کا اپنے آپ کو پابند کرلیا تھا۔یعنی لوگوں سے ربط ضبط نہ رکھنا' سفارشوں کو نہ سننا' تحفے ہدیہ جدول نہ کرنا ' اُن کے بعض اہل قرابت چاہتے تھے کہ اُن کے حصولِ

ملازمت کے لیے مفتی صاحب دوسرے اعلیٰ مقام سے مل کر
سفارش کریں۔ مفتی صاحت انکار کرتے تھے۔ مفتی صاحب
نے شروع سے ہی ایک اہم اُصول پیشِ نظر رکھا تھا اور اس پر
تادم زیست کاربند رہے اور اسی کے لحاظ سے جب حیدرآباد
میں برٹش انڈیا کے اُصول وقوانین لاگو کیئے گئے تو انھوں نے
سودی مقدمات میں سود کی ڈگری دینے سے انکار کردیا۔ یہ
امر اُن کی آئندہ ترقیوں میں بڑی حد تک حارج رہا۔ مگر اس
کو انھوں نے بہ طیب خاطر قبول کیا اور رکنیت عدالت العالیہ
(ججی) کو چھوڑ کر مفتی اعظم کی خدمت قبول کرلی۔ ۱۳

ڈاکٹر محمد افضل الدین اقبال نے مفتی سعید صاحب کے حالاتِ زندگی اور اُن کی شخصیت کے مختلف پہلو اُجاگر کرنے کے بعد اُن کی تصانیف کی فہرست پیش کی۔ جس میں مفتی صاحب کی کم وبیش ۲۳ تصانیف کے نام لکھے۔ مفتی صاحب کے اہم کارنامہ کتب خانہ سعیدیہ کی تفصیلات پیش کیں۔ کتب خانے کے آغاز سے لیکر اُس کے آگے سفر کی تمام تفصیل اس مضمون کا حصّہ ہیں۔ کتب خانہ میں موجود کتابوں کی زمرہ بندی کرتے ہوئے ڈاکٹر محمد افضل الدین اقبال لکھتے ہیں کہ کتب خانہ سعیدیہ میں تین قسم کی کتابیں ہیں (1) ارکانِ خاندان کی تالیفات (2) ارکانِ خاندان کے ہاتھ کی لکھی ہوئی کتابیں (3) ارکانِ خاندان کی خرید کردہ قلمی ومطبوعہ کتابیں ۔ چناں چہ مفتی سعید صاحب کے خاندان کی تالیفات کا تذکرہ کرنے کے بعد ڈاکٹر محمد افضل الدین اقبال نے کتب خانہ سعیدیہ میں موجود اُردو مخطوطات کا تعارف کرایا ہے۔ اُردو مخطوطات پر تحقیق کرنے والوں کے لیے تذکرہ سعید میں پیش کردہ یہ معلوماتی مواد اہمیت کا حامل ہوسکتا ہے ۔ اگر کسی محقق کو یہ معلوم ہو جائے کہ کس کتب خانے میں کونسا مخطوطہ ہے اور اُس کی کیفیت کیا ہے اور ادب میں اُس کی اہمیت کیا ہے تو وہ مخطوطات بعد تحقیق وتدوین عام ہوسکتے ہیں۔ کتب خانہ

سعیدیہ میں موجود اُردو مخطوطات کے نام ڈاکٹر محمد افضل الدین اقبال کی تحقیق کے مطابق اس طرح ہیں۔ نجات نامہ دکنی تصنیف محمد امین الدین ایاغی، ہشت بہشت، تصنیفِ محمد باقر آگاہ، تحفۃ النساء مصنف محمد باقر آگاہ، رسالہ عقائد۔ مصنف محمد باقر آگاہ مرغوب القلوب الیٰ معراج المحبوب، مصنف باقر آگاہ، ریاض الجنان، مصنف باقر آگاہ، مدینۃ النواء مصنف غلام اعزالدین خاں مستقیم جنگ نامیؔ، ریاض النسوان مصنف امام العلماء قاضی الاسلام مولوی صبغۃ اللہ، قوت الارواح شرح توشر فلاح ۔ مصنف امام العلماء قاضی الاسلام بدرالدولہ، گلزار ہدایت ۔ مصنف امام العلماء قاضی الاسلام بدرالدولہ، گلزارِ ہدایت ۔ مصنف قاضی الاسلام بدرالدولہ، دلیل ساطع ۔ مرتبہ غلام محمد مہدی واصفؔ مجمع الامثال ۔ مرتب غلام محمد مہدی واصفؔ، مناظر اللغات ۔ مرتب غلام محمد مہدی واصف، اعجاز محمدی ۔ مصنف مفتی محمد سعید خاں، ترجمہ رسالہ مشروط اقتدار۔ مترجم مفتی سعید خاں، رسالہ امتناعِ نظر۔ مصنف مفتی محمد سعید خاں، اعظم الفوائد۔ مصنف محمد جمال الدین، ترجمہ باب ششم تاریخ احمدی۔ مترجم امۃ العزیز بیگم۔

ایک مخطوطے کا تعارف کس طرح کرانا چاہیے۔ اس کی مثالیں ڈاکٹر محمد افضل الدین اقبال کے اس تحقیقی مضمون سے ملتی ہے۔ چناں چہ مخطوطہ نجات نامہ کا تعارف کراتے ہوئے ڈاکٹر افضل الدین اقبال لکھتے ہیں:

> ''نجات نامہ دکھنی، تصنیف محمد امین الدین ایاغی، اوراق ۳۵، سطور ۸ فی صفحہ، سائز (3 1/2 X 5)۔ ایاغی جونصرتی کا ہم عصر اور بیجاپور کے مشاہیر شعراء میں شمار کیا جاتا ہے۔ اس کے تعلق سے مولوی نصیر الدین ہاشمی مرحوم رقمطراز ہیں کہ ''ایاغی ایک مذہبی شخص نقشبندیہ طریقہ میں مرید تھا۔ موسیقی کو حرام تصور کرتا تھا۔ دکن کے دوسرے شعراء کی طرح اس نے کوئی عشقیہ مثنوی نہیں لکھی ۔ ایاغی کی مثنوی نجات

نامہ دکھنی میں روزِ قیامت کی تفصیل بیان کی گئی ہے۔اس کا
ایک قدیم نسخہ اس کتب خانہ میں محفوظ ہے ۔ اسے مفتی
صاحب کے سلسلہ کے ایک بزرگ مولوی احمد ابوتراب ابن
قاضی نظام الدین احمد بن مولوی محمد عبداللہ شہید نے ۱۱۵۹ھ
میں نقل کیا۔ یہ کتب خانہ کا قدیم اُردو نسخہ ہے۔ اس پر مفتی
صاحب کی دستخط اور مہر بھی ہے۔ [۱۴]

ڈاکٹر محمد افضل الدین اقبال کے مخطوطوں کے تعارف کو دیکھتے ہوئے اندازہ ہوتا ہے کہ وہ مخطوط شناسی میں ماہر تھے اور تحقیق کے اس شعبے سے کافی دلچسپی رکھتے تھے۔ چناں چہ انھوں نے مضمون کے آخر میں لکھا کہ کتب خانہ سعیدیہ کے علاوہ مفتی صاحب کے بھائیوں اور رشتہ داروں کے پاس بھی اُردو کے کئی قدیم مخطوطات محفوظ ہیں۔ان میں سے کچھ مخطوطات سالار جنگ میوزیم' ادارہ ادبیاتِ اُردو' آصفیہ لائبریری' عثمانیہ یونیورسٹی لائبریری وغیرہ میں بھی محفوظ ہیں۔

ذکرِ سعید تحقیقی کتاب میں شامل ڈاکٹر محمد افضل الدین اقبال کا ایک اور مضمون سعیدیہ ریسرچ انسٹی ٹیوٹ ہے ۔ اس مضمون میں انھوں نے مفتی صاحب کی جانب سے قائم کردہ تحقیقاتی ادارے کے بارے میں تفصیلی معلومات فراہم کی ہیں ۔ اس کتاب خانے کا تعارف کراتے ہوئے ڈاکٹر محمد افضل الدین اقبال لکھتے ہیں:

''حیدرآباد کا کتب خانہ سعیدیہ تحقیقاتی کتب خانہ کی
حیثیت سے ایک بلند مقام کا حامل ہے اور یہ لائبریری
ریسرچ اسکالروں کے زیادہ کام آتی ہے۔ یہاں شیخ الاسلام
مفتی محمد سعید خاں صاحب مرحوم اور اُن کے آباء واجداد کی
جمع کی ہوئی صدیوں پرانی نادر مخطوطات اور بہت سے
مصنفین یا اُن کے شاگردوں یا ہم عصروں کے ہاتھ کی لکھی

ہوئی بے شمار انمول اور نایاب کتابیں محفوظ ہیں۔ ۱۵

مضمون کو آگے بڑھاتے ہوئے ڈاکٹر محمد افضل الدین اقبال نے سعیدیہ ریسرچ انسٹی ٹیوٹ کی انتظامی کمیٹی، مقامی مجلسِ مشاورت، کل ہند مجلس مشاورت، بیرون ہند مجلسِ مشاورت کے تحت اراکین کے نام تحریر کئے۔ عطیہ کتب، تحقیقی رسالے، فوٹو اسٹاٹ کاپیاں، نایاب البم اور ابتدائی تنظیم عنوانات کے تحت کتب خانے کی کارکردگی کی تفصیلات پیش کیں اور لکھا کہ کتب خانے کے تحت تاریخی فرامین کی حفاظت، رسالوں اور اخباروں کی نمائش، ساویز تذکرہ سعید کی اجرائی، قدیم مخطوطات، ترجموں، مقالوں اور نایاب کتابوں کی اشاعت اس کے لیے حکومتِ ہند سے امداد کا حصول، قدیم عرب مورخوں کی کتابوں کا ترجمہ، مستشرقین کی کتابوں کا ترجمہ وغیرہ اُمور انجام دیئے جائیں گے۔

''ذکرِ سعید'' میں شامل دیگر مضامین کتب خانہ سعیدیہ اور مفتی سعید صاحب کے کارناموں کو اُجاگر کرتے ہیں۔ ذکرِ سعید کے آخر میں وزیر تعلیمِ ہند پروفیسر ایس نور الحسن صاحب کا 7/ڈسمبر 1972ء کولکھا ہوا انگریزی پیام بھی شامل ہے۔ جس کا اُردو ترجمہ اس طرح ہے۔

> ''مجھے یہ جان کر مسرت ہوئی کہ سعیدیہ ریسرچ انسٹی ٹیوٹ بہت جلد کام کرنا شروع کر دیگا اور یہ کہ آپ مفتی محمد سعید خاں صاحب کے پیدائش کی صد سالہ تقاریب کے سلسلے میں ایک ''ساویز'' جاری کر رہے ہیں۔ مجھے آپ کے خط سے معلوم ہوا کہ کتب خانہ سعیدیہ 1934ء میں نواب سر نظامت جنگ نے عوام کے لیے کھولا تھا اور اس کتبِ خانے سے کئی نامور شخصیات اور اسکالروں نے استفادہ حاصل کیا۔ مجھے یقین ہے کہ ریسرچ انسٹی ٹیوٹ کے قیام سے کتب خانے کو وسیع پیمانے پر استعمال کیا جاسکے گا۔ میں

اُمید کرتا ہوں کہ سعیدیہ کتب خانہ اور ریسرچ انسٹی ٹیوٹ
علوم مشرقیہ کے فروغ میں کامیابی حاصل کرے گا''۔ ۷۱

ایس نورالحسن

تذکرہ سعید دراصل ایک ساویز ہے جو ڈاکٹر محمد افضل الدین اقبال کی ادارت میں شائع ہوا۔ یہ اس وقت شائع ہوا جب ڈاکٹر محمد افضل الدین اقبال ایم۔ اے اُردو کے ریسرچ اسکالر تھے۔ تذکرہ سعید میں شیخ الاسلام مفتی محمد سعید مرحوم چیف جسٹس و مفتی حیدرآباد ہائی کورٹ کی سوانح اور اُن کے قائم کردہ اداروں سعیدیہ کتب خانہ و سعیدیہ ریسرچ انسٹی ٹیوٹ اور ان اداروں میں موجود بیش قیمت اُردو فارسی مخطوطات کا تعارف پیش کیا گیا۔ یہ کتاب ڈاکٹر محمد افضل الدین اقبال کی تحقیقی کاوشوں کا ابتدائی نمونہ ہے۔ اس کتاب میں سعیدیہ کتب خانے کا تعارف مفتی محمد سعید صاحب کے حالاتِ زندگی اور دیگر معلومات مواد پیش کیا گیا ہے۔ تحقیق کے طالب علموں کے لیے یہ کتاب حیدرآباد کے کتب خانوں اور اُن میں موجود نادر مخطوطات کے ضمن میں اہم معلومات فراہم کرتی ہے۔ زمانے کے سرد گرم کے تحت اب کتب خانہ سعیدیہ اور سعیدیہ ریسرچ انسٹی ٹیوٹ تو باقی نہیں رہا۔ لیکن ڈاکٹر محمد افضل الدین اقبال کی اس تحقیقی کاوش سے حیدرآباد میں ہونے والے تحقیقی اور علمی کارنامے کی یادیں محفوظ رہ گئیں۔ اس کتاب میں بعض نایاب تصاویر بھی ہیں۔ ایک تصویر میں مرکزی وزیر ڈاکٹر فخر الدین علی احمد کو سعیدیہ لائبریری کے کیٹلاگ جاری کرتے ہوئے دکھایا گیا ہے۔ ساتھ میں ڈاکٹر محمد یوسف الدین اور پدم شری سید احمد اللہ قادری ایم ایل سی بھی ساتھ ہیں۔ اس طرح مجموعی طور پر کتاب ذکر سعید موضوع کی مناسبت سے اہم تحقیقی مواد رکھتی ہے۔ اس کاوش کے لیے ڈاکٹر محمد افضل الدین اقبال کی تحقیقی کاوشیں قابلِ ستائش ہیں۔

مدراس میں اُردو ادب کی نشو ونما۔ حصہ اوّل :-

ڈاکٹر محمد افضل الدین اقبال کی تحقیق کے موضوع پر شائع ہونے والی دوسری کتاب ''مدراس میں اُردو ادب کی نشو ونما'' ہے۔ یہ کتاب دراصل اُن کے پی۔ایچ۔ڈی کے تحقیقی مقابلہ ''مدراس میں اُردو ادب کی نشو ونما ابتداء سے 1855ء تک کا ایک حصّہ ہے۔ جسے انھوں نے علحدہ طور پر بعد ترمیم و اضافہ شائع کیا۔ مدراس میں اُردو ادب کی نشو ونما نامی کتاب 1979ء میں ایچ۔ای۔ایچ دی نظامس اُردو ٹرسٹ اور آندھرا پردیش اُردو اکیڈیمی کے تعاون سے شائع ہوئی۔ یہ کتاب ۴۰۷ صفحات پر مشتمل ہے۔ کتاب کا پیش لفظ پروفیسر سیدہ جعفر نے لکھا جو ڈاکٹر محمد افضل الدین اقبال کی پی۔ایچ۔ڈی تحقیق کی نگران کار بھی تھیں۔ پیش لفظ میں انھوں نے لکھا کہ سقطوطِ گولکنڈہ، بیجاپور کے بعد دکن کے اربابِ علم و ادب نے مزید جنوب کا رخ کیا اور ارکاٹ مدراس کے علاقے میں پناہ لی اور وہ آہستہ آہستہ اُردو ادب کا ایک اہم مرکز بن گیا۔ ارکاٹ کے آخری نواب محمد غوث خاں اعظم کا عہد اُردو کی نشو ونما کا زرین دور تھا۔ 1812ء میں مدراس میں فورٹ سینٹ جارج کالج کا قیام عمل میں آیا۔ مدراس میں اُردو ادب کے نمایاں خدوخال واضح کرتے ہوئے پیش لفظ میں ڈاکٹر سیدہ جعفر لکھتی ہیں:

> ''جب ہم اس عہد کی شعری و ادبی اکتسابات کی زبان کا تجزیہ کرتے ہیں تو پتہ چلتا ہے کہ یہ جدید اور قدیم لسانی خصوصیات کا ایک دلچسپ آمیزہ ہے۔ قدیم محاورے کو ''معیاری اُردو'' سے ہم آمیز کرنے کی یہی سعی جاری تھی۔ جسے لطیف ارکاٹی نے زبان صاف کرنے کے عمل سے تعبیر کیا ہے۔ ادبی محاسن اور شعری خوبیوں کے لحاظ سے ممکن ہے کہ اس عہد کی تصانیف زیادہ قابل اعتنا نہ ہوں۔ لیکن یہ لسانی تاریخ کے ان مٹ نقش ہیں اور ان ہی کڑیوں کو جوڑ کر ہم

قدیم وجدید محاورے کی ارتقائی منزلوں کی نشاندہی کر سکتے ہیں۔ ۱۸

مدراس میں فروغ پانے والے اُردو ادب کے نمایاں خدوخال کا جائزہ پیش کرنے کے بعد پیش لفظ میں پروفیسر سیدہ جعفر نے کتاب کے مصنف ڈاکٹر محمد افضل الدین اقبال کی کافی ستائش کی اور لکھا کہ:

"محمد افضل الدین اقبال قابلِ مبارک باد ہیں کہ پہلی مرتبہ انھوں نے "مدراس میں اُردو ادب کی نشوونما" کا مفصل جائزہ لے کر بہت سے شاعروں اور ادیبوں کو گوشہ گمنامی سے باہر نکالا ہے۔ اور 1825ء سے 1855ء تک مدراس میں صحافت اور نظم ونثر کی مختلف اصناف کے ارتقاء پر روشنی ڈالی ہے۔ اس مقالے کو پڑھ کر اندازہ ہوتا ہے کہ مصنف کو تحقیق سے غیر معمولی شغف ہے۔ انھوں نے مستند ماخذوں کے ذریعہ صحیح معلومات اکٹھا کر کے اپنے مقالے کی ادبی اہمیت میں اضافہ کر دیا ہے اور جنوبی ہند میں تاریخِ ادب کے ایک سنہری دور کو بڑی خوش اُسلوبی کے ساتھ متعارف کروانے کی کوشش کی ہے۔ اُمید ہے کہ افضل اقبال صاحب کا یہ مقالہ ادبی حلقوں میں وہ قدر ومنزلت حاصل کرے گا۔ جس کے وہ بجاطور پر مستحق ہیں۔ ۱۹

تحقیقی کتاب "مدراس میں اُردو ادب کی نشوونما" کا دیباچہ ڈاکٹر محمد افضل الدین اقبال نے لکھا جس میں انھوں نے اپنے تحقیقی کام کے مختلف مراحل بیان کئے اور مقالے کے ابواب کا تعارف کرایا۔ اپنے کام کی انفرادیت بیان کرتے ہوئے ڈاکٹر محمد افضل الدین اقبال

لکھتے ہیں:

''مغلیہ عہد کے صوبہ کرناٹک (صوبہ مدراس) میں اُردو کی نشو ونما کے موضوع پر ابھی تک وسیع پیمانے پر تحقیقی کام نہیں ہوا تھا۔ مولوی نصیر الدین ہاشمی مرحوم کی مختصر سی کتاب ''مدراس میں اُردو'' اور چند متفرق مضامین کے علاوہ اس موضوع پر ابھی تک باقاعدہ طور پر کوئی کتاب شائع نہیں ہوئی ہے۔ مدراس میں صدیوں سے اُردو مروج ہے اور وہاں کئی اچھے شاعر اور مصنف پیدا ہو چکے ہیں۔ لیکن ابھی تک ایسی کوشش نہیں کی گئی جس میں قلمی اور غیر مطبوعہ مواد کے ذریعہ سے ایک کڑی سے دوسری کڑی کو ملایا جاتا رہا اس علاقے کی لسانی اور ادبی خدمات کا جائزہ لیا جاتا۔ چنانچہ میں نے عثمانیہ یونیورسٹی سے 1974ء میں ''مدراس میں اُردو ادب کی نشو ونما'' پر تحقیقاتی کام شروع کیا۔ جس پر مئی 1974ء میں مجھے پی۔ ایچ۔ ڈی کی ڈگری عطا ہوئی۔۔۔ زیرِ نظر کتاب میرے ڈاکٹریٹ (پی۔ ایچ۔ ڈی) کے ضخیم مقالے کا پہلا حصّہ ہے''۔ [۱۹]

ڈاکٹر محمد افضل الدین اقبال نے اپنے تحقیقی مقالے کے اس پہلے حصّے کو تین ابواب میں تقسیم کیا۔ پہلے باب میں ہندوستان کی تمدنی تاریخ میں جنوبی ہند کی اہمیت کے تحت جنوبی ہند پر حکومت کرنے والے مختلف خاندانوں کا ذکر کیا۔ اسی باب میں عہدِ قدیم میں ایشیائی افریقی اور یورپی ملکوں سے جنوبی ہند کے تعلقات، عہدِ وسطیٰ میں عربوں، ترکوں اور ایرانیوں سے جنوبی ہند کے تعلقات اور کرناٹک میں دکنی زبان کے اولین نمونے عنوانات کے تحت تحقیقی مواد کو پیش کیا۔

اس کتاب کے دوسرے باب کا عنوان نوابانِ ارکاٹ کے عہد میں اُردو کی سرپرستی ہے۔اس باب میں ارکاٹ کے نوابوں کے ذریعہ اُردو کی سرپرستی کے مفصل احوال بیان کئے گئے ہیں۔زیرِ نظر کتاب کا تیسرا باب ''فورٹ سینٹ جارج کالج' دکنی زبان وادب کا ایک اہم مرکز'' ہے۔اس باب میں فورٹ سینٹ جارج کالج کے قیام اُس کی خدمات اور اس کالج کے تحت ترقی پانے والے اُردو ادب کا جائزہ لیا گیا ہے۔کتاب کے آخر میں فورٹ سینٹ جارج کالج کی چند غیر مطبوعہ تصانیف کا ذکر بھی اس کتاب میں شامل ہے۔

ڈاکٹر محمد افضل الدین اقبال کی تحقیقی کتاب ''مدراس میں اُردو ادب کی نشو ونما'' کا پہلا باب تاریخی نوعیت کا ہے۔جس میں جنوبی ہند خصوصاً علاقہ مدراس پر حکومت کرنے والی قدیم حکومتوں آندھرا خاندان' پالا خاندان' چالوکیہ خاندان' چولا خاندان اور پانڈیا خاندان کا ذکر کیا گیا ہے۔چولا خاندان کے بارے میں ڈاکٹر محمد افضل الدین اقبال لکھتے ہیں:

> ''اس سلطنت کا پایہ تخت مدورا (مدراس) کے قریب تھا۔ چولا خاندان ایک طاقتور سلطنت کا مالک تھا۔ اُن کی علمداری میں شمالی ہند' بنگال' بہار کے علاوہ سیلون (لنکا) اور ہندوستان کے مشرقی جانب کے بھی چند ملک شامل تھے۔۔۔ چولا راجاؤں نے آبپاشی کے لیے اپنے پائے تخت کے اطراف شاندار بندھ' ساگر تعمیر کروائے۔چولا سلطنت پورے ساحل کارومنڈل یا مدراس کے ساحل پر آباد تھی۔اُن کی بحری طاقت بہت زبردست تھی۔ان کے جہاز بحرِ ہند اور خلیجِ بنگال میں دوردور تک جاتے تھے۔ ملایا اوردوسرے مقامات کو یہاں سے روئی کے کپڑے روانہ کئے جاتے تھے۔[۲۰]

اسی باب کے دوسرے حصّے میں ڈاکٹر محمد افضل الدین اقبال نے جنوبی ہند پر بیرونی ممالک کے تہذیبی اور تمدنی اثرات کا جائزہ لیا اور مصر، شام، یمن، فلسطین، ایران، مشرقی بعید، برما، ملایا، کمبوڈیا اور چین وغیرہ سے جنوبی ہند کے تعلقات کا جائزہ لیا۔ جنوبی ہندوستان پر بیرون ملک آنے والے قافلوں میں سب سے زیادہ اثر مسلمانوں نے ڈالا۔ فروغِ اسلام کے سلسلہ میں بیشتر صحابہ و بزرگانِ دین سمندر کے راستے سے کیرالا اور مالابار کے ساحل پر اترے تھے۔ اترتے ہی انھوں نے اپنی کشتیوں کو توڑ ڈالا یا جلا ڈالا تھا۔ جس کا مقصد یہ تھا کہ اب وہ کسی حال اپنے وطن کو واپس نہیں جائیں گے اور تبلیغِ اسلام کے لیے اپنی زندگی کو وقف کرتے ہوئے اپنی جان دے دیں گے۔ چناں چہ ہندوستان کے بارے میں حضور اکرم ﷺ کے اس ارشاد کو پیش کرتے ہوئے کہ ''مجھے ہندوستان کی طرف سے ربانی خوشبو آتی ہے'' اور اقبال کے اس شعر کے حوالے سے کہ

میر عرب کو آئی ٹھنڈی ہوا جہاں سے
میرا وطن وہی ہے میرا وطن وہی ہے

ڈاکٹر محمد افضل الدین اقبال جنوبی ہند میں بڑے پیمانے پر مسلمانوں کے داخلے کے بارے میں لکھتے ہیں:

''آٹھویں صدی عیسوی (دوسری صدی ہجری) کے شروع میں حجاج بن یوسف جس کے مظالم سے خود مسلمانوں کو اُس سے نفرت تھی خانوادہ ہاشم کے کچھ لوگوں کو اتنا ستایا گیا کہ وہ اپنا وطن چھوڑنے پر مجبور ہوئے۔ ان میں سے کچھ ہندوستان کے مغربی ساحل پر اترے جو کونکن کہلاتا ہے باقی راس کماری کے مشرق میں ''اوّل الذکر کی اولاد نوائط کہلاتی ہے ۔۔۔۔ عرب فنِ جہاز سازی سے اچھی طرح واقف تھے اور اس سلسلے میں بہترین سامان فراہم

کرتے تھے۔غرض اہلِ نوائط نہ صرف فنِ جہاز رانی سے واقف تھے بلکہ جہازوں کے مالک اور بحری تجارت میں ملک التجار تھے الف لیلیٰ کی داستانوں میں جس لکھ پتی کروڑ پتی سند باد جہازی کا تذکرہ ہے وہ اسی قسم کے جہازراں تھے "۔ ۲۱

ڈاکٹر محمد افضل الدین اقبال نے جنوبی ہند میں مسلمانوں کی آمد اور دیگر سیاحوں مارکو پولو' ابنِ بطوطہ' واسکوڈی گاما کی آمد اور بزرگانِ دین حضرت مظہر اولیاء' بابا فخر الدین گنج الاسرار اور حضرت سید عبدالقادر ناگوری کی جنوب میں آمد اور قیام سے وہاں کی زبان پر ان لوگوں کے اثرات کو پیش کیا۔ بزرگانِ دین نے اسلام کی تبلیغ کے لیے مقامی زبان سیکھی تھی اور اپنی تہذیب وتمدن کے الفاظ شامل کرتے ہوئے اُردو زبان کے دامن کو وسیع کیا تھا۔تحقیقی کتاب کے اس پہلے باب کے حصّے میں جنوبی ہند میں انگریزوں کی آمد' ایسٹ انڈیا کمپنی کا قیام 'مدراس میں تجارتی کوٹھی کا قیام وغیرہ موضوعات کے تحت جنوبی ہند کے علاقے کی تاریخ بیان کی۔اسی باب میں آگے انھوں نے "کرناٹک میں دکنی زبان وادب کے اولین نمونے" کے تحت اپنی تحقیق کو پیش کیا اور دکن کے مشہور شعراء نصرتی اور مومن کو علاقہ کرناٹک سے وابستہ قرار دیا۔اس ضمن میں وہ لکھتے ہیں کہ "عادل شاہی اور قطب شاہی سلطنتوں کے حدود میں صوبہ کرناٹک (مدراس) کا بھی بڑا حصّہ تھا۔یہاں کے شاعروں اور ادیبوں میں کرناٹک کے باشندے بھی شامل تھے۔چناں چہ نصرتی اور مومن کے متعلق مختلف تذکروں میں لکھا ہے کہ وہ علاقہ کرناٹک کے رہنے والے تھے۔

ڈاکٹر محمد افضل الدین اقبال نے کرناٹک میں دکنی زبان وادب کے اولین نمونے کے تحت نصرتی' مومن' شاہ سلطان ثانی' شاہ عالم شغلی' شاہ مرتضیٰ گیانی اور شاہ صادق ارکاٹی کا تعارف اُن کے کلام کے نمونوں کے ساتھ پیش کیا۔صادق ارکاٹی کے بارے میں ڈاکٹر محمد افضل الدین اقبال لکھتے ہیں:

''صادقؔ، شغلیؔ، مرتضیٰ اور معظم کے ہم عصر تھے۔
الحاج احمد خاں صاحب درویش کے پاس دیوانِ شغلیؔ کا جو مخطوطہ محفوظ ہے اس کے آخر میں سوال و جواب کے انداز میں اشعار کہے گئے۔ صادقؔ اور معظم کے سوال و جواب کا نمونہ پیش کیا جاتا ہے۔ صادقؔ معظم سے سوال کرتا ہے

دل کو عرش بولیا تو کیا سبب ہے

اے حل کرو مسائل کھولو کتاب بولو

معظم جواب دیتا ہے

دل میں سات صفتاں او سے عرش کیا ہے

سب حل کئے مسائل برحق کتاب ہے یو [۲۲]

ڈاکٹر محمد افضل الدین اقبال نے ''کرناٹک میں دکنی زبان کے اولین نمونے'' عنوان کے تحت چند دکنی شعراء کا تعارف اور کلام کا نمونہ پیش کیا۔ لیکن تفصیل سے یہ واضح نہیں کیا کہ اُس وقت زبان ترقی کے کس مرحلے پر تھی۔ دکنی زبان میں کس قسم کا ادب تشکیل پا رہا تھا۔ ادب کے فروغ کے عوامل کیا تھے اور زبان کو کس قسم کی سرپرستی حاصل تھی۔ اس کے باوجود انھوں نے یہ واضح کیا کہ کرناٹک اور مدراس میں زمانہ قدیم سے اُردو زبان میں ادب فروغ پا رہا تھا۔ کرناٹک میں اُردو زبان کی موجودگی کی نشاندہی کرتے ہوئے ڈاکٹر محمد افضل الدین اقبال نے اپنے تحقیقی مقالے کا پہلا باب ختم کیا۔ اس باب کی ادبی اہمیت کے مقابلے میں تاریخی اور تحقیقی اہمیت ہے۔ ایک تاریخ داں کی حیثیت سے اُنھوں نے تقریباً دو تین صدیوں کے تاریخی حالات کو ایک باب میں سمیٹ لیا۔ پس منظر کے طور پر اُنھوں نے کرناٹک اور مدراس کے علاقے کی تاریخ بیان کردی۔ یہ وہ تاریخ ہے جس کی بنیاد پر آگے چل کر مدراس میں اُردو زبان کو فروغ پانا تھا اور اسی اُردو زبان کے مدراس میں فروغ اور نشو ونما کو اگلے ابواب میں ڈاکٹر محمد افضل الدین اقبال نے

پیش کیا۔

تحقیقی کتاب ''مدراس میں اُردو ادب کی نشوونما'' کا دوسرا باب نوابان ارکاٹ کے عہد میں اُردو کی سرپرستی ہے۔اس باب میں ڈاکٹر محمد افضل الدین اقبال نے جن نوابوں کا عہد اور اُن کے دور میں مشہور ہونے والے شعراء کا تذکرہ کیا ہے۔ اُن کے نام اور شعراء کی تفصیلات اس طرح ہے۔

- نواب ذوالفقار خاں کا عہد 1672ء تا 1703ء

اہم شعراء : ناصر علی سرہندی، ہاشمی بیجاپوری، قزلباش خاں امیدؔ۔

- نواب داؤد خاں پنی کا عہد 1703ء تا 1710ء

کرناٹ میں خاندان نوائط کا دورِ حکومت اور اُردو کی سرپرستی

- نواب سعادت اللہ خاں کا عہد۔ 1700ء تا 1734ء
- نواب سعادت اللہ خاں کے دورِ حکومت کی علمی وادبی اور مذہبی خدمات

اہم شعراء :سید شاہ عبدالقادر میراں شاہ ولی اللہ جبیلی، شیخ محمد امین، لالہ جسونت رائے منشی، عبداللہ ذاکر

- نواب علی دوست خاں کا عہد 1734ء تا 1740ء

نواب علی دوست خاں کے عہد کی علمی ادبی و مذہبی خدمات

اہم شعراء: سید شاہ حمید اولیاں، نواب زین العابدین دیوانؔ

- نواب صفدر علی خاں کا عہد 1740ء تا 1743ء

نواب سعادت اللہ خاں ثانی کا عہد اور خاندان نوائط کی قیادت کا خاتمہ۔

- کرناٹک میں خاندان والا جاہی کا دورِ حکومت اور اُردو کی سرپرستی
- نواب انورالدین خاں کا عہد 1744ء تا 1948ء

نواب والا جاہ کے دورِ حکومت کی علمی وادبی اور ثقافتی خدمات شیخ محمد مخدوم ساوی، ولیؔ

ویلوری، شاہ تراب چشتی، سید شاہ ابوالحسن قادری ترآبی، سید محمد والہ موسوی، شاہ عثمان خاں سرورؔ، ملک الشعراء اسمٰعیل خاں ابجدی، سید شاہ عبدالطیف ذوقیؔ، امین الدین احمد خاں، خواجہ سید رحمت اللہ رحمتؔ نواب حافظ محمد منور خان امیر الامراء امیرؔ، سید شاہ عبدالقادر مہربان فخری۔

- نواب عمدۃ الامراء ممتاز کا عہد 1795ء تا 1801ء

نواب عمدۃ الامراء کے دورِ حکومت کی علمی، ادبی اور ثقافتی خدمات نواب تاج الامراء ماجدؔ، سرشارؔ، احمد علی خاں فراقؔ، فرح بخش ارکاٹی۔

- نواب عظیم الدولہ کا عہد 1801ء تا 1819ء

نواب عظیم الدولہ کے دورِ حکومت کی علمی وادبی خدمات

اہم شعراء : باقر آگاہ، حکیم عظیم الدین خاں تجملؔ، شاہ غوث جامی قادری غوثیؔ، غلام محی الدین معجزؔ، مرزا علی نجت اظفری، گورگانی۔

- نواب اعظم جاہ کا عہد 1820ء تا 1835ء

نواب اعظم جاہ کے دورِ حکومت کی علمی، ادبی اور ثقافتی خدمات:

اہم شعراء : محمد غوث شرف الملک، ملک الشعراء، مستقیم جنگ نامیؔ، والا جاہی نوابوں کے عہد کی علمی اور ادبی سرگرمیاں، تحقیقی مقالے کے اس باب میں ڈاکٹر محمد افضل الدین اقبال نے کرناٹک میں اٹھارویں صدی میں مختلف نوابوں کے دورِ حکومت میں اُن کی علمی وادبی خدمات اور اہم شعراء کا ذکر کیا ہے۔ چناں چہ کرناٹک میں خاندان نوائط کا دورِ حکومت 1710ء تا 1743ء میں انھوں نے اُردو کے فروغ کے اسباب کا جائزہ لیا۔ لفظ نوائط کی تحقیق پیش کرتے ہوئے ڈاکٹر محمد افضل الدین اقبال نے مختلف حوالوں کو پیش کیا ہے۔ جس کا خلاصہ اس طرح ہے:

> ''بحرِ روم کے عرب بحریوں میں جہاز چلانے والے کے لیے نوتی کا لفظ استعمال ہوا ہے۔ یہ لفظ دور جاہلیت اور صحابہ کرامؓ کے زمانے میں بھی ہم کو ملتا ہے۔۔۔

یہ اصل میں لاطینی لفظ (Nautions) ہے۔جس سے فرنچ (Nautique) اور انگریزی میں (Navy) نیوی گیشن (Navigation) نول (Naval) ناٹیکل (Nautical) وغیرہ بنے ہیں ۔۔۔خاندانِ نائطی اپنے حسب ونسب' عز وشرف دینی ودنیوی وجاہت اور خصوصی رسم و رواج کے لحاظ سے خاص کر جنوبی ہند میں ایک امتیازی حیثیت رکھتا ہے۔نوائط جمع ہے نائط کی اور یہ لفظ ''ط'' اور ''ت'' دونوں طرح لکھا جاتا ہے۔ قدیم مورخین اور تذکرہ نگار ''ت'' ہی کے ساتھ لکھا کرتے تھے۔مگر آگے چل کر علمائے اہلِ نوائط نے ''ت'' کو ''ط'' سے بدل کر ''نائطی'' لکھنا شروع کیا اور اب تک ''ط'' کے ساتھ ہی رائج ہے۔

۲۳ے

''لفظ''نوائط'' کی تشریح کے لیے ڈاکٹر محمد افضل الدین اقبال نے مختلف حوالے پیش کیئے ۔اس طرح انھوں نے تحقیق کے میدان میں وسیع تر معلومات کی پیشکشی کے ذریعہ اپنے گہرے اور وسیع مطالعہ کا پتہ دیا ہے۔

خاندان نوائط میں نواب سعادت اللہ خاں کا عہد 1710ء تا 1734ء میں شعرو ادب کی ترقی کا اجمالی جائزہ پیش کرتے ہوئے ڈاکٹر محمد افضل الدین اقبال رقم طراز ہیں:

''نواب سعادت اللہ خاں کو شعروسخن سے بڑی دلچسپی تھی۔اُن کے دربار میں فارسی اوردکنی کے باکمال شعراء جمع ہوگئے تھے ۔ اُن کے دربار میں نہ صرف مشاعرے ہوتے بلکہ عرب' ایران اور ہندوستان خصوصاً بیجاپور اور

گولکنڈہ کے قدیم شعراء جیسے غواصیؔ، وجہیؔ اور نصرتیؔ وغیرہ کے کلام پر مباحثے ہوتے، اُن کی تصانیف کا ذکر ہوا کرتا۔ اُن کی شاعری پر تنقید ہوتی۔ نواب سعادت اللہ خاں خود بھی شاعر تھے اور شاعری کا پاکیزہ ذوق رکھتے تھے۔ ۲۴

ڈاکٹر محمد افضل الدین اقبال نے آگے مزید لکھا کہ اس دور میں شہر ارکاٹ میں مشائخین کی کثرت تھی۔ سید شاہ عبدالقادر، میراں شاہ ولی اللہ حنبلی، شیخ محمد امین الدین وغیرہ اہم مشائخ تھے۔ نواب علی دوست خاں، نواب صفدر علی خاں اور نواب سعادت اللہ خاں ثانی کے عہد کے تذکرے کے بعد ڈاکٹر محمد افضل الدین اقبال نے لکھا کہ 1744ء میں نواب سعادت اللہ خاں ثانی کا قتل ہوا اور ارکاٹ پر خاندان نوائط کی حکومت ختم ہوگئی اور والا جاہی خاندان کی حکومت کا آغاز ہوا۔

نواب والا جاہ کے عہد میں شعر و ادب کی سرپرستی کا ذکر کرتے ہوئے ڈاکٹر محمد افضل الدین اقبال لکھتے ہیں:

"نواب والا جاہ کا دورِ حکومت نہ صرف تعمیری حیثیت سے ممتاز ہے بلکہ اُن کا دورِ حکومت علم و فضل کی قدردانی اور شعراء نوازی کے لحاظ سے کرناٹک کی تاریخ میں نمایاں حیثیت کا حامل ہے۔ ہندوستان کے مختلف علاقوں کے اہلِ قلم ان کی سرپرستی میں ارکاٹ، مدراس اور کرناٹک کے دوسرے شہروں میں جمع ہو گئے تھے۔۔۔ اس طرح ایک عرصے تک یہاں شعر و سخن اور علم و فن کی بڑی گرم بازاری رہی۔۔۔ نواب والا جاہ نے علماء کی قدردانی اور شعراء کی سرپرستی میں کوئی دقیقہ اٹھا نہیں رکھا۔ وہ خود تصنیف و تالیف سے دلچسپی رکھتے تھے اور اچھے شاعر تھے۔ اُن کا تخلص والا جاہ

تھا۔ کتب خانہ نواب سالار جنگ میں اُن کی ایک مثنوی محفوظ ہے۔ ؎۲۵

ڈاکٹر محمد افضل الدین اقبال نے والا جاہی عہد کے شعراء میں شیخ محمد مخدوم ساوی ؒ' ولی ویلوری' شاہ تراب چشتی' سید شاہ ابوالحسن قادری قربی' سید محمد واٰلہ موسوی' ملک الشعراء میر اسمٰعیل خاں ابجدی' سید شاہ عبدالطیف قادری ذوقی' امین الدین احمد خاں' حضرت خواجہ سید رحمت اللہ' نواب حافظ محمد منور خاں' امیر الامراء بہادر امیر اور سید شاہ عبدالقادر مہربان مغربی کے حالاتِ زندگی اور اُن کی شعری وادبی خدمات کو تحقیقی انداز میں چھان پھٹک کے ذریعہ پیش کیا۔ اپنی بات کی تائید یا اختلاف میں انھوں نے مختلف حوالے بھی پیش کئے اور کرناٹک و مدراس میں قدیم اُردو ادب کی بازیافت کی۔ ولی ویلوری کا ذکر تاریخِ ادب کی کتابوں میں اختصار سے ملتا ہے۔ ڈاکٹر محمد افضل الدین اقبال نے ولی ویلوری کے بارے میں تفصیلی معلومات فراہم کیں اور اُن کی مثنویوں رتن پدم' روضۃ الشہداء روضۃ الانوار اور روضۃ السبعقی کا تعارف کرایا۔ مثنوی رتن پدم کے بارے میں ڈاکٹر محمد افضل الدین اقبال لکھتے ہیں:

> ''ولی ویلوری کی مثنوی ''رتن پدم'' اب نایاب ہے
> ۔۔۔رتن پدم تقریباً چار ہزار ابیات پر مشتمل تھی۔ یہ سرندیپ کی مہارانی پدماوتی اور چتور کے راجہ رتن سین کی مشہور کلاسیکل داستان ہے۔ رتن پدم' پدماوت کا منظوم ترجمہ ہے ۔ پدماوت کو ملک محمد جائسی نے اودھی زبان میں تصنیف کیا تھا۔ یہ ہندی ادب کا ایک بے نظیر شاہکار ہے اور مختلف زبانوں میں اس کا ترجمہ ہو چکا ہے۔ ؎۲۶

ڈاکٹر محمد افضل الدین اقبال نے ''مدراس میں اُردو ادب کی نشو ونما'' تحقیقی کتاب میں اپنی تحقیق کو جاری رکھتے ہوئے آگے نواب عمدۃ الامراء ممتاز کا عہد 1795ء تا 1801ء پیش

کیا۔اس دور میں ہونے والی شعروادب کی سرپرستی اوراہم شعراء کا ذکر کرتے ہوئے ڈاکٹر محمد افضل الدین اقبال لکھتے ہیں:

''نواب عمدۃ الامراء ممتاز کا دورِ حکومت کرنا ٹک کی ادبی تاریخ میں سنہرے حرفوں سے لکھا جائے گا۔نواب عمدۃ الامراء نے بے شمار شعراءاور علماء کی سرپرستی کی اُن کے دربار میں نہ صرف مقامی شعراء باریاب ہوتے بلکہ ہندوستان بھر کے نامی گرامی شعراءاور علماء جمع ہو گئے تھے۔

مقامی شعراء میں نواب مستقیم جنگ نامؔی کو''ملک الشعراء'' کا اعزاز عطا کیا گیا تھا۔حسین علی خاں افصح ''افصح الشعراء'' کے خطاب سے ملقب تھے۔ وہیں دہلی کے مشہور حکیم احمد اللہ خاں دہلوی ''ملک الحکماء'' کے خطاب سے سرفراز کیئے گئے تھے ۔فرنگی محل لکھنؤ کے مشہور عالم مولانا بحرالعلوم عبدالحئ کی نواب عمدۃ الامرا بڑی عزت تعظیم کرتے تھےاورانھیں ''ملک العلماء'' کے خطاب سے نوازا تھا۔مغل شہزادہ اظفری، حکیم عظیم الدین خاں تجمل لکھنوی اور حافظ فضل علی ممتازؔ دہلوی نواب عمدۃ الامراء کے دربار کے نامی گرامی شعراء تھے۔ ۲۷

عمدۃ الامراء کے عہد کے جائزے کے بعد ڈاکٹر محمد افضل الدین اقبال نے نواب عظیم الدولہ کے عہد 1801ء تا 1819ء کا جائزہ پیش کیا۔اس دور کے اہم شاعر کے طور پر انھوں نے باقر آگاہ کی شعری وادبی خدمات کو تفصیل سے بیان کیا اور آگاہ کی کتابوں' رسالہ عقائد' تحفۃ النساء' ہشت بہشت' محبوب القلوب' ریاض الجنان' تحفۃ الاحباب' فرائد درفوائد' گلزارِ عشق' روضۃ

الاسلام، مثنوی روپ سنگار، دیوانِ آگاہ اور آگاہ کے نثری دیباچے کا تعارف تحقیقی نقطۂ نظر کے ساتھ پیش کیا۔ آگاہ کو میرؔ، سوداؔ کا ہم عصر شاعر قرار دیتے ہوئے ڈاکٹر محمد افضل الدین اقبال نے آگاہ کی ''مثنوی روپ سنگار'' کا تعارف اس طرح پیش کیا ہے۔

''اس مثنوی کے صرف ایک نسخے کا پتہ چلا ہے جو ادارہ ادبیاتِ اُردو میں محفوظ ہے۔ تین سو ستر ابیات کی یہ دکنی مثنوی ۱۲۱۵ھ م 1800ء میں نائکہ بھید کے موضوع پر لکھی گئی ہے۔ سنسکرت شاعری میں عورتوں کی جو قسمیں بیان کی گئی ہیں اور اُن کے جو مختلف جذبات واضح کیے گئے ہیں اُن سے آگاہ نے بحث کی ہے اور اپنی وضاحت کے لیے خود ہی دوہے اور گیت تصنیف کیے ہیں۔ جس سے معلوم ہوتا ہے کہ انھیں سنسکرت اور برج بھاشا زبانوں پر کافی عبور حاصل تھا''۔ ۲۸

نواب اعظم جاہ کے عہد 1820ء تا 1825ء کے مختصر جائزے کے ساتھ ہی تحقیقی کتاب ''مدراس میں اُردو ادب کی نشوونما'' کے دوسرے باب کا اختتام عمل میں آتا ہے۔ باب کے آخر میں ڈاکٹر محمد افضل الدین اقبال نے ''والا جاہی نوابوں کے عہدِ حکومت کی علمی اور ادبی سرگرمیاں'' عنوان کے تحت اس دور میں ہونے والی اُردو ادب کی ترقی کا اجمالی جائزہ پیش کیا۔ سیاسی افراتفری کے اس دور میں نوابان والا جاہی کی اُردو شعر و ادب کی سرپرستی کو اہم کارنامہ قرار دیتے ہوئے ڈاکٹر محمد افضل الدین اقبال لکھتے ہیں:

''ایک ایسے دور میں جو سماجی اور سیاسی اعتبار سے انتشار اور افراتفری کا عہد تھا اور جب شعراء اور ادیبوں کی سرپرستی کے تمام ذرائع دکن میں نیست و نابود ہو چکے تھے۔

> ارکاٹ کے نوابوں نے انھیں سہارا دیا اور اسی سرپرستی اور قدردانی کی وجہ سے جنوبی ہند علم وادب کا اہم مرکز بن گیا۔ نوابانِ ارکاٹ کی علمی وادبی خدمات کی اہمیت سے انکار نہیں کیا جاسکتا اور نہ اُن ادبی کاوشوں کو نظرانداز کیا جاسکتا ہے جو اس زمانے میں ولؔی ویلوری، شاہ تراب، خواجہ رحمت اللہ رحمتؔ، شاہ ابوالحسن قربؔی، والہؔ موسوی، ملک الشعراء ابجدی، شاہ عبداللطیف ذوقؔ، باقر آگاہؔ، مرزا علی بخت اظفری گورگانی، شاہ غوثیؔ، غلام محی الدین معجزؔ اور ملک الشعراء مستقیم جنگ نامؔی وغیرہ کی وجہ سے معرض وجود میں آئیں اور جن کا تاریخ زبانِ اُردو میں ایک اہم مقام ہے۔ [۲۹]

ڈاکٹر محمد افضل الدین اقبال نے اپنی تحقیقی کتاب ''مدراس میں اُردو ادب کی نشو ونماء'' کے دوسرے باب ''نوابانِ ارکاٹ کے عہد میں اُردو کی سرپرستی میں اٹھارہویں اور انیسویں صدی کے نصف تک علاقہ ارکاٹ مدراس میں مختلف نوابوں کے دورِ حکومت میں اُردو کے فروغ کا جائزہ لیا۔ اس جائزے میں انھوں نے کئی گمنام شعراء کو اُردو کے ادبی حلقوں سے متعارف کرایا ۔ان کے شعری کارناموں کو بعد تحقیق واضح انداز میں پیش کیا اور قدیم مخطوطات کی موجودگی کے مقامات کی وضاحت کی۔ اس طرح انھوں نے نہ صرف اُردو ادب کے ایک نئے دبستان ارکاٹ کی بازیافت کی بلکہ اس دور میں تخلیق ہونے والے اہم شعری کارناموں کے متعارف کرانے کے علاوہ ان کارناموں کی مختلف مقامات پر موجودگی کی اطلاع دی۔ اس طرح ڈاکٹر محمد افضل الدین اقبال نے ارکاٹ میں اُردو ادب کے 150 سال کی تاریخ اس باب میں محفوظ کردی۔ دکنی اُردو پر تحقیق کرنے والے محققین کے لیے یہ تحقیقی کتاب ''مدراس میں اُردو ادب کی نشو ونما'' ایک مشعلِ راہ سے کم نہیں۔ اس کے لیے فاضل محقق کی کاوشوں کو ضرور سراہنا چاہیے۔

تحقیقی کتاب ''مدراس میں اُردوادب کی نشوونماء'' کا تیسرا باب ''فورٹ سینٹ جارج کالج، دکنی زبان وادب کا اہم مرکز ہے۔اس باب میں ڈاکٹر محمد افضل الدین اقبال نے مدراس میں انگریزوں کی جانب سے قائم کردہ اُردو کالج فورٹ سینٹ جارج کالج کا قیام، اُس کے اغراض ومقاصد اور کالج کے مصنفین کے علمی وادبی کارناموں کو تاریخی و تحقیقی انداز میں تفصیل کے ساتھ پیش کیا ہے۔

اس باب کے آغاز میں ڈاکٹر محمد افضل الدین اقبال نے ایسٹ انڈیا کمپنی کی ہندوستان میں تجارتی اغراض میں دلچسپی دکھانے اور کمپنی کے قیام کے لیے مغل شہنشاہ جہانگیر سے راہ ورسم بڑھانے کی تفصیلات تاریخ کے حوالوں سے پیش کیں۔انگریزوں کے ہندوستان میں قدم رکھنے کی تاریخ بیان کرتے ہوئے ڈاکٹر محمد افضل الدین اقبال لکھتے ہیں:

> ''لندن (انگلستان) کے چند تاجروں اور بعض معززین نے 1600ء م ۱۰۰۹ ھ میں مشرقی ملکوں سے تجارت کے لیے ایسٹ انڈیا کمپنی قائم کی۔اس کمپنی نے بحرِ ہند میں تجارت کا ٹھیکا حاصل کرلیا۔بغیر حکومت کی سرپرستی کے دور دراز ملکوں سے تجارتی تعلقات قائم کرنا اس کمپنی کی مثال موجود تھی۔جس نے حکومت کی سرپرستی کی بدولت خوب نفع کمایا تھا۔1612ء میں ٹامس ایڈورڈ کی سرکردگی میں دوسری سفارت شہنشاہ جہانگیر کی خدمت میں پیش ہوئی۔اس دفعہ انگریزوں کو کامیابی ہوئی اور ایسٹ انڈیا کمپنی کو سورت میں تجارتی کوٹھی قائم کرنے کی اجازت دے دی گئی۔ [۳۰]

ڈاکٹر محمد افضل الدین اقبال نے آگے ایک مورخ کی طرح لکھا کہ ایسٹ انڈیا کمپنی

نے آہستہ آہستہ ہندوستان میں اپنے قدم جمانے شروع کر دیئے۔ 1639ء میں انگریزوں کے ایجنٹ فرانسیس ڈے نے ایسٹ انڈیا کمپنی کی جانب سے مدراس پٹنم میں تجارتی کوٹھی قائم کرنے کے لیے چندر گیری کے راجہ سری رنگا رائے سے زمین کرائے پر حاصل کی۔ کوٹھی کی تعمیر شروع ہوگئی۔ فرانسیس کے نام پر تعمیر کردہ کوٹھی کا نام فورٹ سینٹ جارج مشہور ہوا۔ عمارت کی تعمیر 1643ء میں مکمل ہوئی۔ دو سال بعد پادری فادر ابراہیم نے اس عمارت میں مدراس کا پہلا پبلک اسکول قائم کیا۔ ایسٹ انڈیا کمپنی نے اپنے توسیعی منصوبوں کے تحت جب حکومتی کاموں میں دخل دینا شروع کیا تو اپنے عملے کے ارکان کو ہندوستانی زبان سکھانے کے لیے اُن کی تعلیم و تربیت کا ارادہ کیا۔ اس کے لیے مدراس کے پبلک اسکول کی جگہ فورٹ سینٹ جارج اسکول (رائٹرس کالج) کا 1717ء میں قیام عمل میں لایا گیا۔ اس کالج کے قیام کی وجوہات بیان کرتے ہوئے ڈاکٹر محمد افضل الدین اقبال لکھتے ہیں:

> ''ایسٹ انڈیا کمپنی ابتداء میں صرف تجارتی اغراض کے لیے قائم ہوئی۔ کمپنی میں مختلف عہدے تھے۔ جیسے نو آموز (Apprentice)، منشی (Writer)، گماشتہ (Factor)، جونیر مرچنٹ، سینئر مرچنٹ، کونسل صدر۔ لیکن ان تمام عہدوں میں منشی کے عہدے کو خاص اہمیت حاصل تھی
>
> ----
>
> یہ رائٹرس جو ہندوستان پہنچ رہے تھے مقامی زبانوں اور ہندوستانی تہذیب وتمدن سے بالکل بیگانہ ہوتے تھے۔ ان کی تعلیم و تربیت کا انگلستان میں کوئی انتظام نہیں تھا۔ اس لیے مدراس کے انگریز گورنر مسٹر جوزف کلیکٹس 1717ء تا 1720ء نے 1717ء میں فورٹ سینٹ جارج اسکول

رائٹرس کالج کی بنیاد ڈالی۔ اس طرح فورٹ سینٹ جارج
اسکول یا رائٹرس کالج کمپنی کا وہ پہلا ادارہ تھا جہاں منشیوں کی
تعلیم کا باقاعدہ انتظام کیا گیا تھا۔ یہ ادارہ فورٹ سینٹ
جارج کے احاطہ ہی میں برسوں قائم رہا اور آگے چل کر فورٹ
سینٹ جارج کالج کے نام سے مشہور ہوا''۔ ۳۱

کالج کے انتظامی اُمور اور وہاں ہونے والے تصنیف وتالیف کے کاموں کی تفصیلات بیان کرتے ہوئے ڈاکٹر محمد افضل الدین اقبال نے لکھا کہ کالج میں تدریس وتالیف کاموں کے لیے منشیوں کو بلایا گیا جس میں تراب علی نامؔی، حسن علی ماہؔلی، سید حسن شاہ حقیقتؔ، قاضی ارتضاد علی خاں، محمد ابراہیم بیجاپوری، مرزا عبدالباقی وفاؔ وغیرہ ہیں۔ یہاں جو زبان فروغ پائی وہ دکنی کہلائی۔ یہاں کی تالیفات میں حکایات الجلیلہ (داستانِ الف لیلیٰ) انوارِ سہیلی، سنگھاسن بتنی، گلستان وغیرہ ہیں۔ فورٹ سینٹ جارج کالج کا پریس، وہاں کا کتب خانہ اور دیگر تفصیلات کے بیان کے بعد ڈاکٹر محمد افضل الدین اقبال نے لکھا کہ یہ کالج 1854ء تک کام کرتا رہا۔ بعد میں اسے مدراس لٹریری سوسائٹی میں ضم کر دیا گیا۔

تحقیقی کتاب ''مدراس میں اُردو ادب کی نشوونما'' کے تیسرے باب کے دوسرے حصّے میں ڈاکٹر محمد افضل الدین اقبال نے فورٹ سینٹ جارج کالج کے مصنفین کے عنوان سے کالج میں تصنیف وتالیف کی خدمات انجام دینے والے اہم شعراء اور ادیبوں کا تعارف کرایا ہے۔ ان شعراء میں تراب علی نامؔی، سید حسین شاہ حقیقتؔ، حسن علی ماہؔلی، منشی غلام حسین معاون خاں، قاضی ارتضاد علی خوشنودؔ، مفتی محمد تاج الدین حسین خاں بہجتؔ، مرزا عبدالباقی وفاؔ، محمد مہدی واصفؔ، مرزا محمد جان، تھامس روبک، ڈاکٹر ہنری ہیرس، جنرل جوزف اسمتھ، ڈاکٹر ایڈورڈ بالفور، سید تاج الدین محمد خاں، منشی سید غلام دستگیر، منشی مظفؔر، منشی محمد ابراہیم بیجاپوری، منشی شمس الدین احمد، سید امیر حیدر بلگرامی، اکرام علی حسینی، میر بہادر علی حسینی وغیرہ شامل ہیں۔

ڈاکٹر محمد افضل الدین اقبال نے تحقیق کے دوران دستیاب مواد کے ذریعہ شعراء کے حالاتِ زندگی مفصل بیان کیے۔ جیسے تراب علی نامیؔ کے بیان میں اُن کا سلسلہ نسب، پیدائش، تعلیم و تربیت، بیرون ملک سفر، فورٹ سینٹ جارج کالج میں خدمات، وفات، اولاد اور تصانیف کے عنوانات کے تحت تفصیلی معلومات پیش کی ہیں۔ فورٹ سینٹ جارج کالج میں نامیؔ کی خدمات کا احاطہ کرتے ہوئے ڈاکٹر محمد افضل الدین اقبال لکھتے ہیں:

> ''1813ء م ۱۲۲۹ھ میں تراب علی نامیؔ فورٹ سینٹ جارج کالج کے مدرس بن کر مدراس آئے۔ یہاں عرصہ تک وہ شعبۂ عربی، فارسی اور ہندوستانی (اُردو) کے صدر شعبہ رہے۔۔۔ اس زمانے کے اکثر بڑے بڑے انگریز افسروں نے عربی، فارسی اور اُردو زبانیں نیز علوم عقلی و نقلی کی تعلیم کی تکمیل اُنہی سے کی تھی۔ نامیؔ اپنے علم و فضل کی وجہ سے اس زمانے میں کمپنی کے ارباب اقتدار پر چھائے ہوئے تھے۔۔۔ نامیؔ کی تعلیم و تربیت سے اکثر طلباء نے فیض اُٹھایا تھا اور بڑی ترقی کی تھی''۔ ۳۲

ڈاکٹر محمد افضل الدین اقبال نے نامیؔ کی تصانیف کا تذکرہ کرتے ہوئے اُن کی کتاب ''وسیط النحو'' کا تفصیلی ذکر کیا۔ اور لکھا کہ عربی زبان میں صرف ونحو کی یہ کتاب کافی مشہور ہوئی۔ اس کتاب کا ایک نسخہ مدراس کے مشہور کتب خانہ مدرسہ محمد رائی پیٹ میں محفوظ ہے۔ اس طرح ڈاکٹر محمد افضل الدین اقبال نے اپنی وسیع تر تحقیق سے قدیم دور کے مصنف کی بہت کم دستیاب کتاب کا حوالہ دیا اور فورٹ سینٹ جارج کالج سے وابستہ مدرس کے احوال کو تاریخ ادب میں محفوظ کر دیا۔ مدراس کے شاعر سید حسین شاہ حقیقیت کی نو تصانیف صنم کدہ چین، جذبِ عشق، تحفۃ العجم، خزینۃ الامثال، تذکرہ احیاء، مثنوی ہشتِ گلزار، مثنوی ہیرا من طوطا، ہفت نسخہ، دیوان وغیرہ

کے بارے میں ڈاکٹر محمد افضل الدین اقبال نے تحقیقی نقطۂ نظر سے وسیع تر معلومات پیش کی ہیں۔
حقیقتؔ کی مثنوی ''ہشتِ گلزار'' کے بارے میں ڈاکٹر محمد افضل الدین اقبال لکھتے

ہیں:

''حقیقت نے اپنے قیام مدراس کے زمانے میں یعنی ۱۲۲۵ھ م 1810ء ایک طویل مثنوی ''ہشتِ گلزار'' لکھی۔ یہ دراصل طوطی ہندا میر خسرو کی ''ہشت بہشت'' کا منظوم ترجمہ ہے۔ ۔۔۔اسی قصّہ کو اُردو میں منتقل کرنے کا تذکرہ کرتے ہوئے وہ لکھتے ہیں:

''طوطی ہند کا میں خوشہ چیں : ہندی میں اب لکھوں ہوں اُس کے تئیں
ترجمہ اس کا میں نہیں کرتا پر وہ قصہ کروں ہوں نظم جُدا
ریختی کی زبان میں با انداز خوش ہوسُن جس کو بلبلِ شیراز

مثنوی ''ہشتِ گلزار'' کو اُردو میں منتقل کرنے تین ماہ کا عرصہ لگا۔ اور یہ مثنوی ۱۱/ربیع الاوّل ۱۲۲۵ھ م 1810ء کو مکمل ہوئی۔ اس کے جملہ اشعار چار ہزار نوسو گیارہ ہیں''۔

۳۳

ڈاکٹر محمد افضل الدین اقبالؔ نے حقیقتؔ کی مثنوی ''ہشتِ گلزار'' میں شامل ایک شہرِ آشوب کا بھی تفصیلی ذکر کیا ہے اور اس شہرِ آشوب سے اشعار کا انتخاب پیش کیا ہے۔ حقیقتؔ نے اپنے شہرِ آشوب میں زمانے کی بدحالی کے ذکر کے طور پر غیر معیاری شعراء پر طنز کیا ہے۔ اس ضمن میں کہے گئے اشعار کا انتخاب ڈاکٹر محمد افضل الدین اقبال نے پیش کیا ہے۔ اشعار اس طرح ہیں۔

''شاعری کا ہے آج اُن کی دھوم
نظم کیا ہے یہ جنکو نین معلوم

نظم اور نثر کو نہ جب جانیں

بحر اور قافیہ وہ کب جانیں

زعم میں اپنے پھر بنا دالی

آپ کو سمجھیں فخر خاقانی

پھر معارض جو کوئی اُن سے ہو

عرض و قاموس اپنی دے وہ کہو

پڑھنے فردوسی کے اگر اشعار

ان سے کہا کہ میں کہا ہوں یار

از رہ حمق اس میں وہ نادان

سقم کیا کیا نکالیں بس اُسی آن

سنتے ہی بس اچھل پڑیں یکبار

اور کہیں واہ وہ پکار پکار (حقیقت)

ڈاکٹر محمد افضل الدین اقبال نے حقیقت کی مثنوی ہیر امن طوطا ئفت نسخہ اور اس کے دیوان کا تعارف بھی پیش کیا ہے۔ اس طرح اُنھوں نے ایک گمنام شاعر کا بھرپور تعارف پیش کیا۔ حقیقت کے بعد ڈاکٹر محمد افضل الدین اقبال نے فورٹ سینٹ جارج کالج سے وابستہ ایک اور اُستاد اور شاعر حسن علی ماہلی کے حالاتِ زندگی اور کلام پر تبصرہ پیش کیا ہے۔ ڈاکٹر اقبال لکھتے ہیں کہ مولوی حسن علی ماہلی کا تعلق اعظم گڈھ یوپی سے تھا۔ 1816ء میں مدراس آئے اور فورٹ سینٹ جارج کالج میں بیس سال تک تدریسی خدمات انجام دیں۔ حسن علی ماہلی کی تصانیف اور اُن کی شاعری کی مثالیں پیش کرتے ہوئے ڈاکٹر محمد افضل الدین اقبال نے ادارہ ادبیاتِ اُردو کی ایک قلمی بیاض سے حاصل کردہ ماہلی کی ایک غیر مطبوعہ غزل کے اشعار پیں کئے ہیں۔ اشعار اس طرح ہیں:

کروں شکوہ تو ہے وسوس میں اُس کے نہ آنے کا
نہ ہو دھڑکا میرے دل میں گر اُس کے روٹھ جانے کا

مجھ آتا ہے رونا دیکھ کر زانو کو اب اپنے
کہ تھا یک وقت میں تکیہ کسی کا یہ کرہانے کا
حسنؔ تو ہر کسی سے حالِ دل کہتا پھرے ہے کیوں
عبث بدنام ہوگا اور نہیں کچھ اس میں پانے کا
ملامت ہی کریں گے اور اُلٹے تجھ کو ہنس ہنس کر
کوئی احوال پر تیرے نہیں افسوس کھانے کا
(حسنؔ علی ماہلی)

ڈاکٹر محمد افضل الدین اقبال نے فورٹ سینٹ جارج کالج سے وابستہ شعراء اور ادیبوں کے حالات پیش کرنے کے دوران ایک اچھے محقق کی طرح بیان کردہ شعراء اور ادیبوں کی تخلیقات کی کھوج کی اور اُنھیں حوالوں کے ساتھ پیش کیا۔ جس طرح ایک غوطہ خور گہرے سمندر میں اُتر کر قیمتی موتی ڈھونڈ لاتا ہے۔ اُسی طرح ڈاکٹر محمد افضل الدین اقبال بھی تحقیق کے بحر بیکراں میں گہرائیوں تک پہونچ جاتے ہیں اور چھان بین' تلاش و تحقیق کے بعد اپنی تحقیق کو حتمی انداز میں پیش کرتے ہیں۔

فورٹ سینٹ جارج کالج کے ایک اور اُستاد منشی غلام حسن معاون خاں کے مختصر احوال پیش کرنے کے بعد ڈاکٹر محمد افضل الدین اقبال نے اپنی تحقیقی کتاب مدراس میں اُردو ادب کی نشو ونما کے آخری باب میں قاضی ارتضاد علی خاں خوشنود کے احوال پیش کئے جو شمالی ہند کے ضلع ہردوئی سے مدراس آئے تھے۔ قاضی اور مفتی رہے اور اسی شعبے سے متعلق تصانیف چھوڑیں۔ ڈاکٹر محمد افضل الدین اقبال نے حیدر آباد کے مشہور آرکیٹک فیاض الدین نظامی مرحوم

کے حوالے سے قاضی ارتضاد علی خاں کے سفر حج سے واپسی پر انتقال کے واقعہ کو مفصل انداز میں پیش کیا ہے۔ یہ واقعہ مدراس کے ایک بزرگ کی نیک زندگی کو ظاہر کرتا ہے چناں چہ ڈاکٹر محمد افضل الدین اقبال، قاضی ارتضاد علی خاں کی وفات کا واقعہ یوں بیان کرتے ہیں:

آپ کا سانحہ وفات بھی ایک پُراسرار داستان سے کسی طرح کم نہیں۔ آپ حج بیت اللہ سے سرفرازی حاصل کرنے کے بعد جب واپس ہو رہے تھے اور حدیدۃ (بحراحمر کا ایک ساحلی علاقہ) تک پہنچنے کے لیے ابھی ایک دن اور ایک رات کی مسافت باقی تھی تو بروز جمعہ بوقت اشراق آپ کا آفتابِ حیات ہمیشہ کے لیے غروب ہوگیا۔ انا للہ وانا الیہ راجعون۔ اس حادثے سے جہاز کے سارے مسافروں اور سارے عملے میں رنج واندوہ کی لہر دوڑ گئی۔ ہر طرف ایک کہرام برپا ہوگیا۔ خصوصاً رشتہ داروں کے درمیاں صفِ ماتم بچھ گئی۔ جہاز کے کپتان محمد سعید مسقطی تھے جو مؤلف کے حلقۂ ارادت میں شامل تھے۔ اس حادثے نے انھیں بھی گنگ بنا کر رکھ دیا تھا۔ آپ کے سب سے بڑے شاگرد مولوی سید شاہ قادر باشاہ قادری نے آپ کی نماز جنازہ پڑھائی۔ سارے سوگوار مسافرین اور سارا آبدیدہ عملہ نماز جنازہ میں شریک ہوا۔ اس کے بعد آپ کے جنازہ کو آغوش سمندر کر دیا گیا۔ کئی دن گذر جانے کے بعد آپ کی نعش حدیدہ کے ساحل سے آن لگی۔ یہ آپ کی کرامت تھی کہ آپ کی نعش اور کفن میں سرمو فرق نہیں واقع ہوتا تھا۔

سمندری جانوروں کے لیے انسانی لاشیں ایک من بھاتا کھاجا ہیں۔ مگر آپ کے جسم پر تو کجا کفن پر بھی ہلکی سی خراش تک نہ تھی۔ آپ کی آنکھوں کا سرمہ تک صحیح سالم تھا۔ لوگوں نے آپ کی پیشانی پر سریانی رسم الخط میں کچھ نوشتہ پایا اور یہ دیکھ کر عقیدت مند عوام اور خواص کا ایک جمِ غفیر جمع ہوگیا اور پھر آپ کو اس شہرِ خموشاں میں سپرد خاک کر دیا گیا۔ جہاں اولیائے خدا انتہائی پُرسکون انداز میں محوِ خواب تھے''۔ ۳۷

ڈاکٹر محمد افضل الدین اقبال نے فورٹ سینٹ جارج کالج کے شعراء اور مصنفین کے تعارف کے سلسلہ میں قاضی ارتضاد علی خاں کے بعد مفتی محمد تاج الدین حسین خاں بہجت کے احوال پیش کیے اُن کے مختصر حالاتِ زندگی کے بعد اُن کی اُردو کتابوں ''اظہر الصلاح اور مرصاد المشتاقین'' کا جائزہ پیش کیا۔

بہجت کے کلام کا نمونہ پیش کرنے کے بعد ڈاکٹر محمد افضل الدین اقبال نے بہجت کی تاریخ گوئی میں مہارت کا ذکر کیا۔ بہجت کے منتخب اشعار اس طرح ہیں:

سُن لیں چرچا ترے گر حُسن کا اے حورنژاد
آئیں پریوں کے پری اپنے پرستان کو چھوڑ

جان بھی جائے اگر مجھ سے پریشان کو چھوڑ
ہم نشین میں نہ اُٹھونگا یہ پری نشان کو چھوڑ

ہم کو تم گھر سے نکالو تو نکالو پر جان
دل نہ نکلے گا تیرے کوٹھری دالان چھوڑ

رشک اغیار کا ہے خانہ خراب آہ اے دل
جاتے ہیں یار کے ہم کوٹھری دالان کو چھوڑ

فکر میں عاشق بیمار کفن کے ہے لگا
جائے بیچارہ کہاں پتھر تیرے دامان کو چھوڑ
آہ غیروں کا اکھاڑہ ہے اب اس شیوخ کا گھر
ہم جہاں جاتے تھے دروازہ میں اوسان کو چھوڑ

کسی معشوق کا دامن تو نہیں یہ آخر
ہائے اے دوست جنوں میرے گریباں کو چھوڑ۔ ص ۔ 277

مرزا عبدالباقی وفا کے تذکرہ کے بعد ڈاکٹر محمد افضل الدین اقبال نے مدراس کے ایک اور شاعر محمد مہدی واصف کا ذکر کیا۔ اُن کے حالاتِ زندگی پیش کرنے کے بعد مہدی واصف کی ضرب الامثال میں اُن کی مہارت کی تفصیل پیش کی۔ ضرب المثل کی تعریف بیان کرتے ہوئے ڈاکٹر محمد افضل الدین اقبال لکھتے ہیں:

''ضرف المثل عربی لفظ ہے۔ اس کے لغوی معنٰی کہاوت کے ہیں۔ ضرب المثل زبان کا جوہر ہوتے ہیں ان کے بغیر زبان کی کیفیت ایک بے روح قالب کی سی ہوتی ہے۔ جملے کی تراش خراش میں ضرب المثل کو بڑا دخل ہے ان کے برمحل استعمال سے جملے اور شعر دونوں جملے اور شعر دونوں کے حُسن کو چار چاند لگ جاتے ہیں۔ سید ابوالفضل ضرب الامثال کی تین خوبیاں بتاتے ہیں۔

(1) کم سے کم الفاظ سے کام لینے کی قوت

(2) صحتِ معانیٰ اور

(3) ندرت تشبیہ

غرض ضرب الامثال اپنی صداقت' ایجاز اور اُسلوب کی دل نشینی کی وجہ سے مطالب کو واضح اور روشن کرنے کے ساتھ ساتھ عوام و خواص کو یکساں طور پر متاثر کرتی ہیں۔ زبان ارتقاء کے مدارج طئے کرتی ہوئی اپنے قدیم روپ کو بدلتی رہتی ہے۔لیکن ضرب الامثال میں قدامت کا حُسن تغیر و تبدیل سے اکثر بے نیاز رہتا ہے۔

آج اُردو میں بہت سے الفاظ متروک ہو چکے ہیں لیکن ضرب الامثال میں آج بھی بولے جاتے ہیں۔ضرب الامثال کا ایک زبان سے دوسری زبان میں منتقل کرنا کوئی آسان کام نہیں ۔ اس کوشش میں اکثر ان کی صورت مسخ ہو جاتی ہے''۔ ۳۵

ضرب المثل کی تعریف پیش کرنے کے بعد ڈاکٹر محمد افضل الدین اقبال نے مہدی واصف کی پیش کردہ چند ضرب الامثال کو اپنے تحقیقی مقالہ میں شامل کیا ہے۔ چند ضرب الامثال اس طرح ہیں۔

آپ بھلا تو جگ بھلا :

یعنی جب آدمی نیک خلق اور بھلا ہو تو زمانے کے لوگ بعد میں اس سے بھلائی کرتے ہیں۔

آپ کاج مہا کاج :

بزرگ واعظم یعنی آدمی کا خاص کام دوسروں کے مطالب کی بہ نسبت اہم ہوا کرتے ہیں۔

اپنی گلی میں کتا بھی شیر ہے۔

اللہ ہی اللہ ہے۔

اللہ یار تو بیڑا پار ہے۔

- **آلا دے نوالا :**

آلا بروزن لالہ طاق ومحراب، یہ مثل کسی بدطنیت آدمی پر اطلاق کرتے ہیں۔ کہتے ہیں کہ ایک بادشاہ نے کسی فقیر کی بیٹی سے شادی کیا۔ وہ باوجود اس دولت کے جب گھر میں اکیلی رہتی تو محراب میں روٹی کے ٹکڑے رکھ کر محراب سے بھیک مانگا کرتی۔

- **الٹی گنگا بہانا :**

جب خلافِ عقل وعادت ایک کام واقع ہو تو یوں کہتے ہیں۔

- **اندھا راجا چوپٹ نگری :**

چوپٹ خراب وتباہ یعنی بادشاہ کی غفلت سے ملک ویران ہو جائے۔ ص ۔ 289/290

ڈاکٹر محمد افضل الدین اقبال کی تحقیق کے مطابق محمد مہدی واصف اُس عہد کے ایک کہنہ مشق شاعر تھے اُن کی دیگر تصانیف میں آداب الصالحین، انگریزی ہندوستانی وفارسی لغت، دلیل سالمیت، مناظر اللغات، خلاصہ تکمیل الایمان ہندی ترجمہ کیمیائے سعادت، رسالہ تعبیرِ خواب، منہاج العابدین، شادی نامہ، ترجمہ جلالین، نیا یدنوشت، طریقہ الھدیٰ فی سنن المصطفی، انیس الذاکرین، انسانِ کامل، توصفِ النبی ترجمہ رسولہ عشرہ، نماز المتقین اور خطوطِ مہدی واصف شامل ہیں۔ ڈاکٹر محمد افضل الدین اقبال نے مہدی واصف کی چند رباعیاں بھی پیش کی ہیں۔ جو اسطرح ہیں:

کر موت کو یاد دل سے تائب ہو جا
اور نفس بداطوار پر غالب ہو جا
دائم دُنیا کا تو طلب گار رہا

اب حضرت غفار کا طالب ہو جا

ہم جاہ و تجمل کے طلبگار رہوئے
دُنیا کی محبت میں گرفتار ہوئے
شب عمر خوابِ غفلت میں آہ
آنکھیں جو ہوئے بند تو بیدار ہوئے

جنت میں تیرے واسطے ہے قیصر رفیع
فضل و عنایت کا ہے دریا بھی وسیع
مومن محشر کے ڈر سے مت رہ بیدل
غفار خُدا ہے اور محمد ہیں شفیع

دیدارِ خداوند کا ارکان تجھے
ہوتا تو نہ کرنا یوں پریشان تجھے
بستی بستی پھرا تو قصبہ قصبہ
کچھ شہر خموشاں کا بھی تھا دھیان تجھے۔ ص ۔۳۱۲

مہدی واصف کی شعری و ادبی تصانیف کے تفصیلی جائزے سے ڈاکٹر محمد افضل الدین اقبال نے یہ واضح کیا کہ وہ ایک قادر الکلام شاعر تھے۔ کسی شاعر کے بارے میں تحقیق کرتے ہوئے ڈاکٹر محمد افضل الدین اقبال نے کافی چھان بین سے کام لیا اور دستیاب مواد سے اپنی

رائے کی تصدیق یا تردید کی۔ ایک اچھے محقق کو سُلجھا ہوا نقاد بھی ہونا چاہیئے۔ یہ صلاحیت ڈاکٹر محمد افضل الدین اقبال میں بدرجہ اتم پائی جاتی ہے۔ وہ شعراء کے بارے میں تحقیقی انداز میں معلومات پیش کرتے ہوئے کسی شاعر کے کلام پر تنقیدی رائے بھی دیتے ہیں۔ چناں چہ مہدی واصف کے بارے میں مفصل تحقیقی مواد پیش کرنے کے بعد ڈاکٹر محمد افضل الدین اقبال نے تنقیدی انداز میں مہدی واصف کی شاعری کا اجمالی جائزہ لیا۔

چناں چہ وہ لکھتے ہیں کہ:

مہدی واصفؔ کا کلام زبان کی سلاست و پاکیزہ طرزِ بیان کی دلکشی وسادگی اور شاعرانہ بلند خیالی کا عمدہ نمونہ ہے۔ مشکل سے مشکل زمینوں میں بھی انھوں نے سلاست' روانی اور برجستگی کے جوہر دکھائے۔ ان کا خاص موضوع عشق آل نبی اور خصوصاً عشق سیدنا امام حسین علیہ السلام ہے۔ ان کے کلام میں مبالغہ اور جھوٹ کا شائبہ نہیں۔ ''روضۂ رضوان'' کے علاوہ مہدی واصف کا کوئی اور اُردو کلام نہیں ملتا۔ اور نہ ہی اُن کی دوسری کتابوں سے اس کا پتہ چلتا ہے کہ اس کے علاوہ بھی انھوں نے کچھ لکھا تھا۔ واصف کے کلام میں مجازی عشق کی ہنگامہ آرائی نہیں ہے اور نہ مجازی ہجر و فراق کی دروغِ داستان ہے بلکہ حقیقت کی پردہ کشائی اور عشق نبیؐ اور آل نبیؐ کا واضح اظہار ہوتا ہے۔ ہر شعر حقیقت نگاری کا مرقع اور اصلیت کا آئینہ دار ہے۔ روضۂ رضوان'' واصف کا ایک سدا بہار کارنامہ ہے''۔ ۳۶

ڈاکٹر محمد افضل الدین اقبال نے فورٹ سینٹ جارج کالج مصنفین کے باب میں چند

ایک انگریزی، اُردوداں ادیبوں کا ذکر کیا جن میں تھامس روبک، ڈاکٹر ہنری ہیرس، جنرل جوزف اسمتھ اور ڈاکٹر ایڈورڈ بالفورڈ وغیرہ شامل ہیں۔

تھامس روبک مدراس کی فوج کے افسر تھے انھیں اُردو زبان سے دلچسپی تھی اور اُردو مصنفین و مؤلفین کی سرپرستی کرتے ہوئے نام پیدا کیا۔ ڈاکٹر محمد افضل الدین اقبال نے لکھا کہ تھامس روبک ہندوستانی لغت کی تدوین میں ڈاکٹر جان گلکرسٹ کے شریکِ کار تھے۔ اور اُن کی بھی کئی کتابیں شائع ہوئیں۔ جن میں 'ترجمانِ ہندوستان' اہم ہے۔ ڈاکٹر ہنری ہیرلیس فورڈ سینٹ جارج کے ایک فوجی اور کپتان تھے۔ 1791ء میں انھوں نے ایک جامع ہندوستانی زبان کی لغت تیار کی۔ جنرل جوزف اسمتھ کا تعلق فورڈ سینٹ جارج سے تھا اُنھیں نواب مبارض الملک افتخار الدولہ جنرل اسمتھ بہادر صولت جنگ جیسے خطابات سے سرفراز کیا گیا۔

اسی جنرل کی خواہش پر میر عطا حسین خاں تحسین نے داستان چہار درویش کو ''نوطرزِ مرصع'' کے نام سے فارسی سے اُردو میں منتقل کیا۔

کولکتہ میں جس طرح اُردوداں طبقہ میں جان گلکرسٹ کو شہرت حاصل تھی اُسی طرح مدراس میں اُردوداں طبقہ میں ڈاکٹر ایڈورڈ بالفورڈ مشہور تھے۔ ڈاکٹر محمد افضل الدین اقبال لکھتے ہیں کہ ڈاکٹر بالفورڈ نے ہندوستان میں 43 سال تک مختلف عہدوں پر خدمات انجام دیں۔ اُن کی خدمات کا حاطہ کرتے ہوئے ڈاکٹر محمد افضل الدین اقبال لکھتے ہیں کہ''

> اپنے قیامِ مدراس کے زمانے میں ڈاکٹر بالفورڈ نے 1850ء میں مدراس میں ایک عجائب خانہ قائم کیا اور 1859ء تک اس کے مہتمم رہے۔ اس کے علاوہ مدراس کے مسلمانوں میں جدید تعلیم کی ترویج کے لیے ایک انجمن ''مجمع علم و ہنر'' کے نام سے قائم کی تھی۔ کتب خانہ عام اہلِ اسلام اور مدرسہ اعظم مدراس کے قیام میں بھی بالفور کا بڑا حصّہ تھا۔ ۳۷

ڈاکٹر محمد افضل الدین اقبال نے فورٹ سینٹ جارج کالج سے وابستہ مدراس کے شعراء اور مصنفین کے تذکرے میں باب کے آخر میں سید تاج الدین محمد خاں منشی سید غلام دستگیر، منشی مظفر، منشی محمد ابراہیم بیجاپوری، منشی شمس الدین احمد، سید امیر حیدر بلگرامی، اکرام علی، میر بہادر علی حسینی وغیرہ کا تعارف پیش کیا۔ منشی محمد ابراہیم بیجاپوری کے بارے میں انھوں نے لکھا کہ ''کالج میں ایک انگریز سردار نادار تھامس ہنری مونک کی فرمائش پر منشی محمد ابراہیم بیجاپوری نے ''انوارِ سہیلی'' کا دکنی زبان میں ترجمہ کیا۔

دکنی انوارِ سہیلی کے بارے میں اپنی تحقیق پیش کرتے ہوئے ڈاکٹر محمد افضل الدین اقبال لکھتے ہیں کہ منشی محمد ابراہیم بیجاپوری فارسی انوارِ سہیلی کو دکنی زبان میں منتقل کرتے وقت اُس کا نام ''دکن انجمن'' رکھا۔

یہ کتاب فورٹ سینٹ جارج کالج کے پریس سے ۱۲۴۰ھ مطابق 1824ء میں شائع ہوئی۔ اس کتاب کے مطبوعہ نسخے کمیاب ہیں۔ حیدر آباد میں اُس کا صرف ایک نسخہ ''اسٹیٹ لائبریری حیدر آباد میں محفوظ ہے۔ کتاب چار سو صفحات پر مشتمل ہے۔ جس کے آخر میں 29 صفحات کی ایک فرہنگ ہے جس میں دکنی الفاظ کے مترادف اُردو الفاظ درج کیئے گئے ہیں۔ اس کتاب کی فرہنگ کا ایک اقتباس'' ڈاکٹر محمد افضل الدین اقبال نے پیش کیا۔ جو اس طرح ہے۔

دکنی الفاظ	مترادف اُردو الفاظ
آپڑنا	بات پہنچنا
آپے	آپ
اپنے سوں اپے	خود بخود
ات	بہت
آٹا ماٹی ہونا	ستیاناس ہونا
اُجاٹ	اُداس

اُچھل پڑنا	غصّہ میں آنا
احمق کی دم	بے وقوف
اوبیچ	درمیان
ارے رے	افسوس
اڑائی بات کی رسی خراب کرنا	دار پر کھینچنا
اگل	آگے سامنے
اُلٹے پاؤں	مراجعت

ص۔۳۶

اس طرح ڈاکٹر محمد افضل الدین اقبال نے اپنی تحقیقی کتاب مدراس میں اُردو ادب کی نشو ونما میں دکنی انوارِ سہیلی کے بارے میں اہم تحقیقی مواد پیش کیا۔ اُن کی فراہم کردہ معلومات سے دکنی ادب خاص طور سے مدراس کے علاقے میں فروغ پانے والے اُردو ادب کے بارے میں تحقیق کرنے والوں کو ابتدائی اور ضروری معلومات فراہم ہوسکتی ہیں۔ ڈاکٹر محمد افضل الدین اقبال کی تحقیق کی یہ خوبی ہے کہ وہ بڑی دیانت داری سے اور فراغ دلی سے کسی دکنی مخطوطے کی موجودگی کا حوالہ دے دیتے ہیں جب کہ اکثر محققین کی یہ عادت ہوتی ہے کہ اُنھیں جب کسی قیمتی اور نادر مخطوطے کا پتہ چلتا ہے تو وہ مستقبل میں خود اس پر تحقیقی کام کرنے یا کسی شاگرد سے کرانے کی نیت سے اُس مخطوطے کا پتہ ظاہر نہیں کرتے اس کی وجہہ سے اکثر قیمتی اور نادر مخطوطے گذرتے وقت اور زندگی کے حوادث کا شکار ہوکر گمنامی کی گرد میں ڈوب جاتے ہیں۔ دکن کے علاقے میں اُردو تحقیق کرنے والوں کی یہ ذمہ داری ہے کہ وہ ڈاکٹر محمد افضل الدین اقبال کی بحیثیت محقق پیشہ وارانہ دیانت داری کا فائدہ اُٹھائیں اور ان کی تحقیقی کتاب ''مدراس میں اُردو'' کی نشو ونما'' میں بیان کردہ دکنی مخطوطات تک پہنچیں اور بعد تحقیق اُنھیں منظرِ عام پر لائیں تو ڈاکٹر محمد افضل الدین اقبال کی شروع کردہ کاوش کے بہترین ثمرات حاصل ہوسکتے ہیں۔

منشی شمس الدین احمد کے بارے میں ڈاکٹر محمد افضل الدین اقبال نے لکھا کہ انھوں نے داستانِ الف لیلیٰ کی سوراتوں کے قصّے کا راست عربی سے اُردو میں ترجمہ کیا جو حکایات الجلیلہ کے نام 1839ء میں فورٹ سینٹ جارج کالج سے شائع ہوا۔اس کتاب پر تبصرہ کرتے ہوئے ڈاکٹر محمد افضل الدین اقبال لکھتے ہیں :

> '' حکایات الجلیلہ کے طرزِ بیان میں دلکشی اور دلفریبی پائی جاتی ہے۔قصّوں کی طوالت کے باوجود اُن کے مطالعے سے طبعیت نہیں اُکتاتی ' قاری اُس کے مطالعے میں ڈوب جاتا ہے اور کتاب ختم کر کے ہی دم لیتا ہے۔طرز بیان کا ایسا جادو فورٹ سینٹ جارج کالج کے دوسری نثر نگاروں کے یہاں نظر نہیں آتا۔ ۳۸

ڈاکٹر محمد افضل الدین اقبال کے حکایات الجلیلہ کے بارے میں یہ تنقیدی خیالات اُن کی تاثراتی تنقید کے دبستان سے وابستگی کا اشارہ دیتے ہیں۔

تحقیقی کتاب ''مدراس میں اُردو ادب کی نشوونما'' کے آخری باب ''فورٹ سینٹ جارج کالج دکنی زبان وادب کا ایک اہم مرکز'' کے آخری حصّے میں ڈاکٹر محمد افضل الدین اقبال ''فورٹ سینٹ جارج کالج کی چند غیر مطبوعہ تصانیف'' کے عنوان سے چند کتابوں کا تذکرہ کیا جو شائع نہیں ہوسکیں تھیں۔ان کتابوں میں ملکۂ زمان وکام کندلہ دکنی سنگھاسن بتیسی وگلستانِ ہندی' فوجی قوانین' آرڈیننس وقوانین افواج کمپنی علاقہ مدراس اور قواعدِ تعلیم فوج شامل ہیں۔ملکۂ زماں وکام کندلہ کے بارے میں ڈاکٹر محمد افضل الدین اقبال نے لکھا کہ یہ کسی گمنام مصنف کی تصنیف ہے جس میں عشقیہ داستان' بیان کی گئی ہے۔اس کتاب کا مخطوطہ کتب خانہ سالار جنگ میں محفوظ ہے۔ڈاکٹر محمد افضل الدین اقبال نے کتاب کے قصّہ پر مبنی اقتباسات بھی پیش کئے جس سے اس غیر مطبوعہ کتاب کے بارے میں بھرپور واقفیت حاصل ہوتی ہے۔دکنی سنگھاسن

بتیسی کے بارے میں لکھتے ہیں کہ یہ فورٹ سینٹ جارج کالج کی طرف سے ترجمہ کی گئی داستانوں میں ایک ہے اس کے دو قلمی نسخے کتب خانہ ادارہ ادبیاتِ اُردو اور کتب خانہ سالار جنگ حیدر آباد میں محفوظ ہیں۔اس کتاب کا تعارف کراتے ہوئے ڈاکٹر محمد افضل الدین اقبال لکھتے ہیں کہ :

> ''سنگھاسن بتیسی'' کی بتیس (32) کہانیوں میں ہندی دیو مالا کا گہرا پایا جاتا ہے۔ان میں فوق فطرت عناصر کی کثرت ہے۔اس کتاب میں جس روایتی بکرم کو پیش کیا گیا وہ ایک مثالی ہیرو ہے۔نہایت سخی، رحم دل اور بہادر، یہ کہانیاں سبق آموز بھی ہیں۔ان میں عورتوں کی مکاری اور مردوں کی دغا و فریب سے خبردار رہنے کی نصیحت کی گئی ہے۔ ۳۹

گلستانِ ہندی دراصل شیخ سعدی کی ''گلستان کا'' دکنی ترجمہ ہے۔ڈاکٹر محمد افضل الدین اقبال کے بموجب فورٹ سینٹ جارج کالج کے تحت سعدی کی گلستان کا ترجمہ دکنی میں کیا گیا۔اس غیر مطبوعہ کتاب کے نسخے انڈیا آفس میں ہے۔اسی طرح ڈاکٹر محمد افضل الدین اقبال نے فورٹ سینٹ جارج کالج کی دیگر غیر مطبوعہ کتابوں ''فوجی قوانین'' آئین وقوانین افواج کمپنی علاقہ مدراس'' اور قواعدِ تعلیم فوج کے بارے میں پیش کیا۔تحقیقی کتاب 'مدراس میں اُردو ادب کی نشوونما' حصہ اوّل کے آخر میں ڈاکٹر محمد افضل الدین اقبال نے فورٹ سینٹ جارج کالج کی اُردو خدمات کا تنقیدی جائزہ کے عنوان سے کالج کے تحت انجام دی جانے والی علمی و ادبی خدمات پر طائرانہ نظر ڈالی ہے۔چناں چہ وہ لکھتے ہیں کہ شمالی ہند میں فورٹ ولیم کالج جس طرح اُردو کا اہم مرکز تھا اُسی طرح جنوب میں فورٹ سینٹ جارج کالج بھی اہم ادارہ رہا ہے۔ اکثر مؤرخین نے اس کالج کا ذکر نہیں کیا لیکن فورٹ ولیم کالج کی طرح اس کالج کی خدمات سے بھی اُردو کو فروغ ہوا جب کہ دونوں کالجوں کے قیام کا مقصد کمپنی کے انگریز عہدیداروں کو اُردو

زبان سے واقف کروانا تھا۔ فورٹ ولیم کالج کے مقابلے میں فورٹ سینٹ جارج کالج کو اس لحاظ سے بھی فوقیت حاصل رہی کہ یہاں پر ادب کے ساتھ' قانون' ریاضی' عربی' فارسی اور دکنی کے علاوہ دوسری ملکی زبانوں کی تعلیم دی جاتی تھی۔ کالج کے قیام کے اغراض و مقاصد بیان کرنے کے بعد ڈاکٹر محمد افضل الدین اقبال نے اس کالج کے تحت اُردو میں لکھی جانے والی اہم کتابوں' شعراء اور ادیبوں کے کارناموں کا جائزہ پیش کیا۔ کالج کی ادبی خدمات کا اجمالی جائزہ پیش کرتے ہوئے ڈاکٹر محمد افضل الدین اقبال لکھتے ہیں کہ ''فورٹ سینٹ جارج کالج کی تالیفات میں ادبی تصانیف کے علاوہ مختلف مفید اور دلچسپ موضوعات پر لکھی ہوئی کتابیں بھی شامل ہیں۔ ان میں صرف ونحو' لغت وقواعد' افسانہ وتاریخ' سوانح اور اخلاقیات جیسے موضوعات پر مفید کتابیں لکھی گئی ہیں۔ فورٹ سینٹ جارج کالج کے چند اہم کارناموں میں ایک کارنامہ یہ بھی ہے کہ اس نے دکنی زبان وادب کی سرپرستی کی۔ جس طرح فورٹ ولیم کالج کے کارنامہ میں نمایاں حیثیت داستانوں کو حاصل ہے۔ اسی طرح فورٹ سینٹ جارج کالج کے اہم کارناموں میں داستانیں ہی سرفہرست ہیں۔ چناں چہ انوارِ سہیلی' حکایات الجلیلہ' سنگھاسن بتیسی' ملکۂ زماں وکام بندلہ' کے ترجمے ''سرداران والاشان'' کی تعلیم اور فورٹ سینٹ جارج کالج کے طلباء کے لیے لکھے گئے تھے۔ بیرون کالج کی کوئی تصنیف زبان ومحاورہ کی سلاست اور اُسلوبِ بیان کی دلکشی میں ''ملکۂ زماں ومکاں کندلہ'' سنگھاسن بتیسی اور حکایات الجلیلہ وغیرہ سے زیادہ بہتر نہیں۔ فورٹ سینٹ جارج کالج نے آسان سلیس اور عام فہم نثر نگاری کی ایک شاندار روایت قائم کردی۔

فورٹ سینٹ جارج کالج کی اُردو خدمات کے اجمالی جائزہ سے اندازہ ہوتا ہے کہ ایک ایسے دور میں جبکہ شمالی ہند میں دبستانِ دہلی اور دبستانِ لکھنؤ کی شہرت تھی۔ اُسی دور میں جنوب میں حیدرآباد دکن کے علاوہ علاقہ مدراس میں فورٹ سینٹ جارج کالج سے بھی اُردو زبان کو کافی فروغ حاصل ہوا اور جنوب میں مالابار کے ساحل تک اُردو بولنے والے پائے گئے۔ ایک دبستان کی طرح یہاں بھی دکنی شاعری کو فروغ ہوا۔ دکنی نثر میں کتابوں کے تراجم ہوئے اور ادبی

زبانوں کے علاوہ دیگر علوم کی زبانیں بھی تصنیف وتالیف کی گئیں۔ مدراس میں اُردو ادب کے اس فروغ کو ڈاکٹر محمد افضل الدین اقبال نے پہلی مرتبہ اپنے تحقیقی مقالہ ''مدراس میں اُردو ادب کی نشو ونما حصہ اوّل' نے پیش کیا اور جنوبی ہند کے دکنی گمنام شعراء اور ادیبوں کو پیش کرتے ہوئے اُن کے کارناموں کو اُردو کی ادبی تاریخ کا حصّہ بنا دیا۔

تحقیقی کتاب ''مدراس میں اُردو ادب کی نشو ونما'' کا اجمالی جائزہ :

ڈاکٹر محمد افضل الدین اقبال کی تحقیقی کتاب ''مدراس میں اُردو ادب کی نشو ونما'' مصنف کے (Ph.D) پی۔ ایچ۔ ڈی' مقالے کا پہلا حصّہ ہے۔ اس کتاب کی اشاعت نے مدراس میں اٹھارہویں اور اُنیسویں صدی میں اُردو ادب کے فروغ سے متعلق کئی سربستہ رازوں پر سے پردہ اُٹھایا ہے۔ اس کام کی تاریخی اہمیت بھی ہے۔

ڈاکٹر محمد افضل الدین اقبال نے مدراس میں مختلف ادوار میں قائم حکومتوں کی تاریخ بیان کی اور مختلف حکمرانوں کی ادبی سرپرستی کو پیش کیا۔ کسی بھی علاقہ میں زبان کے فروغ میں تہذیبی عوامل بھی کارفرما ہوتے ہیں۔ ہندوستان میں اُردو کے فروغ میں بیرونی اقوام خصوصاً مسلمان عربوں کی ہندوستان میں آمد اور یہاں مستقل قیام اہم پہلو رہا۔ مسلمانوں کی فارسی اور عربی زبانوں سے بہت سے الفاظ اُردو اور دکنی کا حصہ بنے۔ ڈاکٹر محمد افضل الدین اقبال نے دکن کے علاقے میں مختلف ادوار میں مختلف حکمرانوں کے عربوں' ترکیوں اور ایرانیوں سے تعلقات تفصیلات اس کتاب میں پیش کیے جس سے انھوں نے واضح کیا کہ دکن کے علاقے میں اُردو کی فروغ پانے میں بیرونی اقوام خصوصاً مسلمانوں کا اہم رول رہا بعد میں انھوں نے انگریزوں کی ہندوستان میں آمد جنوبی ہند کے علاقے مدراس میں فورٹ سینٹ جارج کالج کے قیام کے اغراض ومقاصد کو پیش کیا اور اپنے موضوع کو محدود کرتے ہوئے نوابان ارکاٹ کے عہد

میں اُردو کی سرپرستی کو تاریخی اور تحقیقی انداز میں پیش کیا۔اس سے ایک دور میں اُردوادب کی تاریخ بھی مرتب ہوسکتی ہے۔ تحقیقی کتاب مدراس میں اُردوادب کی نشوونما کا تیسراا اور اہم حصّہ فورٹ سینٹ جارج کالج اور اُس کے مصنفین سے متعلق ہے۔اس باب میں انگریزوں کو اُردو سکھانے کے لیے قائم کردہ اس کالج کے قیام وانتظام کی تفصیلات کے بعد اس کالج کے اساتذہ اور کالج میں ترجمہ وتالیف کا کام کرنے والے منشیوں کے حالات تفصیل سے بیان کئے گئے اور کئی ادیبوں کے مفصل حالاتِ زندگی اُن کے علمی وادبی کارنامے محفوظ ہوگئے۔ایک مورخ کی طرح ڈاکٹر محمد افضل الدین اقبال نے سلسلہ وار شعراء اور ادیبوں کے حالات اُن کی تصانیف کا تعارف کلام کا نمونہ کلام پر تنقیدی رائے اور قدیم مخطوطات کی موجودگی سے متعلق اطلاعات فراہم کی ہیں اور کالج کے تحت لکھی گئی چند اہم غیر مطبوعہ کتابوں کا بھی تفصیل سے ذکر کیا اور فورٹ سینٹ جارج کالج کے تحت منظرِ عام پر آنے والی کتابوں دکنی انوارِ سہیلی' حکایات الجلیلہ وغیرہ کو ادبی حلقوں میں متعارف کروایا۔ مجموعی طور پر یہ کتاب اُردو تحقیق میں اہم اضافہ ہے۔اس کتاب سے جنوبی ہند کے اُردوادب کی تاریخ مرتب کرنے میں اہم معلومات فراہم ہوتی ہیں۔اس کتاب کو گلبرلہ اور مدراس یونیورسٹی کے نصاب میں شامل کیا گیا۔ڈاکٹر محمد افضل الدین اقبال کے پی۔ایچ۔ ڈی مقالہ ''مدراس میں اُردوادب کی نشوونما'' کی 1979ء میں اشاعت عمل میں آئی۔کتاب کی رسم اجراء مشہور جرمن مستشرقہ پروفیسر انامیری شمل' پروفیسر انڈو مسلم کلچر ہارورڈ یونیورسٹی امریکہ نے انجام دی۔ پروفیسر مظفر حنفی کے بموجب اس کتاب کے ہر صفحہ پر مصنف کی عرق ریزی اور جان سوزی کا ثبوت ملتا ہے۔دکن میں اُردو کے موضوع کو ڈاکٹر محمد افضل الدین اقبال کا خصوصی موضوع قرار دیتے ہوئے پروفیسر سلیمان اطہر جاوید لکھتے ہیں:

> افضل اقبال کا میدان جنوبی ہند کا ادب ہے۔
> ہمارے پاس نصیرالدین ہاشمی نے دکن میں اُردوادب لکھی تھی
> اور تھوڑا بہت مدراس میں اُردو کا احاطہ کیا تھا لیکن افضل

اقبال نے مدراس میں اُردو کو اپنا موضوع بنایا اور اس خصوص
میں جی جان سے تحقیق کی۔ اس کا اعتراف کئی صورتوں میں
کیا گیا ہے۔ نہ صرف مدراس یونیورسٹی کے نصاب میں یہ
کتاب موجود ہے بلکہ مدراس میں اُردو کے تعلق سے جو شخص
بھی کچھ کام کرنا چاہتا ہے وہ اس کتاب سے صرف نظر نہیں
کرسکتا اور عام طور پر اس کو قدر کی نگاہوں سے دیکھا جاتا
ہے۔ ۴۰

ڈاکٹر محمد افضل الدین اقبال کے اس تحقیقی کارنامے کی دیگر مشاہیرِ ادب نے بھی بھرپور تعریف وتوصیف کی ہے۔ مشہور محقق و ماہرِ لسانیات پروفیسر گیان چند جین 'مدراس میں اُردو ادب کی نشو ونما'' کے تعلق سے اپنی رائے دیتے ہوئے لکھتے ہیں:

''مقالہ نگار نے علاقہ مدراس کے ادیبوں کا تذکرہ
بڑی جامعیت سے کیا ہے ادیبوں کی تفصیل اور ریل پیل
دیکھ کر مقالہ نگار کی غیر معمولی عرق ریزی کا اندازہ ہوتا ہے۔
عام طور سے پی۔ ایچ۔ ڈی کے مقالوں کی تیاری میں اتنی
محنت نہیں کی جاتی۔ علاقہ مدراس کی حد تک اُن کا کارنامہ
ایک جامع کام ہے اور تاریخِ ادب کے احیاء کا ایک خلاء پُر
کرتا ہے۔ بہت کم ایسے محقق ہوں گے جن کی پہلی تصنیف
اتنے اچھے معیار کی ہو۔ ۴۱

مشہور محقق و نقاد و ماہرِ لسانیات پروفیسر گیان چند کی ڈاکٹر محمد افضل الدین اقبال کے معیارِ تحقیق کے بارے میں اس گراں قدر توصیفی رائے سے بھی اندازہ ہوتا ہے کہ ڈاکٹر محمد افضل الدین اقبال نے مدراس میں اُردو ادب کے نشو ونما کے عنوان سے کس قدر اہم کام کیا ہے۔ یہ

تحقیقی مقالہ ماہرِ دکنیات پروفیسر سیدہ جعفر کی نگرانی میں لکھا گیا۔اس لیے بھی اس کی قدر و منزلت بڑھ جاتی ہے۔ کیوں کہ دکنیات کے موضوع پر جس گہرائی سے کام کرنے کی ضرورت ہے وہ پروفیسر سیدہ جعفر کے علاوہ شائد ہی کوئی دوسرا ماہرِ دکنیات کراسکتا ہو۔مدراس میں اُردو پر تحقیقی کام کرنے کے دوران ڈاکٹر محمد افضل الدین اقبال کی جستجو' محنت اور لگن دیکھنے کے بعد پروفیسر سیدہ جعفر نے اپنے شاگرد کی ملنساری' سنجیدگی' بردباری کی اپنے تاثراتی مضمون میں تعریف بھی کی ہے۔ مجموعی طور پر ڈاکٹر محمد افضل الدین اقبال اپنی تحقیقی کتاب ''مدراس میں اُردو ادب کی نشو ونما'' سے بحیثیت نامور محقق مشہور ہوگئے اور اُن کی یہ کتاب دکنی ادب کے مطالعے میں اہم رابطہ قرار پائی۔

تحقیقی کتاب ''اُردو کا پہلا نثری ڈرامہ اور کیپٹن گرین آوے'' کا تنقیدی جائزہ :

ڈاکٹر محمد افضل الدین اقبال کی ایک اہم تحقیقی کتاب ''اُردو کا پہلا نثری ڈرامہ اور کیپٹن گرین آوے'' ہے۔اس کتاب میں ڈاکٹر محمد افضل الدین اقبال نے اپنی تحقیق سے یہ ثابت کیا کہ کیپٹن گرین آوے کا تحریر کردہ ڈرامہ ''علی بابا اور چالیس چور'' اُردو کا پہلا نثری ڈرامہ ہے۔اُردو کے پہلے نثری ڈرامے پر مبنی تحقیق سے متعلق ڈاکٹر محمد افضل الدین اقبال کی یہ اہم کتاب جنوری 1984ء میں حیدرآباد سے شائع ہوئی۔اس کتاب کو''اُردو کے ممتاز ادیب' محقق' نقاد و ماہرِ لسانیات پروفیسر ڈاکٹر گیان چند جین صاحب ایم۔اے۔'ڈی۔فل۔ڈی۔لٹ کے نام'' منسوب کیا گیا۔اپنے نام اس تحقیقی کتاب کے منسوب ہونے پر اپنے تاثرات بیان کرتے ہوئے پروفیسر گیان چند جین لکھتے ہیں:

> اس کتاب کے انتساب کا مجھ حقیر فقیر پر اس وقت
> انکشاف ہوا جب انھوں نے فروری کے تیسرے ہفتے میں مجھے
> کتاب کی ایک جلد تفویض کی۔اشاعت سے پہلے وہ مجھے اطلاع

نہ دے سکے۔۔۔کون ایسا خاکسار شہرتِ دُشمن ہے جو اپنے نام
کسی کتاب کے انتساب پر معترض ہوا ہو۔۔۔ڈاکٹر اقبال کی
کتاب اُردو ڈرامے کی تحقیق میں غیر معمولی اہمیت کی حامل ہے۔
1852ء کے بعد جن ڈراموں کو جن سرپرستوں نے اعزازِ
اولیت سے نوازا ہے۔ڈاکٹر افضل الدین اقبال نے ان کے
دعوؤں کو بھک سے اڑا دیا ہے۔ ۴۲؎

ڈاکٹر محمد افضل الدین اقبال نے اپنی تحقیقی کتاب ''اُردو کا پہلا نثری ڈرامہ اور کیپٹن گرین آوے'' کے پہلے حصّے میں طویل مقدمہ لکھا ہے۔جس میں مختلف عنوانات کے تحت ڈرامے کا فن اور اُس کے آغاز و ارتقاء پر روشنی ڈالی گئی ہے۔یہ مقدمہ ڈرامے کی تاریخ سے متعلق اہم مواد پیش کرتا ہے۔کتاب کے دوسرے حصّے میں ڈاکٹر محمد افضل الدین اقبال کو دستیاب کیپٹن گرین آرے کا تحریر کردہ نثری ڈرامہ ''علی بابا یا چالیس چور'' کا متن پیش کیا گیا ہے۔اس طرح اس کتاب میں ڈرامے کا فن اور تاریخ اور اُردو کا پہلا نثری ڈرامہ سب کچھ پڑھنے کو مل جاتا ہے۔

کتاب کے مقدمہ کے آغاز میں ڈاکٹر محمد افضل الدین اقبال ڈرامہ کی تعریف اور اُس کے آغاز کے بارے میں لکھتے ہیں :

''ڈرامہ ایک قدیم فن ہے۔صنفِ ادب کی حیثیت
سے بھی اس کی قدامت مسلم ہے۔اسے عالمی ادب کی عظیم
ترین اصناف میں شامل کیا جاتا ہے اور عالمی ادب کی بیشتر
آفاقی شاہکار اسی صنف سے تعلق رکھتے ہیں۔

ڈرامہ یونانی زبان کا لفظ ہے جس کے معنیٰ ہیں
کر کے دکھانا۔یہ ایک ایسی صنفِ ادب ہے جس میں انسانی
زندگی کی حقیقتوں اور صداقتوں کو اسٹیج پر اداکاروں کے ذریعہ

کہانی کی پیش کش کا نام ہے۔ یہ خصوصیت ڈرامے کو بعض دوسرے فنون سے ایک جُداگانا اور ممتاز حیثیت بخشتی ہے۔

ڈرامہ کو عربی و فارسی میں ''تمثیل''، سنسکرت اور ہندی میں ''ناٹک'' کہتے ہیں۔ لفظ ''تمثیل'' اگرچہ فارسی میں عربی سے آیا ہے لیکن عربی و فارسی ادب میں تمثیل کا سُراغ نہیں ملتا۔

عربی و فارسی اور اسلامی لٹریچر میں ڈرامہ کا فقدان ہے۔ زمانہ قدیم میں ڈرامے کے دو بڑے مراکز یونان اور ہندوستان میں تھے۔ دونوں مراکز پر ڈرامے کی جُداگانہ روایتیں تھیں اور اسی مناسبت سے دونوں مراکز پر اس فن کے جُداگانہ اُصول تھے۔ یونانی ڈرامے کے اُصول پہلی مرتبہ ارسطو نے اپنی مشہور تصنیف ''بوطیقا'' میں بیان کئے۔ جس کا اُردو ترجمہ عزیز احمد نے ''فنِ شاعری'' کے نام سے کیا ہے اور ہندوستانی ڈرامے کے اُصول پر پہلی تصنیف بھرت منی کی ''ناٹیہ شاستر'' ہے۔ سنسکرت ڈرامہ کے تذکرہ سے ہندوستان کی قدیم تاریخ کے اوراق رنگین ہیں لیکن سنسکرت کبھی عوامی زبان نہ بن سکی۔ اس کا دائرہ محدود رہا اس کی مقبولیت صرف خواص تک رہی۔ وہ زبان جو کسی خاص طبقہ کی ملکیت ہوتی ہے کبھی ترقی نہیں کرتی ؎۴۳

ڈرامہ کے فن کے بارے میں ابتدائی معلومات دینے کے بعد ڈاکٹر محمد افضل الدین اقبال نے اُردو میں ڈرامہ نگاری کی روایت کا سرسری جائزہ لیا چناں چہ وہ لکھتے ہیں کہ اُردو میں

ڈرامہ کی عمر بہت کم ہے کیوں کہ اُسے سنجیدہ صنف نہیں سمجھا گیا اور اُس جانب کم توجہ کی گئی۔ اُردو ڈرامہ سے متعلق جو کتابیں سامنے آئی ہیں اُن میں محمد عمر اور نور الٰہی کی کتاب ''ناٹک ساگر'' بادشاہ حسین کی کتاب ''اُردو میں ڈرامہ نگاری'' ڈاکٹر عبدالسلام خورشید کی کتاب ''اُردو ڈرامہ'' سید مسعود حسین رضوی ادیب کی کتاب ''اُردو ڈرامہ اور اسٹیج'' ڈاکٹر صفدر آہ کی کتاب ''ہندوستانی ڈرامہ'' ڈاکٹر عبدالعلیم نامی کا مقالہ ''اُردو تھیٹر'' پروفیسر محمد اسلم قریشی کی کتاب ''ڈرامہ نگاری کا فن ''عشرت رحمانی کی کتابیں ''اُردو ڈرامہ کا ارتقاء اور ڈراما تاریخ و تنقید'' ڈاکٹر عطیہ نشاط کی ''اُردو ڈراما روایت اور تجربہ'' ڈاکٹر انجمن آراء نجم کی'' آغا حشر کاشمیری اور ڈراما'' ابراہیم یوسف کی'' اندر سبھا اور اندر سبھائیں وغیرہ جیسی قابلِ ذکر کتابیں منظرِ عام پر آچکی ہیں لیکن ان سب کتابوں میں اُردو کے پہلے ڈرامہ نگار کے متعلق مختلف آرائیں' اُردو ڈراما کی ابتدائی کب ہوئی ؟ کس نے کی ؟ کہاں کی گئی اور سب سے پہلا ڈرامہ کس نے لکھا اور کب اسٹیج کیا گیا یہ ایسے سوالات ہیں جس کے بارے میں محققین کسی رائے پر متفق نہیں ہیں۔

اس طرح کے سوالات اُٹھاتے ہوئے ڈاکٹر محمد افضل الدین اقبال نے'' اُردو میں ابتدائی ڈرامے کے نقوش ڈھونڈنے کی سعی کی ضرورت پیش کی ہے۔ اُردو کے ابتدائی ڈرامے اور اُن کی تحقیق کے مطابق رادھا کنہیا کا قصّہ اور اندر سبھا کو اُردو کا پہلا ڈرامہ قرار دیئے جانے مختلف محققین کی آراء کو پیش کیا ہے۔ اُردو ڈرامے کی پہل کے بارے میں جو تحقیق ہوئی تھی اُس کا خلاصہ بیان کرتے ہوئے لکھا کہ:

> ''نواب واجد علی شاہ کے عہد میں رقص و سرور کو خوب فروغ ہوا۔ متعدد محققین نواب واجد علی شاہ کو اُردو کا پہلا ڈرامہ نگار جانتے ہیں۔ پروفیسر مسعود حسن رضوی ادیب کی رائے میں سلطان عالم واجد علی شاہ اختر کا'' رادھا کنھیا کا قصّہ'' اُردو کا پہلا ڈرامہ ہے۔ عشرت رحمانی بھی ڈرامہ

نگار کی حیثیت سے اولیت تو نواب واجد علی شاہ ہی کو دیتے ہیں لیکن ''رادھا کنھیا کا قصّہ'' کی جگہ ان کے ''افسانہ عشق'' کو اُردو کا پہلا منظوم ڈراما اور اوپیرا (OPERA) کی پہلی کوشش بتاتے ہیں ۔ پروفیسر مسعود حسین رضوی ادیب ''رادھا کنھیا کا قصّہ'' کو اُردو کا پہلا ڈراما قرار تو دیتے ہیں لیکن خود اُن کا بیان ہے کہ یہ پورا ڈراما ایک مسلسل بیان (یعنی قصّہ) کی صورت میں لکھا گیا۔

رام بابو سکسینہ نے آغا حسین امانت کی ''اندر سبھا'' کو اُردو کا پہلا ڈرامہ قرار دیا ہے۔ نور الٰہی و محمد عمر بھی امانت کو اُردو ڈراما کا باوا آدم مانتے ہیں ۔ امانت کی اندر سبھا ۱۲۷۰ھ میں لکھی گئی۔ عشرت رحمانی اور پروفیسر مسعود حسین رضوی نے لکھا ہے ''اندر سبھا'' ۱۲۷۰ھ مطابق 1853ء میں پہلی مرتبہ اسٹیج ہوئی۔ اور ۱۲۷۱ھ م 1854ء میں پہلی بار مطبع محمدی لکھنؤ سے شائع ہوئی ''اندر سبھا'' کو اکثر مصنفین اور خود امانت نے جلسہ رہس کہا کیوں کہ اس کا آدھا حصّہ تو صرف پریوں کی آمد اور ان کے گانے اور رقص سے بھرا پڑا ہے ۔ اسی لیے ابراہیم یوسف نے لکھا ہے ''اندر سبھا میں سے اگر قصہ نکال دیا جائے تو وہ رقص و موسیقی کی محفل بن کر رہ جاتی ہے (انسائیکلو پیڈیا آف اسلام جلد دوم ۔ص ۔۲۶۵۔ مطبوعہ ۔ لاہور) کے مقالہ نگار کا بیان ہے کہ اندر سبھا میں ہندی دیو مالا کو اسلامی روایات میں سمو کر خاص کیفیت پیدا کی گئی ہے۔

۴۴

اُردو کے پہلے ڈرامہ کی تحقیق میں دیگر محققین کی آراء کو پیش کرتے ہوئے ڈاکٹر محمد افضل الدین اقبال نے لکھا کہ ڈاکٹر عبدالعلیم نامؔی نے اپنے مقالے میں امانتؔ کی اندر سبھا کا ذکر نہیں کیا۔ البتہ یہ کہہ دیا کہ راجہ گوپی چند جلندھر اُردو کا پہلا ڈرامہ ہے۔ جسے 26 رنومبر 1853ء کو پہلی بار بمبئی میں اسٹیج پر پیش کیا گیا۔ اسی طرح ڈاکٹر مسیح الزماں کی تحقیق کے مطابق خورشید'' اُردو تھیٹر کا پہلا ڈرامہ ہے جیسے بہرام جی فریدوں جی فرزبان نے 1871ء میں گجراتی سے اُردو میں ترجمہ کیا۔ ڈاکٹر عطیہ نشاط نے اسے جدید اُردو اسٹیج کا قدیم ترین ڈرامہ قرار دیا ہے۔ اُردو ڈرامے کے اولیت کے بارے میں دیگر محققین کی آراء پیش کرنے کے بعد ڈاکٹر محمد افضل الدین اقبال نے اپنی اس تحقیقی تصنیف اُردو کا پہلا نثری ڈرامہ میں آگے ڈرامے کے فروغ کے حالات بیان کیئے اور مختلف ذیلی عنوانات جیسے ایک سوانگ کا قصّہ' خورشید' صولت عالم گیری' اُردو ڈرامے کے ارتقاء میں اہلِ یورپ کا حصّہ' ڈرامہ کی توسیع واشاعت میں پرتگیزوں کا حصّہ' ڈرامہ کی توسیع اوراشاعت میں انگریزوں کا حصّہ خاص طور سے فورٹ سینٹ جارج کالج مدراس کے حصّے کے بارے میں تفصیلی معلومات فراہم کیں۔ ہندوستان میں اُردو کے فروغ میں انگریزوں کی گراں قدر خدمات کا اجمالی جائزہ پیش کرتے ہوئے ڈاکٹر محمد افضل الدین اقبال لکھتے ہیں:

> '' مغلیہ سلطنت کے زوال کے بعد برطانوی سامراج نے دوسوسال کی طویل مدت تک برصغیر ہندوپاک کے وسیع وعریض علاقوں پر حکمرانی کی۔ ایک طرف تو انھوں نے ہندوستان جنت نشان کی بہت ساری دولت لوٹی اور معاشی حیثیت سے ہندوستان کو پسماندہ بنا کر چھوڑا۔ لیکن ساتھ ساتھ اس بات سے بھی انکار نہیں کیا جاسکتا کہ انھوں نے اس سرزمین کی زبانوں' ثقافت' تاریخ اور زندگی کے دیگر

شعبوں کے مطالعہ میں گہری دلچسپی لی ۔ عوامی رابطے کی حیثیت سے انھوں نے اُردو زبان کی اہمیت کو محسوس کرتے ہوئے مدراس میں فورٹ سینٹ جارج کالج ، کلکتہ میں فورٹ ولیم کالج اور انگلستان میں ہیلی بری کالج کی بنیاد ڈالی ۔ انھوں نے جہاں حکمراں جماعت کے افراد کو برصغیر کی مقبول عام زبان میں شدبد پیدا کر کے ملکی معاملات انجام دینے کے قابل بنایا وہیں ان تعلیمی اداروں نے اُردو زبان و ادب کی ترقی میں جوگراں قدر حصہ لیا ہے اس کی اہمیت اور افادیت سے انکار نہیں کیا جاسکتا ۔ ہندوستان میں طباعت اورصحافت کی ابتداء بھی انگریزوں ہی کی دین ہے۔ 45

ڈاکٹر محمد افضل الدین اقبال نے قدیم تحقیق کو رد کرتے ہوئے اپنی اس تحقیقی کتاب میں علی بابا چالیس چور'' کو اُردو کا پہلا نثری ڈراما قرار دیا۔ اپنی تحقیقی کی حمایت میں دلائل پیش کرتے ہوئے انھوں نے لکھا کہ:

'' راقم الحروف کو بڑی تحقیق اور تلاش کے بعد فورٹ سینٹ جارج کالج میں بتائے جانے والے ایک مشہور اُردو ڈرامے ''علی بابا چالیس چور کا پتہ چلا'' موجودہ تحقیق کے بموجب یہ اُردو کا قدیم ترین نثری ڈرامہ ہے۔ جو 1852ء میں مدراس سے شائع بھی ہوا ہے۔ یہ ایک طربیہ کامیڈی ڈرامہ ہے ۔ اس میں قصّہ کا انجام خوشگوار ہے ۔ خوش قسمتی سے یہ ڈرامہ واجد علی شاہ اختر کی کتاب ''بنی'' مطبوعہ 1875ء سے چوبیس سال پہلے ' منظوم ڈرامہ''

> اندر سبھا'' مطبوعہ 1854ء سے دوسال پہلے' گوپی چند اور جالندھر سے ایک سال پہلے اور سیٹھ بہرام جی فردوں جی مرزبان کے نثری ڈرامہ ''خورشید'' 1871ء سے بیس سال پہلے مدراس سے شائع ہوا ہے۔ اس طرح یہ اُردو کا پہلا مطبوعہ ڈرامہ ہے جو نثر میں لکھا گیا ہے۔ اُردو میں اس صنف کو روشناس کرانے والا ایک انگریز فوجی افسر کیپٹن گرین آوے تھا''۔ ۴۶

ڈاکٹر محمد افضل الدین اقبال نے اپنی تحقیق کے ذریعہ جس ڈرامے کو اُردو کا اولین نثری ڈرامہ قرار دیا ہے اُن کی یہ تحقیق آج بھی برقرار ہے اور اُس سے قبل کے مزید کسی ڈرامے کا پتہ نہیں چلتا۔ اس طرح انھوں نے اپنی تحقیق سے اُردو ڈرامہ کو اولین قرار دینے سابقہ تحقیق کو رد کر دیا۔

اپنی تحقیقی کتاب میں آگے انھوں نے کیپٹن گرین آوے کا تعارف پیش کیا اور لکھا کہ وہ مدراس کی فوج میں کیپٹن کے عہدے پر فائز تھے۔ فورٹ سینٹ جارج کالج کے فارغ تھے اور دکنی زبان وادب شاعری اور فنِ ڈرامہ پر انھیں مہارت تھی۔ چناں چہ انھوں نے داستانِ الف لیلیٰ کے مشہور قصے ''علی بابا اور چالیس چور'' کو ڈرامائی شکل میں لکھا جو اُردو کا پہلا نثری ڈرامہ قرار پایا۔

ڈاکٹر محمد افضل الدین اقبال نے اپنی تحقیقی کتاب ''اُردو کا پہلا نثری ڈرامہ اور کیپٹن گرین آوے'' میں آگے کیپٹن گرین آوے کے تحریر کردہ ڈرامہ ''علی بابا اور چالیس چور'' کا فنّی تجزیہ پیش کیا اور اس ڈرامے کے پلاٹ' مکالمہ نگاری' تذبذب اور تصادم' ڈرامہ کی وحدتیں اور فنی جائزہ عنوانات سے ڈرامے کا تنقیدی جائزہ پیش کیا ہے۔ ڈرامے کا اجمالی جائزہ پیش کرتے ہوئے ڈاکٹر محمد افضل الدین اقبال لکھتے ہیں:

"ڈرامہ علی بابا" کا پلاٹ فن کاری کا نمونہ ہے۔ کیپٹن گرین آوے نے واقعات کے انتخاب، ترتیب اور تسلسل میں مہارت دکھائی ہے۔ وہ قصہ میں کشمکش تذبذب اور تصادم پیدا کرنے میں کامیاب رہے۔ ڈرامے کا پلاٹ مربوط ہے اور اس میں شامل تمام واقعات اصل واقعہ کی اہمیت بڑھاتے ہیں۔۔۔۔ اس ڈرامے میں تمام واقعات فطری انداز میں پیش آتے ہیں اور ڈرامے کا انجام ان واقعات کا منطقی نتیجہ معلوم ہوتا ہے۔۔۔۔کیپٹن گرین آوے نے کرداروں کو نوک پلک سے سنوار کر پیش کیا ہے۔ انھوں نے نفسِ انسانی کی پیچیدگیوں اور فطرتِ انسانی کے تقاضوں کے مطابق کرداروں کی سیرت متعین کی ہے۔۔۔۔ اس ڈرامے کے مکالمے ماحول سے مطابقت رکھنے والی اس وقت کی معیاری عوامی زبان میں لکھے گئے۔ کیپٹن گرین آوے نے ڈرامے میں وحدتوں کا بھی لحاظ رکھا ہے۔ وہ وقت کے رفتہ رفتہ گذرنے کا احساس پیدا کرنے میں پوری طرح کامیاب رہے۔ کیپٹن گرین آوے نے آج سے ایک سو بتیس (132) سال پیشتر بڑے اعتماد کے ساتھ اپنا ڈرامہ پیش کیا جو فنی اعتبار سے مکمل اور بہترین ڈرامہ ہے ۔؎۷

ڈاکٹر محمد افضل الدین اقبال کے ڈرامہ "علی بابا اور چالیس چور" پر کئے گئے اس اجمالی تبصرے کے تجزیے سے اندازہ ہوتا ہے کہ وہ اپنی تحقیقی تحریروں میں بھی تنقیدی بصیرت کا اظہار کرتے ہیں۔ وہ پیشِ نظر تحریر کو مکمل طور پر پڑھتے ہیں۔ اس سے نتیجہ اخذ کرتے ہیں اور اس کے

محاسن و معائب کو مربوط انداز میں پیش کرتے ہیں۔ ڈاکٹر محمد افضل الدین اقبال نے اپنی تحقیق کو مزید جامع بنانے کے لیے ایک ماہرِ لسانیات کے طور پر ڈرامہ علی بابا اور چالیس چور کا لسانی تجزیہ بھی کیا اور اُردو قواعد کے مختلف اجزاء جیسے اسم کی جمع، علامت فاعل 'نے' کا استعمال، مستقبل کی علامتیں، ندائیہ حروف، متروک الفاظ، قدیم املا وغیرہ سرخیوں کے تحت ڈرامے کا لسانی تجزیہ پیش کیا اور اس ڈرامے کی تحقیق کو ادبی ولسانی، تحقیقی و تنقیدی اعتبار سے ایک جامع تحقیق بنا دیا۔

ڈرامہ "علی بابا اور چالیس چور" کی تحقیق کو پیش کرتے ہوئے طویل مقدمہ کے اختتام پر ڈاکٹر محمد افضل الدین اقبال نے ڈرامہ فراہم کرنے والے پروفیسر محبوب پاشا اور کتاب کی اشاعت میں تعاون کرنے والوں کا شکریہ ادا کیا۔

کتاب کے دوسرے حصّے میں ڈرامہ "علی بابا اور چالیس چور" کا متن پیش کیا گیا۔ اصل کتاب کے سرِ ورق اور پہلے ایکٹ کے صفحہ اوّل کا نقش پیش کیا گیا۔

ڈرامہ کا وہ حصّہ جس میں گھڑوں میں موجود چوروں کا خاتمہ کیا جاتا ہے۔ اس کا قصہ اس طرح ہے :

نورتن : یہ سب چوراں ہیں اور ہمارے مالک کو مار ڈالنے کی خاطر آئے ہیں۔ اب میں ایک کام کروں گی۔ میرا باپ دمشق کا ایک قابل حکیم تھا۔ اس کے علم میں سے ایک دو ہنر مجھے معلوم ہیں۔ ایک تو یہ ہے کہ ایک زہر میرے پاس ہے۔ ایسا قابل کہ اس کو گرم پانی میں ملائے تو اور اُس کا پانی ایک بوند کسی آدمی کے انگ کو لگے تو وہ آدمی اسی وقت مر جائیگا۔ ایک آہ بھرنے کی فرصت بھی نہ پائیگا۔ اُسی زہر کو میں جا کر لاؤں گی ان دغابازوں کو میں بھی دغا دیوں گی۔
۔۔ نورتن ہاتھ میں ایک گرم پانی کا گھڑا لے کر آتی ہے۔ ہر مٹکے

میں تھوڑا پانی ڈالتی ہے۔

نورتن : اللہ اللہ کیسی خدمت گذاری عمل میں لائی ہوں۔ یہ سب فسادیاں مر گئے۔ ان میں سے ایک مفسد پھر کبھی کسی مسافر کو نہیں ستائے گا۔ میرے مالک کی جان بھی بچ گئی"۔ ۴۸

کیپٹن گرین آوے کے تحریر کردہ اُردو کے اس پہلے نثری ڈرامے کے اس اقتباس سے اندازہ ہوتا ہے کہ قدیم اُردو کیسی تھی اور آج کے دور کی اُردو نثر سے کس قدر مماثلت رکھتی ہے۔ یہ بات حیرت انگیز ہے کہ اس دور کے انگریز بھی بڑے اچھے اُردوداں ہوا کرتے تھے۔

ڈاکٹر محمد افضل الدین اقبال کی تحقیقی کتاب "اُردو کا پہلا نثری ڈرامہ اور کیپٹن گرین آوے" ڈرامے کی تاریخ میں اہمیت رکھتی ہے۔ اس کتاب نے اُردو کے پہلے نثری ڈرامے کی سابقہ تحقیق کو رد کیا ہے اور نئی تحقیق پیش کی ہے۔ یہ کتاب ڈاکٹر محمد افضل الدین اقبال کا اہم تحقیقی کارنامہ ہے۔ اور اُردو تحقیق کی تاریخ میں ان کے نام کو نمایاں کرتی ہے۔

ڈاکٹر محمد افضل الدین اقبال کی صحافتی تحقیق "جنوبی ہند میں اُردو صحافت" تصنیف کا تنقیدی جائزہ

ڈاکٹر محمد افضل الدین اقبال نے دکنیات اور علاقہ مدراس میں شعر و ادب کی ترقی پر تحقیق کے علاوہ صحافت کے موضوع کو بھی تحقیق کا مرکز بنایا اور "جنوبی ہند کی اُردو صحافت" کے نام سے ایک جامع تحقیقی کتاب تصنیف کی۔ عموماً اُردو صحافت کے آغاز و ارتقاء میں شمالی ہند کی صحافت کو موضوع بحث بنایا جاتا ہے لیکن جنوبی ہند کی صحافتی خدمات کو نظر انداز کیا جاتا ہے چناں چہ ڈاکٹر محمد افضل الدین اقبال نے اپنے آپ کو دکن کا سچا محقق ثابت کرتے ہوئے یہاں کی صحافتی خدمات کو بعد تحقیق محفوظ کر دیا۔ جنوبی ہند میں صحافت کے آغاز و ارتقاء پر اُن کی یہ تصنیف مستند حوالے کا درجہ رکھتی ہے۔

ڈاکٹر محمد افضل الدین اقبال کے صحافت کے موضوع پر لکھی ہوئی یہ شہرہ آفاق کتاب ''جنوبی ہند میں اُردو صحافت'' 1981ء میں حیدر آباد سے شائع ہوئی۔ کتاب کا پیش لفظ پروفیسر سیدہ جعفر نے لکھا۔ کتاب میں صحافت کی تعریف ''چین' یورپ اور عرب ممالک میں صحافت کی ابتداء' ہندوستان کے مختلف شہروں میں صحافت کی روایات' ہندوستان کی مختلف زبانوں میں صحافت کی روایات' ہندوستان میں اُردو صحافت کی ابتداء' ہندوستان کے مختلف شہروں میں اُردو صحافت' مدراس کے قدیم اُردو اخبارات' جنوبی ہند اور مدراس کے مطابع وغیرہ عنوانات کے تحت معلومات پیش کی گئی ہیں۔

پروفیسر سیدہ جعفر کتاب کا تعارف کراتے ہوئے لکھتی ہیں کہ:

> ''جنوبی ہند کی اُردو صحافت پر ایک مفصل کتاب تصنیف کرنے کی ضرورت تھی۔ جس کی ڈاکٹر افضل الدین اقبال نے بڑی حد تک تکمیل کر دی ہے۔ زیرِ نظر کتاب میں اس موضوع پر منتشر مفید مواد اکٹھا کر کے اسے سلیقے اور خوش اُسلوبی کے ساتھ پیش کیا گیا ہے اور اس سے نوجوان مصنف کے علمی ذوق اور ادبی لگن کا اندازہ ہوتا ہے۔ اُردو صحافت کا جائزہ لینے والے بعض مصنفین کو مذکورہ بالا اخبارات کا سنہ اشاعت اور دیگر تفصیلات کے سلسلے میں جو غلط فہمیاں پیدا ہوئی تھیں ان کا ازالہ کرنے کی بھی کوشش کی گئی ہے۔۔۔
>
> ڈاکٹر محمد افضل الدین اقبال نے اس کتاب میں مدراس کے پندرہ قدیم مطابع کا بھی تفصیلی طور پر ذکر کیا ہے۔ انھوں نے اس کتاب میں اُردو صحافت کی ابتدائی تاریخ کے ایک نئے باب کو روشناس کروایا ہے اور قدیم اخبارات

کی صحافتی خدمات کو جو امتداد زمانے کی وجہ سے نقش و نگارِ
طاق نسیاں بن گئی تھیں منظرِ عام پر لا کر ایک اہم ادبی خدمت
انجام دی ہے۔ جس کے لیے وہ یقیناً قابلِ مبارکباد ہیں''۔
۴۹

''دیباچہ'' کے عنوان سے اپنی کتاب کا تعارف کراتے ہوئے ڈاکٹر محمد افضل الدین اقبال لکھتے ہیں :

''جنوبی ہند کی اُردو صحافت (1857ء) سے پیشتر میری ایک علمی اور تحقیقی کاوش ہے۔ جسے میں بڑے عجز و انکسار کے ساتھ آپ کی خدمات میں پیش کر رہا ہوں۔ مجھے اپنی تحقیق کے بارے میں جامعیت کا دعویٰ ہے اور نہ ہو سکتا ہے لیکن اتنا ضرور کہوں گا کہ اُردو زبان میں پہلی مرتبہ جنوبی ہند کی قدیم صحافت پر سیرِ حاصل روشنی ڈالنے کی کوشش کی گئی ہے۔

۔۔۔ امتداد زمانہ کی وجہ سے مدراس کے قدیم اخبار عنقاء ہو چکے ہیں لیکن تلاش و جستجو سے مدراس کے بہت سے قدیم اخبارات کا پتہ چلا۔ ان اخبارات سے اہلِ علم اب تک واقف نہ تھے۔۔۔ جنوبی ہند کی تہذیب کو سمجھنے یہاں کی ادبی، لسانی، معاشی، سماجی، تہذیبی، مذہبی اور سیاسی زندگی کے لیل و نہار کے مطالعہ کے لیے ان اخباروں کا پڑھنا بے حد ضروری ہے اور ان کا مطالعہ کئے بغیر جنوبی ہند کی تاریخ لکھی بھی نہیں جا سکتی''۔ ۵۰

دیباچے میں کتاب کی وجہہ تصنیف بیان کرنے کے بعد پس منظر کے طور پر پہلے باب میں ڈاکٹر محمد افضل الدین اقبال نے ''صحافت کیا ہے'' کے عنوان سے صحافت کی تعریف اور انسانی زندگی میں صحافت کی اہمیت بیان کی ہے۔مختلف حوالوں کی مدد سے انھوں نے لکھا کہ'' صحافت یا جرنلزم حقائق سے راست طور پر آگاہی کا نام ہے۔اس میں واقعات کی عکاسی کی جاتی ہے۔صحافت کی سماجی اہمیت بیان کرتے ہوئے ڈاکٹر محمد افضل الدین اقبال لکھتے ہیں:

> ''صحافت کا زندگی سے اور زندگی کا ادب سے چولی دامن کا ساتھ ہے۔ آج مغرب میں ادب اور صحافت نہ صرف دوش بدوش ہیں بلکہ زندگی کی ہمہ ہمی میں دونوں کا رول لازم وملزوم ہوکر رہ گیا ہے۔ ادب اب زندگی کا ترجمان بن گیا ہےاور زندگی واقعات کے گردوپیش سے اپنا واسطہ نہیں توڑسکتی۔ طاقت' قوت اور اثر میں صحافت کو پارلیمنٹ کے مماثل قرار دیا گیا ہے۔ صحافت کا انسانی جذبات واحساسات سے گہرا تعلق ہے۔بعض مرتبہ ایک افسانہ یا نظم سے زیادہ کسی اخبار کی سُرخی ہمارے جذبات و احساسات کی دُنیا میں آگ لگا دیتی ہے۔ اخبار کا ایک کارٹون تک لوگوں کی قسمت بناتا یا بگاڑتا ہے''۔۱۵

صحافت کا ادب اور انسانی زندگی سے تعلق واضح کرنے کے بعد ڈاکٹر محمد افضل الدین اقبال نے لکھا کہ دُنیا کے بیشتر اور نامور ادیبوں نے اپنی ادبی زندگی کا آغاز صحافت سے کیا۔ یورپ اور ہندوستان کے صحافیوں کا ذکر کرتے ہوئے اُنھوں نے اس باب کو ختم کیا۔ ''صحافت کا آغاز'' عنوان سے دوسرے باب میں ڈاکٹر محمد افضل الدین اقبال نے دُنیا کے مختلف ممالک میں

صحافتی سرگرمیوں کے آغاز وارتقاء کو بیان کیا۔ دنیا کے پہلے اخبار کے بارے میں اُنھوں نے لکھا کہ ''ایک ہزار سال قبل، چین میں تانگ خاندان کی حکومت کے دوران دُنیا کا پہلا اخبار جاری ہوا اور پیکن گزٹ کے نام سے 1911ء تک چھپتا رہا۔ یورپ میں سترہویں صدی میں صحافت کا آغاز ہوا۔ مشرقِ وسطیٰ میں فرانسیسی اخباروں سے صحافت کا آغاز ہوا۔ عربی اور ترکی صحافت کا آغاز 1857ء کے بعد ہوا۔ اور ہندوستان میں ایسٹ انڈیا کمپنی کے ابتدائی عہد میں اخبار جاری ہوا۔ علامہ عبداللہ یوسف علی کے حوالے سے ڈاکٹر محمد افضل الدین اقبال نے لکھا کہ ہندوستان کا سب سے پہلا اخبار جیمس آگسٹس ہکی نے 29/جنوری 1780ء کو ''ہکیز بنگال گزٹ'' کے نام سے انگریزی اخبار جاری کیا۔ جنوبی ہند میں صحافت کے آغاز سے متعلق ڈاکٹر محمد افضل الدین اقبال لکھتے ہیں:

> ''شہر مدراس کو یہ شرف حاصل ہے کہ اس کی سرزمین سے جنوبی ہند کا اخبار مدراس کوریر (MADRAS COURIER) کے نام سے 12/ اکٹوبر 1785ء کو شائع ہوا۔ اس اخبار کے ایڈیٹر اور مالک رچرڈ جان اسٹون تھے''۔ ۵۲؎

ہندوستان میں صحافت کی تاریخ بیان کرتے ہوئے مختلف سرخیوں کے تحت ڈاکٹر محمد افضل الدین اقبال نے مدراس میں سنسر شپ، بمبئی میں صحافت کی ابتداء، علاقائی زبانوں کی صحافت کی ابتداء، ہندی، تامل، تلگو، مراٹھی اخبارات، ہندوستان کے فارسی اخبارات، جنوبی ہند کی فارسی صحافت، آئینہ سکندر، احسن الاخبار، مجمع الاخبار وغیرہ کے بارے میں ابتدائی تعارفی معلومات پیش کیں۔

''ہندوستان میں اُردو صحافت کی ابتداء'' عنوان سے ہندوستان میں مطابع کا قیام اور کتابوں کی طباعت کی تفصیلات بیان کرتے ہوئے ڈاکٹر محمد افضل الدین اقبال نے عتیق صدیقی

اور ڈاکٹر عبدالسلام خورشید کے حوالے سے لکھا کہ اُردو کا پہلا اخبار ''جامِ جہاں نما'' ہے جو کلکتہ سے پہلی بار 27 / مارچ 1822ء کو جاری ہوا۔ اس کے بعد دیگر اخبارات آئینہ سکندر، دہلی اُردو اخبار، سید الاخبار اور خیر خواہِ ہند کے اجراء کی تفصیلات اس باب کے تحت دی گئی ہیں۔ ہندوستان کے مختلف شہروں میں اُردو صحافت کی ابتداء بنارس، لکھنؤ، لاہور، سیالکوٹ، ملتان، بمبئی، بنگلور اور حیدرآباد دکن سے جاری ہونے والے ابتدائی زمانے کے اُردو اخبارات کے اجراء کی تفصیلات سرسری طور پر بیان کیں۔

اس کتاب کا اصل باب جنوبی ہند میں اُردو صحافت سے متعلق ہے۔ اس باب میں ڈاکٹر محمد افضل الدین اقبال نے مدراس سے جاری ہونے والے پہلے اُردو اخبار کے تعین میں سابقہ تحقیق کو رد کرتے ہوئے اپنی تحقیق کو اولیت عطاء کرنے کی کوشش کی۔ چناں چہ انھوں نے لکھا کہ نصیر الدین ہاشمی نے قیاس کی بنیاد پر عمدۃ الاخبار کو مدراس کا پہلا اُردو اخبار قرار دیا۔ عتیق صدیق، عبدالسلام خورشید اور مولوی عبدالحق وغیرہ نے اعظم الاخبار کو مدراس کا پہلا اُردو اخبار قرار دیا۔ جو 1848ء میں جاری ہوا تھا۔ جامع الاخبار کے بارے میں اپنی تحقیق پیش کرتے ہوئے ڈاکٹر محمد افضل الدین اقبال لکھتے ہیں:

> ''جنوبی ہند میں اُردو صحافت کا باقاعدہ آغاز 1841ء میں ''جامع الاخبار'' کے اجراء سے ہوا۔ مدراس کا یہ اولین اخبار ہندوستان کے قدیم ترین اخباروں میں سے ایک ہے لیکن بہت کم اربابِ علم اس حقیقت سے واقف ہیں
>
> :
>
> ---۔ راقم الحروف کو دورانِ تحقیق پتہ چلا کہ ''جامع الاخبار'' مدراس کا پہلا اُردو اخبار تھا۔ اس کی اشاعت اعظم الاخبار سے سات سال پہلے ہوئی تھی۔ جامع الاخبار

پہلی مرتبہ یکم ذی الحجہ ۱۸۴۱ ءکوشائع ہوا جبکہ اعظم الاخبار کی
پہلی جلد کا پہلا شمارہ 6 / جولائی 1848ء کوشائع ہوا تھا''۔

۵۳

ڈاکٹر محمد افضل الدین اقبال جنوبی ہند میں اُردو کے ابتدائی نقوش سے متعلق ٹھوس معلومات رکھتے ہیں۔ اسی بناء وہ ایک بلند پایہ محقق قرار پاتے ہیں۔ چناں چہ یہاں مدراس کے پہلے اُردو اخبار کے سنہ اشاعت و نام کے سلسلہ میں انھوں نے ہندوستان میں اُردو کی صحافت کی تاریخ پر کام کرنے والے نامور محققین عتیق صدیقی اور خورشید الاسلام اور مولوی عبدالحق کی تحقیق کورد کیا اور اپنی تحقیق کے مطابق جامع الاخبار کو مدراس کا پہلا اُردو اخبار قرار دیا۔ انھوں نے اپنی تحقیق کی مزید وضاحت کرتے ہوئے لکھا کہ کتب خانہ ادارۂ ادبیاتِ اُردو حیدرآباد میں جامع الاخبار کی بارہویں جلد 1852ء موجود ہے۔ جس کے مطالعے سے پتہ چلتا ہے کہ اس اخبار کی پہلی مرتبہ اجرائی 1841ء میں عمل میں آئی تھی۔

مدراس سے جاری ہونے والے پہلے اُردو اخبار کے نام اور اُس کے سنہ اشاعت کے تعین کی تحقیق پیش کرنے کے بعد اپنی تحقیقی کتاب ''جنوبی ہند کی اُردو صحات'' کے اگلے باب'' مدراس کے قدیم اُردو اخبارات'' میں ڈاکٹر محمد افضل الدین اقبال نے مدراس کے قدیم اخبارات جامع الاخبار، فتویٰ، اعظم الاخبار، آفتابِ عالم تاب، تیسرا الاخبار، رئیس الاخبار، تعلیم الاخبار، امیر الاخبار، قاصد الاخبار، مراء ۃ الاخبار، مظہر الاخبار، صبح صادق، طلسم حیرت، مدراس پنچ، ریاض الاخبار، عمدۃ الاخبار اور شمس الاخبار کے بارے میں تفصیلی جائزہ اور معلومات پیش کی ہیں۔ اپنی تحقیق ''جامع الاخبار'' کی تفصیلات بیان کرتے ہوئے ڈاکٹر محمد افضل الدین اقبال لکھتے ہیں:

> ''ادارۂ ادبیاتِ اُردو حیدرآباد میں جامع الاخبار
> کے 1852ء تا 1853ء (53) شمارے موجود ہیں
> ۔۔۔ان شماروں کو دیکھنے سے معلوم ہوتا ہے کہ جامع

الاخبار فل اسکیپ سائز کے آٹھ صفحات پر مشتمل ہوتا تھا۔ ہر صفحہ پر دو کالم ہوتے تھے۔ اس کی کتابت' طباعت اور کاغذ قابلِ تعریف ہے۔ خبروں کی ترتیب میں ایک خاص سلیقہ موجود تھا۔ اخبار کے پہلے صفحے پر کسی قدر جلی گنجلک عربی انداز تحریر میں ''جامع الاخبار'' لکھا جاتا تھا۔ اس کے نیچے مخفی لیکن متن کی تحریر سے کسی قدر جلی عبارت میں یہ تحریر ہوتی تھی'' ہفتہ میں ایک بار پیر کے روز' اشتہار' قیمت' اس کی ایک روپیہ ماہوار۔ اس کے بعد دو کالمی صفحہ کا آغاز ہوتا تھا۔ پہلے صفحے پر یہ عنوان'' خلاصہ احکام سرکارِ مدارِ مدارس' کے تحت حکومتِ مدراس کی خبریں اور احکامات شائع کئے جاتے تھے۔ یہ التزام اخبار کے تمام شماروں میں ملتا ہے۔ اس عنوان کے تحت تقرر' تبدل اور برطرفی وغیرہ کے اعلانات اور رفاعی اور فلاحی خبریں شائع کی جاتی تھیں۔ جامع الاخبار کے بقیہ سات صفحات مختلف شہروں اور ملکوں کی خبروں سے بھرے ہوتے تھے۔ ہندوستان کے مختلف علاقوں اور دُنیا کے مختلف ممالک کی تازہ خبریں اہتمام سے شائع ہوتی تھیں۔ اگرچہ خبروں کا حصول کا راست ذریعہ نہیں تھا۔ مختلف اخبارات و رسائل سے خبریں ملخص کی جاتی تھیں''۔ ۵۴ے

اخبار کی دستیاب کاپیوں کا مطالعہ کرتے ہوئے ڈاکٹر محمد افضل الدین اقبال نے اس اخبار میں شائع ہونے والی اہم خبروں' واقعات اور دیگر اُمور بیان کئے اور اخبار میں شائع ہوئے والے مختلف موضوعات کا ذکر کیا۔ اسی طرح دیگر اخباروں کے بارے میں بھی ڈاکٹر محمد افضل

الدین اقبال نے اسی قسم کی معلومات پیش کیں۔ اس طرح یہ کتاب مدراس سے قدیم دور میں جاری ہونے والے اخبارات کی تاریخ بھی ہے۔ جنوبی ہند کی اُردو صحافت کی تاریخ مرتب کرنے میں اس کتاب سے کافی مدد لی جاسکتی ہے۔

کتاب کے اگلے باب ''جنوبی ہند کی قدیم اُردو صحافت'' ایک جائزہ میں ڈاکٹر محمد افضل الدین اقبال نے اجمالی طور پر علاقہ مدراس میں انیسویں صدی میں اُردو صحافت کے رجحانات کا جائزہ پیش کیا اور لکھا کہ اس زمانے میں اخبار کی قیمت زیادہ تھی۔ دولت مند افراد اور انگریز عہدیدار اخبار خریدتے تھے۔ اخبارات میں اشتہارات دینے کا سلسلہ شروع ہوا۔

اخبارات وقائع نگاروں اور انگریزی اخباروں سے ترجمہ شدہ خبروں کی مدد سے ترتیب دیئے جاتے تھے۔ کچھ اخباروں کے نامہ نگار بھی تھے۔ جنھیں خبریں فراہم کرنے کے عوض اخبار مفت سربراہ کیا جاتا تھا۔ اس وقت اخبار میں شائع ہونے والی ادبی تخلیقات کے بارے میں ڈاکٹر محمد افضل الدین اقبال لکھتے ہیں:

> ''اس زمانے کے اخباروں میں تعلیمی، علمی و ادبی خبروں کے ساتھ ساتھ غزلیں بھی شائع ہوتی تھیں۔ ادیبوں کی محفلوں اور شعراء کی نشستوں کے مختصر تذکرے بھی ان اخباروں میں شائع ہوئے۔ آخری مغل تاجدار بہادر شاہ ظفر کی غزلیں اور اُن کی زمینوں میں کہی ہوئی غزلیں خاص طور پر شائع کی جاتی تھیں۔ مدراس کے شعراء بڑی دلچسپی سے ظفر کی غزلوں کی زمینوں میں شعر کہا کرتے تھے۔ جنوبی ہند کے اخبارات خاص طور سے ''اعظم الاخبار'' انھیں بے اُجرت شوق سے شائع کرتا''۔ ؎۵۵

ڈاکٹر محمد افضل الدین اقبال نے جنوبی ہند کے اُردو اخبارات کے تجزیے کے آخر میں

یہ بھی لکھا کہ اس زمانے کے اخبار انگریز سرکار کے خلاف رائے عامہ ہموار کرتے تھے اور سرکار کی غلطیوں کی نشاندہی سے گریز نہیں کرتے تھے تاہم اخبار چوں کہ انگریز سرکار کی مدد سے نکلتے تھے اس لیے وہ کھل کر حکومت کی مخالفت نہیں کرتے تھے۔

کتاب کے آخری باب ''جنوبی ہند کے قدیم مطابع'' کے عنوان کے تحت مدراس کے علاقے میں ابتدائی دور میں قائم ہونے والے چھاپہ خانوں کی تفصیلات دی گئی ہیں۔جن مطابع کا ذکر ہوا اُن میں مطبع کشن راج، مطبع جامع الاخبار، مطبع اعظم الاخبار، مطبع تعلیم الاخبار، مطبع اسلامیہ، مطبع غوثیہ، مطبع احمدی، مطبع شرفیہ، مطبع خورشید، مطبع مخزن الاخبار، مطبع مظہر العجائب، مطبع عزیزیہ، مطبع اکبری، مطبع رحمانی، صبح صادق، بمبئی کے قدیم مطابع، بنگلور و میسور کے قدیم مطابع، حیدرآباد کے قدیم مطابع شامل ہیں۔

ہندوستان میں طباعت کی تاریخ بیان کرتے ہوئے ڈاکٹر محمد افضل الدین اقبال لکھتے ہیں کہ یہاں پہلا چھاپہ خانہ 6 ستمبر 1556ء کو گوا میں قائم ہوا۔جس کا مقصد عیسائیت کی تبلیغ کا مواد شائع کرنا تھا۔ مدراس میں ڈایوسن پریس کے نام سے قائم ہوا۔ جہاں تامل اور انگریزی زبانوں میں 1800ء کے لگ بھگ کتابیں شائع ہونے لگی تھیں۔

مدراس میں پہلے اُردو چھاپہ خانے کے آغاز کے بارے میں ڈاکٹر محمد افضل الدین اقبال نے عتیق صدیقی کی کتاب ''ہندوستانی اخبار نویسی میں پیش کردہ تحقیق کو رد کیا ہے۔عتیق صدیقی نے مدراس کی پہلی اُردو مطبوعہ کتاب ''حکایات الجلیلہ (1826ء) کو قرار دیا۔جبکہ ڈاکٹر محمد افضل الدین اقبال نے لکھا کہ اس سے بارہ سال قبل 1824ء میں فورٹ سینٹ جارج کالج پریس سے دکنی انوارِ سہیلی اور پینتالیس سال پیشتر 1791ء میں کپتان ہنری ہیرلیس کی ہندوستانی زبان کی لغت مدراس سے شائع ہو چکی تھی۔اس طرح اُن کے خیال میں مدراس کا علاقہ اُردو کتابوں کی اشاعت کے معاملے میں دوسرے علاقوں سے آگے تھا۔

مطبع جامع الاخبار کی تفصیلات بیان کرتے ہوئے ڈاکٹر محمد افضل الدین اقبال لکھتے

ہیں:

''مطبع جامع الاخبار مدراس کا بہت قدیم مطبع تھا۔ اس کے مالک سید رحمت اللہ تھے۔اسی مطبع کی جانب سے 1841ء میں مدراس اور جنوبی ہند کا پہلا اُردو اخبار ''جامع الاخبار'' جاری ہوا تھا۔ اس مطبع نے اُردو زبان کی بڑی خدمت کی تھی اس مطبع میں اُردو کی بے شمار علمی، ادبی، لسانی اور مذہبی کتابیں شائع ہوئیں۔ مدراس کے فورٹ سینٹ جارج کالج کی نصابی کتابیں بھی زیادہ تر اسی مطبع سے شائع ہوئیں ۔ ۵۶

ہندوستان کے مختلف شہروں میں مطابع کا ذکر کرتے ہوئے ڈاکٹر محمد افضل الدین اقبال کی تصنیف ''جنوبی ہند میں اُردو صحافت'' کا اختتام عمل میں آتا ہے۔اس تصنیف کے ذریعہ ڈاکٹر محمد افضل الدین اقبال نے جنوبی ہند کے پہلے اُردو اخبار اور اس کے مطبع کے بارے میں قدیم تحقیق کو رد کرتے ہوئے اپنی نئی تحقیق پیش کی اور جامع الاخبار کو مدراس کے علاقے سے شائع ہونے والا اولین اخبار قرار دیا۔انھوں نے اپنی دلیل کے لیے جامع الاخبار کی بعد کی جلدوں سے تاریخ اخذ کی۔ اس کتاب میں جنوبی ہند اور مدراس کے علاقوں سے جاری ہونے والے دیگر اخباروں کے بارے میں بھرپور معلومات ملتی ہیں اور انیسویں صدی عیسوی میں مدراس کے علاقے میں اُردو صحافت کے آغاز و ارتقاء پر روشنی پڑتی ہے۔ مجموعی طور پر یہ کتاب علاقہ مدراس میں صحافت کے ابتدائی دور کی تاریخ مرتب کرنے میں اہم کڑی ثابت ہوئی۔اس کتاب سے مدراس کی ابتدائی صحافت کے بارے میں اہم معلومات ملتی ہیں۔ تحقیق کے اُصولوں کی روشنی میں بھی یہ کتاب مستند تسلیم کی جائے گی کیوں کہ ڈاکٹر محمد افضل الدین اقبال نے کسی مسئلہ پر جدید تحقیق پیش کرنے کے لیے قابلِ قبول مستند حوالے پیش کئے اور تقابلی مطالعہ کرتے ہوئے قدیم تحقیق کو رد کیا۔ یہ کتاب ڈاکٹر محمد افضل الدین

اقبال کے تحقیقی کارناموں میں اہم اضافہ ہے۔

ڈاکٹر محمد افضل الدین اقبال کا اُردو تحقیق میں مقام

ڈاکٹر محمد افضل الدین اقبال نے جنوبی ہند کے علاقے مدراس کو اپنی تحقیق کا موضوع بنایا اور مدراس میں اُردو ادب کی نشو ونما، فورٹ سینٹ جارج کالج، جنوبی ہند میں اُردو صحافت اور اُردو کا پہلا نثری ڈرامہ جیسی تحقیقی کتابیں تصنیف کیں۔ ایک اچھے محقق کی طرح تحقیق کے بے آب و گیاہ میدان میں انھوں نے مدراس میں اُردو ادب کے ابتدائی نقوش کے بارے میں مفروضات قائم کئے اور اپنے قائم کردہ مفروضات کو اپنے گہرے مطالعے تلاش اور تحقیق کے بعد حقائق میں تبدیل کیا اور اپنی پیش کردہ تحقیق کو مستند اور قابلِ قبول دلائل کے ساتھ اس انداز میں پیش کیا کہ اُردو کے نامور محققین اُن کی رائے کو قبول کرنے لگے۔ مدراس میں اُردو ادب کی نشو ونما اور فورٹ سینٹ جارج کالج کی اُردو خدمات پیش کرتے ہوئے ڈاکٹر محمد افضل الدین اقبال نے دکن کے کئی گمنام شعراء اور ادیبوں کو بعد تحقیق منظرِ عام پر لایا۔ مہدی واصفؔ کے کارناموں کو اُجاگر کیا۔ مدراس میں لکھی گئی داستانوں کو متعارف کرایا۔ اور فورٹ ولیم کالج کے مقابلے میں فورٹ سینٹ جارج کالج کی خدمات کو فوقیت دی۔

جنوبی ہند کی اُردو صحافت کتاب میں مدراس سے جاری ہونے والے پہلے اُردو اخبار کے تعین کے بارے میں اپنی نئی تحقیق پیش کی۔ قدیم مطابع کو کھوج کر نکالا۔ اسی طرح اُردو کے پہلے ڈرامے کے سلسلے میں بھی قدیم تحقیق کو غلط ثابت کرتے ہوئے کیپٹن گرین آوے کے تحریر کردہ ڈرامے ''علی بابا اور چالیس چور'' کو اُردو کا پہلا نثری ڈرامہ قرار دیا۔ ڈاکٹر محمد افضل الدین اقبال نے اپنے تحقیقی مقالہ ''مدراس میں اُردو ادب کی نشو ونما'' میں دورانِ تحریر ایسے کئی مخطوطوں کی طرف نشاندہی کی ہے۔ جس پر کام کرتے ہوئے اُردو کے محققین کئی نئے تحقیقی کارنامے انجام

دے سکتے ہیں اور جنوبی ہند کے کارناموں سے اُردو ادب میں نئے اضافے کر سکتے ہیں۔ اس طرح ڈاکٹر محمد افضل الدین اقبال نہ صرف ایک بلند پایہ محقق قرار پاتے ہیں بلکہ اُردو تحقیق کے ایک راہ نما کے طور پر سامنے آئے ہیں۔ عام طور پر ایک محقق جب کسی موضوع پر کام کرتا ہے تو دوران تحقیق بعض دیگر تحقیقات کو چھپا کر رکھتا ہے تاکہ وہ کسی اور موقع پر خود ہی ان پر کام کرتے ہوئے ان کارناموں کو اپنے نام کر لے۔ لیکن ڈاکٹر محمد افضل الدین اقبال نے ادبی دیانت داری کا ثبوت دیا اور اپنی تحقیق کے دوران ایسے کئی اشارے چھوڑے جن پر وقت لگا کر الگ سے تحقیقی کام کیا جائے تو دکنی زبان کے کئی شہ پارے منظرِ عام پر آسکتے ہیں۔

جب بھی جنوبی ہند کے محققین کا نام لیا جاتا ہے تو اکثر لوگوں کا دھیان مولوی عبدالحق' نصیر الدین ہاشمی' پروفیسر سیدہ جعفر اور ڈاکٹر محمد علی اثر کی جانب چلا جاتا ہے لیکن ایک گمنام محقق کے طور پر ڈاکٹر محمد افضل الدین اقبال بھی موجود ہیں۔ خاص طور سے مدراس میں اُردو ادب کے آغاز وارتقاء اور مدراس میں صحافت کی تاریخ کے موضوع پر ڈاکٹر محمد افضل الدین اقبال کا کوئی ثانی نہیں۔ ان کے علاوہ اُردو کا کوئی اور محقق یہ دعویٰ نہیں کر سکتا کہ اُس نے مدراس میں اُردو کے فروغ میں کوئی نمایاں تحقیقی کارنامہ انجام دیا ہو۔ فورٹ سینٹ جارج کالج کی اُردو خدمات کو متعارف کرانے میں بھی ڈاکٹر محمد افضل الدین اقبال کا ثانی نہیں۔ اس طرح ہم کہہ سکتے ہیں کہ مدراس میں اُردو ادب اور ڈاکٹر محمد افضل الدین اقبال تحقیق کے ایک سکّے کے دو رخ ہیں۔ جنوبی ہند کے موجودہ محققین میں اُن کا نام مدراس میں اُردو ادب پر تحقیق کے ضمن میں سرِ فہرست ہے۔ اس طرح ڈاکٹر محمد افضل الدین اقبال نے حیدر آباد میں قیام پذیر ہونے کے باوجود مدراس کے اُردو ادب کی تحقیق کو اپنا اوڑھنا بچھونا بنالیا اور اس علاقے کو شمالی ہند کے مقابلے میں لا کھڑا کیا۔ اور واضح کر دیا کہ اُردو میں شعر و ادب کی ابتدائی دور کی ترقی علاقہ مدراس میں ہوئی۔ اس طرح ڈاکٹر محمد افضل الدین اقبال جنوبی ہند میں اُردو ادب کی نشو و نما کو پیش کرنے والے ایک اہم محقق کی طور پر اُردو تحقیق کی دنیا میں اپنا نام اُونچے مقام پر رکھتے ہیں۔ دکن والوں کو بلاشبہ ڈاکٹر محمد

افضل الدین اقبال جیسے محققین پر ناز کرنا ہوگا کیوں کہ انھوں نے اپنے علاقے کا حق ادا کر دیا اور اپنے شعر و ادب کی وراثت کو بعد تحقیق آنے والی نسلوں تک پہونچا دیا۔

حواشی

ا۔ ڈاکٹر سید عبداللہ۔ مضمون ''تحقیق و تنقید''، مشمولہ ادبی اور لسانی تحقیق مرتبہ ڈاکٹر عبدالستار ردلوی۔ ممبئی۔ 1984ء۔ ص۔ ۱۱۷

۲۔ قاضی عبدالودود۔ مضمون ''اُصولِ تحقیق''، مشمولہ۔ اُردو اور لسانی تحقیق۔ ص۔ ۷۷

۳۔ پروفیسر گیان چند جین۔ تحقیق کا فن۔ ص۔ ۷

۴۔ ڈاکٹر شارب ردولوی ۔ جدید اُردو تنقید اُصول و نظریات ۔ص۔ ۴۲۲۔ 1981۔ اُتر پردیش اُردو اکیڈیمی لکھنؤ

۵۔ ڈاکٹر شارب ردولوی۔ جدید اُردو تنقید اُصول و نظریات۔ ص۔ ۴۲۲

۶۔ ڈاکٹر محمد احسن فاروقی۔ اُردو میں تنقید۔ ص۔ ۱۲۵

۷۔ ڈاکٹر شارب ردولوی۔ جدید اُردو تنقید' اُصول و نظریات۔ ص۔ ۴۲۴۔ ۴۲۵

۸۔ ڈاکٹر شارب ردولوی۔ جدید اُردو تنقید' اُصول و نظریات۔ ص۔ ۴۴۹

۹۔ ڈاکٹر حسن الدین احمد۔ تذکرہ سعید ۔ از۔ افضل اقبال۔ 1973ء حیدر آباد۔ ص۔ ۷

۱۰۔ ڈاکٹر ذاکر حسین۔ مشمولہ تذکرہ سعید۔ ص۔ ۱

۱۱۔ ڈاکٹر حسن الدین احمد۔ تذکرہ سعید۔ ص۔ ۱۹

۱۲۔ ڈاکٹر حسن الدین احمد۔ تذکرہ سعید۔ ص۔ ۱۹

۱۳۔ ڈاکٹر محمد افضل الدین اقبال۔ تذکرہ سعید۔ ص۔ ۴۷

۱۴۔ ڈاکٹر محمد افضل الدین اقبال۔ تذکرہ سعید۔ ص۔ ۶۰

۱۵۔ ڈاکٹر محمد افضل الدین اقبال۔ ذکرِ سعید۔ ص۔ ۷۶

۱۶۔ پروفیسر ایس نورالحسن پیام۔ مشمولہ تذکرہ سعید۔ ص۔ ۱۰۱

۱۷۔ پروفیسر سیدہ جعفر پیشِ لفظ۔ مدراس میں اُردو ادب کی۔ از ڈاکٹر محمد افضل الدین اقبال۔ حیدرآباد۔ 1979ء۔ ص۔ ۷

۱۸۔ پروفیسر سیدہ جعفر، پیشِ لفظ ''مدراس میں اُردو ادب کی نشو ونما''۔ ص۔ ۷

۱۹۔ ڈاکٹر محمد افضل الدین اقبال۔ دیباچہ۔ مدراس میں اُردو ادب کی نشو ونما۔ ص۔ ۸۔ ۹

۲۰۔ ڈاکٹر محمد افضل الدین اقبال۔ مدراس میں اُردو ادب کی نشو ونما۔ ص۔ ۲۶

۲۱۔ ڈاکٹر محمد افضل الدین اقبال۔ مدراس میں اُردو ادب کی نشو ونما۔ ص۔ ۴۳۔ ۴۴

۲۲۔ ڈاکٹر محمد افضل الدین اقبال۔ مدراس میں اُردو ادب کی نشو ونما۔ ص۔ ۶۸

۲۳۔ ڈاکٹر محمد افضل الدین اقبال۔ مدراس میں اُردو ادب کی نشو ونما۔ ص۔ ۸۳۔ ۸۴

۲۴۔ ڈاکٹر محمد افضل الدین اقبال۔ مدراس میں اُردو ادب کی نشو ونما۔ ص۔ ۸۸

۲۵۔ ڈاکٹر محمد افضل الدین اقبال۔ مدراس میں اُردو ادب کی نشو ونما۔ ص۔ ۱۱۲۔ ۱۱۴

۲۶۔ ڈاکٹر محمد افضل الدین اقبال۔ مدراس میں اُردو ادب کی نشو ونما۔ ص۔ ۱۱۸

۲۷۔ ڈاکٹر محمد افضل الدین اقبال۔ مدراس میں اُردو ادب کی نشو ونما۔ ص۔ ۱۵۶

۲۸۔ ڈاکٹر محمد افضل الدین اقبال۔ مدراس میں اُردو ادب کی نشو ونما۔ ص۔ ۱۶۹

۲۹۔ ڈاکٹر محمد افضل الدین اقبال۔ مدراس میں اُردو ادب کی نشو ونما۔ ص۔ ۱۹۵۔ ۱۹۶

۳۰۔ ڈاکٹر محمد افضل الدین اقبال۔ مدراس میں اُردو ادب کی نشو ونما۔ ص۔ ۱۹۸

۳۱۔ ڈاکٹر محمد افضل الدین اقبال۔ مدراس میں اُردو ادب کی نشو ونما۔ ص۔ ۲۰۲۔ ۲۰۳

۳۲۔ ڈاکٹر محمد افضل الدین اقبال۔ مدراس میں اُردو ادب کی نشو ونما۔ ص۔ ۲۲۸۔ ۲۲۹

۳۳۔ ڈاکٹر محمد افضل الدین اقبال۔ مدراس میں اُردو ادب کی نشو ونما۔ ص۔ ۲۴۱۔ ۲۴۲

۳۴۔ ڈاکٹر محمد افضل الدین اقبال۔ مدراس میں اُردو ادب کی نشو ونما۔ ص۔ ۲۶۶

۳۵ ۔ ڈاکٹر محمد افضل الدین اقبال ۔ مدراس میں اُردو ادب کی نشو و نما ۔ ص ۔ ۲۸۸ ۔ ۲۸۹

۳۶ ۔ ڈاکٹر محمد افضل الدین اقبال ۔ مدراس میں اُردو ادب کی نشو و نما ۔ ص ۔ ۲۱۳ ۔ ۲۱۴

۳۷ ۔ ڈاکٹر محمد افضل الدین اقبال ۔ مدراس میں اُردو ادب کی نشو و نما ۔ ص ۔ ۳۲۵

۳۸ ۔ ڈاکٹر محمد افضل الدین اقبال ۔ مدراس میں اُردو ادب کی نشو و نما ۔ ص ۔ ۳۷۲

۳۹ ۔ ڈاکٹر محمد افضل الدین اقبال ۔ مدراس میں اُردو ادب کی نشو و نما ۔ ص ۔ ۳۴۲

۴۰ ۔ پروفیسر سلیمان اطہر جاوید ۔ بحوالہ ۔ پروفیسر محمد افضل الدین اقبال‘ حیات اور ادبی خدمات ۔ مرتبہ ڈاکٹر محمد احتشام الدین خرم‘ حیدر آباد ۔ 2009 ۔ ص ۔ ۳۰

۴۱ ۔ پروفیسر گیان چند جین ۔ بحوالہ ۔ پروفیسر محمد افضل الدین اقبال ۔ حیات اور ادبی خدمات ۔ از ۔ ڈاکٹر محمد احتشام الدین خرم ۔ ص ۔ ۴۵

۴۲ ۔ پروفیسر گیان چند جین ۔ بحوالہ ۔ ڈاکٹر محمد افضل الدین اقبال حیات اور ادبی خدمات ۔ از ۔ ڈاکٹر احتشام الدین خرم ۔ ص ۔ ۶۴ ۔ ۶۹ ۔ حیدر آباد

۴۳ ۔ ڈاکٹر محمد افضل الدین اقبال ۔ اُردو کا پہلا نثری ڈرامہ ۔ 2009ء ۔ ص ۔ حیدر آباد ۔ 1984ء

۴۴ ۔ ڈاکٹر محمد افضل الدین اقبال ۔ اُردو کا پہلا نثری ڈرامہ ۔ ص ۔ ۵

۴۵ ۔ ڈاکٹر محمد افضل الدین اقبال ۔ اُردو کا پہلا نثری ڈرامہ ۔ ص ۔ ۱۴

۴۶ ۔ ڈاکٹر محمد افضل الدین اقبال ۔ اُردو کا پہلا نثری ڈرامہ ۔ ص ۔ ۱۵

۴۷ ۔ ڈاکٹر محمد افضل الدین اقبال ۔ اُردو کا پہلا نثری ڈرامہ ۔ ص ۔ ۲۷

۴۸ ۔ ڈرامہ علی بابا چالیس چور ۔ از ۔ کیپٹن گرین آوے ۔ مشمولہ ۔ اُردو کا پہلا نثری ڈرامہ ۔ ص ۔ ۵۱

۴۹ ۔ پروفیسر سیدہ جعفر ۔ بحوالہ ۔ جنوبی ہند میں اُردو صحافت ۔ از ۔ ڈاکٹر محمد افضل الدین اقبال ۔ ص ۔ ۷ ۔ ۸‘ حیدر آباد ۔ 1981ء

۵۰۔ ڈاکٹر محمد افضل الدین اقبال۔جنوبی ہند میں اُردو صحافت۔ص۔۲۔۱۱

۵۱۔ ڈاکٹر محمد افضل الدین اقبال۔جنوبی ہند میں اُردو صحافت۔ص۔۱۴۔۱۵

۵۲۔ ڈاکٹر محمد افضل الدین اقبال۔جنوبی ہند میں اُردو صحافت۔ص۔۲۳

۵۳۔ ڈاکٹر محمد افضل الدین اقبال۔جنوبی ہند میں اُردو صحافت۔ص۔۳۸۔۳۹

۵۴۔ ڈاکٹر محمد افضل الدین اقبال۔جنوبی ہند میں اُردو صحافت۔ص۔۴۳۔۴۴

۵۵۔ ڈاکٹر محمد افضل الدین اقبال۔جنوبی ہند میں اُردو صحافت۔ص۔۱۰۶

۵۶۔ ڈاکٹر محمد افضل الدین اقبال۔جنوبی ہند میں اُردو صحافت۔ص۔۱۱۱

☆ چوتھا باب

ڈاکٹر محمد افضل الدین اقبال بہ حیثیت مدون و مرتب

قدیم متون کی تدوین تحقیق کا اہم شعبہ ہے۔ ابتدائی زمانے میں جبکہ کتابوں کی طباعت و اشاعت کے طریقے رائج نہیں تھے۔ ادبی تصانیف قلمی مخطوطوں کی شکل میں پائی جاتی تھیں۔ ہاتھ سے لکھے ہوئے یہ مخطوطے نسل در نسل بہ حفاظت رکھے جاتے تھے تاہم امتداد زمانہ اور کرم خوردگی کے سبب اکثر مخطوطے محفوظ نہیں رہ سکے۔ اس کے علاوہ زبان کے بدلتے رنگ و روپ کے ساتھ قدیم دور کی زبانیں سمجھنا بھی ہر ایک کے بس کی بات نہیں رہی۔ مخطوطوں کی شکل میں ہمارے کتب خانوں' میوزیموں اور اہلِ علم کے پاس قدیم دور کے علم و ادب کا ایک ایسا بیش قیمت خزینہ محفوظ ہے جس کی اصل قدر و قیمت ان مخطوطوں کی تدوین کے بعد انھیں زمانہ حال میں قابل مطالعہ اور قابلِ فہم بنانے سے ہی ظاہر ہوسکتی ہے۔ ڈاکٹر محمد افضل الدین اقبال نے اُردو ادب کے جن قدیم متون کی تدوین و تالیف کی ہے اور تدوین متن کے سلسلے میں انھوں نے جو کام کیا ہے۔ اُس کی اہمیت تحقیق کے شعبہ میں قدر کی نگاہ سے دیکھی جاتی ہے۔ ڈاکٹر محمد افضل الدین اقبال کی تدوین و تالیف شدہ کتابوں کے جائزے سے قبل آیئے دیکھیں کہ متن کسے کہتے ہیں۔ متن کی تدوین کس طرح کی جاتی ہے اور تدوینِ متن کے بنیادی اُصول کیا ہیں۔

متن (Text) : -

متن یا (Text) وہ حقیقی تحریر ہے جو کسی شاعر یا ادیب نے لکھی یا کہی ہو۔۔۔ اور اُسے کوئی محقق ترتیب دینا چاہتا ہے۔ کسی تحقیقی یا تنقیدی مضمون میں اپنی بات کی تائید یا تردید کے

لیے حوالے کے طور پر کسی بڑے ادیب، محقق یا نقاد کی تحریر کا حوالہ دیا جاتا ہے۔ وہ حوالہ اس مصنف کا لکھا ہوا یا کہا ہوا متن کہلاتا ہے۔ اگر کوئی خیال تحریری شکل میں آجائے تو وہ متن کہلاتا ہے۔ متن میں کسی قسم کی تحریف یا تبدیلی نہیں کی جاتی اور اُسے جوں کا توں پیش کیا جاتا ہے۔

تدوینِ متن :-

تدوینِ متن کا کام دراصل حقیقی اور صحیح متن کی بازیافت ہوتا ہے۔ یعنی نظم ہو یا نثر کسی متن کے حق میں جتنی شہادتیں ملتی ہیں اُن کی مدد سے دستیاب متن کو اس شکل میں پیش کرنا جیسا کہ خود مصنف نے اُسے تخلیق کیا تھا۔ تدوینِ متن کہلاتا ہے۔ تدوینِ متن کو انگریزی میں (Compilation) اور مدون کو (Compiler) کہا جاتا ہے۔

اُردو میں تدوین متن کا کام عموماً قدیم دور کے منظوم کلام، کسی شاعر کا دیوان یا کلیات، مرثیوں یا مثنویوں کی بازیافت اور نثر میں قدیم داستانوں پر مشتمل مخطوطوں کی بازیافت کے سلسلے میں ہوتا ہے۔ تدوینِ متن کا اصل ذریعہ مخطوطے ہوتے ہیں کیوں کہ قدیم دور میں شعراء کا کلام ہاتھ سے لکھ کر محفوظ کیا جاتا تھا۔ اگر شاعر مشہور ہو یا کوئی تخلیق مشہور ہو جائے تو اُس کے کئی قلمی نسخے تیار کئے جاتے تھے۔ آج کے دور کی طباعت کے مقابلے میں اُس دور کے ہاتھ سے لکھے ہوئے نسخوں میں کاتب کی لاپرواہی اور کوتاہی سے اصل نسخے کے علاوہ دیگر لکھے جانے والے قلمی نسخوں میں کئی غلطیاں در آتی تھیں۔ ایک دور گذرنے کے بعد جب ان نسخوں کو ترتیب دینے کا کام شروع ہوتا تو مدون کے سامنے کئی قسم کے نسخے ہونے اور اصل نسخے کی عدم دستیابی کے سبب اُسے شاعر کے کہے ہوئے متن سے قریب ترین متن کی تدوین میں کافی دشواریاں پیش آتی تھیں۔ سیاہی کے مٹ جانے، مسودہ کو کیڑا کھا جانے (کرم خوردگی) یا مسودہ کی شکست و ریخت سے بھی متن کی بازیافت میں دشواریاں پیش آتی تھیں۔ ان دشواریوں کو پار کرتے ہوئے اُردو کے محققین نے قدیم متون کی تدوین کی۔ اور اُردو کے قدیم ادب کو نئی نسلوں سے روشناس کرایا۔

متن کی تدوین ایک مشکل اور صبر آزما کام ہے۔اس کے لیے مدون کو چند اوصاف کا حامل ہونا ضروری ہے۔ذیل میں مدون کے چند اوصاف بیان کئے جا رہے ہیں۔

مدون کے اوصاف :-

تدوین متن کی راہ میں کئی رکاوٹیں درپیش رہتی ہیں۔ان رکاوٹوں کو دور کرتے ہوئے حقیقی متن کی بازیافت کرنے والے مدون کو تحقیق و تدوین کے بنیادی اُصولوں سے واقف رہنا ضروری ہے۔اُردو کے نامور محقق پروفیسر گیان چند جین مدون کے اوصاف بیان کرتے ہوئے لکھتے ہیں:

> ''تدوین کا کام کرنے والے میں کئی اوصاف کا ہونا ضروری ہے۔عموماً پرانے متون ہی کی تدوین کی جاتی ہے۔ اس لیے اس کام کو وہی ہاتھ میں لے جسے قدیم ادب اور قدیم علوم سے دلچسپی ہو۔ نیز جس نے قدیم مخطوطات او رمطبوعات کا کافی مطالعہ کیا ہو۔ چوں کہ پرانے ادیبوں سے متعلق حالات فارسی تذکروں اور تاریخوں سے ملتے ہیں اس لیے مدون کو فارسی زبان کی معلومات ضروری ہے''۔[1]

ایک مدون کو ایک اچھا محقق بھی ہونا لازمی ہے۔ چناں چہ کسی متن کی تدوین کے لیے سب سے اہم مرحلہ اس متن کے جملہ نسخوں کا حصول ہوتا ہے۔اس کے بعد کسی ایک نسخے کو بنیاد بنا کر دوسرے نسخوں کے اختلافات پیش کئے جاتے ہیں۔اور ایک حتمی حقیقی متن ترتیب دیا جا سکتا ہے۔جس پر یہ قیاس کیا جاتا ہے کہ شاعر نے زمانہ قدیم میں جو بات کہی تھی وہ شائد یہی ہو۔

مقدمہ :-

تدوین متن کے کام میں مقدمہ کی بہت اہمیت ہوتی ہے۔جو صاحبِ متن کے حالات اس کے عہد کے ادبی منظر نامہ اور دیگر تعارفی اُمور پر مشتمل ہوتا ہے۔مقدمہ میں مختلف نسخوں کی

فہرست، اُن کے مخفف علامات، اُن کے برآمد ہونے کا مقام، اُن کا زمانہ، اُن کا رسم الخط یا کتابت ایک مخطوطے کا مکمل تعارف کاتبوں اور ترقیموں وغیرہ کی تفصیل دوسرے ماخذ جیسے لغت، قواعد وغیرہ کی تفصیل گمشدہ مخطوطات کے بارے میں ممکنہ معلومات، متن کے مطبوعہ ایڈیشن کے تفصیلات، مصنف وغیرہ کے بارے میں میں معلومات بھی شامل ہوتی ہیں۔ پروفیسر گیان چند جین مقدمے میں حسبِ ذیل اُمور کی موجودگی ضروری قرار دیتے ہیں۔

۱۔ مصنف متن کی مختصر لیکن مستند۔ حیات۔ اس کی جملہ تصانیف کی فہرست۔

۲۔ موضوع متن کا تعارف۔ اگر وہ نثری یا منظوم داستان ہے تو اس کا ماخذ دینا چاہیے۔

۳۔ متن پر مختص تنقید جو بعض متون میں ضروری ہے لیکن بیشتر میں غیر ضروری۔

۴۔ اگر متن قدیم ہے تو لسانی جائزہ۔

۵۔ جن قلمی نسخوں سے متن تیار کیا گیا ہے۔ ان سب کا مختصر تعارف

۶۔ تدوین میں اپنایا گیا طریقہ جس میں بالخصوص یہ بتایا جائے کہ مختلف نسخوں کو کس طرح سمو کر تنقیدی متن تیار کیا گیا

۔

۷۔ اگر متن قدیم ہے تو دو صفحات کا فوٹو یہ پہلے اور آخری صفحہ کا ہو تو بہتر ہے۔[۲]

پروفیسر گیان چند جین تدوینِ متن کے دوران املاء کے اُصول بیان کرتے ہوئے لکھتے ہیں:

''جن مقامات پر مخطوطے کا املا۔ موجودہ تلفظ سے کوئی فرق ظاہر نہیں کرتا بلکہ محض فرسودگی املا ہے ۔ وہاں جدید املاء اختیار کیا جائے ۔ مثلاً اوس' فرسنک' ساہتی کو بالترتیب' اُس' فرسنگ ساتھی لکھا جائے ۔ جن مقامات پر فرسودہ املا کسی فرسودہ تلفظ کی ترجمانی کرتا ہے اور جسے بدلنے میں مصنف کا پیش کردہ تلفظ بدل جائے گا وہاں مخطوطے کا اصل املا برقرار رکھا جائے ۔ مثلاً کوں' سوں' کبھو' جدتد' تلپھنا کو جدید کر کے سو۔ جب' تب' تڑپنا ہرگز نہ لکھائے ۔ [۳]

نامور محقق رشید حسن خاں مخطوطے کے املاء کے بارے میں اپنے خیالات کا اظہار کرتے ہوئے لکھتے ہیں:

''مخطوطے میں واقعی املاء کے پیچھے منشائے مصنف کی تلاش کیجیے۔ اگرچہ اُس نے کی' کو ہائے مجہول سے ''کے'' لکھا ہے تو بھی اُس کا منشاء ''کی'' لکھنے کا تھا۔ اس لیے آج ہم ''کی'' ہی لکھیں گے ۔ اگر اُس نے ''گھر'' کو ''گہر'' لکھا ہے تو ہم جانتے ہیں کہ اس کا منشا ''گھر'' لکھنے کا تھا اور ہم وہی لکھیں گے ۔ [۴]

اختلاف نسخ کے بارے میں پروفیسر گیان چند جین لکھتے ہیں:

''تدوین میں اختلاف نسخ دینے کا مقصد یہی ہے کہ تمام نسخوں کے اندراجات ملخص ہوکر یکجا ہوجائیں تاکہ ہر قاری تنقیدی متن کے کسی بھی حصّے کے بارے میں فیصلہ کرسکے کہ مدون نے جو انتخاب کیا وہی بہترین تھا یا اس کی جگہ

کچھ اور ہونا چاہیے تھا۔۵

پروفیسر گیان چند جین نے تدوینِ متن میں اختلافاتِ نسخ دینے کے معاملے میں مختلف ماہرین کی آرائش کی ہے۔جس کا خلاصہ یہ ہے کہ پہلے تدوین متن میں اختلافاتِ نسخ کی بھرمار ہوتی تھی اور اصل متن کہیں چھپ جاتا تھا۔اس لیے اس بات پر زور دیا جائے کہ اہم اختلافات دیئے جائیں۔کتابت کی غلطیوں اور غیر اہم نسخوں کے اختلافات کو نظر انداز کر دیا جائے۔اختلافات عموماً متن پر تبصرہ کرنے والے نقاد دیکھتے ہیں۔عام قاری کو اس سے سروکار نہیں ہوتا۔ اختلافات صفحے کے نیچے دیئے جائیں۔اختلافات پیش کرنے کی مختلف علامات طے کر لینی چاہیں۔ان علامات کی تفصیلات پہلے بتا دینی چاہئے تاکہ قاری کو آسانی سے اس کا مخفف یا اصل سمجھ میں آجائے۔

ڈاکٹر محمد افضل الدین اقبال نے بہ حیثیت مدون و مرتب کئی کتابوں کی تدوین و ترتیب کی ہے اور اُردو ادب میں اپنی کاوش سے کئی گراں قدر کتابوں کا اضافہ کیا ہے۔اُن کی مدون و مرتب کردہ کتابوں کی فہرست اس طرح ہے۔

1۔نواب اعظم و مثنوی اعظم نامہ۔1987ء۔حیدرآباد

2۔امانتی کتاب خانہ خاندانِ شرف الملک' مدراس کے اُردو مخطوطات۔1989ء۔حیدرآباد

3۔شمس العلماء قاضی عبید اللہ اورینٹل لائبریری مدراس کے اُردو مخطوطات ۔ 1989ء ۔ حیدرآباد

4۔دکنی ادب کا مطالعہ۔ایم۔اے سال اوّل' عثمانیہ یونیورسٹی۔1990ء۔حیدرآباد

5۔حکایاتِ لطیفہ (اُردو کی قدیم ترین دلچسپ مختصر کہانیاں)۔1993ء۔حیدرآباد

6۔مجمع الامثال (قدیم و جدید ضرب الامثال پر پہلی کتاب۔1999ء۔حیدرآباد

7۔نصیر الدین ہاشمی۔حیات اور ادبی خدمات۔2006ء۔حیدرآباد

ذیل میں ان کتابوں کا انفرادی طور پر تنقیدی جائزہ پیش کیا جا رہا ہے۔

1) نواب اعظم ومثنوی اعظم نامہ :-

تدوینِ متن کے سلسلے میں ڈاکٹر محمد افضل الدین اقبال کا پہلا کارنامہ اُن کی کتاب ''نواب اعظم ومثنوی اعظم نامہ'' ہے۔اس کتاب میں نوابانِ ارکاٹ مدراس کے ایک نواب محمد غوث خاں اعظم کے حالاتِ زندگی پیش کئے گئے۔اور اُن کے ایک درباری شاعر قادر حسین جوہر کی لکھی ہوئی غیر مطبوعہ مثنوی ''اعظم نامہ'' کا متن بھی بعد تدوین شائع کیا گیا۔اس مثنوی میں نواب اعظم کے حالاتِ زندگی اور والا جاہی نوابوں کے دور کی معاشرت اور سیاسی زندگی کو منظوم انداز میں پیش کیا گیا ہے۔ڈاکٹر محمد افضل الدین اقبال کو مثنوی اعظم نامہ اپنے بھائی صفی الدین محمد صدر شعبۂ اُردو گورنمنٹ سٹی کالج حیدرآباد سے عطیہ میں ملی تھی۔جسے اُنھوں نے ایک مقدمے کے ساتھ اہتمام سے شائع کروایا۔128 صفحات پر مشتمل یہ کتاب پہلی بار مئی 1987ء میں شائع ہوئی۔کتاب کے ابواب میں پیش لفظ اور کتابیات کے علاوہ سات ابواب ہیں۔جن کے نام اس طرح ہیں۔والیِ ارکاٹ امیر الہند والا جاہ نواب محمد غوث خاں اعظم حیات اور کارنامے' قادر حسن جوہر حالات اور تصانیف' مثنوی اعظم نامہ ایک تعارف' اعظم نامہ کی ادبی اہمیت' حرفی تجزیہ' صوتی تجزیہ' اعظم نامہ (مثنوی)' کتابیات۔

کتاب کے پیش لفظ میں ڈاکٹر محمد افضل الدین اقبال نے نواب اعظم کا تعارف اور اُن کی زیرِ نظر کتاب کی ترتیب تدوین کے بارے میں لکھتے ہیں:

> ''نواب محمد غوث خاں اعظم فارسی اور اُردو کے اچھے شاعر اور ادیب تھے۔انھوں نے چار کتابیں اپنی یادگار چھوڑی ہیں جن میں ''صبح وطن'' اور ''گلزارِ اعظم'' مشہور اور مقبول تذکرے ہیں۔''بہارستانِ اعظم' اُن کے فارسی اور اُردو کلام کا مجموعہ ہے۔۔۔۔۔راقم الحروف نے نواب اعظم

اور اُن کے عہد کی علمی ادبی ولسانی خدمات پر پروفیسر ڈاکٹر سیدہ جعفر کی زیرِ نگرانی ایک تحقیقی مقالہ لکھ کر عثمانیہ یونیورسٹی سے پی۔ایچ۔ڈی کی ڈگری حاصل کی۔ یہ میرے مقالے کا ایک باب ہے لیکن نظرِ ثانی حذف واضافے کے بعد اسے ایک مستقل کتاب کے طور پر شائع کیا جا رہا ہے۔ اس کے علاوہ اس کتاب کے ساتھ پہلی بار ''اعظم نامہ'' کی اشاعت بھی عمل میں آرہی ہے۔ یہ غیر مطبوعہ مثنوی نواب اعظم کے درباری شاعر قادر حسن جوہر کے زورِ قلم کا نتیجہ ہے۔ اس مثنوی میں نواب اعظم کی ولادت سے وفات تک کے حالات بڑے موثر انداز میں نظم کئے گئے ہیں۔ اس تاریخی مثنوی سے والا جاہی عہد کے طرزِ معاشرت اور سیاست کا بخوبی اندازہ ہوتا ہے''۔[۶]

کسی بھی تدوین شدہ یا مرتبہ کتاب میں مقدمے کی بڑی اہمیت ہوتی ہے۔ مقدمے میں تدوین شدہ متن کا تعارف اور تدوین کے اختیار کردہ طریقے مدون بیان کرتا ہے۔ زیرِ نظر تدوین کردہ کتاب میں ڈاکٹر محمد افضل الدین اقبال نے مقدمے سے قبل ''والی ءارکاٹ امیر الہند والا جاہ نواب محمد غوث خاں بہادر اعظم حیات اور کارنامے'' کے عنوان سے نواب اعظم کے مفصل حالاتِ زندگی لکھے۔ ان کے حالاتِ زندگی جن عنوانات کے تحت دیئے گئے وہ اس طرح ہیں:

''نواب محمد غوث خاں بہادر کی ولادت' ناب ونسب' تخت نشینی' رسم ختنہ' رسم بسم اللہ' تعلیم وتربیت' جلوس' فیاضی' مشغلے اور دلچسپیاں' شکار خانہ کی تعمیر' علمِ ولادت سے دلچسپی' ریس کا شوق' شعبدہ بازی کا شوق' پتنگ بازی اور آتش بازی کا شوق' عمدہ کھانوں کی ایجاد' چاندی کا تخت' ولایتی سامان اور عمدہ کوٹھیوں کی خریدی' میلادالنبیؐ و نیاز پیرانِ پیرؒ عید کی مصروفیات' سالگرہ

ہمایونی، انگریز مورخوں کے اعتراضات، ازدواج، دوسری شادی، وفات، یادگاریں، مدرسۂ اعظم، کتب خانہ عام اہلِ اسلام، علم وادب اور شعر وسخن سے دلچسپی، تصانیف، تذکرہ حج وطن، تذکرہ گلزارِ اعظم، سفینۃ النجات، بہارستانِ اعظم، نواب اعظم کی اُردو شاعری، رعایت لفظی، حسن تعلیل، مراعاتِ النظیر، معاصرین کی رائے اور مشاعرہ اعظم وغیرہ۔

نواب اعظم کے حالاتِ زندگی تفصیلی طور پر لکھنے کے بعد ڈاکٹر محمد افضل الدین اقبال نے مثنوی اعظم نامہ کے عنوان سے مثنوی کی تدوین سے قبل مقدمہ لکھا۔ چناں چہ اس حصّے میں مثنوی اعظم نامہ کے شاعر قادر حسین جوہر کے حالاتِ زندگی، اُن کی تصانیف اور اُن کی علمی وادبی خدمات کا ذکر کیا۔ مثنوی 'اعظم نامہ' کے عنوان سے تفصیلات دیتے ہوئے ابتداء میں ڈاکٹر محمد افضل الدین اقبال نے مثنوی کے دستیاب مخطوطے کی کیفیت اس طرح بیان کی۔

> ''مثنوی اعظم نامہ جوؔہر نے اپنے ایک کرم فرما غلام محمد شاہ فرزند ضیاء الدین کی فرمائش پر ۱۲۷۲ھ مطابق 1855ء میں نواب محمد غوث خاں بہادر اعظم کی وفات کے فوری بعد منظوم کی تھی۔ اس مثنوی میں نواب موصوف کی ولادت سے لے کر وفات تک کے حالاتِ زندگی نظم کئے ہیں۔ اس مثنوی میں چالیس صفحات اور تین سو اٹھانوے اشعار موجود ہیں۔ افسوس اس کتاب میں درمیان سے دو اوراق غائب ہو گئے ہیں۔ قدیم مخطوطات میں راقم کی تلاش جاری ہے۔ اندازہ ہوتا ہے کہ یہ مثنوی چار سو پچاس ابیات پر مشتمل تھی۔ مثنوی کا نام کہیں لکھا ہوا نہیں ہے۔ صرف آخری شعر میں نام کی اس طرح وضاحت کی گئی ہے۔

مرے سے مثنوی آخر ہوئی جب
رکھا نام اس کا اعظم نامہ میں تب

ص۔ ے

مثنوی کے مخطوطے کے تعارف کے بعد ڈاکٹر محمد افضل الدین اقبال نے مثنوی اعظم نامہ کی تفصیلات بیان کی ہیں۔ اور لکھا کہ مثنوی اعظم نامہ حمد و نعت سے شروع ہوتی ہے۔ مثنوی میں سات عنوانات ہیں جو دو مصرعوں کی صورت میں درج ہیں۔ ان مصرعوں میں ساقی سے خطاب کیا گیا ہے اور انھیں سُرخ روشنائی سے لکھا گیا ہے۔ ان مصرعوں میں قصّہ کا خلاصہ دیا گیا ہے۔

اعظم نامہ کی ادبی اہمیت کے عنوان سے ڈاکٹر محمد افضل الدین اقبال نے مثنوی اعظم نامہ کی خوبیاں بیان کی ہیں۔ اور مثنوی میں شامل منظر نگاری' کردار نگاری اور واقعہ نگاری' تشبیہات اور دیگر صنائع لفظی و صنائع معنوی کا تذکرہ اشعار کی مثالوں کے ذریعہ پیش کیا۔ نواب اعظم کے سراپا پر مشتمل اشعار کا یہ انتخاب پیش کیا ہے۔

ہلال ابروؔ گہر دنداں صدف گوش چمک ہنسنے میں برق خرمن ہوش
وہ بادامی دو آنکھیں دام گویا سراسر تھے شرابی جام گویا
گیا پھوٹ اس کا جام کامرانی نہ دیکھا عیش ہائے زندگانی

ڈاکٹر محمد افضل الدین اقبال نے ساری مثنوی کے متن کا گہرائی سے مطالعہ کیا اور مثنوی میں شامل زبان و بیان کی خوبیوں کو اُجاگر کیا۔ صرفی تجزیہ کے عنوان سے اسم کی جمع' واحد مذکر کی جمع' علامت فاعل' ضمیریں' حرفِ اضافت' قدیم اِملا' اعداد' متروک الفاظ کو مثالوں کے ذریعہ بیان کیا اور صوتی تجزیہ کے عنوان سے انفی مسموع مصمّے' ارتعاشی اور صفیری معتمدٗ کوزی مصتمے وغیرہ کو مثالوں اور حوالوں سے بیان کیا۔

مثنوی اعظم نامہ کے مقدمے کے بعد ڈاکٹر محمد افضل الدین اقبال نے بعد تدوین

کتاب میں اصل مثنوی پیش کی۔ مثنوی میں اِملا کی متروک شکلوں کو اصل متن میں دینے کے بعد اُن کی موجودہ شکلیں حوالے کے ساتھ ہر صفحے کے نیچے حواشی میں دی ہیں۔ جیسے ہی ۔ ہے' کبھو ۔ کبھی' تگ ۔ تک' جگنے ۔ جگنو وغیرہ۔ بعض جگہ اشعار میں استعمال کئے گئے اشاروں کو حاشیے میں تفصیل سے بیان کیا۔

مثنوی اعظم نامے کے آخری اشعار اس طرح ہیں:

مرے ایک مہربان ہیں رحم فرما — انھوں کا مجھ پر باب لطف ہی دا
محمد شاہ اُن صاحب کا ہے نام — انھوں نے ہی مروت سے سدا کام
محمد شاہ سو لفظِ غلام اب — لگا دے تالیاں ہو سارا نام اب
ہمیشہ مثل طوطی ہیں شکر خا — خدا ان اُن کی صدا پر دل ہی سب کا
ضیاء الدین صاحب کے ہیں فرزند — کمندِ خلق میں اُن کے ہی دلبند
یہی ہندی فارسی میں خوب ہیں طاق — ہیں بے شک معدنِ الطاف واشفاق
ہیں کرتے بندگی حق کا سحر شام — تلاوت سے ہمیشہ اُن کو ہی کام
کرے گل شاخ خامہ اُن کا جب کل — فدا شیراز کی اُس پر ہو بلبل
کہے مجھ کو کہ لکھہ حالِ اعظم — رہے تا نام نت معالم
سنا جب حکم اُن شفق کا خوش ہو — دیا میں انتظام اس مثنوی کو

مرے سے مثنوی آخر ہوئی جب
رکھا نام اس کا اعظم نامہ میں تب — ص ۔ ۸

اس طرح کتاب مثنوی اعظم نامہ کا اختتام عمل میں آتا ہے۔ اس کتاب کے ذریعہ ڈاکٹر محمد افضل الدین اقبال نے ایک قدیم دور کی مثنوی کو روشناس کرایا۔ جنوبی ہند کے شعری ادب کی تاریخ میں دیگر مثنویوں کے ساتھ یہ مثنوی ایک اہم اضافہ ہے۔ اس مثنوی سے ایک سربراہ مملکت کے حالات منظوم طریقے سے معلوم ہوتے ہیں۔ یہ مثنوی نواب اعظم کے حالاتِ

زندگی اور اُن کے دور کی تہذیب و معاشرت کی ایک تاریخی دستاویز بھی ہے۔اس طرح اس مثنوی کی ادبی
اور تاریخی دہری اہمیت ہے ۔ ڈاکٹر محمد افضل الدین اقبال نے دستیاب وسائل کی روشنی میں تدوین متن کے اُصول استعمال کرتے ہوئے ایک معلوماتی مقدکے کے ساتھ اس مثنوی کو شائع کیا۔اور ترک املا کو فی زمانہ مستعمل املا کے ذریعہ پیش کرتے ہوئے اسے قابلِ مطالعہ بھی بنایا۔ اکثر قدیم مثنویاں شکستہ خط کے سبب دشواری سے پڑھی جاتی ہیں۔لیکن اس مثنوی کو پڑھنے میں دشواری نہیں ہوتی ۔ اپنی پہلی کاوش کے ذریعہ ہی ایک کامیاب اور ماہرِ مدون کے طور پر پیش ہوتے ہیں۔انھوں نے تدوینِ متن کی اپنی خداداد صلاحیت کو بروائے کار لایا اور مزید کارنامے پیش کرتے گئے۔

2) امانتی کتب خانہ خاندانِ شرف الملک مدراس کے اُردو مخطوطات

ڈاکٹر محمد افضل الدین اقبال نے ڈاکٹر محمد غوث کے اشتراک سے نواب ارکاٹ عظم الدولہ کے استاد مولوی محمد غوث شرف الملک (المتوفی 1882ء) کے خاندانی کتب خانہ میں موجود مخطوطات کے تعارف پر مبنی یہ کتاب مرتب کی ۔ (159) صفحات پر مشتمل یہ کتاب حیدرآباد سے 1989ء میں شائع ہوئی۔اس کتاب میں پیش لفظ میں نواب عظیم الدولہ کے استاد مولوی محمد غوث شرف الملک کے خاندان کا تعارف اور اُن کے خاندان میں کتابوں کی حفاظت کے چلے آرہے سلسلے کی تفصیلات بیان کی گئی ہیں ۔اور گیارہ افراد کے کتب خانوں میں موجود مخطوطات کا تعارف پیش کیا ہے۔ ڈاکٹر محمد افضل الدین اقبال نے مخطوطات کے تعارف میں مخطوطے کا نام‘ مولف کا نام‘ تاریخ کتابت‘ صفحات کی تعداد اور سائز‘ خط کا نام اور آخر میں کتاب کا مختصر تعارف دیا ہے۔بعض جگہ کتابوں کا تعارف سیرِ حاصل ملتا ہے۔ اس سے مخطوطے کے تعارف میں مدد ملتی ہے۔کتاب میں شامل پہلے مخطوطے کا تعارف اس طرح ہے :

تجوید۔رسالہ درعلمِ قراءت

شمارہ ترتیب۔ 3862

مولف۔خواجہ ابوالحسن حسینی

کتابت۔پنجشنبہ ۔۳۰ربیع الاول ۱۲۶۷ھ

خط ۔نستعلیق

اوراق ۔۱۱ سائز 1/2 15 X 1/2 9

علمِ قراءت پر یہ ایک منظوم رسالہ ہے۔مؤلف کے حالات ہمدست نہیں ہوئے۔9

ذیل میں اس کتاب میں شامل کتب خانوں کے مالکین اور اُن کے ہاں دستیاب مخطوطوں کے وہ نام دیئے جارہے ہیں جن کا تعارف ڈاکٹر محمد افضل الدین اقبال نے اپنی اس مرتبہ کتاب میں دیا ہے۔

1۔کتب خانہ امیر نواز جنگ :-

تجوید رسالہ درعلمِ قراءت' تفسیر۔اقتباس از تفسیر فیض الکریم' حدیث۔چہل حدیث' فقہ۔کتاب شرکت' تلقین فی ممات الدین لاولاد المسلمین' رسالہ فتاوٰی' فتاوٰی' رسالہ مختصر مناسک' ریاض النسواں' رسالہ فرائض' فتاوٰی در بیانِ سود' وفات نامہ' رسالہ کسب النبی' رسالہ درصلوٰۃ وسلام رسول ؐ' چراغِ دین' مدینۃ الانوار احوالِ وفات رسول اللہ صلی علیہ وصلم' رازق باری' رسالہ در بیان قرب قیامت' رسالہ بیان میں سوالات گڈون عیسوی اور جوابات محمد ہادی' مرارت العرفان' اقتباس' رسالہ در ذکر وسلوک' ازالۃ الاوھام عن افھام العوام' فتویٰ تصوف ہدایت نامہ' رسالہ پھول بن' رسالہ تصوف وجودیہ' رسالہ کشف الوجود' رسالہ وجودیہ' ارشاد نامہ' مغز مرغوب القلوب' پنج گنی' رسالہ در بیان دانستن سلم سینہ بہ سینہ' قصیدہ فتح المبین' بیاض' مثنوی درعاشقی' مثنوی درنعت منقبت بیاض' بیاض' قصہ ملیکہ' مثنوی درقصہ' مفید الصبیان' ظفر نامہ والا جاہی' محی الدین نامہ' نثر الجواہر فی مناقب سید عبدالقادر' ریاض الجنان' حضرت شاہ عالم' سفر نامہ رنگون' ایشیا یورپ آفریقہ'

شناختن قارورہ، رسالہ طب، خلاصۃ الاشیاء، رسالہ تعبیر نامہ (کل 56 مخطوطات)۔

2۔ کتب خانہ منفتی محمود :-

ریاض القراء، ریاض القراء، تکمیل الرحمٰن، نورالفواد، نورالفواد، چہلِ حدیث، رسالہ مختصر فقہ، خزانۃ العبادت، رسالہ درحرمت سودخوری، مفید النساء، تکمیل ریاض النسوان، تکملہ ریاض النسوان، ریاض النسوان، ریاض المومنین، روضۃ الاسلام، تحفۃ الحجاج، رسالہ درجواز گفتن حاضرو ناظر درحق اللہ جل شانہ، رسالہ دربیان حدیث فرقہ ہائے مسلمانان، فتاوٰی محمدیہ، فتاوٰی محمودیہ، فتاوٰی محمودیہ، رسالہ دربیان انجیل خوانی، گلدستہ معرفت، من دیپک، رسالہ درنعت سرورعالم صلعم، تحفۃ الصنائع، خادم السنہ درجواب احیاء السنہ، رسالہ سیف الحق، رسالہ درخلافت، کشاف الظلام عن اہل الاسلام، خادم السنہ درجواب احیاء السنہ، رسالہ درفخری، تبصرۃ الرشید بدلالت طریقہ الذاہدہ، فتح الحق، رسالہ راہ نجات، خیابانِ فردوس، دارالاسرار، تلاوت الوجود، رسالہ وجودیہ، رسالہ دربیان ہستی، معرفت المریدین، گلشنِ عشق، مثنوی دربیان انتقال نواب عظیم الدولہ، دیوانِ سرور، جشن خورشید، خلاصۃ الاعراس، خلاصۃ الاعراس، خلاصۃ الا اعراس، روضہ یوسف، لطیفہ سارق، رسالہ حساب، رسالہ صرف ونحو، رسالہ الفاظ مذکر خلاف قیاس، جامع عثمانی، رسالہ عظمت الساعت، ثبوت احکام بندوق وتوپ، نقشِ سلمانی۔

3۔ کتب خانہ ناصرالدین محمد بن شمس العلماء قاضی عبیداللہ :-

فرایددرفوائد، چہل حدیث، ترجمہ حصن حصین، چہل حدیث، تحفۃ الزائرین، فتح العظیم فی تخریج احادیث فیض الکریم فی تفسیر القرآن عظیم، الدرالمیز نی ترجمہ الجامعہ الصغیر فی حدیث البشیر النذیر، انتظام النسوان، خیرالکلام فی احکام الصیام، ترجمہ مفتاح الصلوٰۃ، ترجمہ کیدانی، ترجمہ کیدانی (دوسرانسخہ)، شرح خلاصہ کیدانی، ترتیب الصلوٰۃ، ترتیب الوضوں، تحفۃ الخلان فی مسائل الاسلام والایمان، معین الکالب فی ترجمہ روفس الطالب، معین الطالب فی ترجمہ روض الطالب (دوسرانسخہ)، قرۃ العنین لزدارالحرمین، انتظام المتقین، فقہ حدود وتعزیرات، احادیث سیرت کے بیان میں، تولد

محمد صلی علیہ وصلم، احوالِ تولد رسول اللہ صلعم، ربیع الانوار فی مولد سید الابرار، تحفۃ الاحباب، انتخاب روایات از نثر الجواہر، غوث نامہ، محی الدین نامہ، ترجمہ شرح بسط الیدین، خلاصہ العلوم، شرح عقائد نسفی، مخزن الاسلام، رسالہ عقائد، رسالہ تصوف، اشعار، دیوانِ ساغری، بیاض، قصہ تمیم الانصاری، قصہ ابو شحمہ، قصہ لقمان، رسالہ رسم الخط، فہرست کتب، مسودہ مضامین، فہرست کتب، مسودہ مضامین، فہرستِ کتب، سوانح عمری قاضی بدرالدولہ، اسماء مریدین حضرت پیرومرشد شاہ ابواحمد صاحب مجددی نقشبندی، محبوب القلوب، رسالہ صرف جدالی، عزیز الصرف، عزیز الصرف (دوسرا نسخہ)، مجربات وبا، شعار المتقین۔

4۔ کتب خانہ محمد صبغتہ اللہ بن قاضی عبیداللہ:-

فرایددر بیان فرائد، نور القلوب، مختصر فقہ، ترجمہ ہبۃ الوہاب، احوالِ تولد رسول اللہ صلعم، جلاء الروح، قصیدہ درمدح غوث اعظم، احوالِ تولد محبوب سبحانی، مناہج الشرع فی آداب التزوج والکسب والورع، ترجمہ سفینۃ النجا، قصہ مینا ستونتی، کتاب چہار باغ، قصہ شہزادہ الف لیلیٰ، قصائد سودا، بیاض، فہرستِ کتب، رسالہ صرف زبان ہندی، صرف ہندی، رسالہ در چہار خلط۔

5۔ کتب خانہ محمد ابوبکر :-

رسالہ در بیان احکام قصر، رسالہ فی رفع الیدین، ترجمہ کیدانی معجزاتِ رسول اللہ صلعم، رسالہ نصیحت المملوک، سراج العقائد، سند الزائرین فی ردوہابین، عیسائیوں اور مسلمانوں کے عقائد کا مقابلہ، رسالہ فی اثبات شفاعت، لکڑ ہارے کی کہانی، رسالہ جواہر نحو، ترجمہ، خلاصہ۔

6۔ کتب خانہ مولوی برہان الدین احمد :-

یادداشت علمِ تجوید، کتاب درفقہ، ریاض الاسلام، ریاض الاسلام، حدیث ولادت رسول اللہ صلعم، حدیث ولادت رسول اللہ صلعم، حضرت علیؓ اور حضرت معاویہؓ کے اختلافات، تاریخ افغانستان، فہرست اسمائے اہل نوائط ساکنانِ بمبئی، رسالہ ریختہ، مفتاح الافلاک، خلاصہ علم ارض، بیاض بیہوش۔

7۔ کتب خانہ ڈاکٹر محمد غوث :-

چہل حدیث، چہل حدیث، ترجمہ قصیدہ دمیاطی و اسماء اللہ الحسنی، شرح قصیدہ بردہ، مولود شریف، رازق باری، رسالہ در رد مسئلہ ممانعت، زیارت قبر بنی اکرم صلعم، رسالہ در تصوف، شرح رسالہ منطق، بیاض، قصہ جمجمہ، قصہ گل باصنوبر، قصہ لال و گوہر، گلشنِ عشق، نواب سر سالار جنگ اوّل، نظام آصفی، کردی کتب خانہ صفی الدین، دیباچہ آمدن، رسالہ در اعمال کرہ، مفتاح الافلاک، خلاصہ اُصولِ قانون، قانونِ معاہدہ، رسالہ نجوم، بیاض

8۔ کتب خانہ محمود علی و قادر علی محی الدین:-

ترجمہ آدم فی الحدیث، تحفۃ المطلب بالصلوٰۃ والسلام علی رسول المقرب، رسالہ در لا الٰہ اللہ محمد رسول اللہ صلعم، جہی درسن، بیاض مراثی، دیوان راجا، دیوان سراب، مدینہ منورہ کا ایک لکڑ ہارا، تاج الملوک، ستانِ عشق، امام حسینؓ کے حالات، فال۔

9۔ کتب خانہ وجیہ الدین صاحب :-

وصیت نامہ رسول اللہ صلعم بہ حضرت علیؓ، چہل حدیث ولادت نامہ رسول اللہ صلعم، رسالہ فی تخلیق، رسالہ در بیان تجرید و تفرید و توجید، گل بکاولی، فہرست کتب، روح و نفس کا جنگ و جدل، نسب نامہ۔

10۔ کتب خانہ قسمت خاں:-

تفسیر قرآن مجید، چہل حدیث، بیاض، شرح بافت سعاد چار کرسی، لکڑ ہارے کی کہانی، ثمرۃ العلوم، ثمرۃ العلوم، روئیداد انجمن، ثمرۃ العلوم، مضامین، خاصیات، میوہ جات۔

11۔ کتب خانہ محمد حبیب اللہ بن رحمت اللہ :-

چہلِ حدیث، تیسر الصلوٰۃ، تنبیہ الغافلین، کفایۃ المتعلم، ریاض النسوان، تنبیۃ الجاہلین، کریما، نصیحت لقمان اپنے فرزند کو، ترجمہ عقائد جامی، رسالہ بیان میں سوالات گڈون عیسوی اور

جوابات محمد ہادی محمدی کے' تحفۃ النساء (دوسرا نسخہ)' رسالہ در عقائد' بیاض' قصہ بدر منیر و بے نظیر' قصہ عاشقانہ' قصہ کالی عورت و گوری عورت' قصہ عبدالرحیم سوداگر عرب' بیاض' بیاض' تاریخ ابوالحسن تانا شاہ' ابوالحسن تانا شاہ روایات کی روشنی میں۔

اس طرح ڈاکٹر محمد افضل الدین اقبال نے اس کتاب میں زائد از 500 کتابوں کا تعارف پیش کیا ہے۔ یہ ایک قسم کی اشاریہ نگاری کا تحقیقی کام ہے۔ اس قسم کے کام کی اُردو تحقیق میں اہمیت ہوتی ہے۔ کیوں کہ کسی موضوع پر تحقیق کرنے والے محقق کو ایک کتاب کے ذریعہ 500 کتابوں کے بارے میں ابتدائی سطح کی مکمل معلومات حاصل ہو جاتی ہیں۔ جس کے بعد وہ وقت کی بچت کے ساتھ اپنی مطلوبہ کتاب تک رسائی حاصل کر سکتا ہے۔ اس کے علاوہ اس قسم کے تدوینی و ترتیبی کام سے آنے والے محققین کو تحقیق کے نئے موضوعات اور نئے میدان ملتے ہیں۔ اس طرح ڈاکٹر محمد افضل الدین اقبال کی مرتبہ یہ کتاب ''امانتی کتب خانہ خاندان شرف الملک مدراس کے اُردو مخطوطات'' اُردو تحقیق کے شعبہ میں اہمیت کی حامل ہے۔ اور اس کتاب سے ایک خاندان کے پاس موجود کتابوں کے بڑے ذخیرہ کا پتہ چلتا ہے۔

3) شمس العلماء قاضی عبید اللہ اورینٹل لائبریری مدراس کے اُردو مخطوطات:-

اُردو مخطوطات کے تعارف پر مبنی ڈاکٹر محمد افضل الدین اقبال کی ایک اور مرتبہ کتاب'' شمس العلماء قاضی عبید اللہ اورینٹل لائبریری مدراس کے اُردو مخطوطات'' ہے۔ یہ کتاب ڈاکٹر محمد غوث کے اشتراک سے 1989ء میں حیدر آباد سے شائع ہوئی۔ کتاب کے صفحات کی تعداد 40 ہے۔ کتاب کا پیش لفظ قاضی عبید اللہ کے فرزند محمد معصوم نے تحریر کیا۔ پیش لفظ میں قاضی صاحب کا تعارف پیش کرتے ہوئے محمد معصوم لکھتے ہیں:

> ''والد مرحوم شمس العلماء قاضی عبید اللہ اپنے وقت کے بڑے عالم اور علوم دینی کے زبردست ماہر تھے۔ برٹش حکومت کی جانب سے 1879ء میں آپ کو جب کہ آپ

صرف 21 سال کے تھے مدراس پریسیڈنسی کا صدر قاضی مقرر کیا گیا تھا۔ لارڈ کرزن وائسرائے ہند 1905 - 1896 نے آپ کی قابلیت ذاتی فضائل اور مکارم کے لحاظ سے بتاریخ 22/جون 1897ء۔ آپ کو شمس العلماء کے خطاب کے ساتھ ایک جاگیر بھی عطا کی تھی۔۔۔۔۔ شمس العلماء قاضی عبید اللہ مرحوم نے اپنے ذخیرہ کتب کو ایک علاحدہ عمارت میں رکھا جو کتب خانہ شمس العلماء کے نام سے موسوم ہے۔ فی الوقت صرف اُردو مخطوطات کی فہرست طبع کی جارہی ہے۔ اس کی نظر ثانی اور مصنفین کے حالات کا اضافہ ڈاکٹر محمد افضل الدین اقبال لکچرر شعبۂ اُردو عثمانیہ یونیورسٹی حیدرآباد نے کیا ہے''۔ [10]

اس کتاب میں بھی سابقہ مرتبہ کتاب کی طرح ڈاکٹر محمد افضل الدین اقبال نے مخطوطات کے تعارف کے ساتھ صاحب کتاب کے حالات بھی پیش کئے۔ مخطوطات کی ترتیب موضوع کے اعتبار سے کی ہے۔ جس میں تفسیر، فقہ، حدیث، طب، ادب وغیرہ موضوعات شامل ہیں۔ ذیل میں اُن کتابوں کے نام دیئے جارہے ہیں جن کے مخطوطات کا تعارف ڈاکٹر محمد افضل الدین اقبال نے اس کتاب میں پیش کیا ہے۔

فیض الکریم تفسیر القرآن، تفسیر سورہ مزمل، سال کے بارہ مہینوں میں نجس دن، میت کا احوال، ترجمہ مناسک الایضا، قوت الارواح شرح توشہ فلاح، فتاوی غوثیہ، مجموعۃ المسائل، قصیدہ النساء دربیان حیض، تحفۃ الزائرین، رسالہ دربیان حیض وغیرہ، کفایت المتعلم، فوائد بدریہ، ربیع الانوارضی مولد سید الابرار، گلزار سعادت، شرح قصیدہ بردہ، نعت، فتح بین، رسالہ دربیان سیرت رسول اللہ صلی علیہ وصلعم، خالق باری، رسالہ ادلیہ، رسالہ در تحقیق اسم اللہ، نصیحۃ المسلمین، رسالہ عقائد،

رسالہ ردوہابیہ، رسالہ سیف المسلمین، لہدایت الکامرین، سراج الایمان، چارکرسی، اساس مسعود فی فضائلک المولواد المجود شیخ یوم الموعود، مظہر بے نظیر، فتویٰ در تکفیر منکر مروج جسمی ونزل حضرت عیسیٰ علیہ والسلام، فرایدر بیان فوائد، رسالہ درردوہابیہ (دوسرا نسخہ)، فتویٰ جواز مولود مبارک، رسالہ جیل ترجمہ قول الجمیل، تمہید چہار کرسی، رسائل تصوف، اسرار محرمیہ، گلزارِ عشق، رسالہ الف۔ب۔لغات عالمگیری، دیوان سراجؔ، گلشن عشق، مثنوی، دیوانِ سوداؔ، دیوانِ ولیؔ، دیوان سیف، نورالصبر فی مناقب حسین سید سبط السید البشر، نورالبصر نی، مناقب حسین بسط المرسلین (دوسرا نسخ)، محبوب القلوب ریحانۃ الرسول، رسالہ نحو، مرات الاشعار، شرائط فال بینی، کل 57 کتابوں کے تعارف کے ساتھ اس کتاب کا اختتام عمل میں آتا ہے۔ یہ کتاب بھی مدراس کی ایک اہم شخصیت قاضی عبیداللہ کے کتب خانے میں موجود مخطوطات کا مکمل تعارف فراہم کرتی ہے۔ یہ کتاب جنوبی اور خاص طور سے مدراس میں اُردوادب کی ترقی ونشوونما یا کسی مخطوطے کی تدوین کے سلسلے میں اُردو ادب کی ترقی ونشوونما یا کسی مخطوطے کی تدوین کے سلسلے میں رہنمائی کا کام کرے گی۔

اس طرح ڈاکٹر محمد افضل الدین اقبال کی مخطوطات کے تعارف پر مبنی یہ مرتبہ کتابیں اُردو کے آنے والے محققین اور مخطوطات کے درمیان اہم رابطے کا کام انجام دے رہی ہیں اور ان کتابوں سے اُردو اور دکنیات کی تحقیق میں گراں قدر اضافہ ہوا ہے۔

4) دکنی ادب کا مطالعہ برائے ایم۔اے (ابتدائی):-

ڈاکٹر محمد افضل الدین اقبال کی مرتبہ چوتھی کتاب ''دکنی ادب کا مطالعہ برائے ایم۔اے (ابتدائی) ہے۔ یہ کتاب شعبہ نشرو اشاعت عثمانیہ یونیورسٹی حیدرآباد نے حیدرآباد سے 1990ء میں شائع کی۔ ڈاکٹر محمد افضل الدین اقبال نے دکنی ادب کے انتخاب پر مبنی یہ درسی کتاب اپنی استاد اور پی۔ایچ۔ڈی مقالے کی نگران ماہر دکنیات پروفیسر سیدہ جعفر کے تعاون و اشتراک سے شائع کی ہے۔

اس درسی کتاب میں دکنی ادب سے غزلیں، نظمیں، مثنویاں، عقائد، مراثی، رباعیات

اور دکنی نثر کے اقتباسات شامل کیئے گئے ہیں۔کوئی بھی نصاب کے لیے درسی کتاب ترتیب دینا ایک مشکل مرحلہ ہوتا ہے۔درسی نصابی کتاب کی تدوین کے دوران طلباء کی دلچسپی، زبان و بیان پر اُن کی قدرت کے دوران طلباء کی دلچسپی، زبان و بیان پر اُن کی قدرت، مہارت، اور مرتبہ کتاب سے فروغ زبان کے مقاصد درپیش ہوتے ہیں۔ چوں کہ یہ دکنی ادب پر مشتمل کتاب ہے۔اور دکنی زبان وقت گزرنے کے ساتھ ساتھ موجودہ اُردو سے کافی بدلی ہوئی ہے۔ایسے میں طلباء کی سوجھ بوجھ اور نصابی کتابوں کے تقاضوں کو ہم آہنگ رکھنا ضرور مشکل امر رہتا ہے۔

ڈاکٹر محمد افضل الدین اقبال اور پروفیسر سیدہ جعفر کے اشتراک سے مرتبہ اس درسی کتب میں شامل حصّہ ادب کا تعارف ذیل میں پیش کیا جارہا ہے۔

غزلیں :

شاعر احسن شوقیؔ

غزل (1) مطلع

کیا ہے عشق نے میری دردنی میں وطن اپنا
کہ ہردم ڈھوتے پھرتے اچھو دامِ سخن اپنا۔

غزل (2) مطلع

کرنکو توں کسی سیس انوٹھی بات
کہیں گے لوگ ہوا ہے تجھے سنپات

غزل (3) مطلع

جانا تجھے جو دیکھت جگ چھنڈ بھرتی کہتے ہیں۔
کوئی مور پدمنی کوئی نہ کوئی شہری کہتے ہیں :

شاعر ۔ غواصی

غزل (1) مطلع

منج پیار کو سہیلی تیرا ثواب ہوگا
ہم دین ہم دُنیا میں کئی تجکوں لاب ہوجائے گا۔

غزل (2) مطلع

آج منج دل کوں کچ قرار نہیں
کیا صبح دل کوں کچ قرار نہیں

غزل (3) مطلع

اے پری گُن بھری گھنگر والی
ہے توں جانی کے مد میں متوالی

شاعر: علی عادل شاہ شاہی

غزل (1)

سارے جہاں کی پارکھی پرکھوں رتن کیوں کر کہو
یاقوت ہو امرجان میں کو ہے رتن برتر کہو

غزل (2) مطلع

تج گال پر تکہ کا نشان دستا ہے مج اس دھات کا
روشن شفق میں جگمگے جیوں چاند پہلی رات کا

شاعر: ملا نصرتی

غزل (1) مطلع

مجھ نظر میں دن تے لاگے رات خوش
مل رہوں جس تل سو تیرے سات خوش

شاعر: وؔلی

غزل(2) مطلع

دیکھنا ہر صبح تجھ رخسار کا
ہے مطالعٔ انوار کا

غزل(2) مطلع

یاد کرنا ہر گھڑی اُس یار کا
ہے وظیفہ مجھ دلِ بیمار کا

غزل(3) مطلع

تجھ اب کی صفت لعل بہ خشاں سوں کہوں گا
جادو ہے تری نین غزالاں سوں کہوں گا

نظمیں :

شاعر : محمد قلی قطب شاہ

نظم (1) بسنت

پہلا شعر ۔نسبت کھیلیں عشق کا آ پیارا
تمہیں ہیں چاند میں ہوں جوں ستارا

نظم (2) ٹھنڈ کالا (موسمِ سرما)

پہلا شعر: ہوا آئی ہے لے کے بھی تھنڈ کالا
پیا بن نسنتا تا مدن بالے بالا

نظم (3) شاہی ہاتھی

پہلا شعر : خدا کا ہست بہتا ہوا چڑھتا

دندے دشمن کے سر پہ پاؤں دھرتا

نظم (4) مرِگ

پہلا شعر : انداں سیتی بھی آیا مرگ سال

دندیاں پامال عزیزاں ہوئے خوشحال

نظم (5) نھنی

پہلا شعر: نھنی سر تھے آپ کو سنواری عجائب

مشاطہ پری ہو نگاری عجائب

شاعر: سلطان عبداللہ قطب شاہ

نظم (1) بعثت نبیؐ

پہلا شعر: لکھ فیض سوں پھر آیا دن دین محمدؐ کا

آفاق صفا پایا دن دینِ محمدؐ کا

نظم (2) قطب شاہی محل

پہلا شعر: یو دل کشا عشت محل مطبوع او تارا ہوا

جو ثّی زمین کی پیٹھ پر جیوں مشتری تارا ہوا

مثنویاں :

مثنوی یوسف زلیخا از شیخ احمد شریف گجراتی

پہلا شعر : یوسف تین دن تھے بائیں بھیتر

سو چوتھے دن جو نکلیا سو رانبر پر

مثنوی سیف الملک و بدیع الجمال از غواصؔی

پہلا شعر : سو یک دیس آئے وزیراں سگل

کہے شاہ کوں یوں کہ اسے شہ نول

مثنوی پھول بن از ابن نشاطی ۔ قصہ گُل و بُلبل

پہلا شعر : صفت اس گل و بُلبل کا تھا عاشق سو اس گل کا

محبت سوں لگا کر دل کیا تھا آپ فانی

مثنوی گلشنِ عشق از نصرتؔی

پہلا شعر : کہن بار قصہ سعادت اثر

کہے کھول کر یوں خوشی کی خبر

قصائد

قصیدہ باغ محمد شاہی ۔ از: محمد قلی قطب شاہ

پہلا شعر : محمدؐ نانوں تھے بستا محمد کا اے بن سارا

سو طوباں سوں سہاتا ہے جنت نمنے چمن سارا

قصیدہ : در منقبت حضرت امیر المومنین علیؓ ۔ از: علی عادل شاہ شاہؔی

پہلا شعر : آرے کلال مج کوں پیالا پیا میا کا

تا مست ہو کہ دیکھوں تکڑا علیؓ پیا کا

قصیدہ ۔ چرخیہ ۔ از: نصرتؔی

پہلا شعر : تخت تے جب دن پتی سیج میں کیتا گون
نیس کا سپیدار تب گرم کریں انجمن

قصیدہ : پنالہ گڑھ ۔از: نصرتیؔ

پہلا شعر : جب تے جھلک دیکھیا اوک سورج تری تڑوار کا
تب تے لگیا تھر کا نپنے ہو پُر عرق یکبار کا

مراثی :

مرثیہ ۔از ۔محمد قلی قطب شاہ

پہلا شعر : وہ جگ اماماں دکھ تھے سب جیو کرتے زاری ہائے ہائے
تن رو کی لکڑیاں جالکر کرتے ہیں
خواری وائے وائے

مرثیہ ۔از۔ملک خوشنودؔ

پہلا شعر : ماتم محرم کا اُن پر پھر جگ منے آیا عجب
دھرتی گگن پاتال میں پھر آگ سلگایا عجب

مرثیہ ۔از۔سلطان علی عادل شاہ ثانی شاہیؔ

پہلا شعر : پوت نبیؐ کے اتھا پیارے
بان سے دو شے دوسن مارے

مرثیہ عاشور محرم ۔از۔مرزا بیجاپوری

پہلا شعر : اس جگ میں بنا جب تے یوں عاشور ہوا ہے
ہر شئے کا دیکھو تب سوں جگر چور ہوا ہے

رباعیات:

رباعی ۔از۔فیروز شاہ بہمنی

تج مکھ چندا جوت دسے سارا جیون
تج کان پہ موتی جھمکے تارا جیون
فیروزی عاشق کوں ٹک یک چاکن دے
تج شوق ادھراب رہے شکر پارا جیون

رباعی ۔از۔محمد قلی قطب شاہ

تج روپ بنا میری نظر میں سو نہ آوے
تج کوچے میں بن منج کوں گزر کرنے نہ آوے
تج دور میں نیند سب کوں خوش آوے وے
منج نین منے نیند سو یک پل نہ سماوے

رباعی ۔از۔نصرتی

ناداں سو نصیحت کے بچن بول نکو
پانی منے کھاری تو شکر گھول نکو
کیا قدر گہر کی بوجھے بدگوہر آجہ
دھنگرا نگے مانک کا کہو مول نکو

دکنی نثر :

سب رس ۔از۔ ملاوجہی

اقتباس :

ایک شہر تھا اس شہر کا ناؤں سیتاں ۔ اس سیتان کی ناوں عقل، دین و دنیا کا تمام کام اس تے چلتا ۔ اس کے حکم باج ذرا کیں نیں ہلتا ۔ اس کے فرمائے پر جنوں چلے ہر دو جہاں میں ہوئے بھلے

شرح شرح تمہیدات عین القضاء ت از : شاہ میراں جی خدانما

اقتباس:

اللہ بڑا صاحب ہے۔ اس کو بہوت سراہنا۔ بہوت نوازنا کہ اس کی خدائی تھے دونوں عالم پیدا کرنے میں عقل کیاں انکھیاں حیران ہیں، خدا دائم وقائم ہے۔ اس کی بزرگی کا مہر سب پر ہے۔ ہوا خدا ایکیلا ہے پیدا کرتا ہور مارتا ہے

کلمتہ الاسرار ۔از۔ امین الدین اعلیٰ

اقتباس:

ارے بھائی انکھیاں جہاں کونکواوس لاکھوں عیس بیچوں بے چکوں ۔ بے شبہ بے نموں تحقیق کر جان ہور یو بات ہماری جھوٹ ہور خلاف کرنکو جان سمجھ کر سانچہ کرمان ۔ اگر کچھ تیرے میں ہے عقل تو اپس کوں بھی لاچ سمجھے کر لاچ دل میں لیکھ۔ اس محل میں ایک حکایت یاد آئی ہے۔ اس حکایت

کوں خوب دل سوں سمج کرلا کے معنیٰ دھیان لیا ہور مچھلی نمن لا
کا دریا سب جاگا پاتا ہے

کتاب کے آخر میں سفارش کردہ کتابوں کی فہرست دی گئی ہے۔اس فہرست میں دکنی ادب کی بیشتر شاہکار شعری ونثری تخلیقات کے نام شامل ہیں ۔اس طرح ڈاکٹر محمد افضل الدین اقبال و پروفیسر سیدہ جعفر کی مرتبہ کتاب ''دکنی ادب کا مطالعہ'' کا اختتام عمل میں آتا ہے۔اس کتاب کے آخر میں مشکل الفاظ کی فرہنگ نہیں دی گئی ہے۔شاید یہ سوچ کر کہ یہ ایک درسی کتاب ہے۔اور اسے ایک ماہرِ دکنیات ہی پڑھائے گا۔لیکن کسی بھی درسی کتاب میں اگر فرہنگ دے دی جائے تو طالبِ علم بھی اپنی استعداد سے اُس کتاب میں دیئے گئے نصابی حصّوں کو سمجھنے کی کوشش کرتا ہے۔دکنی لغت کی تدوین کا کام ایک عرصہ سے تعطل کا شکار رہا تھا۔حالیہ عرصہ میں انجمن ترقی اُردو' بیورو دہلی کے اہتمام سے پروفیسر سیدہ جعفر کے زیرِ نگرانی ماہرینِ دکنیات کی ایک ٹیم نے حیدر آباد میں دکنی لغت کی تدوین مکمل کرلی ہے۔اس طرح کی لغت دکنی کے قدیم نصاب کو آسانی سے سمجھنے میں معاون ہوسکتی ہے۔

اس درسی کتاب میں نصاب میں دکنی کی شعری تخلیقات غزل' نظم' مثنوی' مرثیہ' قصیدہ و رباعی کو شامل کیا گیا ہے۔دکنی میں اس دور میں شاعری میں یہی اصناف مروج تھیں۔ بعد میں اُردو شاعری میں نئی اصناف وجود میں آئیں ۔اور شاعری میں نئے تجربے ہونے۔اُسی طرح نثر میں داستان اور مذہبی موضوعات کے نثر پارے ملتے ہیں۔دکنی زبان سے عدم مانوسیت کی وجہہ اُس کا کم استعمال ہے۔کسی بھی زبان کے بارے میں کہا جاتا ہے کہ زبان ایک نامیاتی شئے ہے۔ یعنی زندہ رہنے والی چیز۔اگر زبان کو عام بول چال میں برتا گیا تو وہ زندہ رہے گی اور اس میں نئے الفاظ شامل ہوتے رہیں گے۔دکنی زبان اپنی شکل و ہیئت میں چار پانچ سو سال جنوبی ہند میں چلی۔لیکن شمالی ہند کی فصیح اُردو اُس پر غالب آگئی اور دکنی کا زوال ہوگیا۔نصابی کتابوں میں ابتدائی سطح سے اگر دکنی کا تعارف ہوتا رہا تو آگے چل کر طلباء دکنی کے نصاب سے مانوس رہیں گے

لیکن آندھرا پردیش کی جامعات' کالجوں میں ہوتا یہ رہا ہے کہ نچلی جماعتوں سے آئے ہوئے طلباء دکنی سے بالکل نابلد رہتے ہیں' کالج اور یونیورسٹی کی سطح پر انھیں زبردستی دکنی نصاب پڑھنے کے لیے مجبور کیا جاتا ہے اور دکنی سے نامانوس رہنے کے سبب یہ طلباء دکنی کی درسی کتابوں سے خاطر خواہ استفادہ اُٹھانے کی کوشش نہیں کرتے۔ اس طرح دیکھا جائے تو ڈاکٹر محمد افضل الدین اقبال اور پروفیسر سیدہ جعفر کی مرتبہ یہ کتاب ''دکنی ادب کا ایک مطالعہ'' طلباء سے زیادہ دکنی کے ماہر چند ایک اساتذہ کو ہی سمجھ میں آنے والی کتاب لگتی ہے کیوں کہ کتاب میں فرہنگ نہیں دیا گیا اس کے باوجود نصاب کے انتخاب کے لیے پوری کتابوں پر نظر کرنی پڑی ہے۔ اس سے اندازہ ہوتا ہے کہ ڈاکٹر محمد افضل الدین اقبال کی دکنیات پر خاص نظر تھی۔

(5) حکایات لطیفہ: (اُردو کی قدیم ترین دلچسپ مختصر کہانیاں):-

ڈاکٹر محمد افضل الدین اقبال کی مدون کردہ پانچویں کتاب ''حکایاتِ لطیفہ'' ہے۔ یہ کتاب اُردو اکیڈیمی آندھرا پردیش کے جزوی مالی تعاون سے 1993ء میں شائع ہوئی۔ اس کتاب کے آغاز میں ڈاکٹر محمد افضل الدین اقبال نے ایک طویل مقدمہ شامل کیا۔ جس میں اُردو کی قدیم حکایتوں کے ضمن میں تفصیلات دی گئی ہیں اور بعد میں اُردو کی قدیم حکایتوں کو شامل کتاب کیا گیا ہے۔

مقدمے کے آغاز میں ڈاکٹر محمد افضل الدین اقبال نے لکھا کہ اُردو کے قدیم فسانوی ادب کی دو قسمیں رہی ہیں ایک کہانی یا حکایت دوسرے داستان۔ حکایت کا مفہوم بیان کرتے ہوئے ڈاکٹر محمد افضل الدین اقبال لکھتے ہیں:

''حکایت کا لفظ بھی کہانی کے مترادف ہے۔ وہ حیوانی کہانیاں ہوں یا حکایات ''گلستان'' کی طرح اخلاقی

ہوں یا ''حکایت الجلیلہ'' کی طرح تفریحی ہوں۔ حکایت ہی
کہلائیں گی ۔ اُردو میں مختصر اخلاقی کہانیوں کی تمام اقسام کو
حکایت کہتے ہیں''۔11

حکایت کی تعریف بیان کرنے کے بعد ڈاکٹر محمد افضل الدین اقبال نے داستان اور حکایت کا فرق واضح کیا اور حیوانی کہانیوں اور جانوروں کی حکایات کی تاریخ بیان کی۔ اور لکھا کہ ہندوستان میں مہا بھارت میں کثرت سے حیوانات کی کہانیاں ہیں۔

مہا بھارت کے بعد جاتک کہانیوں میں (547) حکایات موجود ہیں ۔ جاتک کہانیوں میں گوتم بدھ سے متعلق واقعات ہیں۔ پنچ تنتر کی کہانیاں، دکنی ادب میں سب رس اور دیگر داستانوں میں کثرت سے حکایات پائی جاتی ہیں۔

ڈاکٹر محمد افضل الدین اقبال نے حکایات نویسی کی تاریخ بیان کرتے ہوئے عربی اور فارسی میں حکایات پر مبنی قصوں کا ذکر کیا۔ ہندوستان میں داستانی ادب اور فورٹ ولیم کالج اور فورٹ سینٹ جارج کالج کے تحت لکھی جانے والی کتابوں اور خاص طور پر حکایات پر مبنی کتابوں کی تاریخ بیان کی۔ اور حکایات لطیفہ کے نسخے کا تعارف پیش کیا۔ اس ضمن میں وہ لکھتے ہیں:

''فورٹ سینٹ جارج کالج کی جانب سے ''عربی
حکایت لطیفہ'' شائع ہوئی تھی ۔ اس کا ایک اشتہار'' جامع
الاخبار'' مدراس۔ جلد ۱۳ نمبر ۱۵ مورخہ 16 رجنوری 1854
ء میں شائع ہوا تھا۔ اس کی قیمت آٹھ آنے تھی ۔ یہ عربی نسخہ
اب نایاب ہے ۔ اس کتاب کا اُردو ترجمہ'' حکایات لطیفہ''
کے نام ۱۴ ربیع الثانی ۱۲۶۳ھ مطابق یکم اپریل 1847ء کو
مطبع جامع الاخبار مدراس سے شائع ہوا۔ یہ مطبوعہ کتاب بھی
اب کم یاب ہے۔ اس کے صرف ایک نسخے کا پتہ چلا ہے۔

جو محمڈن پبلک لائبریری والا جاہ روڈ مدراس میں محفوظ ہے۔

یہ کتاب فورٹ سینٹ جارج کالج کے مبتدیان ہندی (دکنی) کے لیے شائع ہوئی تھی یہ (49) صفحات پر مشتمل ہے۔اس میں جملہ (37) حکایتیں درج ہیں''۔۱۲

ڈاکٹر محمد افضل الدین اقبال نے''حکایات لطیفہ'' کے نسخوں کا حال بیان کرتے ہوئے لکھا کہ اُردو حکایات لطیفہ کے تین مخطوطوں کا پتہ چلا ہے۔ ایک مخطوطہ ادارۂ ادبیاتِ اُردو' حیدرآباد میں' دوسرا قومی عجائب گھر (نیشنل میوزیم آف پاکستان)' کراچی میں اور تیسرا مخطوطہ اڈنبرا یونیورسٹی میں محفوظ ہے۔ ڈاکٹر محمد افضل الدین اقبال نے لکھا کہ انھوں نے پاکستان سفر کے موقع پر کراچی میں موجود نسخے کو دیکھا تھا۔ اڈنبرا یونیورسٹی کے نسخے کا تعارف نصیر الدین ہاشمی نے کرایا۔ اور ادارۂ ادبیاتِ اُردو کے نسخے کا تعارف ڈاکٹر زورؔ نے کرایا اور انھوں نے اس مخطوطے پر مترجم کا نام مہدی واصفؔ لکھا ہے۔ مہدی واصف کی تفصیلات ڈاکٹر محمد افضل الدین اقبال نے اپنے تحقیقی مقالے''مدراس میں اُردو ادب کی نشوونما'' میں پیش کیں۔ اس مقدمے میں بھی انھوں نے مہدی واصف کے حالاتِ زندگی بیان کئے اور بعض دلائل سے یہ واضح کیا کہ مہدی واصف ہی اس کتاب کے مترجم ہیں۔ اس کتاب کے مترجم کے بارے میں ایک غلط فہمی دور کرتے ہوئے ڈاکٹر محمد افضل الدین اقبال لکھتے ہیں:

''حکایات لطیفہ کا تیسرا نسخہ جو 1910ء میں مطبع مجتبائی لکھنؤ سے شائع ہوا۔ اس پر حسبِ فرمائش منشی محمد عبدالعزیز لکھا ہے۔ غالباً 1863ء کا نسخہ مہدی واصف نے اپنے چھوٹے فرزند محمد عبدالعزیز کی خوشنودی کے لیے طبع کروایا ہے اور اس نسخے پر حسبِ فرمائش تحریر ہو گیا ہے۔ جسے غلطی سے عبدالعزیز کی تصنیف ہی سمجھ لیا گیا۔ حالاں کہ

1863ء میں محمد عبدالعزیز صرف (5) سال کے تھے۔
اتنے کم عمر لڑکے سے ترجمے اور تصنیف و تالیف کی توقع نہیں
کی جاسکتی ۔منشی عبدالعزیز کی مندرجہ بالا تصانیف اور
حکایات لطیفہ کی زبان میں زمین آسمان کا فرق ہے ۔اس
طرح یہ واضح ہوا کہ حکایات لطیفہ منشی محمد عبدالعزیز کی نہیں محمد
مہدی واصفؔ کی کاوش ہے''۔۱۳

ڈاکٹر محمد افضل الدین اقبال نے واضح کیا کہ فورٹ سینٹ جارج کالج میں اُردو زبان کے تبدیلیوں کے لیے حکایات لطیفہ کی (76) کہانیوں کے منجملہ اخلاقیات پر مبنی (34) حکایتوں کو شائع کیا گیا۔ڈاکٹر محمد افضل الدین اقبال نے اس کتاب میں ابتداء میں ان (34) حکایتوں کو پیش کرنے کے بعد باقی حکایتوں کو نقل کیا ہے۔ یہ وہ حکایتیں ہیں جو شوخ قسم کی ہیں۔اور طلباء کے نصاب میں نہیں رکھی جاسکتی تھیں۔اس طرح ڈاکٹر محمد افضل الدین اقبال نے ادارۂ ادبیاتِ اُردو کے نسخے اور فورٹ سینٹ جارج کالج کی مطبوعہ حکایتوں کی کتاب کو پیشِ نظر رکھا۔ یہ حکایات چوں کہ فورٹ سینٹ جارج کالج نے بھی شائع کی تھیں۔اس لیے ضمیمے کے طور پر ڈاکٹر محمد افضل الدین اقبال نے فورٹ سینٹ جارج کالج کی علمی و ادبی خدمات پر مبنی اپنے تحقیقاتی مطالعے کو اس کتاب میں شامل کیا ہے۔جس میں کالج کے قیام کے اغراض و مقاصد' کالج کا قیام' مختلف شعبوں کا تعارف شامل ہے۔فورٹ سینٹ جارج کالج کے تفصیلی تعارف اور وہاں کے مصنفین کی تالیفات کی فہرست دینے کے بعد ڈاکٹر محمد افضل الدین اقبال نے اپنی مدون کردہ کتاب ''حکایات لطیفہ'' کا متن پیش کیا۔متن کا آغاز اس طرح کیا۔

''نسخہ ترجمہ حکایات لطیفہ واسطے تعلیم مبتدیاں ہندی پڑھنے والوں کے لیے مطبع جامع الاخبار میں

۱۴/ماہ ربیع الثانی ۱۲۶۳ھ مطابق پہلی ماہ اپریل 1847ء تیار ہوا۔

اس عبارت کے بعد حکایتوں کا سلسلہ شروع ہوتا ہے۔ اس کتاب میں شامل پہلی حکایت اس طرح ہے۔

پہلی حکایت

''دو عورتیں ایک لڑکے کے واسطے آپس میں جھگڑا کرتی تھیں۔ اور گواہ نہیں رکھتی تھیں۔ دونوں قاضی کے پاس گئیں اور انصاف چاہیں۔ قاضی نے جلاد کو بلایا اور فرمایا کہ اس لڑکے کے دو ٹکڑے کر ایک ایک دونوں کو دے۔ ایک عورت یہ بات سنتے ہی چپ رہی دوسری نے فریاد شروع کہ کہ خدا کے لیے میرے لڑکے کو دو تکڑے مت کرو میں لڑکا نہیں چاہتی ہوں۔ اس سے قاضی کو یقین ہوا کہ لڑکے کی ماں یہی ہے۔ لڑکا اس کے سپرد کیا اور دوسری کو کوڑے مار کر نکال دیا''۔[۱۴]

ڈاکٹر محمد افضل الدین اقبال نے حکایتوں کی پیشکشی کے دوران حاشیے میں مشکل الفاظ کے معنی، قدیم املا کی جگہ جدید املا اور دیگر ضروری ہدایتیں حوالے کے ساتھ لکھی ہیں۔ اس کتاب میں شامل بیشتر حکایتیں ایسے قصوں پر مبنی ہیں جن سے اخلاقی سبق ملتا ہے۔ اخلاقیات پر مبنی ایک حکایت اس طرح ہے۔

تینتیسویں (33) حکایت

''روم کا بادشاہ کہ اس کا نام تیں و پیشیاں تھا۔ ہمیشہ روزنامچہ دیکھتا اور حساب کرتا تھا گذشتہ عمر کے اعمال کا۔ جس روز دیکھتا کہ کوئی نیک کام نہیں ہوا دستخط کرتا کہ یہ دن ہم نے

مفت کھویا۔ آخرت کے ذخیرے کے واسطے نیک نامی کا تخم نہ

بویا''۔۱۵

چونتیس (34) حکایتوں کی پیشکشی کے بعد ڈاکٹر محمد افضل الدین اقبال نے کراچی کے نسخے سے حاصل کردہ حکایات لطیفہ کی دیگر حکایتوں کو نقل کیا ہے۔ ان میں سے زیادہ تر حکایتیں بڑی عمر کے لوگوں کے مطالعے کے لائق ہیں۔ ان میں اخلاقیات کا درس نہیں ملتا بلکہ زندگی کے بعض مشاہدات کا تذکرہ ملتاہ۔ ایک مزاحیہ حکایت اس طرح ہے۔

پینتالیسویں (45) نقل

''ایک طبیب تھا کہ جب قبرستان میں جاتا منہ
اور سر کو اپنے ڈھانپتا۔ لوگ پوچھتے کہ اس کا کیا سبب ہے۔
وہ کہا کہ اس قبرستان کے مردوں سے شرم رکھتا ہوں کیوں کہ
یہ سب میری دوا سے مرے ہیں''۔۱۶

کراچی کے نسخے سے دیگر چالیس حکایتوں کو شامل کتاب کرتے ہوئے ڈاکٹر محمد افضل الدین اقبال نے کتاب ''حکایاتِ لطیفہ'' کو مکمل کردیا۔ اس طرح اُردو کے قدیم مخطوطات کی تدوین اور اسے زیورِ طباعت سے آراستہ کرنے کے عظیم تحقیقی کاموں میں یہ کتاب اہم اضافہ ہے۔ اس کتاب کے ذریعہ ڈاکٹر محمد افضل الدین اقبال کی تدوینی صلاحیتوں کے مزید پختہ ہونے کا پتہ چلتا ہے اور دکنی ادب پر اُن کی گہری نظر ہونے کا پتہ چلتا ہے۔

اس کتاب میں مقدمہ اہمیت کا حامل ہے۔ کیوں کہ اس مقدمے میں تحقیق کے فن کے نقطے نظر سے مختلف دلائل اور شواہد کے ذریعہ ڈاکٹر محمد افضل الدین اقبال نے ''حکایاتِ لطیفہ'' کے نسخوں کی تفصیلات پیش کی ہیں۔ اس مقدمے کے آغاز میں داستان اور حکایت کی تعریف اور اس کی روایت کا پتہ چلتا ہے اور فورٹ سینٹ جارج کالج کی ادبی خدمات کا پتہ چلتا ہے۔ مجموعی طور پر یہ کتاب حکایات کی تعریف' تاریخ اور روایات سے متعلق اہم مواد رکھتی ہے۔ جس کے

لیے ڈاکٹر محمد افضل الدین اقبال قابلِ مبارکباد ہیں۔

''حکایاتِ لطیفہ'' کی روشنی میں ڈاکٹر محمد افضل الدین اقبال کی تحقیقی کاوشوں کی ستائش کرتے ہوئے اُردو اور دکنی کی نامور محقق پروفیسر سیدہ جعفر لکھتی ہیں:

> ''آندھرا پردیش اُردو اکیڈیمی کی ایوارڈ یافتہ تحقیقی کتاب ''حکایات لطیفہ'' اُردو کی قدیم ترین دلچسپ مختصر کہانیوں کا مجموعہ ہے۔ اسے شعبۂ اُردو عثمانیہ یونیورسٹی کے جواں سال محقق ڈاکٹر افضل الدین اقبال نے مرتب کر کے شائع کیا ہے۔ ڈاکٹر افضل الدین اقبال دکن کے ان چند قابلِ ذکر مصنفین میں سے ہیں جنھوں نے اپنی تحقیقی کاوشوں سے یہ ثابت کر دیا ہے کہ جامعہ عثمانیہ کی نئی نسل شعبۂ اُردو کی گراں قدر ادبی روایات کی پاسداری سے غافل نہیں۔ اور اس کا تسلسل برقرار رکھنے کی مساعی میں مصروف ہے۔ حکایاتِ لطیفہ فورٹ سینٹ جارج کالج کا ایک ناقابلِ فراموش ادبی کارنامہ ہے''۔ ۱۲/۱

پروفیسر سیدہ جعفر کے ان تاثرات سے یہ اندازہ ہوتا ہے کہ ڈاکٹر محمد افضل الدین اقبال نے حکایات لطیفہ اور اس جیسی دوسری تحقیقی کتابوں کو مرتب کرتے ہوئے اُردو تحقیق میں گراں قدر اضافہ کیا ہے۔

6) مجمع الامثال:-

ڈاکٹر محمد افضل الدین اقبال کی مرتبہ چھٹی (6) کتاب مجمع الامثال ہے۔ جس میں قدیم و جدید ایک ہزار سے زائد ضرب الامثال اور محاورے شامل کئے گئے ہیں۔ یہ کتاب 1999ء میں حیدر آباد سے شائع ہوئی۔ اس کتاب کے آغاز میں ''ضرب المثل اور اس کی اہمیت

''کے عنوان سے ڈاکٹر محمد افضل الدین اقبال نے مقدمہ لکھا ہے۔اور'' مجمع الامثال'' کے نسخے کی تفصیلات بیان کی ہیں۔ضرب المثل کی تعریف کرتے ہوئے ڈاکٹر محمد افضل الدین اقبال لکھتے ہیں:

> ''ضرب المثل عربی لفظ ہے جس کے لغوی معنیٰ کہاوت کے ہیں۔ یہ وہ جملہ ہے جو مثال کے طور پر بیان جائے۔ضرف المثل زبان کا جوہر ہوتے ہیں۔ان کے بغیر زبان کی کیفیت ایک بے روح قالب کی سی ہوتی ہے۔جملے کی تراش خراش میں ضرب الامثال کو بڑا دخل ہے۔اُن کے برمحل استعمال سے جملے اور شعر دونوں کے حسن کو چار چاند لگ جاتے ہیں'' ۔۔۔۔۔کہاوت یا ضرب المثل ان تجربوں' مشاہدوں' نظائر' قیاسات اور خیالات کا خلاصہ ہوتے ہیں جو پہلے عمل میں آچکے ہیں اور جن کی بابت کچھ کہا سنا گیا ہوتا ہے ۔اس واسطے اسے کہاوت کہا گیا ہے''۔ ۷؎

اُردو میں ضرب الامثال اور کہاوتیں جمع کرنے کی تاریخ بیان کرتے ہوئے ڈاکٹر محمد افضل الدین اقبال نے اپنی مرتبہ کتاب کے مقدمے میں آگے لکھا کہ اس سلسلے میں انگریزوں نے پہل کی۔ڈاکٹر زورؔ کے حوالے سے آگے لکھتے ہیں کہ تھامس روبک فورٹ ولیم کالج کے معتمد ہونے سے پہلے مدراس کے فورٹ سینٹ جارج کالج سے وابستہ تھے۔جہاں انھوں نے اُردو کی کئی کتابیں شائع کرائیں جن میں ضرب المثل اور کہاوتیں بھی جمع کی گئی تھیں۔

ضرب الامثال کی قدیم ترین کتاب ہندی ضرب المثل مسمی بہ مجمع الامثال ہے۔اور اُردو ضرب الامثال پر پہلی تفصیلی کتاب ''ہندی ضرب المثل'' ہے۔جس کا ایک مخطوطہ گورنمنٹ اورینٹل مینوسکرپٹ لائبریری حیدرآباد میں محفوظ ہے''۔

ڈاکٹر محمد افضل الدین اقبال نے اس مخطوطے کی تحقیق کی اور اس ضمن میں وہ لکھتے ہیں:

''اگرچہ اس مخطوطے پر مصنف کا نام نہیں ہے لیکن ہماری تحقیق ہے کہ یہ مہدی واصف کی تصنیف ہے۔فورٹ سینٹ جارج کالج کے نامور اہلِ قلم واستاد شیخ مہدی واصف المتوفی 1873ء نے بھی اپنے انگریز طلباء کے لیے ہندی (اُردو) ضرب الامثال جمع کی تھیں۔۔۔۔۔۔یہ مخطوطہ انگریز طلباء کے مطالعے میں تھا یا اس کے ذریعہ انگریزی طلباء کو اُردو کہاوتیں سمجھائی جاتی تھیں ۔ مہدی واصف کے کسی شاگرد نے ان ضرب الامثال کو انگریزی تشریح کے ساتھ ''کتاب الامثال'' کے نام سے شائع کیا تھا۔ جب یہ کتاب 1843ء میں اس وقت کے دیوان ریاست کرناٹک مولوی عبدالوہاب مدارالامراء کی نظر سے گذری تو انھوں نے اسے پسند فرما کر اپنے عزیز شاگرد مہدی واصف سے جو نواب مدارالامراء کے بھائی مولوی صبغۃ اللہ قاضی بدرالدولہ کے بھی عزیز شاگرد تھے اُردو ترجمہ کی فرمائش کی''۔[۱۸]

مہدی واصف کے حالاتِ زندگی لکھنے کے بعد ڈاکٹر محمد افضل الدین اقبال نے لکھا کہ مہدی واصف نے ہندی ضرب الامثال کے مخطوطے کو بعد ترجمہ واضافہ مجمع الامثال'' کے نام سے ایک نئی کتاب بنا دیا۔جس میں ضرب الامثال میں اضافہ اور ان کی تشریح بھی شامل کردی۔ اس نئے ''مجمع الامثال'' کے مخطوطے کی موجودگی کے مقام اور مخطوطے کی کیفیت بیان کرتے ہوئے ڈاکٹر محمد افضل الدین اقبال لکھتے ہیں:

''مجمع الامثال کا واحد قلمی نسخہ جو دبیز بادامی رنگ

کے (394) صفحات اور 12 x 23 سینٹی میٹر سائز پر مشتمل ہے۔ اس وقت کتب خانہ سعیدیہ حیدر آباد میں محفوظ ہے۔ یہ خوش خط نسخہ مہدی واصف نے خود تیار کروا کر نواب مدار الامراء کی خدمت میں پیش کیا تھا۔ سرورق پر دیوانِ ریاست کرناٹک (تامل ناڈو) مولوی عبدالوہاب مدار الامراء بن مولوی محمد غوث شرف الملک دیوان ریاست کرناٹک نے اپنے ہاتھ سے حسبِ ذیل عبارت لکھی۔

''ہندی ضرب المثل مسمی بہ مجمع الامثال''

تصنیف شیخ محمد مہدی واصف صاحب سلمہ اللہ تعالیٰ۔

مالکہ عبدالوہاب بن محمد غوث عفی اللہ عنہما۔ آمین

اس عبارت سے صاف ظاہر ہے کہ ہندی ضرب المثل (جس کا مخطوطہ اورینٹل مینسکرپٹ لائبریری اینڈ ریسرچ انسٹی ٹیوٹ حیدر آباد میں محفوظ ہے) اور مجمع الامثال (جس کا مخطوطہ کتب خانہ سعیدیہ میں محفوظ ہے) ایک ہی کتاب کے دو نام ہیں۔ فرق صرف یہ ہے کہ ہندی ضرب المثل میں کہاوتوں کی تشریح، توضیح نہیں''۔ [19]

''مجمع الامثال'' کے مخطوطے کی وضاحت وتشریع اور مہدی واصف کے مزید حالات پیش کرنے اور اُردو میں دیگر ضرب الامثال کی کتابوں کے تذکرے کے بعد ڈاکٹر محمد افضل الدین اقبال نے اصل کتاب کا متن پیش کیا ہے۔ اور سلسلہ وار فصل در فصل اُردو حروف تہجی کے اعتبار سے ''مجمع الامثال'' مخطوطے میں شامل کہاوتوں کو مع تشریع لکھا ہے۔ اس کتاب میں شامل بعض

کہاوتیں اور ضرب الامثال اس طرح ہیں۔

(۱) آ بلا گلے لگ جا

(۲) آ بیل مجھے مار جا

''گلے لگنا معانقہ کرنا بیل اول جانور مشہور ہے۔ دونوں مثلیں یکساں ہیں مراد اُن کا وہ شخص ہے جو اپنی خوشی سے کسی بلا میں جا پڑے''۔۹۱

(۴۰) احمد کی پگڑی محمود کے سر پر

''جب کوئی شخص ایک کا مال چھین کر دوسرے کو دے تو یوں کہتے ہیں''۔۲۴

(۸۸) اندھا کیا چاہے دو آنکھ

''جب کوئی شخص کسی کو اس کے مرغوب کام کا حکم کرے تو یوں کہتے ہیں''۔۳۰

(۲۱۴) بڑی مچھلی چھوٹی مچھلی کو کھاتی ہے۔

''یعنی زور آور کمزوروں پر ستم کیا کرتے ہیں''۔۴۶

(۳۰۷) پرانے گنبد پر قلعی کرنا۔

''مراد اس سے آرائش ہے۔ اس بدن کی جو فرسودہ ہو''۔

(۳۹۰) جان نہ پہچان بڑی خالا سلام

''جب کوئی اجنبی شخص اپنی غرض کے لیے کسی سے گرمجوشی کرے تو یوں کہتے ہیں''۔

(۵۱۶) چوری اور سینہ زوری ۔

''اس شخص پر اطلاق کرتے ہیں جو اپنی خطا کا قائل نہ ہو کے بیجا بحث کرے۔

(۵۹۵) دریا میں رہنا اور مگر مچھ سے بیر کرنا۔

''جب کوئی محکوم اپنے حاکم سے دُشمنی کرے تو یوں کہتے ہیں''۔

(۶۷۸) رائی سے پربت ہونا۔

''جب کوئی شخص حالاتِ افلاس سے دولت مندی کو پہونچے تو یوں کہتے ہیں۔

(۷۰۹) کہیں بوڑھا تو بھی پڑھتا ہے۔

''یعنی جب آدمی بوڑھا ہوتا ہے تو علم سیکھنا اُس کے لیے دشوار ہے''۔

(۷۱۰۹) وہ دن گئے جو خلیل خاں فاختہ اڑاتے تھے۔

مندرجہ بالا حکایتوں اور ضرب الامثال سے اندازہ ہوتا ہے کہ اُردو زبان کے ذخیرہ میں قدیم دور سے یہ ضرب الامثال موجود ہیں۔ ڈاکٹر محمد افضل الدین اقبال نے زبان کے زیور سمجھے جانے والے ان ضرب الامثل مرتب کر کے شائع کرتے ہوئے اُردو زبان کے اہم خزانے کو محفوظ کر دیا۔

(7) نصیر الدین ہاشمی حیات اور ادبی خدمات:-

ڈاکٹر محمد افضل الدین اقبال کی مرتبہ ساتویں (7) کتاب ''نصیر الدین ہاشمی حیات اور ادبی خدمات'' ہے۔ یہ کتاب 2006ء میں حیدر آباد سے شائع ہوئی۔ اس کتاب میں نصیر الدین ہاشمی کی حیات اور اُن کی علمی و ادبی خدمات پر اُردو کے نامور محققین اور نقادوں کے لکھے ہوئے تقریباً 21 مضامین شامل ہیں۔ نصیر الدین ہاشمی اپنی شہرہ آفاق تصنیف ''دکن میں اُردو'' کے سبب اُردو ادب کی تاریخ میں ماہرِ دکنی زبان کے جانے جاتے ہیں۔ ڈاکٹر محمد افضل الدین اقبال نے بھی دکنی زبان میں تحقیق کی گراں قدر خدمات انجام دی ہیں۔ یہ کتاب بھی اُن کی دکنی زبان میں خدمات کا ایک حصّہ ہے۔ پیش گفتار کے عنوان سے ڈاکٹر محمد افضل الدین اقبال نے کتاب کا پیش لفظ لکھا ہے جس میں اس کتاب کو ترتیب دینے کی وجوہات بیان کیں کہ اُردو کے حلقوں میں نصیر الدین ہاشمی قدر کی نگاہوں سے دیکھے جاتے ہیں۔ ''سب رس'' نے نصیر الدین ہاشمی پر ایک یادگار نمبر نکالا تھا۔ اس کتاب میں اُردو کی بیشتر جامعات کے صدور شعبۂ کے لکھے ہوئے مضامین

شامل کے گئے ہیں جب کہ نصیر الدین ہاشمی کو جامعات کے اساتذہ سے شکایت تھی کہ لوگ ادیبوں کو یا تو مشہور کرتے ہیں یا بدنام کرتے ہیں۔ اس پیش لفظ میں ڈاکٹر محمد افضل الدین اقبال نے نصیر الدین ہاشمی سے روابط رکھنے والوں کی ایک طویل فہرست دی جن میں پروفیسر مسعود حسین خاں، پروفیسر شریف انصاری، پروفیسر ہارون خاں شیروانی، پروفیسر عبدالمجید صدیقی، پروفیسر علی یاور جنگ، ڈاکٹر ایشور ناتھ، پروفیسر قاسم علی سجن لعل، پروفیسر الیاس برنی، پروفیسر مناظر احسن گیلانی، ڈاکٹر رضی الدین صدیقی، پروفیسر کشن چند، ڈاکٹر مہندر راج سکسینہ، پروفیسر حبیب الرحمٰن، پروفیسر فضل الرحمٰن، سر نظامت جنگ، سر امین جنگ، سروجنی نائیڈو، مرزا فرحت اللہ بیگ، ڈاکٹر غلام یزدانی، ڈاکٹر سید عبداللطیف، سر راس مسعود، ڈاکٹر سید سلیمان ندوی، ڈاکٹر تارا چند، سر جادوناتھ سرکار، اسر تیج بہادر سپرو، رام بابو سکسینہ، مولانا راشد الخیری، ڈاکٹر ذاکر حسین، مولانا امتیاز علی عرشی وغیرہ شامل ہیں۔ شخصیات کی اس نیرنگی سے پتہ چلتا ہے کہ نصیر الدین ہاشمی اُردو حلقوں میں بے حد مقبول تھے۔

اس کتاب میں ڈاکٹر محمد افضل الدین اقبال نے نصیر الدین ہاشمی کی حیات اور خدمات کا احاطہ کرتے ہوئے جو مضامین شامل کئے ہیں اُن کے نام اور اُن کے لکھنے والوں کے نام اس طرح ہیں:

- **نصیر الدین ہاشمی کی ادبی خدمات** ۔ پروفیسر افضل الدین اقبال
- **ہاشمی صاحب کی نایاب تصانیف** ۔ پروفیسر افضل الدین اقبال
- **المحبوب** ۔ پروفیسر افضل الدین اقبال
- **نصیر الدین ہاشمی** ۔ پروفیسر وحید الدین سلیم
- **دکن میں اُردو (پہلا اڈیشن)** ۔ پروفیسر عبدالحق (بابائے اُردو)
- **یورپ میں دکنی مخطوطات** ۔ پروفیسر محی الدین قادری زورؔ
- **ہاشمی صاحب مرحوم** ۔ پروفیسر عبدالقادر سروری

• پیر مغانِ اُردو۔ پروفیسر مسعود حسین خاں
•نصیر الدین ہاشمی ۔ پروفیسر زینت ساجدہ
•محترم ہاشمی صاحب ۔ جہاں بانو نقوی
•مولوی نصیر الدین ہاشمی ۔ ڈاکٹر عقیل ہاشمی
• ہمارا ایک کرم فرما۔ ڈاکٹر شریف النساء انصاری
• دکن کا عاشق ۔ پروفیسر سید احتشام حسن
•نصیر الدین ہاشمی ۔ پروفیسر خواجہ احمد فاروقی
•نصیر الدین ہاشمی ۔ پروفیسر گیان چند
•نصیر الدین ہاشمی ۔عبدالرون عروج
•نصیر الدین ہاشمی ۔ پروفیسر سید سخی احمد ہاشمی
• ہاشمی صاحب پر قومی سمینار۔ پروفیسر سلیمان اطہر جاوید
•سوانحی خاکہ نصیر الدین ہاشمی ۔ پروفیسر افضل الدین اقبال

زیرِ نظر کتاب کے پہلے مضمون ''نصیر الدین ہاشمی'' اور اُن کی علمی و ادبی خدمات' کے آغاز میں ڈاکٹر محمد افضل الدین اقبال نے لکھا کہ ہاشمی صاحب کا تعلق عربی النسل نوائط خاندان سے تھا جو ارکاٹ کے علاقے میں سرکاری اور ادبی خدمات انجام دیتا رہا۔نصیر الدین ہاشمی کے والد مولوی عبدالقادر سرسالار جنگ اوّل وزیر اعظم حکومت حیدر آباد کے ملازم تھے ۔ ہاشمی صاحب نے سنٹرل ریکارڈ آفس میں ملازمت کی ۔ اور قدیم دستاویزات سے تاریخی مواد اکٹھا کر کے ترتیب دیا۔ یہیں سے انھیں تاریخ نویسی کا شوخ ہوا۔اور وحید الدین سلیم کے مشورے پر دکن میں اُردو ادب کی تاریخ مرتب کی اور دکن میں اُردو'' نامی مشہور زمانہ تصنیف لکھی۔اس کتاب پر حکومت حیدر آباد نے انھیں انعام دینا چاہا تو نصیر الدین ہاشمی نے اس کے عوض بیرون ملک جا کر

دکنی مخطوطوں پر کام کرنے کی اجازت طلب کی ۔ جسے منظور کیا گیا۔ بیرون ملک نصیر الدین ہاشمی کے کارنامے بیان کرتے ہوئے ڈاکٹر محمد افضل الدین اقبال لکھتے ہیں:

> ''وہ تلاش علم میں ہمیشہ سرگرداں رہے۔ ہندوستان کے عالموں اور مشہور کتب خانوں سے علمی پیاس نہ بجھی تو انگلستان، فرانس اور اٹلی کا تعلیمی سفر کیا ۔ وہاں کے کتب خانوں اور مغربی عالموں اور مستشرقوں سے استفادہ کیا ۔ ۔۔۔اور اکٹھا کردہ مواد کو 1932ء میں ''یورپ میں دکنی مخطوطات'' کے نام سے شائع کیا ۔ یہ کتاب بھی اُن کی محققانہ کاوش و تلاش کا شاہکار ثابت ہوئی اور اب تک حوالے کے طور پر کام آتی ہے ۔ دکنی ادب پر کام کرنے والوں کے لیے اس سے استفادہ ناگزیر ہے ۔ اس کتاب سے ہندوستان میں اُردو مخطوطات کی فہرست ترتیب دینے کا رواج شروع ہوا''۔

زیرِ نظر کتاب میں شامل ڈاکٹر محمد افضل الدین اقبال کا تحریر کردہ دوسرا مضمون ''نصیر الدین ہاشمی کی نایاب اور غیر مطبوعہ تصانیف'' ہے۔ اس مضمون میں ابتداء میں نصیر الدین ہاشمی کی مطبوعہ تصانیف، المحبوب، دکنی کلچر، دکن میں اُردو، یورپ میں دکنی مخطوطات اور کتب خانہ نواب سالار جنگ کی اُردو قلمی کتابوں کی وضاحتی فہرست کا تعارف پیش کیا گیا۔ اس کے بعد نصیر الدین ہاشمی کی غیر مطبوعہ تصانیف نواب شمس الامراء کے علمی کارنامے، تاریخ پائیگاہ، زیست کی گراں باریاں کا تعارف پیش کیا گیا۔

مرتبہ کتاب ''نصیر الدین ہاشمی حیات اور ادبی خدمات'' میں شامل ڈاکٹر محمد افضل الدین اقبال کا تیسرا مضمون ''المحبوب'' ہے۔ اس مضمون میں انھوں نے نصیر الدین ہاشمی کی

تصنیف ''المحبوب'' کا تذکرہ کیا۔ اور لکھا کہ آصف سادس کی سوانح عمری پر مبنی اس کتاب پر آصف سابع نے پابندی عائد کر دی تھی۔ اس لیے نصیر الدین ہاشمی کی حیات میں یہ کتاب شائع نہیں ہوسکی بعد میں اُن کے خاندان کے ایک فرد ڈاکٹر ظہیر الدین ہاشمی نے 1998ء میں شائع کروائی۔ اس کتاب کا تعارف پیش کرتے ہوئے ڈاکٹر محمد افضل الدین اقبال لکھتے ہیں:

> ''المحبوب'' ہاشمی صاحب کی سب سے پہلی تصنیف ہے۔ جو بہ ظاہر دو ابواب پر مشتمل ہے لیکن ان میں نہ صرف خاندان آصفیہ کی مفصل تاریخ بلکہ آصف سادس کے (28) سالہ دورِ حکومت کی مکمل تاریخ آ گئی ہے۔ باب دوّم میں آٹھ فصلیں ہیں۔ یہ تمام فصلیں بڑی جامع بڑی سیر حاصل اور معلومات آفریں ہیں اندازِ بیان بڑا دلچسپ اور عالمانہ ہے۔ واقعات تاریخی صداقت اور تحقیقی دیانت سے پیش کئے گئے ہیں۔ اس کتاب کے مطالعے سے دکن کی سماجی حالت اور خصوصاً مسلمانوں کی ثقافتی زندگی کے بارے میں بہت سی باتیں معلوم ہوتی ہیں۔ ہاشمی صاحب نے شعوری طور پر ''المحبوب'' میں دکن کی معاشرت کے نقوش کو جابہ جا محفوظ کر دیا ہے''۔ ۲۱

نصیر الدین ہاشمی کی تصنیف ''دکن میں اُردو'' پر تبصرہ کرتے دو مضامین پروفیسر وحید الدین سلیم اور مولوی عبدالحق کے لکھے ہوئے اس کتاب میں شامل ہیں۔ ان مضامین میں انھوں نے نصیر الدین ہاشمی کی ستائش کی اور دکن میں اُردو کی تحقیق کو مزید آگے بڑھانے کا مشورہ دیا۔

یورپ میں دکنی مخطوطات کے عنوان سے لکھا پروفیسر محی الدین قادری زورؔ کا تعارفی مضمون بھی زیرِ نظر مرتبہ کتاب میں شامل ہے۔ یورپی کتب خانوں میں اُردو کے موجودہ

مخطوطات کے ذریعہ مزید تحقیق کے امکانات اجاگر کرتے ہوئے ڈاکٹر محی الدین قادری زورؔ لکھتے ہیں:

"ہاشمی صاحب نے یورپ کے کتب خانوں میں جس دیدہ ریزی کے ساتھ مطالعہ کیا اور وہاں کے مطبوعہ اور غیر مطبوعہ کیٹلاگوں کی غلطیوں کی اصلاح کی ان کا تفصیلی ذکر ان خطوط سے معلوم ہوگا جو وہاں کے اربابِ اقتدار نے اُن کے نام لکھے ہیں میں اسی قدر کہوں گا کہ جو کچھ مطالعہ کیا ۔اس کو نہایت خوش سلیقگی کے ساتھ قلم بند کرلیا ہے اور بعض ناواقف حضرات کے اس خیال کو غلط ثابت کر دکھایا ہے کہ اُردو زبان و تاریخ ادب کی تحقیق و تفتیش کے لیے یورپ جانا لاحاصل ہے یہ تو صرف دکن کے کارناموں کا تذکرہ ہے۔ شمالی ہند کے اُردو ادب کے متعلق بھی یورپ کے کتب خانوں میں اہم اور کمیاب مواد موجود ہے۔ اور مجھے یقین ہے کہ جب تک اس سے مدد نہ لی جائے گی اُردو زبان و ادب کی کوئی تاریخ مکمل نہ ہوسکے گی"۔ ۲۲

پروفیسر عبدالقادر سروری نے اپنے تاثراتی مضمون "ہاشمی صاحب مرحوم" میں نصیر الدین ہاشمی کی تصنیف کی ادبی اہمیت اُجاگر کی۔

"پیر مغانِ اُردو" کے نام سے ڈاکٹر مسعود حسن خاں نے ایک طویل مضمون لکھا۔ جس میں نصیر الدین ہاشمی اور اُن کی تصانیف کے حوالے سے نصیر الدین ہاشمی کی شخصیت کا احاطہ کیا گیا ہے۔ اُردو تحقیق سے اُن کے لگاو کا احاطہ کرتے ہوئے ڈاکٹر مسعود حسن خاں لکھتے ہیں:

"ہاشمی مرحوم میدانِ تحقیق کے تربیت یافتہ مرد نہ

تھے' ساری عمر انھوں نے سرکاری اور دفتر کی گھس گھس میں
گذری تھی ۔۔۔۔۔ذوق کی بناء پر اپنے علمی چراغ کو
جلائے رکھنا ہاشمی صاحب کی زندگی کا سب سے بڑا کارنامہ
ہے۔۔۔۔۔ساری عمر اپنے آپ کو''خادم ادب' سمجھتے رہے
۔مخدوم بننے کی کوشش نہیں کی۔ان حالات نے انھیں صرف
ایک دھن میں لگائے رکھا یعنی کتب خانوں کی خاک چھانی
جائے اور اُردو کے سلسلے میں جو بھی معلومات فراہم ہوں
جلدی سے اہلِ علم کے سامنے پیش کردی جائیں''۔۲۳

پروفیسر سیدہ جعفر دکنی کی ایک نامور محققہ ہیں وہ دکنی کے محقق نصیر الدین ہاشمی کے کارناموں پر روشنی ڈالتے ہوئے اپنے مضمون ''نصیر الدین ہاشمی''میں لکھتی ہیں:

''ادب کی گمشدہ کڑیوں کی بازیافت اور ادب کے
ان جواہر پاروں کو منظرِ عام پر لانے میں جو امتداد زمانہ کی
گردوغبار میں نظر سے اوجھل ہو گئے تھے نصیر الدین ہاشمی نے
جس محنت، لگن تحقیقی ذوق وشوق اور شیفتگی سے کام کیا ہے اس
کی مثال مشکل سے ملتی ہے۔نصیر الدین ہاشمی نے اُردو کی
پہلی مثنوی ''کدم راؤ پدم راؤ'' دریافت کی اور اس کی
اشاعت سے اُردو ادب کی تاریخ ماضی میں صدیوں پیچھے پہنچ
گئی۔اُردو زبان کے ارتقاء کے تسلسل کو سمجھنے میں مدد ملی۔یہ
واحد نسخہ عمر یافعی کی ملکیت تھا۔اس سے پہلے وہ لطیف الدین
ادریس کے کتب خانے کی زینت تھا۔نصیر الدین ہاشمی نے
سب سے پہلے اس کا مطالعہ اور معارف اعظم گڑھ اکتوبر

1932ء میں اس قدیم مثنوی پر ایک مضمون ''بہمنی عہد کا
ایک دکنی شاعر'' سپرد قلم کیا۔ عمر یافعی کے کتب خانے کے
ساتھ یہ مثنوی پاکستان پہونچی جسے جمیل جالبی نے مرتب
کر کے شائع کر دیا ہے ۔۔۔۔۔۔نصیر الدین ہاشمی نے
سیف الملکوک و بدیع الجمال' نثری طوطی نامہ' قصہ ابوشحمہ اور
ظفر نامہ وغیرہ کو بھی متعارف کروایا۔ تدوین متن کے سلسلے
میں نصیر الدین ہاشمی نے کوئی غیر معمولی کارنامہ انجام نہیں دیا
۔لیکن دکن کے بہت سے شعراء اور ادیبوں کو روشناس کروایا
۔اور بعد کی نسل کے محققین کے لیے راہیں متعین کیں جو ایک
بڑا تحقیقی کارنامہ ہے''۔[۲۴]

ڈاکٹر عقیل ہاشمی نے اپنے مضمون ''مولوی نصیر الدین ہاشمی'' کے عنوان سے اپنے مضمون میں ہاشمی کی حیات اور ادبی خدمات پر روشنی ڈالی۔ مضمون کے ابتداء میں ڈاکٹر زورؔ اور نصیر الدین ہاشمی کی رفاقت کے بارے میں ڈاکٹر افضل الدین اقبال کے حوالے سے لکھتے ہیں:

''فرزندانِ جامعہ کو مکتبہ ابراہیمیہ اور ماہنامہ مکتبہ
سے بڑی دلچسپی تھی ۔۔۔۔۔۔ان فرزنداں جامعہ میں ایک
نوجوان علم دوست اُردو کا پرستار مشائخ خاندان کا چشم و چراغ
بھی شامل تھا۔ جو کسی قدر پست قد گورا رنگ اچھی صورت و
شکل کا حامل تھا۔اس کے چہرے پر سیاہ داڑھی گورے رنگ
پر خوب زیب دیتی تھی ۔ وہ پابندی سے ادارہ مکتبہ ابراہیمیہ کو
آیا کرتا تھا۔اس ادارے میں فرزندانِ جامعہ عثمانیہ کے علاوہ
شہر حیدرآباد کے معزز علم دوست اصحاب کی بھی آمد رہا کرتی

تھی۔ان اصحاب میں حیدرآباد کے ایک ممتاز علمی گھرانے کا
دُبلا پتلا منحنی واجبی اچھی جسامت' قدوقامت سرخ سفید رنگ
کا کھڑا چہرہ' بھوری بھوری چمکدار آنکھوں پر سنہری فریم کی
عینک گھنے ابرو اونچی ناک متوسط دہانہ' گھٹی ہوئی داڑھی' سر پر
سرخ رنگ کے پھندنے دار ٹوپی بدن پر پرنٹنگ وچست
شیروانی تنگ موری کا سفید پاجامہ اور پاؤں میں شوز پہنا
ایک نوجوان بھی آیا تھا۔ اس کے چہرے سے علمیت ٹپکتی
تھی۔۔۔۔۔۔ رسالہ مکتبہ ابراہیمیہ کی وجہ سے یہ
دونوجوان ایک دوسرے کے قریب ہوئے۔ اور پھر عمر بھر
دوستی کا ہاتھ ملا اور زندگی کی آخری سانس تک یہ دوستی نبھائی۔
آپ جانتے ہیں یہ دو دوست کون تھے! یہ دو عزیز دوست
تھے سید محی الدین قادری زورؔ اور نصیر الدین ہاشمی''۔ ۲۵

پروفیسر سید احتشام حسن مضمون ''دکن کا عاشق'' عنوان سے لکھے گئے اپنے مضمون میں نصیر الدین ہاشمی کو دکنی تہذیب وتمدن کا علمبردار قرار دیتے ہیں۔اس ضمن میں وہ لکھتے ہیں:

''میں جب نصیر الدین ہاشمی مرحوم کا تصور کرتا ہوں
تو معاً میرے ذہن میں ایک ایسے نیک دل' پُر خلوص اور بے
ریا شخص کی تصویر بنتی ہے جو نمائش اور تصنع سے دور دکن کے
ایک سچے عاشق کی زندگی بسر کرتا تھا۔انھیں دیکھتے ہی دکن کا
خیال آتا تھا۔اور اُن سے ملتے ہی دکن کی تہذیب' دکن کے
ادب' دکن کے کتب خانوں' دکن کے مردوں اور عورتوں کا
ذکر چل نکلتا تھا''۔ ۲۶

نصیر الدین ہاشمی کی حیات اور کارناموں پر اس کتاب میں دیگر ماہرینِ ادب کے مضامین بھی شامل ہیں۔ پروفیسر سلیمان اطہر جاوید نے اپنے مضمون میں نصیر الدین ہاشمی کی یاد میں یونیورسٹی آف حیدر آباد میں پروفیسر محمد انور الدین صاحب کی جانب سے منعقد کردہ سمینار کی روداد پیش کی اور مختلف مقالہ پڑھنے والوں کے خیالات کا خلاصہ پیش کیا۔ خاتون مقالہ نگاروں نے نصیر الدین ہاشمی کی دکنی خواتین کے لیے اپنی خدمات کو اُجاگر کیا۔

مجموعی طور پر ڈاکٹر محمد افضل الدین اقبال کی مرتبہ کتاب ''نصیر الدین ہاشمی' حیات اور ادبی خدمات'' میں شامل مختلف ماہرینِ ادب کے معلوماتی مضامین سے نصیر الدین ہاشمی کی شخصیت اور اُن کے کارناموں پر روشنی پڑتی ہے۔ خاص طور سے دکنی ادب کی بازیافت اور دکنی تحقیق کو ایک رُخ عطا کرنے میں نصیر الدین ہاشمی کی گراں قدر خدمات کا اندازہ ہوتا ہے۔ اس کتاب سے اس تحقیق پر بھی روشنی پڑتی ہے کہ مثنوی کدم راؤ پدم راؤ'' کو سب سے پہلے نصیر الدین ہاشمی نے دریافت کیا تھا اور بعد میں جمیل جالبی اسے مرتب کر کے شائع کرتے ہوئے اُردو ادب میں شہرت حاصل کرتے ہیں۔ دکنی ادب کے ایک نامور محقق کو متعارف کرانے میں ڈاکٹر محمد افضل الدین اقبال کی یہ مرتبہ تصنیف اہم رول انجام دیتی ہے۔

اس طرح ہم دیکھتے ہیں کہ ڈاکٹر افضل الدین اقبال کی مدون کردہ اور مرتبہ یہ سات کتابیں اُردو تحقیق و تدوین' ترتیب کے فن پر پوری اُترتی ہیں۔ تدوین متن کے اُصولوں کی روشنی میں ڈاکٹر محمد افضل الدین اقبال نے قدیم متون کو ضروری حوالوں کے ساتھ اس انداز میں پیش کیا کہ قدیم متن کی بازیافت ممکن ہوسکی۔ اور اُن کی مرتبہ کتابیں اُردو تحقیق میں اضافہ کا باعث بنیں اور ادب کا دامن وسیع ہوا۔ اس طرح ڈاکٹر محمد افضل الدین اقبال ایک کامیاب مدون اور مرتب کے ادب کی تاریخ کا حصہ بن جاتے ہیں۔

حواشی

۱۔ پروفیسر گیان چند جین۔ تحقیق کا فن۔ ص۔ ۴۳۱۔ پہلا ایڈیشن۔ لکھنؤ۔ 1990

۲۔ پروفیسر گیان چند جین۔ تحقیق کا فن۔ ص۔ ۵۰۷

۳۔ پروفیسر گیان چند جین۔ تحقیق کا فن۔ ۴۷۰

۴۔ رشید حسن خاں۔ تدوین متن کے مسائل۔ مشمولہ تحقیق مسائل اور تجزیہ۔ علی گڑھ۔ 1975۔ ص۔ ۳۵

۵۔ پروفیسر گیان چند جین۔ تحقیق کا فن۔ ص۔ ۴۸۳

۶۔ ڈاکٹر محمد افضل الدین اقبال۔ نواب اعظم و مثنوی اعظم نامہ۔ مرتبہ۔ حیدر آباد۔ 1987۔ ص۔ ۷۔ ۶

۷۔ ڈاکٹر محمد افضل الدین اقبال۔ نواب اعظم و مثنوی اعظم نامہ۔ ص۔ ۶۷

۸۔ بحوالہ۔ نواب اعظم 'مثنوی اعظم نامہ'۔ ص۔ ۱۲۶۔ ۱۲۷

۹۔ ڈاکٹر محمد افضل الدین اقبال۔ مرتبہ کتاب۔ امانتی کتب خانہ خاندانِ شرف الملک مدراس کے اُردو مخطوطات۔ حیدر آباد۔ 1989۔ ص۔ ۸

۱۰۔ محمد معصوم۔ پیش لفظ۔ شمس العلماء قاضی عبید اللہ اورینٹل لائبریری مدراس کے اُردو مخطوطات۔ مرتبہ۔ ڈاکٹر محمد افضل الدین اقبال۔ حیدر آباد۔ 1989ء۔ ص۔ ۳۔ ۴

۱۱۔ ڈاکٹر محمد افضل الدین اقبال۔ حکایات لطفیہ۔ حیدر آباد۔ 1993ء۔ ص۔ ۵

۱۲۔ ڈاکٹر محمد افضل الدین اقبال۔ حکایاتِ لطیفہ۔ ۱۸

۱۳۔ ڈاکٹر محمد افضل الدین اقبال۔ حکایات لطیفہ۔ ۳۴۔ ۳۵

۱۴۔ بحوالہ۔ حکایات لطیفہ۔ مرتبہ۔ ڈاکٹر محمد افضل الدین اقبال۔ ص۔ ۵۵

۱۵۔ بحوالہ۔ حکایاتِ لطیفہ۔ مرتبہ۔ ڈاکٹر محمد افضل الدین اقبال۔ ص۔ ۲۔۷

۱۶۔ بحوالہ۔ حکایات لطیفہ۔ مرتبہ۔ ڈاکٹر محمد افضل الدین اقبال۔ ص۔ ۷۔۸

۱۶/۱۔ پروفیسر سیدہ جعفر۔ مجمع الامثال۔ مرتبہ۔ ڈاکٹر محمد افضل الدین اقبال۔ حیدر آباد۔ 1999ء۔ ص۔ ۱۱۴

۱۷۔ مجمع الامثال مرتبہ ڈاکٹر محمد افضل الدین اقبال۔ حیدر آباد۔ 1999ء۔ ص۔ ۵

۱۸۔ ڈاکٹر محمد افضل الدین اقبال۔ مجمع الامثال۔ مرتبہ۔ ص۔ ۷۔۸

۱۹۔ ڈاکٹر محمد افضل الدین اقبال۔ مجمع الامثال۔ ص۔ ۹۔۱۰

۲۰۔ ڈاکٹر محمد افضل الدین اقبال۔ نصیر الدین ہاشمی حیات اور ادبی خدمات۔ حیدر آباد۔ 2006ء۔ ص۔ ۱۳۔۲

۲۱۔ ڈاکٹر محمد افضل الدین اقبال۔ نصیر الدین ہاشمی حیات اور ادبی کارنامے۔ ص۔ ۲۶۔۲۷

۲۲۔ ڈاکٹر محی الدین قادری زورؔ بحوالہ نصیر الدین ہاشمی حیات اور ادبی خدمات۔ ص۔ ۳۷

۲۳۔ ڈاکٹر مسعود حسین خاں بحوالہ نصیر الدین ہاشمی حیات اور اُردو اکیڈیمی۔

۲۴۔ پروفیسر سیدہ جعفر بحوالہ نصیر الدین ہاشمی حیات اور ادبی خدمات۔ ص۔ ۵۸

۲۵۔ ڈاکٹر عقیل ہاشمی۔ بحوالہ نصیر الدین ہاشمی حیات اور ادبی کارنامے۔ ص۔ ۶۴۔۶۵

۲۶۔ پروفیسر سید احتشام حسین بحوالہ نصیر الدین ہاشمی حیات اور ادبی خدمات۔ ص۔ ۴۷

☆ پانچواں باب

ڈاکٹر محمد افضل الدین اقبال بہ حیثیت نقاد

ڈاکٹر محمد افضل الدین اقبال ایک بلند پایہ محقق ہونے کے علاوہ ایک اچھے نقاد بھی ہیں ۔اچھے محقق کے لیے ضروری ہے کہ وہ سلجھی ہوئی تنقیدی بصیرت کا حامل ہو۔ دورانِ تحقیق دستیاب مواد کو کھوج، پرکھ اور پہچان اور چھان بین کے ذریعہ تنقیدی بصیرت کے ساتھ ترتیب دے اور اپنی رائے کے اثبات اور نفی میں مضبوط دلائل پیش کرے اور اپنی منطق کو لوگوں پر ایسا واضح کر دے کہ لوگ اُسے تسلیم کریں۔ ڈاکٹر محمد افضل الدین اقبال کا بہ حیثیت نقاد ایک اہم کارنامہ اُن کی کتاب ''ایسٹ انڈیا کمپنی کے علمی ادارے فورٹ ولیم کالج اور فورٹ سینٹ جارج کالج تقابلی وتنقیدی جائزہ ہے۔ یہ کتاب تقابلی تنقید کی اچھی مثال ہے۔اس کے علاوہ ڈاکٹر محمد افضل الدین اقبال کی تحقیقی کتاب ''مدراس میں اُردو ادب کی نشو ونما' اور ان کی مدون کردہ و مرتب کردہ کتابوں اور عثمانیہ یونیورسٹی کے ایم اے فاصلاتی تعلیم کی نصابی کتابوں میں جا بجا اُن کی تنقیدی بصیرت اور تنقیدی خیالات کا اظہار ملتا ہے۔ ڈاکٹر محمد افضل الدین اقبال کی تنقید نگاری کے جائزے سے قبل آیئے دیکھیں کہ تنقید کی تعریف کیا ہے۔ جدید دور میں تنقید کے مختلف اسالیب کیا ہیں۔تنقید کا تحقیق و تخلیق سے کیا رشتہ ہے اور اُردو میں تنقید کی روایت کیا ہے تاکہ تنقید کے ان مختلف ابعاد کی روشنی میں ڈاکٹر محمد افضل الدین اقبال کی تنقید نگاری کا جائزہ لیا جا سکے۔

تنقید کی تعریف :-

لفظ تنقید ''نقد'' سے مشتق ہے۔جس کے معنیٰ جانچنا' پرکھنا یا کھوج کے ہیں۔ اصطلاح ادب میں کسی فن پارے یا تخلیق کے محاسن و معائب بیان کرتے ہوئے ادب میں اس کے مقام کا

تعین کرنا تنقید کہلاتا ہے۔ ہر زمانے میں تنقید کی مختلف تعریفیں پیش کی گئی ہیں۔ کسی نے ادب کا مقصد مسرت وحظ پہنچانا بتایا اور تنقید کا کام تخلیق میں مسرت کے پہلوؤں کو تلاش کرنا بتایا۔ کسی نے ادب کو تفسیرِ حیات سے تعبیر کیا اور زندگی کے تغیر و تبدل کے زیرِ اثر ادب میں رونما ہونے والے مسائل اور تبدیلیوں کو دیکھنا تنقید کے لیے لازم قرار دیا۔ تنقید چوں کہ مغرب کی دین ہے۔ اس لیے تنقید کی تعریف میں مغربی افکار بھی پیش نظر رہے۔ امریکہ کی مشہور ڈکشنری Vebesters New International کے دوسرے ایڈیشن میں تنقید کی تعریف کسی فنی یا ادبی تخلیق کو علمیت اور قابلیت کے ساتھ پرکھنے کے فن کو تنقید قرار دیا گیا۔ (۱) Winchester کے بموجب ''تنقید کسی ادبی تخلیق کی داشورانہ ستائش کا نام ہے''۔ جس میں اس کی قدر و قیمت کا منصفانہ طور پر متعین جاتا ہے (۲) Shumaker کے بموجب تنقید ادب میں کسی بھی نوعیت کے دانشورانہ مباحث کا نام ہے''۔ (۳) تنقید کی ان تعریفوں کے علاوہ جہاں تک تخلیق اور تنقید کا سوال ہے کسی ادب پارے کی تخلیق کے ساتھ ہی تنقیدی عمل بھی شروع ہوجاتا ہے کیوں کہ بیش تر تخلیقات خوب سے خوب تر کی تلاش کے بعد ہی وجود میں آتی ہیں۔ اسی خیال کو پیش کرتے ہوئے ڈاکٹر شارب ردولوی لکھتے ہیں:

> ''آج زندگی ہر وقت رواں دواں ہے۔ اس میں ہر لمحہ ایک نئے نظریے اور نئی فکر کا اضافہ ہوتا رہتا ہے۔ اس کے امکانات اب محدود نہیں۔ اس لیے ناقص اور بہتر کی تمیز کے لیے تنقید ضروری ہے۔ تنقیدی شعور کے بغیر نہ تو اعلیٰ ادب کی تخلیق ہوسکتی ہے اور نہ فنی تخلیق کی قدروں کا تعین ممکن ہے۔ اس لیے اعلیٰ ادب کی پرکھ کے لیے تنقید لازمی ہے''۔
>
> (۱)

جس طرح ہر زمانے میں ادبی قدریں بدلتی رہتی ہیں۔ اسی طرح ادب کی پرکھ کے تنقیدی

اُصولوں میں بھی تبدیلی آتی رہی۔ لیکن تنقید مجموعی طور پر آفاقی اورادب کے لیے ضروری ہے۔ کیوں کہ یہ انسان کے ذہن وفکر کو روشنی عطا کرتی ہے اور ادبی راہوں کو ہموار اور منزل کو متعین کرتی ہے۔ اُردو میں تنقید کے ابتدائی نقوش تذکروں میں ملتے ہیں۔ حالؔی نے اپنے ''مقدمہ شعروشاعری'' کے ذریعہ جدید اُردو تنقید کی بناڈالی۔ رفتہ رفتہ تنقید کی دبستان وجود میں آئے اور رومانی تنقید جمالیاتی تنقید' سائنٹفک تنقید' تاثراتی تنقید' نفسیاتی تنقید اور تقابلی تنقید جیسے دبستان اُردو تنقید کے دامن کو وسیع کرتے رہے۔

تنقید کے ابتدائی نظریہ تعریف' تشریح اور تجزیے کی شکل میں ہیں۔ سائنٹفک تنقید ادیب اور فن کار کے تمام پہلوؤں پر بحث کرتی ہے اور اس کے ذریعہ تخلیق میں زمانے کے سماجی حالات اور خیالات کا عکس تلاش کیا جاسکتا ہے۔ جمالیاتی تنقید میں کسی بھی ادبی تخلیق کے مطالعے یا جائزے سے ذہن پر پڑنے والے تاثر کو اہمیت دی جاتی ہے اور تخلیق میں خط' مسرت اور حسن کے پہلو تلاش کئے جاتے ہیں۔ نفسیاتی تنقید میں فرد پر زور دیا جاتا ہے اور تخلیق کار کی نفسیاتی الجھنوں اور تشنگیوں کو تلاش کیا جاتا ہے۔ اس تنقید کا نظریہ یہ ہے کہ انسان کی دبی ہوئی خواہشات ادب اور آرٹ کی شکل میں رونما ہوئی ہیں۔ تاثراتی تنقید میں کسی بھی ادبی تخلیق کے مطالعے یا جائزے سے ذہن پر پڑنے والے تاثر کا جائزہ لیا جاتا ہے۔ مارکسی تنقید میں ادب کا تعلق زندگی سے دیکھا جاتا ہے کہ اعلیٰ ادب وہی ہے جو اپنے عہد کی سچی تصویر پیش کرتا ہے اور انسانی مقاصد کی ترجمانی کرتا ہے۔

تنقید کے ان دبستانوں کے علاوہ تنقید کا تعلق تحقیق اور تخلیق سے بھی جوڑا گیا ہے اور کہا گیا کہ تحقیق کے بغیر تنقید ممکن نہیں اور تنقید کے لیے تخلیق کی ضرورت ہے اور اچھی تخلیق کے لیے اچھے تنقیدی شعور کی بھی ضرورت ہوتی ہے۔ تنقید کی تعریف اور تنقید کے مختلف دبستانوں کے جائزے اور تنقید کے تحقیق اور تخلیق سے تعلق پر نظر ڈالنے کے بعد ڈاکٹر محمد افضل الدین اقبال کی تنقیدی تحریروں کا جائزہ لیا جارہا ہے تاکہ ان کی تحریروں میں پائے جانے والے تنقیدی شعور کا

اندازہ ہوسکے اور یہ دیکھا جائے کہ ان کی تنقیدیں کس تنقیدی دبستان کی نمائندگی کرتی ہے۔

تنقیدی کتاب ایسٹ انڈیا کمپنی کے علمی ادارے فورٹ ولیم کالج اور فورٹ سینٹ جارج کالج تقابلی وتنقیدی جائزہ کا تنقیدی مطالعہ

ڈاکٹر محمد افضل الدین اقبال کی تنقید نگاری پر مشتمل ایک اہم کتاب ''ایسٹ انڈیا کمپنی کے علمی ادارے فورٹ ولیم کالج اور فورٹ سینٹ جارج کالج تقابلی وتنقیدی جائزہ ہے۔ یہ کتاب ان کے یو جی سی مائنر ریسرچ پراجکٹ کا حصّہ ہے جسے بعد میں اُنھوں نے ترمیم واضافے کے ساتھ جولائی 2003ء میں شائع کیا۔ ۱۸۸ صفحات پر مشتمل یہ کتاب حیدرآباد سے شائع ہوئی۔

کتاب میں شامل ابواب کے نام اس طرح ہیں:

- پیش لفظ' سارے جہاں کو جس نے علم و ہنر دیا تھا۔
- ایسٹ انڈیا کمپنی' تاریخی پسِ نظر
- فورٹ ولیم کالج اور اُس کی اُردو خدمات
- فورٹ سینٹ جارج کالج اور اُس کی اُردو خدمات
- فورٹ ولیم کالج کی داستانیں
- فورٹ ولیم کالج وفورٹ سینٹ جارج کالج کا علمی' ادبی' تاریخی وسائنسی لٹریچر' ایک نظر میں
- فورٹ ولیم کالج وفورٹ سینٹ جارج کالج کی اُردو خدمات کا جائزہ
- کتابیات

کتاب کے پیش لفظ بہ عنوان ''سارے جہاں کو جس نے علم و ہنر دیا تھا' میں ڈاکٹر محمد افضل الدین اقبال نے زمانۂ قدیم سے دُنیا کو علوم وفنون سے متعارف کرانے میں ہندوستان کے رول کا ذکر کیا اور یہاں کی قدیم جامعات نالندہ یونیورسٹی' ٹکسلا یونیورسٹی' دابسی یونیورسٹی' ناگرجنا کی خانقاہوں کی علمی خدمات کا ذکر کیا۔ انگریزوں کی ہندوستان میں آمد اور علوم وفنون کے

فروغ میں اُن کی خدمات کا ذکر کرتے ہوئے ڈاکٹر محمد افضل الدین اقبال لکھتے ہیں:

''مغل سلطنت کے زوال کے بعد ایک ایسا دور آیا کہ فوجی، دفاعی طاقت ہی نہیں بلکہ علم و ہنر میں بھی ہندوستان پیچھے رہ گیا۔ ایک طرف یورپی اقوام پرتگالی، ڈچ اور پھر بعد میں فرانسیسی اور انگریزی سامراج نے ہندوستان جنت نشان کی بہت ساری دولت لوٹی اور ہمارا وطن ہندوستان معاشی حیثیت سے پسماندہ بن کر رہ گیا لیکن ساتھ ساتھ اس بات سے بھی انکار نہیں کیا جاسکتا کہ یورپی اقوام خصوصاً فرانس اور برطانیہ نے ہندوستان کے توسط سے یورپی اقوام کو پہونچا تھا ان علوم وفنون کو مزید ترقی دے کر ہندوستان کو واپس کیا ۔۔۔۔ کیا کوئی ہندوستانی باشندہ اس بات سے انکار کرسکتا ہے کہ شاعرِ مشرق سر محمد اقبال، بلبلِ ہند سروجنی نائیڈو، پنڈت جواہر لال نہرو اور ڈاکٹر ذاکر حسین وغیرہ نے یورپ میں تعلیم نہیں پاتی تھی۔ آئندہ صفحات میں فورٹ ولیم کالج کلکتہ اور فورٹ سینٹ جارج کالج مدراس کے ذریعہ سامراجی انگریزوں نے ہندوستانیوں کے تعاون سے جو زرین کارنامے انجام دیئے ہیں وہ قارئین کی خدمت میں پیش ہیں''۔ ۵

کتاب کے پہلے باب ''ایسٹ انڈیا کمپنی تاریخی پس منظر'' میں ڈاکٹر محمد افضل الدین اقبال نے لکھا کہ ہندوستان کی قدیم تاریخ سے ظاہر ہوتا ہے کہ ہندوستان اور یورپ کے درمیان تجارت عربوں کے ہوتی تھی، عرب جہاز رانوں نے تجارت کو فروغ دیا۔ 1600ء میں ہالینڈ

کے ڈچ (ولندیزوں) نے ہندوستان میں تجارتی کمپنی قائم کی۔ ہندوستان میں ایسٹ انڈیا کمپنی کے قیام اور اُس کے اغراض ومقاصد بیان کرتے ہوئے ڈاکٹر محمد افضل الدین اقبال لکھتے ہیں:

> ''پرتگالیوں اور ولندیزوں کی دیکھا دیکھی انگریزوں نے بھی 1600ء میں ہندوستان سے تجارت کرنے کے لیے ایک کمپنی قائم کی جو ایسٹ انڈیا کمپنی کہلاتی ہے ملکہ الزبتھ نے اس کمپنی کو تجارت کے اختیارات بھی دے دیئے۔۔۔ایسٹ انڈیا کمپنی ابتداء میں صرف تجارتی اغراض کے لیے قائم ہوئی۔ کمپنی مختلف عہدے تھے۔۔۔ان تمام عہدوں میں منشی کے عہدے کو خاص اہمیت حاصل تھی یہ منشی (Writers) جو ہندوستان پہنچ رہے تھے مقامی زبانوں اور ہندوستانی تہذیب وتمدن سے بالکل بےگانہ ہوتے تھے ۔۔۔ان نوجوان انگریزوں کی تعلیم وتربیت اور ہندوستانی تہذیب وتمدن سے واقفیت کے لیے مدراس کے انگریز گورنر جوزف کلکتہ نے فورٹ سینٹ جارج کالج کی بنیاد ڈالی''۔[۶]

انگریز ملازمین کو ہندوستانی زبان سکھانے کے لیے مدراس میں قائم کردہ فورٹ سینٹ جارج کالج کے اغراض ومقاصد بیان کرنے کے بعد ڈاکٹر محمد افضل الدین اقبال نے 1800ء میں کلکتہ میں قائم کردہ فورٹ ولیم کالج کی تفصیلات بیان کیں اور لکھا کہ لارڈ ویزلی نے ہندوستان میں کام کر رہے ایسٹ انڈیا کمپنی کے انگریز ملازمین کو برطانیہ کی کیمبرج اور آکسفورڈ یونیورسٹی کے طرز پر اعلیٰ تعلیم دلانے کی غرض سے 10 رجولائی 1800ء کو کلکتہ میں فورٹ ولیم کالج قائم کیا۔ اس باب میں آگے کالج کی کارکردگی بیان کی گئی۔

کتاب کے دوسرے باب ''فورٹ ولیم کالج اور اُس کی اُردو خدمات'' میں ڈاکٹر محمد

افضل الدین اقبال نے کالج کا قیام' شعبۂ ہندوستانی کے صدر جان گلکریسٹ کی اُردو خدمات کالج کے انگریز مصنفین تھامس روبک' فرانس گلسٹرون ولیم ٹیلر اور ہندوستانی مصنفین بہادر علی حسینی' شیر علی افسوس' کاظم علی جواں' مظہر علی خاں ولا' میر امن' حیدر بخش حیدری' خلیل خاں' اشک' للولال جی' اکرم علی' حفیظ الدین' مرزا علی لطف' نہال چند لاہوری وغیرہ کی کالج کے لیے پیش کی گئی خدمات کا تذکرہ کیا۔

ہندوستانی شعبے کے صدر جان گلکریسٹ کی خدمات بیان کرتے ہوئے ڈاکٹر محمد افضل الدین اقبال لکھتے ہیں:

> ''فورٹ ولیم کالج میں ہندوستانی (اُردو) زبان کے شعبے کا صدر مشہور مستشرق اور ماہرِ تعلیم جان گلکریسٹ کو مقرر کیا گیا۔گلکریسٹ کو ہندوستان زبان سے خاص لگاؤ تھا۔اسے درس وتدریس اور تصنیف وتالیف کا تجربہ فورٹ ولیم کالج میں آنے سے پہلے ہی ہو چکا تھا وہ ہندوستانی زبان کو ہندوستان گیر سمجھتا تھا۔۔۔اس حقیقت سے انکار نہیں کیا جاسکتا کہ گلکریسٹ کی بدولت فورٹ ولیم کالج اور اس کا ہندوستانی شعبہ اُردو زبان کی لسانی اور ادبی تاریخ میں سنگ میل کی حیثیت رکھتا ہے۔گلکریسٹ تقریباً چار سال تک ہندوستانی شعبے کا صدر رہا۔اس قلیل عرصے میں کے علاوہ اس نے تصنیف وتالیف کا باقاعدہ کام شروع کیا۔اس مقصد کے لیے اس نے اپنے شعبہ میں مصنفین چھاپہ خانہ کھولا' اُردو ٹائپ سے طباعت شروع کی۔۔۔نو وارد انگریزوں کو اُردو قالب ولہجہ اُردو لفظ سمجھانے کے لیے قصّہ خواں مقرر کیے۔

ہندوستانی مصنفین کو اُن کی بہترین تصنیف پر انعام دیئے
جانے کی کالج کونسل سے سفارش کر کے انعام دلایا
۔۔۔۔۔کتابوں کی طباعت کے لیے امداد دیئے جانے کی
راہ نکالی ۔ کتابوں کے فروخت کرنے کا پروگرام بنایا
۔۔۔۔گلکریسٹ کی ان کوششوں کا نتیجہ یہ ہوا کہ اُردو میں
مختلف موضوعات پر کتابیں لکھی یا ترجمہ کی جانے لگیں'' ۔ ۷

اس باب میں ڈاکٹر محمد افضل الدین اقبال نے گلکریسٹ کی کالج کے لیے خدمات تفصیلی بیان کی ہیں جب کہ دیگر مصنفین کا تعاون اور اُن کی تصانیف کا تذکرہ کر دیا۔ باب کے آخر میں اجمالی طور پر فورٹ ولیم کالج کی اُردو خدمات کا ذکر کرتے ہوئے وہ لکھتے ہیں کہ فورٹ ولیم کالج نے اپنے قیام کے پچاس سال میں اُردو کی ترقی اور ترویج میں گراں قدر خدمات انجام دیں ۔ دوسو سال سے زائد زمانہ گزر جانے کے باوجود کالج میں لکھی گئی کتابوں کی زبان و بیان میں دلکشی اور شیرینی برقرار ہے۔ اس کالج نے اُردو نثر کو سلیس، عام فہم بنانے پر خاص توجہ دی۔ کالج کی بدولت آسان نثر نگاری کا رواج ہوا۔ اس ادارے میں پہلی مرتبہ تعلیم کے ساتھ تصنیف و تالیف پر توجہ دی گئی ۔ جس سے اُردو ادب کے سرمائے میں اضافہ ہوا۔ اس طرح کے خیالات پیش کرتے ہوئے ڈاکٹر محمد افضل الدین اقبال نے فورٹ ولیم کالج کی اُردو خدمات کا احاطہ کیا۔ اُن کے یہ تاثرات تاثراتی تنقید کی اچھی مثال ہیں۔

تنقیدی کتاب ''ایسٹ انڈیا کمپنی کے علمی ادارے فورٹ ولیم کالج اور فورٹ سینٹ جارج کالج تقابلی و تنقیدی جائزہ میں شامل اگلے باب فورٹ سینٹ جارج کالج اور اُس کی اُردو خدمات'' میں ڈاکٹر محمد افضل الدین اقبال نے تقریباً وہی معلومات دیں جو اُن کے تحقیقی مقالہ ''مدراس میں اُردو ادب کی نشو و نما (جلد اوّل) اور فورٹ سینٹ جارج کالج میں شامل ہیں ۔ اس باب میں ڈاکٹر محمد افضل الدین اقبال نے لکھا کہ فورٹ ولیم کالج کے سقوط کے بعد فورٹ

سینٹ جارج کالج اُبھرتا ہے لیکن اس کالج کی باضابطہ تنظیم 1812ء میں ہو چکی تھی۔ فورٹ سینٹ جارج کالج کا شعبہ تعلیمی' فورٹ سینٹ کالج کا شعبۂ تصنیف و تالیف' فورٹ سینٹ کالج کا پریس' زبانیں سیکھنے پر انعام و اکرام اور فورٹ سینٹ جارج کالج کا کتب خانہ سرخیوں کے تحت ڈاکٹر محمد افضل الدین اقبال نے کالج کے شعبوں سے متعلق اہم معلومات فراہم کیں۔ ان معلومات سے اندازہ ہوتا ہے کہ فورٹ سینٹ جارج کالج میں بھی بالواسطہ طور پر اُردو کی ترقی کے کام ہوئے۔ فورٹ سینٹ جارج کالج کے انگریز مصنفین عنوان کے تحت ڈاکٹر محمد افضل الدین اقبال نے فورٹ سینٹ جارج کالج کے انگریز مصنفین ڈاکٹر ہنری ہارس' الکسانڈر ڈنکن کیمبل' تھامس روبک' کیپٹن گرین آوے' ڈاکٹر ایڈورڈ بالفور وغیرہ کی اُردو خدمات کو پیش کیا۔ ڈاکٹر محمد افضل الدین اقبال نے اپنی تحقیقی کتاب ''اُردو کا پہلا نثری ڈرامہ'' میں کیپٹن گرین آوے کے تعلق سے کافی تفصیلات دی ہیں کہ اُس کا تحریر کردہ ڈرامہ ''علی بابا اور چالیس چور'' جدید تحقیق کے مطابق اُردو کا پہلا نثری ڈرامہ ہے جو 1852ء میں شائع ہوا۔ ڈاکٹر ایڈورڈ بالفور کے بارے میں انھوں نے لکھا کہ فورٹ ولیم کالج کے جان گلکرسٹ کی طرح فورٹ سینٹ جارج کالج میں ایڈورڈ بالفور کا نام وفروغ اُردو کے ضمن میں اہم ہے۔ اُس کی اُردو خدمات کا احاطہ کرتے ہوئے ڈاکٹر محمد افضل الدین اقبال نے اس کی تحریر کردہ کتابوں گلدستۂ سخن' کتاب علمِ نجوم (ترجمہ) اُردو اور انگریزی میں دُنیا کے اعداد و شمار کا نقشہ علم ہیئت کا رسالہ' رسالہ علم کیمیاء' اُصول فن قبالت کا مختصر تعارف پیش کیا۔

اسی باب کے اگلے حصّے میں ''فورٹ سینٹ جارج کالج کے ہندوستانی مصنفین'' کے نام سے ڈاکٹر محمد افضل الدین اقبال نے جن مصنفین کی اُردو خدمات کا ذکر کیا اُن میں تراب علی نامی' سید حسین شاہ حقیقت' حسن علی ماہلی' منشی غلام حسین معاون خاں' قاضی' ارتضاد علی خاں خوشنود' مفتی محمد تاج الدین حسین خاں بہجت' مرزا عبدالباقی وفاؔ' محمد مہدی واصفؔ' سید تاج الدین' محمد خان' منشی سید غلام دستگیر' منشی مظفرؔ وغیرہ شامل ہیں۔ ڈاکٹر محمد افضل الدین اقبال نے

کالج کے ان مصنفین کے حالاتِ زندگی' کالج کے لیے اُن کی خدمات اور اُن کے شعری وادبی کارناموں کا تعارف پیش کیا اور بعض شعراء کے کام کا نمونہ بھی دیا۔مہدی واصفؔ کی شاعری پر تبصرہ کرتے ہوئے ڈاکٹر محمد افضل الدین اقبال لکھتے ہیں:

''مہدی واصفؔ فارسی اور اُردو میں فکرِ سخن کرتے تھے ۔ فارسی میں واصفؔ اور اُردو میں مسکینؔ تخلص تھا۔ ان دونوں زبانوں میں اُن کے دیوان مطبوعہ ہیں۔ واصفؔ کے فارسی دیوان کا نام دیوان واصفؔ اور اُردو دیوان کا نام'' دیوانِ مسکین'' ہے ۔ اُردو دیوانِ حیدرآباد میں مرتب ہوا ۔۔۔۔اُردو نعتیہ دیوان'' روضہ رضوان'' بھی شائع ہو چکا ہے ۔ واصفؔ ایک مثنوی گو بھی تھے ۔ اُن کی دو اُردو غیر مطبوعہ مثنویاں'' مثنوی دل مائل'' اور مثنوی قصہ اصحابِ کہف امانتی کتب خانہ خاندانِ مشرف الملک مدراس میں محفوظ ہیں۔ واصفؔ کا تمام زبان کی سلاست و پاکیزگی طرزِ بیان کی دلکشی وسادگی اور شاعرانہ بلند خیالی کا عمدہ نمونہ ہے ''۔ ۸

اس باب میں ڈاکٹر محمد افضل الدین اقبال نے فورٹ سینٹ جارج کالج کے دیگر مصنفین کی شعری وادبی خدمات کا بھی احاطہ کیا لیکن باب کے آخر میں فورٹ سینٹ جارج کالج کی مجموعی طور پر اُردو خدمات کا تذکرہ نہیں کیا۔ مختلف مصنفین کے احوال پیش کرتے ہوئے انھوں نے واضح کیا کہ انگریزوں کی تعلیم وتربیت کے لیے قائم کردہ اس کالج میں بھی وہاں کے اساتذہ اور دیگر منشیوں اور مصنفین نے اپنی تخلیقات اور تالیفات کے ذریعہ اُردو شعر وادب کا دامن وسیع کی ۔ ڈاکٹر محمد افضل الدین اقبال نے فورٹ ولیم کالج اور فورٹ سینٹ جارج کالج کا

یکے بعد دیگرے تفصیلی ذکر کرتے ہوئے علاحدہ علاحدہ ہی سہی قارئین کے لیے ایک تقابلی مطالعہ پیش کیا۔ جس سے ظاہر ہوتا ہے کہ دونوں کالجوں کے مصنفین نے کیا کارنامے انجام دیئے اور اس کالج کے تحت شعروادب میں کونسے کارنامے سامنے آئے اور کس طرح ان دو کالجوں نے ادب کا دامن وسیع کیا۔

تنقیدی کتاب کے اگلے باب ''فورٹ ولیم کالج کے داستانیں'' میں ڈاکٹر محمد افضل الدین اقبال نے اس کالج کے مصنفین کی لکھی گئی داستانوں باغ و بہار از میر امن، داستان امیر حمزہ از خلیل خاں اشک، قصہ رضوان شاہ از خلیل خاں اشک، آرائشِ محفل عرف قصہ حاتم طائی از حیدر بخش حیدری، مذہبِ عشق از نہال چند لاہوری، نثر بے نظیر از میر بہادر علی حسینی، اخوان الصفاء از اکرام علی، خرد افروز از حفیظ الدین، سنگھاسن بتیسی از مرزا کاظم علی جواں، بے تال پچیسی از مظہر علی خاں وِلا اور مادھونل اور کام کندلہ از مظہر علی خاں وِلا کا جائزہ پیش کیا۔ اس جائزے میں داستانوں کا تعارف اور اس پر تبصرہ شامل ہے۔

میر امّن کی داستان ''باغ و بہار'' پر اپنے تنقیدی خیالات پیش کرتے ہوئے ڈاکٹر محمد افضل الدین اقبال لکھتے ہیں:

> ''ترجمہ کرتے وقت میر امن نے فارسی کتاب بھی دیکھی لیکن زیادہ تر تحسین کی کتاب ''نوطرزِ مرصع'' ہی کی تقلید اور پیروی کی ہے۔ دونوں کی کہانی ایک ہی ہے۔ مگر دونوں کے اسالیب اتنے مختلف ہیں کہ دو علاحدہ کتابیں معلوم ہوتی ہیں۔ میر امن نے خالص عام فہم ہندوستانی زبان کا استعمال کیا ہے۔ جس کی وجہ سے یہ کتاب بڑی مقبول ہوئی۔ ترجمہ ہوتے ہوئے بھی یہ خود میر امّن کی تصنیف معلوم ہوتی ہے۔ میر امّن کی باغ و بہار جہاں زبان کے لحاظ سے اُردو کی تمام

داستانوں میں آگے ہے وہیں پلاٹ کے لحاظ سے بھی مکمل ہے۔ قصّے کی دلچسپی میں کہیں بھی کمی نہیں ہوئی۔ پلاٹ میں اگرچہ وحدت نہیں ہے لیکن ایک ندرت ہے۔۔۔۔ باغ و بہار کی مقبولیت وشہرت کا اصل راز اُس کی فصیح زبان اور بے مثل اُسلوبِ بیان ہے۔ میرامن کا صاحبِ طرز ہونا ہر سطر سے نمایاں ہے۔ میرامّن کا نثر میں وہی مرتبہ ہے جو میر تقی میؔر کا غزل گوئی میں ہے۔۔۔۔اس (داستان) کے پڑھنے سے عہدِ وسطیٰ کے ہندوستانی سماجی حالات اور خصوصاً مسلمانوں کی ثقافتی زندگی کے بارے میں بہت سی باتیں معلوم ہوتی ہیں''۔ 9

ڈاکٹر محمد افضل الدین اقبال کے ان تنقیدی خیالات پر نظر ڈالنے سے پتہ چلتا ہے کہ وہ کسی بھی تخلیق پر گہری نظر ڈالتے ہیں۔نتائج اخذ کرتے ہیں اور توضیح وتشریح کے ساتھ اپنے تنقیدی خیالات پیش کرتے ہیں۔ ڈاکٹر محمد افضل الدین اقبال کے تنقید متوازن اور اعتدال پسند ہوتی ہیں۔ وہ ادب کے معیارات کے اعتبار سے اپنی رائے دیتے ہیں۔ بیجا نکتہ چینی نہیں کرتے اور نہ ہی جانبداری کا اظہار کرتے ہیں۔اس طرح کی تنقید ادب کو صحیح راہ دکھاتی ہے دیگر داستانوں کے جائزے میں بھی ڈاکٹر محمد افضل الدین اقبال نے اسی طرح کا انداز اختیار کیا ہے۔ یہ باب فورٹ ولیم کالج کے تحت لکھی گئی۔ داستانوں کے تعارف کا اہم حصّہ ہے۔اس باب کے بعد تقابلی مطالعے کے طور پر ڈاکٹر محمد افضل الدین اقبال نے''فورٹ سینٹ جارج کالج کی داستانیں''عنوان کے تحت وہاں لکھی گئی داستانوں کا تعارف اور اُن پر اپنے تنقیدی خیالات پیش کیے۔اس باب میں جن داستانوں کا تعارف شامل ہے اُن میں دکنی انوارِ سہیلی (ترجمہ) از منشی محمد ابراہیم بیجاپوری' حکایات الجلیلہ ترجمہ الف لیلتہ ولیلہ (ترجمہ) از منشی شمس الدین احمد' دکنی سنگھاسن بتیسی' ملکہ زماں وکام کندلہ

شامل ہیں۔

دکنی انوارِ سہیلی کا تجزیہ کرتے ہوئے اس باب میں ڈاکٹر محمد افضل الدین اقبال لکھتے ہیں:

''منشی محمد ابراہیم نے بامحاورہ دکنی زبان بڑی خوبی سے استعمال کی ہے۔ انھوں نے مشہور قدیم دکنی کارناموں جیسے ''پھول بن، گلشنِ عشق، منطق الطیر اور یوسف زلیخا وغیرہ کا بھی مطالعہ کیا تھا۔ ابراہیم نے دکنی انوارِ سہیلی میں قواعد کے بعض اہم نکات کی طرف بلیغ اشارے کیئے ہیں۔ ان سے اُن کی زبان سمجھے میں مدد ملتی ہے۔۔۔۔کتاب کے آخر میں ابراہیم نے ایک طویل فرہنگ کا بھی اضافہ کیا ہے۔ جس سے دکنی روزمرہ محاوروں اور ضرب الامثال اور دکن کی مخصوص بول چال کا اندازہ ہوسکتا ہے۔ یہ فرہنگ نہ صرف ابراہیم کی ''انوارِ سہیلی'' کی زبان کو سمجھنے میں ممد ومعاون ثابت ہوتی ہے بلکہ بہت سی قدیم دکنی تخلیقات کے مطالعہ میں ہماری رہنمائی کرسکتی ہے''۔ [۱۰]

تنقیدی کتاب کے اگلے باب میں ڈاکٹر محمد افضل الدین اقبال نے فورٹ ولیم اور فورٹ سینٹ جارج کالج کے تحت لکھے گئے علمی، ادبی، تاریخی وسائنسی لٹریچر کی فہرستیں دی ہیں۔اس مطالعے کو مختلف زمروں میں تقسیم کیا گیا۔ جیسے داستان کہانی حکایات اور نقلیں، مذہب اخلاق حکمت اور سائنس تاریخ اور تذکرے، دواوین اور انتخاب، لغت اور قواعد وغیرہ۔

تنقیدی کتاب کا آخری باب فورٹ ولیم وفورٹ سینٹ جارج کالج اُردو خدمات کا تنقیدی جائزہ ہے۔اس باب میں اجمالی طور پر دونوں کالجوں کی اُردو خدمات کا تقابلی جائزہ پیش

کیا گیا ہے۔فورٹ ولیم کالج اور فورٹ سینٹ جارج کالج کے قیام کا مقصد انگریز جونیئر سیول ملازمین کی تعلیم و تربیت قرار دیتے ہوئے ڈاکٹر محمد افضل الدین اقبال نے آگے لکھا کہ فورٹ سینٹ جارج کالج کو فورٹ ولیم کالج پر اس لیے فوقیت حاصل ہے کہ یہاں ادب کے ساتھ قانون، ریاضی، عربی، فارسی کے علاوہ دیگر ملکی زبانوں کی تعلیم بھی دی جاتی تھی۔دونوں کالجوں کے ذریعہ ہوئی اُردو کی ترقی کا ذکر کرتے ہوئے ڈاکٹر محمد افضل الدین اقبال لکھتے ہیں:

> ''اس وقت سارے ہندوستان میں اُردو ہی ایک ایسی زبان تھی جو عام طور پر بولی اور سمجھی جاتی تھی۔اس لیے ایسٹ انڈیا کمپنی نے دوسری ملکی زبانوں کے مقابلے میں اُردو کی زیادہ سرپرستی کی اور جہاں کلکتہ میں ہندوستانی کتابیں تیار کی تھیں وہیں مدراس میں اُردو کی قدیم شکل ''دکھنی'' کا پرچار ہو رہا تھا اور اُس کی توسیع و اشاعت سے خاطر خواہ دلچسپی لی جارہی تھی۔انگریزوں نے اُردو میں اپنے ادب کو منتقل کرنے کے بجائے فارسی اور سنسکرت وغیرہ کی مقبول کتابوں کا ہندوستانی (اُردو) اور دکھنی (قدیم اُردو) میں ترجمہ کروایا۔ اس کی وجہ یہ تھی کہ ایک طرف تو خود اہلِ ہند ان سے دلچسپی لیتے تھے اور دوسری طرف اہلِ ہند کے مذاق و خیالات کے سمجھنے میں ان سے کافی مدد مل سکتی تھی۔اس طرح کمپنی کے زیرِ اثر ہندوستان میں اُردو نثر نگاری کی تحریک آگے بڑھی۔اُردو نثر کے فروغ و اشاعت میں انگریزوں کا جو حصّہ رہا اُس کو نظر انداز نہیں کیا جاسکتا''۔[11]

اس تقابلی جائزے والے باب میں بھی ڈاکٹر محمد افضل الدین اقبال نے اپنی تحقیق کے

پسندیدہ موضوع فورٹ سینٹ جارج کالج کا تذکرہ زیادہ کیا اور اس کالج کی اہمیت اُجاگر کرنے کی کوشش کی۔ اسی طرح اس کتاب کا اختتام عمل میں آتا ہے۔اس کتاب میں ڈاکٹر محمد افضل الدین اقبال نے فورٹ ولیم کالج اور فورٹ سینٹ جارج کالج کی اُردو زبان کے فروغ کے لیے ہوئی خدمات کا یکے بعد دیگرے تذکرہ کرتے ہوئے ایک طرح کا تقابل کرنے کی کوشش کی ہے ۔شعراء کے بیان میں جہاں تہاں ڈاکٹر محمد افضل الدین اقبال نے اپنے تنقیدی خیالات پیش کیے ہیں ڈاکٹر محمد افضل الدین اقبال کو ایک تقابلی نقاد قرار دیتے ہوئے پروفیسر مجید بیدار لکھتے ہیں:

> ''تنقید کے معاملے میں وہ تقابلی تنقید کے روحِ رواں تھے اور اُن کی آخری کتاب بھی تقابلی تنقیدی کو پیش کرنے کا وسیلہ بن جاتی ہے''۔11

تحقیق میں بھی اگر تنقیدی رویے کو ضروری سمجھا جائے تو یہ کتاب تنقید سے زیادہ تحقیقی اہمیت کی حامل ہے۔کیوں کہ اس کتاب میں پیش کردہ مواد تحقیقی انداز کا حامل ہے۔ان تمام اُمور کے باوجود اس کتاب کے ذریعہ ہمیں اُردو نثر کو آسان بنانے کی تحریک میں نمایاں خدمات انجام دینے والے دو کالجوں فورٹ ولیم کالج اور فورٹ سینٹ جارج کالج کے بارے میں اہم مواد مل جاتا ہے اور اس کالج کے تحت لکھنے والے مصنفین کے کارناموں پر سیرِ حاصل روشنی پڑتی ہے۔

ڈاکٹر محمد افضل الدین اقبال کی دیگر تصانیف میں تنقیدی خیالات

''ڈاکٹر محمد افضل الدین اقبال نے تنقید کے موضوع پر باضابطہ کوئی کتاب یا مضامین نہیں لکھے جس سے اُن کے تنقیدی نظریات کو اخذ کیا جاسکے۔تاہم اُن کی تحقیقی و تدوینی کتابوں میں جابجا اُن کے تنقیدی نظریات یا تنقیدی رویے دیکھے جاسکتے ہیں۔اُن کی اہم تحقیقی کتاب ''مدراس میں اُردو ادب کی نشو ونما'' ہے۔اس کتاب کے دوسرے حصّے ''فورٹ سینٹ جارج کالج دکنی زبان و ادب کا اہم مرکز'' میں شعراء کے کلام پر تبصرہ کرتے ہوئے ڈاکٹر محمد افضل الدین اقبال نے اپنے تنقیدی رویے کا اظہار کیا ہے۔جنوبی ہند کے مشہور شاعر و ادیب مہدی واصف

کے کلام پر تبصرہ کرتے ہوئے ڈاکٹر محمد افضل الدین اقبال لکھتے ہیں:

"دیوانِ مسکینؔ کے مطالعہ سے واصفؔ کی قادرالکلامی ظاہر ہوتی ہے اور اس کا بھی احساس ہوتا ہے کہ اُن کا کلام سلاست، روانی اور سادگی میں لاجواب ہے۔ کلام میں درد اور سوز و گداز بھی بہت ہے۔ ایک سچے عاشق کے دل سے نکلے ہوئے نغمے ہیں۔ اس لیے بہت اثر کرتے ہیں ۔۔۔۔مہدی واصفؔ کا کلام زبان کی سلاست و پاکیزگی، طرزِ بیان کی دلکشی و سادگی اور شاعرانہ بلند خیالی کا عمدہ نمونہ ہے۔ مشکل سے مشکل زمینوں میں بھی انھوں نے سلاست، روانی اور برجستگی کے جوہر دکھائے ہیں۔ مسکینؔ کا خاص موضوع عشق آل نبی اور خصوصاً سیدنا امام حسینؓ ہے۔ اُن کے کالم سوز گداز اور دردمندی کی ایک سچی تصویر ہے۔ اُن کے کلام میں مبالغہ اور جھوٹ کا شائبہ نہیں"۔ ۱۲

مہدی واصفؔ کے کلام کے تجزیے کے انداز سے ظاہر ہوتا ہے کہ ڈاکٹر محمد افضل الدین اقبال کی تنقید میں جمالیاتی اور تاثراتی رنگ جھلکتا ہے۔ تعریف و توصیف کے اندز میں اُنھوں نے شاعر کے کلام کو دیکھا ہے۔ خامیوں سے قطع نظر وہ خوبیوں پر نظر رکھتے ہیں اور اچھے انداز میں کسی کی خوبیاں بیان کرتے ہیں۔ اپنی تاثراتی تنقید کی ایک جھلک ڈاکٹر محمد افضل الدین اقبال کی تحقیقی کتاب "اُردو کا پہلا نثری ڈرامہ اور کیپٹن گرین آوے" میں بھی دکھائی دیتی ہے۔ کیپٹن گرین آوے کے ڈرامے "علی بابا اور چالیس چور" کو اُردو کا پہلا ڈرامہ قرار دینے کے بعد ڈرامے پر تنقیدی خیالات پیش کرتے ہوئے ڈاکٹر محمد افضل الدین اقبال لکھتے ہیں:

"ڈرامہ 'علی بابا' کے طرزِ بیان میں دلکشی اور دلفریبی

پائی جاتی ہے۔ڈرامے کے مطالعے سے طبعیت نہیں اُکتاتی
۔قاری اس کے مطالعے میں ڈوب جاتا ہے اور کتاب ختم
کر کے ہی دم لیتا ہے۔کیپٹن گرین آوے نے اپنا ڈرامہ
آسان سلیس اور عام فہم دکنی زبان میں لکھا ہے لیکن اُنھوں
نے اسے ہندوستانی قرار دیا ہے۔اس ڈرامے میں عربی،
فارسی کے موٹے موٹے الفاظ کے بجائے آسان اور عام فہم
ہندی الفاظ استعمال کیئے گئے ہیں۔کہیں کہیں ضرب الامثال،
تشبیہ و استعارے بھی ہیں۔قصّہ کی زبان روزمرہ کی بول
چال ہے۔ ڈرامہ 'علی بابا' دکنی ادبیات میں ایک بیش
بہا اضافہ ہے۔اس ڈرامے سے اس دور کی زبان سمجھنے میں
خاص مدد ملتی ہے اور اس بات کا پتہ چلتا ہے کہ عوام میں دکنی
زبان کا استعمال باقی تھا۔کیپٹن گرین آوے کا اُسلوب منفرد
حیثیت رکھتا ہے''۔۱۳۱

تدوین متن سے متعلق اپنی کتاب ''نواب اعظم ومثنوی اعظم نامہ'' میں مثنوی پر تبصرہ
کرتے ہوئے ڈاکٹر محمد افضل الدین اقبال نے اپنے تنقیدی خیالات یوں ظاہر کیئے:

''مثنوی اعظم نامہ'' سے نواب محمد غوث خاں بہادر
اعظم کے طرزِ معاشرت اور سیاست کا بخوبی اندازہ ہوتا ہے
۔اس کے ساتھ ہی ساتھ اس مثنوی میں اُن کی پیدائش، تخت
نشینی، شادی، ضیافت، رقص و موسیقی کی محفلوں اور اُن کی موت
کی تفصیلات بھی ملتی ہیں۔تاریخ کی کتابوں میں بھی ہمیں
اس دور کی ایسی بھرپور اور جامع تصویر نظر نہیں آتی جیسی کہ

اس مثنوی میں دکھائی دیتی ہے۔اس مثنوی کی اہم خصوصیت حقیقت نگاری، تسلسلِ بیان، وصف مکان وزماں، مناظر اور نفسیاتی کیفیات کی توضیح وتشریح ہے۔ یہ مثنوی اپنے عہد کے ماحول اور معاشرت کی بولتی تصویر ہے۔ اس میں نہ مبالغہ آرائی ہے اور نہ کوئی خلاف حقیقی واقعہ بیان کیا گیا ہے۔ جوہر نے اس مثنوی میں والا جاہی تہذیب کے خدوخال بڑی خوبصورتی سے پیش کیے ہیں جوہر کو منظر کشی اور محاکا نگاری میں کمال حاصل ہے۔ ان کے توضیحی بیانات میں جزئیات نگاری کے عنصر نے صداقت اور اصلیت کا رنگ بھر دیا ہے ۔۔۔۔۔جوہر کو سراپا نگاری پر بھی قدرت حاصل ہے۔ انھوں نے اس مثنوی میں نواب اعظم کے حُسن کا بڑا دلنواز مرقع پیش کیا ہے۔ نادر اور اچھوتی تشبیہات نے سراپا کو حقیقت پسندانہ اور پُراثر بنادیا ہے۔اس کے علاوہ مثنوی میں جوہر نے بڑے اعتماد اور سلیقے کے ساتھ صنائع بدائع کا استعمال کیا ہے۔رعایت لفظی، مراعات النظیر اور مناسب برمحل تشبیہات و استعارات نے جوہر کے شاعرانہ بیانات کو بڑی معنویت عطا کی ہے۔ جوہر کو زبان پر قدرت حاصل ہے۔انھوں نے جابجا اپنے عہد کی زبان میں استعمال ہونے والے محاوروں کو بڑی خوش اُسلوبی سے استعمال کیا ہے"۔[۱۴]

ڈاکٹر محمد افضل الدین اقبال کے تنقیدی مضامین
ڈاکٹر محمد افضل الدین اقبال کے تنقیدی مضامین عثمانیہ یونیورسٹی کے پروفیسر جی رام ریڈی مرکز

برائے فاصلاتی تعلیم ایم اے اردو کی نصابی کتابوں میں شامل ہیں۔ ان مضامین کی تفصیل اس طرح ہے۔

مضمون کا نام	کتاب کا نام	جماعت
۱) دکنی زبان وادب کی ابتداء ترویج وارتقاء	دکنی ادب	ایم اے سال اول (پرچہ سوم)
۲) شاہان عادل شاہیہ کی ادبی خدمات	دکنی ادب	ایم اے سال اول (پرچہ سوم)
۳) محمد قلی قطب شاہ کے علمی وادبی کارنامے	دکنی ادب	ایم اے سال اول (پرچہ سوم)
۴) شاہان قطب شاہیہ کی ادبی خدمات	دکنی ادب	ایم اے سال اول (پرچہ سوم)
۵) فورٹ ولیم کالج کی اردو خدمات	تاریخ ادب اردو	ایم اے سال اول (پرچہ چہارم)
۶) فورٹ سینٹ جارج کالج کی اردو خدمات	تاریخ ادب اردو	ایم اے سال اول (پرچہ چہارم)
۷) سرسید احمد خاں کی ادبی خدمات	تاریخ ادب اردو	ایم اے سال اول (پرچہ چہارم)
۸) سرسید کے رفقاء اوران کے ادبی کارنامے	تاریخ ادب اردو	ایم اے سال اول (پرچہ چہارم)
۹) علامہ اقبال کی شاعری ان کا فلسفہ اور پیام	تاریخ ادب اردو	ایم اے سال اول (پرچہ چہارم)
۱۰) اردو نظم عہد اقبال میں	تاریخ ادب اردو	ایم اے سال اول (پرچہ چہارم)
۱۱) اردو غزل عہد اقبال میں	تاریخ ادب اردو	ایم اے سال اول (پرچہ چہارم)
۱۲) خواجہ الطاف حسین حالیؔ	جدید اردو شاعری	ایم اے سال آخر (پرچہ اول)
۱۳) غزلیات حالیؔ کی تشریح	جدید اردو شاعری	ایم اے سال آخر (پرچہ اول)
۱۴) ڈاکٹر سر محمد اقبالؔ	جدید اردو شاعری	ایم اے سال آخر (پرچہ اول)
۱۵) غزلیات اقبالؔ کی تشریح	جدید اردو شاعری	ایم اے سال آخر (پرچہ اول)
۱۶) فضل الحسن حسرتؔ موہانی	جدید اردو شاعری	ایم اے سال آخر (پرچہ اول)
۱۷) غزلیات حسرتؔ کی تشریح	جدید اردو شاعری	ایم اے سال آخر (پرچہ اول)
۱۸) شوکت علی خاں فانیؔ بدایونی	جدید اردو شاعری	ایم اے سال آخر (پرچہ اول)

۱۹)غزلیات فانؔی کی تشریح   جدید اردو شاعری   ایم اے سال آخر (پرچہ اول)

۲۰)اردو تنقید کے ابتدائی نمونے   ادبی تنقید   ایم اے سال آخر (پرچہ چہارم)

۲۱)اردو تنقید کا آغاز وارتقاء   ادبی تنقید   ایم اے سال آخر (پرچہ چہارم)

ڈاکٹر محمد افضل الدین اقبال کے لکھے ان مضامین کے موضوعات پر غور کرنے سے پتہ چلتا ہے کہ وہ اردو کے قدیم اور جدید ادب اور تنقید پر یکساں عبور رکھتے تھے۔ یہ مضامین چونکہ طلباء نصابی ضرورت کے تحت لکھے گئے اس لئے اس میں تفہیم وتشریح کا پہلو غالب ہے۔ ضرورت پڑنے پر ڈاکٹر محمد افضل الدین اقبال نے اپنے تاثرات بھی ان میں شامل کئے جوان کے تاثراتی تنقید کے دبستان سے وابستگی کو ثبوت پیش کرتے ہیں۔ مضمون ''اردو تنقید کا آغاز وارتقاء'' میں حالؔی کی تنقید نگاری پر تبصرہ کرتے ہوئے ڈاکٹر محمد افضل الدین اقبال لکھتے ہیں:

> حالؔی نے مقدمہ شعر وشاعری میں عملی تنقید کرتے ہوئے پہلی مرتبہ ایک مکمل اور منظّم نظریہ تنقید پیش کیا۔ اس سے پیشتر اردو تنقید کی راہیں متعین نہ تھیں۔ تذکروں میں جو تنقید ملتی ہے اس کا انحصار ذاتی پسند و ناپسند پر ہے۔۔۔ حالؔی نے تنقیدی نظریات پیش کرتے ہوئے شاعری کو انسانی زندگی کی بلند اقدار سے ہم آہنگ کرنے پر زور دیا۔ حالؔی کے افکار نے اردو شاعری پر گہرا اثر ڈالا۔[۱۵]

ڈاکٹر محمد افضل الدین اقبال بنیادی طور محقق مانے جاتے ہیں۔ اور اردو نثر ان کا میدان ہے۔ تاہم انہوں نے تنقید نگاری میں شاعری کے میدان میں بھی کوشش کی ہے۔ اور اقبالؔ، حالؔی، حسرتؔ اور فانی کی شاعری پر بھی مفید اور معلوماتی تنقیدی مضامین لکھے ہیں۔ حسرتؔ کی غزل گوئی کے بارے میں ڈاکٹر محمد افضل الدین اقبال لکھتے ہیں:

> حسرتؔ کا نظریہ حسن وعشق اردو کے عام شاعروں

سے مختلف ہے۔ ان کی محبت روایتی نہیں اصلی اور حقیقی ہے۔ان کا عشق رومانی نہیں مادی اور زمینی ہے۔ ان کی شاعری میں جنس کی مہک ہے۔اس جنسی شاعری میں ایک تقدس اور طہارت ہے۔اس کی مثال اردو شاعری میں بہت کم ملتی ہے۔حسرتؔ کے عشق میں غیرت اور خودداری ہے۔ گھر کی فضا اور مشرقی شائستگی ہے۔حسن میں وقار ہے اور محبت میں پاکیزگی ہے۔ یہ محبت زندگی میں جینے کا حوصلہ بڑھا دیتی ہے۔بلندی کی طرف لے جاتی ہے۔ ان کی خارجیت نکھری ہوئی ہے۔ جب اس میں داخلیت کا میل ہو جاتا ہے تو معاملہ بندی کا اعجاز نظر آنے لگتا ہے۔اس طرح ان کی معاملہ بندی میں ایک ندرت اور لطافت ہے۔حسرتؔ کا اصلی شاعرانہ رنگ حسن و عشق کے افسانے میں ظاہر ہوتا ہے۔ جسے وہ مزے لے لے کر بیان کرتے ہیں۔ان کے لب ولہجہ میں خاص نغمگی اور اچھوتا پن ہے۔جو دوسروں کے یہاں نہیں ملتا۔ وہ اپنے لب ولہجہ سے ایک خاص طلسمی فضاء پیدا کر دیتے ہیں۔جو زندگی پر ہمارے اعتماد کو بڑھا دیتی ہے۔ [۱۶]

تاریخ ادب میں عام طور سے کسی دور کی تاریخ بیان کی جاتی ہے۔اور چیدہ چیدہ شعرا اور ادیبوں پر اظہار خیال کیا جاتا ہے۔اپنے مضمون ”سرسید احمد خاں کی ادبی خدمات“ میں سرسید کی خدمات کا احاطہ کرتے ہوئے ڈاکٹر محمد افضل الدین اقبال لکھتے ہیں:

سرسید نے اردو میں بہت لکھا۔ان کے خطبات اور خطوط

کے مجموعے بھی چھپ چکے ہیں۔
تاریخ، مذہب، معاشرت، سیاست، تعلیم، آثار قدیمہ، صحافت، ادب اور سائنس سرسید کے دلچسپ اور پسندیدہ موضوعات تھے۔ انہوں نے جس موضوع پر کام کیا اس کا حق ادا کردیا۔ان کی تاریخی کتابیں عہد وسطیٰ کی ہندوستانی تاریخ کی تحقیق فراہم کرتے ہیں۔ان کی معرکتہ الآرا کتاب ''آثار الصنادید'' نے ہندوستان میں آثار قدیمہ کے مطالعہ کی بنیاد ڈالی۔جان کی کتاب ''تبین الکلام'' ہندوستان میں مذاہب کے تقابلی مطالعہ کی پہلی کوشش ہے۔ ان کا رسالہ ''تہذیب الاخلاق'' اردو صحافت میں سنگ میل کی حیثیت رکھتا ہے۔اوران کی تفسیر القرآن نے مسلمانوں اور خصوصاً مسلمان علماء کی کئی نسلوں کو متاثر کیا۔اور جدید تفسیر کے لئے راستہ دکھایا۔ 17

ڈاکٹر محمد افضل الدین اقبال کی تنقیدی تحریروں کے ان اقتباسات سے اندازہ ہوتا ہے کہ وہ بنیادی طور پر ایک تاثراتی تنقید کے دبستان سے تعلق رکھنے والے نقاد تھے۔ان کی تنقیدوں میں اعتدال پسندی، تاثر اور صداقت جھلکتی ہے۔اگر وہ باضابطہ طور پر تنقیدی نگاری کو اپنا میدان بنائے تو ایک اچھے نقاد ہو سکتے تھے لیکن ان کے اندر کا محقق ان کی تنقیدی صلاحیتوں پر حاوی دکھائی دیتا ہے۔

حواشی

۱۔ بحوالہ رشید احمد صدیقی شخصیت اور فن۔ از۔ سلیمان اطہر جاوید۔ ص۔ ۲۷۶

۲۔ بحوالہ رشید احمد صدیقی شخصیت اور فن۔ از۔ سلیمان اطہر جاوید۔ ص۔ ۲۷۶

۳۔ بحوالہ رشید احمد صدیقی شخصیت اور فن۔ از۔ سلیمان اطہر جاوید۔ ص۔ ۲۷۷

۴۔ ڈاکٹر شارب ردولوی۔ ''جدید اُردو تنقید۔ اُصول و نظریات۔ ص۔ ۴۹

۵۔ ڈاکٹر محمد افضل الدین اقبال۔ ایسٹ انڈیا کمپنی کے علمی ادارے۔ فورٹ ولیم کالج اور فورٹ سینٹ جارج کالج۔ تقابلی و تنقیدی جائزہ۔ ص۔ ۳۔ ۴۔ حیدرآباد۔ 2003ء

۶۔ ڈاکٹر محمد افضل الدین اقبال۔ ایسٹ انڈیا کمپنی کے علمی ادارے۔ فورٹ ولیم کالج اور فورٹ سینٹ جارج کالج۔ تقابلی و تنقیدی جائزہ۔ ص۔ ۹۔ ۱۲

۷۔ ڈاکٹر محمد افضل الدین اقبال۔ ایسٹ انڈیا کمپنی کے علمی ادارے۔ فورٹ ولیم کالج اور فورٹ سینٹ جارج کالج۔ تقابلی و تنقیدی جائزہ۔ ص۔ ۲۸۔ ۲۹

۸۔ ڈاکٹر محمد افضل الدین اقبال۔ ایسٹ انڈیا کمپنی کے علمی ادارے۔ فورٹ ولیم کالج اور فورٹ سینٹ جارج کالج۔ تقابلی و تنقیدی جائزہ۔ ص۔ ۸۷۔ ۸۸

۹۔ ڈاکٹر محمد افضل الدین اقبال۔ ایسٹ انڈیا کمپنی کے علمی ادارے۔ فورٹ ولیم کالج اور فورٹ سینٹ جارج کالج۔ تقابلی و تنقیدی جائزہ۔ ص۔ ۱۲۰۔ ۱۲۱۔ ۱۲۲

۱۰۔ ڈاکٹر محمد افضل الدین اقبال۔ ایسٹ انڈیا کمپنی کے علمی ادارے۔ فورٹ ولیم کالج اور فورٹ سینٹ جارج کالج۔ تقابلی و تنقیدی جائزہ۔ ص۔ ۱۳۸۔ ۱۳۹

۱۱۔ ڈاکٹر محمد افضل الدین اقبال۔ ایسٹ انڈیا کمپنی کے علمی ادارے۔ فورٹ ولیم کالج اور فورٹ سینٹ جارج کالج۔ تقابلی و تنقیدی جائزہ۔ ص۔ ۱۷۲

۱/۱۱۔ پروفیسر مجید بیدار۔ بحوالہ۔ پروفیسر محمد افضل الدین اقبال۔ حیات اور کارنامے۔ ص۔ ۱۰

۱۲۔ ڈاکٹر محمد افضل الدین اقبال ۔ مدراس میں اُردو ادب کی نشوونما۔ص ۔۳۱۰۔۳۱۳
۱۳۔ ڈاکٹر محمد افضل الدین اقبال ۔ اُردو کا پہلا نثری ڈرامہ اور کیپٹن گرین آوے ۔ص ۔۲۷۔۱۸
۱۴۔ ڈاکٹر محمد افضل الدین اقبال ۔ نواب اعظم اور مثنوی اعظم نامہ'' ۔ص ۔۸۳۔۸۴۔۸۵
۱۵۔ڈاکٹر محمد افضل الدین اقبال ادبی تنقید عثمانیہ یونیورسٹی نصابی کتاب ص۱۲
۱۶۔ڈاکٹر محمد افضل الدین اقبال جدید اردو شاعری عثمانیہ یونیورسٹی نصابی کتاب ص
۸۳۔۸۴
۱۷۔ڈاکٹر محمد افضل الدین اقبال تاریخ ادب اردو عثمانیہ یونیورسٹی نصاب کتاب ص ۱۸۶

☆ چھٹواں باب

ڈاکٹر محمد افضل الدین اقبال بہ حیثیت ادیب

ڈاکٹر محمد افضل الدین اقبال ایک اچھے ادیب تھے۔ ابتداء میں انھوں نے سائنسی موضوعات پر لکھا۔ وہ سائنس کے گریجویٹ رہ چکے تھے اور اپنی ابتدائی ملازمت بہ حیثیت لیاب اسسٹنٹ کے انجام دی تھی۔ سائنس کے مضمون سے انھیں فطری دلچسپی تھی اور جب اُردو میں ڈاکٹریٹ حاصل کرلینے اور بہ حیثیت استاد اُردو پیشۂ تدریس اختیار کرنے کے بعد انھوں نے سائنس کے موضوع سے اپنی دلچسپی برقرار رکھی اور مختلف سائنسی عنوانات پر کتابیں لکھتے رہے۔ چناں چہ سائنسی موضوعات کا احاطہ کرتے ہوئے اُن کی تین مختصر کتابیں پرنٹنگ کی کہانی 1965ء، خرگوش پردری 1984ء اور ہوائی چکیاں 1989ء میں شائع ہوئیں۔ یہ تینوں کتابیں معلوماتی نوعیت کی ہیں اور موضوع کی انفرادیت کے اعتبار سے اُردو حلقوں میں بہت مقبول ہوئیں۔ اُردو میں سائنسی ادب بہت کم لکھا گیا اور اگر کسی نے لکھا بھی تو اسے شہرت نہیں مل سکی۔ رسالہ سائنس کے ایڈیٹر محمد خلیل بچوں کے لیے سائنسی ادب کی تخلیق کی اہمیت پر زور دیتے ہوئے لکھتے ہیں:

"اُردو زبان کا ادب کتنی مختلف قدروں سے آراستہ ہے۔ ہم اس سے بخوبی واقف ہیں لیکن اُردو زبان میں مقبول سائنس (پاپولر سائنس) کے لکھنے میں ابھی تک پوری توجہ نہیں دی گئی ہے۔ جائزے سے یہ بات سامنے آتی ہے کہ سائنس کے موضوع پر جو مضامین شائع ہوئے ہیں اُن کی

> تعداد زیادہ نہیں کہی جاسکتی اور بچوں کے لیے مقبول سائنس
> کے مضامین کی کمی تو شدت کے ساتھ اُردو زبان میں محسوس
> کی جاتی ہے۔ ماہرین نے اس کی جانب توجہ چاہی ہے''۔[1]

اُردو میں سائنسی ادب کے لیے رسالہ ''سائنس کی دُنیا'' مشہور رہا ہے۔ پروفیسر محمد افضل الدین اقبال نے سائنسی موضوعات پر کتابیں لکھ کر اُردو میں سائنسی ادب کو فروغ دینے کی کوشش کی ہے۔ ذیل میں اُن کی تینوں کتابوں کا تنقیدی جائزہ پیش کیا جارہا ہے۔

پرنٹنگ کی کہانی

یہ کتاب پروفیسر محمد افضل الدین اقبال کی ابتدائی تصانیف میں سے ایک ہے۔ یہ کتاب انھوں نے اپنے ساتھی عبدالحیٔ بی۔اے کے تعاون واشتراک سے تحریر کی۔ اس کتاب پر نظر ثانی علی گڑھ مسلم یونیورسٹی کے لکچرر سیف الدین حسیب ایم۔ ایس۔ سی نے کی۔ اور اس کتاب کا مقدمہ ڈاکٹر محمد یوسف الدین ایم۔اے۔ پی۔ ایچ۔ ڈی۔ صدر شعبہ مذہب و ثقافت عثمانیہ یونیورسٹی نے لکھا۔ 21 صفحات پر مشمل اس مختصر کتاب کو 1965ء میں بزمِ اتحاد گیلانی اسکول آف پرنٹنگ حیدرآباد نے شائع کیا۔ پروفیسر مناظر احسن گیلانی مرحوم کی یاد میں بزمِ اتحاد طلباء اور گیلانی اسکول آف پرنٹنگ قائم کئے گئے تھے۔ اس وقت بزم اتحاد کے اراکین میں صاحبزادہ میر احمد علی خاں صدر، صلاح الدین نائب صدر، محمد معین الدین معتمد، سید عبدالنجیب شریکِ معتمد، بی نرسمہا ریڈی خازن، شیر محمد مہتمم کتاب خانہ، کے مہادیو شریکِ مہتمم کتب خانہ اور عماد الدین، محمد بلال مشیر تھے۔ کتاب پرنٹنگ کی کہانی کا مقدمہ ڈاکٹر محمد یوسف الدین صاحب نے لکھا۔ یہ مقدمہ کتاب کا تعارف بھی ہے اور فنِ طباعت پر معلومات آفریں مضمون بھی۔ مناظرِ احسن گیلانی کی یاد میں قائم ادارے کا تذکرہ کرتے ہوئے ڈاکٹر محمد یوسف الدین لکھتے ہیں:

> ”گیلانی صاحب مرحوم نے حیدر آباد اور عثمانیہ یونیورسٹی کی جو گرانقدر علمی خدمات انجام دی ہیں۔ضرورت تھی کہ بلدہ حیدر آباد میں بطورِ یادگار وخیر جاریہ اُن کے نام سے ایک علمی مجلس کی تاسیس کی جاتی ۔لیکن اب ”گیلانی اسکول آف پرنٹنگ حیدر آباد“ ایک مستقل ٹکنیکل ادارہ کی حیثیت سے قائم کیا گیا ہے۔۔۔۔۔26رجنوری 1962ء کو گیلانی صاحب مرحوم کے ایک شاگرد رفعت مآب نواب میر احمد علی خاں صاحب ایم ۔اے ۔ایل ۔ایل بی عثمانیہ وزیرِ تعمیرات و شوارع حال وزیرِ داخلہ و اوقاف حکومت آندھرا پردیش نے گیلانی اسکول آف پرنٹنگ حیدر آباد کا افتتاح فرمایا۔[۲]

ڈاکٹر محمد یوسف الدین نے مقدمے میں کتاب پرنٹنگ کی کہانی کو معلومات آفریں اور سبق آموز قرار دیا ہے اور اس موضوع پر بہت کم کتابیں دستیاب ہیں۔یہ کتاب اس طرح کی مزید کتابوں کی اشاعت کی راہیں ہموار کرے گی۔اس مقدمے میں ڈاکٹر محمد یوسف الدین صاحب نے فنِ طباعت اور کاغذ سازی کے رول میں مسلمانوں کے حصّے کو تاریخی انداز میں بیان کیا ہے۔چناں چہ وہ لکھتے ہیں:

> ”فنِ مصوری اور خصوصاً فنِ مجسمہ سازی‘ اسلامی تصورات کے منافی رہے ہیں۔اس لیے مسلمانوں نے شروع ہی سے فنِ خطاطی‘ نقاشی اور گلکاری کی طرف اپنی تمام تر توجہات کو اوجِ کمال پر پہونچادیا۔لیکن جب ٹائپ کے حروف ڈھلنے لگے تو مسلمان ٹائپ مولڈنگ کے فن میں

زمانہ کا ساتھ نہ دے سکے۔ خطاطی کی طرح کاغذ سازی بھی
مسلمانوں کا خاص فن رہا ہے۔ مسلمانوں نے ایشیاء اور
یورپ میں کاغذ سازی کو پھیلایا۔ ترکستان، ہندوستان، عراق،
شام، مصر اور اسپین وغیرہ میں کاغذ سازی کے کارخانے قائم
کئے اور جب یورپ والوں نے بڑی بڑی مشینوں سے کاغذ
سازی شروع کی تو مسلمان فنِ کاغذ سازی میں پیچھے رہ گئے
اور دستی کاغذ بناتے رہے۔ عربوں نے علم کیمیاء کو ترقی دی۔
رنگ سازی کی ترقی سے روشنائی سازی میں بھی ترقی ہوئی۔
مسلمانوں نے نہ صرف سیاہی، سرخی، لاجوروی اور نیلے رنگ
کی روشنائی ایجاد کی بلکہ سنہری کتابت کو ایجاد کیا۔ فنِ خطاطی،
رنگ سازی اور کاغذ سازی کی طرح فن جلد سازی اور چربی
جلدوں پر گلکاری اور طلاء کاری بھی مسلمانوں کا خاص فن رہا
ہے"۔[۳]

پروفیسر محمد افضل الدین اقبال نے کتاب پرنٹنگ کی کہانی کا آغاز ابتدائے آفرینش کے انسانوں کے احوال کے بیان سے کیا۔ جب کہ انسان غاروں میں رہتا تھا اور وہ بہت حد تک غیر متمدن تھا۔ زمانے کی ترقی سے انسان نے پہاڑوں اور غاروں میں خط کندہ کرتے ہوئے تصویروں کے ذریعہ اپنی تاریخ اور اپنے اسلاف کے کارناموں کو محفوظ کرنا شروع کیا۔ رسم الخط کے آغاز کی تاریخ بیان کرتے ہوئے پروفیسر محمد افضل الدین اقبال نے لکھا کہ قدیم مصر کے باشندوں نے لکڑی پر مٹی کی تختیوں پر جو تصویریں بنائیں تھیں وہ رسم الخط کے آغاز کا سبب بنیں۔ ایران، عراق، شام اور ترکی کے باشندوں نے تختیوں پر حروف بنانے کے جو خط میخی کہلائے، کاغذ کی تیاری کی ابتداء کا حال بیان کرتے ہوئے پروفیسر محمد افضل الدین اقبال لکھتے ہیں، "

زمانے نے اور ایک قدم آگے بڑھایا۔ مصریوں نے لکھنے کے لیے ایک نئی چیز دریافت کی۔ مٹی کی وزنی تختیوں کے بجائے پاپیرس کے ہلکے پھلکے تختوں کو جو دستی کاغذ سے مشابہ ہوتے تھے۔ لوگ لکھنے پڑھنے کے لیے استعمال کرنے لگے۔ اسی پاپیرس سے انگریزی لفظ (PAPER) بنا ہے ۔ کاغذ کی ابتدائی شکل پاپیرس کی ایجاد کے بعد کاغذ سازی کی تفصیلات پیش کرتے ہوئے پروفیسر محمد افضل الدین اقبال نے لکھا کہ مصریوں نے کاغذ کی اس شکل کو عام کیا اور لوگ اظہار خیال کے لیے تصویروں کے بجائے نئے حروف تشکیل دینے لگے۔

حروفِ تہجی کے فروغ میں شامیوں کے رول کو بیان کرتے ہوئے پروفیسر محمد افضل الدین اقبال نے لکھا کہ یہ لوگ فونیقی (Phoenicians) کہلاتے تھے ان کے زیرِ اثر لاطینی، رومی، عبرانی، سریانی اور عربی رسم الخط، سنسکرت اور ناگری خط بھی متاثر ہوا۔ چینیوں کا تذکرہ کرتے ہوئے انھوں نے لکھا کہ چینی کاغذ سازی میں ماہر تھے۔ تقریباً دو ہزار سال سے وہ کاغذ بنانا جانتے تھے۔ وہ لکڑی کے گودے اور ریشم سے کاغذ بناتے تھے۔ چینیوں نے مسلمانوں کے کاغذ سازی سیکھنے کا حال بیان کرتے ہوئے پروفیسر محمد افضل الدین اقبال لکھتے ہیں:

> ”چینیوں نے کاغذ سازی کے فن کو پوشیدہ (راز) میں لکھا ۱۳۴ھ میں مسلمان عربوں نے جب سمرقند کا علاقہ فتح کیا تو چینی کاغذ ساز گرفتار ہوئے۔ جو کاغذ سازی کا فن جانتے تھے۔ مسلمانوں نے ان قیدیوں کی رہائی کے لیے یہ شرط لگائی کہ کاغذ سازی کا فن انھیں سکھائیں۔ غرض مسلمانوں نے فن کاغذ سازی کو سیکھا اور تمام دُنیا کو سکھایا اور اس فن کو عام کردیا۔۔۔ سمرقند کا غذ تمام دُنیا میں مشہور تھا۔ مسلمانوں نے ریشم کے بجائے روئی سے کاغذ بنایا“۔[۵]

کاغذ سازی کے فروغ کو بیان کرنے کے بعد پروفیسر محمد افضل الدین اقبال نے اپنی

کتاب پرنٹنگ کی کہانی میں فنِ خطاطی یا ورفنِ کتابت وطباعت کے فروغ کو بیان کیا اوراس میں مسلمانوں کیے کارہائے نمایاں کو پیش کیا ۔ چھپائی کے لیے ابتدائے زمانے میں مہر سازی کا تذکرہ کرتے ہوئے پروفیسر محمد افضل الدین اقبال نے مہر نبوی صلی اللہ علیہ وصلم کا ذکر کیا۔اور اس وقت مہر نبوی کے استعمالات بیان کرتے ہوئے لکھتے ہیں:

''جس وقت رسول کریم صلی اللہ علیہ وصلم نے شہنشاہِ روم (قیصر روم) اور شہنشاہِ ایران (کیسریٰ) کو خط لکھنے کا ارادہ ظاہر کیا تو صحابہ کرامؓ نے عرض کیا وہ تو صرف مہر شدہ خط ہی پڑھتے ہیں ۔ چناں چہ رسول اکرم صلی صلی اللہ علیہ وسلم نے چاندی کی انگوٹھی بنوائی ۔ حضرت انسؓ کہتے ہیں کہ اس کی سفیدی گویا اب بھی رسول اللہ صلی اللہ علیہ وصلم کے دستِ مبارک میں دیکھ رہا ہوں۔ اس پر ''محمد رسول اللہ'' کندہ تھا۔ محمدؐ ایک سطر میں رسول اس سے اوپر کی سطر میں اور اللہ اس سے اوپر کی سطر میں کندہ تھا اور انگوٹھی کا نگینہ حبشی عقیق کا تھا۔ (بخاری) غرض مہر سازی حرف سازی کی طرف ایک قدم تھا''

۶۔

مہر سازی کی ترقی کے بیان کے بعد پروفیسر محمد افضل الدین اقبال نے طباعت کے لیے تیار ہوئے والے دھاتی حرفوں کے آغاز کا ذکر کیا اور لکھا کہ جرمنی کے شہر منیز میں گوٹن برگ نامی جوہری نے دھاتی حروف تیار کئے اور انھیں جوڑ کر ایک طرح کے مواد کو زیادہ مقدار میں چھاپنے لگا۔ اس طرح کتابوں کی اشاعت کا آغاز ہوا۔ پریس میں کام کرنے کے طریقہ کو بیان کرتے ہوئے پروفیسر محمد افضل الدین اقبال نے لکھا کہ:

گیلانی اسکول آف پرنٹنگ کے کمپوزنگ سیکشن کو

ذرا چل کر دیکھئے تو آپ کو بہت سے اسٹانڈز پر لکڑی کی بنی ہوئی خانہ دار کشتیاں نظر آئیں گی۔ جن کو CASE کہا جاتا ہے۔ ان کیسوں کو چھوٹے چھوٹے خانوں میں تقسیم کیا گیا ہے اور ہر خانے میں حروفِ تہجی میں سے ایک حرف بڑی مقدار میں رہتا ہے۔ ہر اسٹانڈ پر دو خانے ہوتے ہیں۔ اوپر کے کیس کو اوپری خانہ کہتے ہیں اور نیچے کے کیس کو نچلا خانہ کہتے ہیں انگریزی کیس کے اُوپری خانے میں بڑے حروف ہوتے ہیں اور نچلے کیس کے خانے میں چھوٹے حروف ہوتے ہیں۔ عربی، فارسی اور اُردو کے لیے چار خانے ہوئے ہیں''۔ ے

پروفیسر محمد افضل الدین اقبال نے پرنٹنگ کی کہانی بیان کرتے ہوئے آگے لکھا کہ جان گوٹن برگ اور ولیم کیکسٹن کے دور سے لے کر آج تک بھی میٹل ٹائپ دھاتی طباعت کا جو طریقہ چلا آرہا ہے اس میں کوئی بڑا فرق نہیں ہوا ہے۔ البتہ چھاپنے (پرنٹنگ) کی جو مشینیں ہیں گذشتہ ایک صدی کے مقابلے میں آج اُن کی رفتارِ طباعت میں بہت بڑا اضافہ ہوتا ہے۔ کتاب میں آگے انھوں نے رنگین طباعت، تصویروں کی چھپائی، ٹائپ کے ذریعہ نقاشی اور گل کاری وغیرہ عنوانات کے تحت جدید دور تک طباعت کے فن کی پیشرفت کو ایک قصہ گو کی طرح بیان کیا ہے اور دورِ جدید میں ایک کتاب کی اشاعت کے مختلف مراحل، تخلیق کار، ناشر، طابع وغیرہ کے مراحل کو بیان کیا ہے۔ کتاب کے اختتام پر زندگی کے تمام شعبوں میں طباعت کی اہمیت کو ظاہر کرتے ہوئے پروفیسر محمد افضل الدین اقبال لکھتے ہیں:

''کبھی آپ کسی ریلوے اسٹیشن پر چلے جائیں تو آپ کو ریلوے کے ٹائم ٹیبل، ٹکٹ، لیبلس، اشتہارات حتیٰ کہ

غذا' مٹھائی اور سگریٹ تک بھی مطبوعہ ڈبوں میں رکھ کر ملتے ہیں۔ ریلوے کے بُک اسٹال پر آپ کو کتابیں' رسالے اور اخبارات بھی ملیں گے یہ سب مطبوعہ چیزیں ہوتی ہیں۔ حتیٰ کہ لائٹر اور دیا سلائی کی ڈبیا بھی مطبوعہ ہوتی ہیں۔ اسٹیشن کا عملہ اور ریل گاڑیاں وقت پر آ جا نہ سکیں گی اگر انھیں مطبوعہ پروگرام وغیرہ نہ ملے۔ صرف ایک اسٹیشن پر کام آنے والی مطبوعہ چیزوں سے آپ کو ایک سرسری اندازہ ہوگا کہ طباعت پرنٹنگ کی بیسویں صدی کی جدید دُنیا میں کتنی اہمیت ہے''۔

۸

اس طرح پروفیسر محمد افضل الدین اقبال کی کتاب ''پرنٹنگ کی کہانی'' کا اختتام عمل میں آتا ہے۔ یہ کتاب 1965ء میں شائع ہوئی۔ اس وقت لیتھو پریس کا چلن عام تھا۔ جس میں مسودے کے تختے بنا کر مشینوں کے ذریعہ کسی کتاب یا اخبار کے مطلوبہ صفحات ایک رنگ میں یا رنگیں شائع کئے جاتے تھے۔ ایکسویں صدی کے آتے آتے طباعت کی دُنیا میں کافی ترقی ہوئی اور اب کتابیں و اخبار رنگین آفسیٹ پر شائع ہونے لگے۔ اب نہ کتابت کی ضرورت ہے اور نہ تختہ بنانے کی ضرورت ہے اب کمپیوٹر کے ذریعہ خوشنما کتابت انجام دی جارہی ہے اور کتابت شدہ صفحات کی فلم بنا کر انھیں آفسیٹ پر تیز رفتار چھپائی مشینوں کے ذریعہ چھاپا جارہا ہے۔ آج صبح کی پہلی کرن کے ساتھ ہمارے ہاتھ میں جو رنگین اخبار دکھائی دیتا ہے وہ رات دیر گئے کئی مقامات سے بیک وقت لاکھوں کی تعداد میں شائع ہو کر لوگوں کے گھروں تک پہونچایا جارہا ہے۔ آج بے شمار رنگیں کتابیں شائع ہو رہی ہے۔ چھوٹے بڑے پوسٹرس شائع ہو رہے ہیں۔ اس طرح طباعت کی دُنیا میں انقلاب دکھائی دیتا ہے۔ فنِ طباعت کی اس پیشرفت کی بنیاد اُس کے آغاز پر ہے جب انسان نے پتھروں' جانوروں کی کھالوں اور مٹی کی تختیوں پر تصویر کشی کے ذریعہ طباعت

کے ابتدائی نقوش چھوڑے تھے۔ پروفیسر محمد افضل الدین اقبال کی کتاب ''فنِ طباعت کے ابتدائی محرکات کو جاننے والوں کے لیے ایک اہم تاریخی دستاویز ہے۔اس کتاب میں کاغذسازی کی تاریخ بیان کی گئی ہے ۔ یہ کتاب کاغذسازی اورفنِ طباعت میں مسلمانوں کے کارہائے نمایاں کوبھی ظاہر کرتی ہے۔ایک ایسے دور میں جب کہ ماضی کے دور میں مسلمانوں کی جانب سے انجام دیئے جانے والے بے شمار کارناموں کو دبانے اور مٹا دینے کی شازش کی جارہی ہے۔ پرنٹنگ کی کہانی'' کے عنوان سے تحریر کردہ پروفیسر محمد افضل الدین اقبال کی یہ کتاب اپنے موضوع پرنہایت معلوماتی کتاب ہے۔اس کتاب کی اشاعت سے پروفیسر محمد افضل الدین اقبال نے مسلمانوں کے ماضی میں کیئے ہوئے اچھے کاموں کو محفوظ کردیا ہے تاکہ آنے والی نسلیں اپنے اسلاف کے کارناموں کو یادرکھے اوراُن کے نقشِ قدم پر چلتے ہوئے وہ بھی زندگی کے میدانوں میں ترقی کے زینے طے کرسکیں۔

خرگوش پروری

پروفیسر محمد افضل الدین اقبال کی سائنسی موضوع پر دوسری تصنیف ''خرگوش پروری'' ہے۔ یہ کتاب حیدرآباد ایجوکیشنل کانفرنس کے زیرِ اہتمام 1984ء میں شائع ہوئی۔خرگوش کی پرورش سے متعلق معلومات پر مشتمل 23 صفحات پر مشتمل یہ مختصر کتاب ڈاکٹر محمد عمادالدین کے اشتراک سے لکھی گئی۔کتاب کا پیش لفظ ڈاکٹر محمد یوسف الدین نے لکھا۔جس میں ابتداء میں حیدرآباد ایجوکیشنل کانفرنس کے زیرِاہتمام ہونے والی سرگرمیوں کا تذکرہ کیا گیا ہے۔جس میں لازمی تعلیم، محنتی طلباء کو بلاسودی تعلیمی قرضہ جات کی فراہمی' کتب خانوں کا قیام' کالج آف لینگوئجس، ٹکنیکل کالج کا قیام' شعبہ نشرواشاعت' کتابوں کی فروخت' دیہاتوں میں تعلیم کا فروغ جیسے اُمورشامل ہیں۔ کتاب کے شریک مصنف پروفیسر محمد افضل الدین اقبال کا تعارف پیش کرتے ہوئے ڈاکٹر محمد یوسف الدین لکھتے ہیں:

''ڈاکٹر محمد افضل الدین اقبال بی۔ایس۔سی، ایم۔
اے، پی۔ایچ۔ڈی (عثمانیہ) لکچرار اُردو سکندر آباد کالج نے
اس معلومات آفرین کتاب کو فنی اور ادبی نقطۂ نظر سے دیکھا
اور مشرقی کتابوں سے بھی مزید اضافہ کئے اور قیمتی مشورے
دیئے۔ پھر اُردو دُنیا کے لیے ڈاکٹر افضل الدین اقبال نئے
نہیں ہیں۔ ڈاکٹریٹ کی ڈگری کے تحقیقاتی مطبوعہ مقالے
کے علاوہ اس سے قبل پرنٹنگ ٹکنالوجی پر ''پرنٹنگ کی کہانی''
نامی ایک معلومات آفریں کتاب لکھی ۔ مولانا عبدالماجد
دریابادی صاحب ایڈیٹر صدقِ جدید لکھنؤ نے اس اچھوتی
کتاب کی دل کھول کر داد دی۔ فورٹ سینٹ جارج کالج اور
اس کی علمی وادبی خدمات اُردو صحافت (جرنلزم) وغیرہ پر اُن
کی معلومات آفرین کتاب علمی دُنیا سے خراجِ تحسین حاصل
کر چکی ہے۔ آندھرا پردیش اُردو اکیڈیمی حیدر آباد کے علاوہ
مغربی بنگال اور اُتر پردیش کی اکیڈیمیوں نے اُن کے علمی
اور تحقیقاتی کارناموں پر ادبی انعامات عطا کئے تھے''۔9

ڈاکٹر محمد یوسف الدین نے پروفیسر محمد افضل الدین اقبال کا تعارف کراتے ہوئے اس کتاب کی عوامی اور معاشی اہمیت اُجاگر کی اور لکھا کہ خرگوش پروری کی شوقین، غذائی ماہرین، خرگوش کے شکاری اور اونی لباس تیار کرنے والے اس کتاب سے استفادہ کرسکیں گے۔

پروفیسر محمد افضل الدین اقبال نے کتاب ''خرگوش پروری'' کے آغاز میں کتاب کا مقصد تصنیف بیان کرتے ہوئے لکھا کہ ہمارا مقصد خرگوش کی پرورش اور اُس کی غذائی اور معاشی اہمیت اُجاگر کرنا ہے۔ آگے کتاب میں خرگوش کی خصوصیات، خرگوش، دُنیا کے ہر حصّے میں پایا جاتا

ہے۔ خرگوش کی اقسام‘ سرد ملکوں کے خرگوش‘ خرگوش کے بھٹ‘ کسان اور چرواہے خرگوش سے نالاں‘ جنگلی خرگوش کا شکار‘ پالتو خرگوش‘ کسانوں کی معاشی خوشحالی کا ایک اچھا ذریعہ وغیرہ سرخیوں کے تحت خرگوش سے متعلق نہایت مفید معلومات پیش کی ہیں۔ خرگوش کی خصوصیات بیان کرتے ہوئے پروفیسر افضل الدین اقبال لکھتے ہیں:

> ’’خرگوش خواہ ایشیائی ملکوں کے ہوں‘ خواہ یورپی‘ آفریقی اور امریکی ملکوں وغیرہ کے بڑی تیزی سے دوڑتے ہیں۔ دُشمن سے بچنے کے لیے اللہ نے اُسے تیز کان‘ ناک اور آنکھ دیئے کہ ذراسی آہٹ سے ہوشیار اور چوکنا ہوجاتا ہے۔ بوسونگھ کر بھانپ لیتا ہے اور دشمن کو دور سے دیکھتے ہی حفاظتی تدبیریں اختیار کرتا ہے اور زمین دوز بلوں میں بھاگ کر روپوش ہوجاتا ہے۔ دُشمن سے بچاؤ کے لیے قدرت نے خرگوش کو مضبوط پیر بھی دیئے ہیں۔ جب کوئی دُشمن جانور اس کا پیچھا کرتا ہے تو دُشمن سے بچنے کے لیے خرگوش بڑی تیز رفتاری سے دوڑتا ہے بلکہ دس دس‘ بارہ بارہ فیٹ کی لانبی لانبی چھلانگ جست بھی لگاتا ہے اور تیس بتیس میل کی رفتار سے دوڑتا ہے۔۔۔۔راستہ میں کوئی نہر یا نالہ آجائے تو تیر کر پار کرتا ہے کیوں کیونکہ وہ بڑا اچھا پیراک ہوتا ہے اور خوب تیرنا جانتا ہے‘‘۔[۱۰]

پروفیسر محمد افضل الدین اقبال نے خرگوش کے ضمن میں اسلامی نقطۂ نظر بیان کیا اور لکھا کہ سیرت کی کتابوں سے ظاہر ہوتا ہے کہ حضور اکرم صلی اللہ علیہ وسلم نے خرگوش کا گوشت تناول کیا اور یہ کہ امام اعظمؒ امام مالکؒ امامِ شافعیؒ اور امامِ احمد بن حنبلؒ کا خرگوش کے حلال ہونے پر

اجماع ہے اور مسلم مما لک میں خرگوش کے حلال ہونے پر اجماع ہے اور مسلم مما لک میں خرگوش کا گوشت کھانے کے لیے استعمال ہوتا رہا ہے۔خرگوش کی معاشی اہمیت بیان کرتے ہوئے انھوں نے لکھا کہ گوشت کے علاوہ خرگوش کے بال پشم اور چمڑے بھی گراں قیمت پر فروخت ہوتے ہیں۔ خرگوش کی نسل تیزی سے پھیلنے کا ذکر کرتے ہوئے انھوں نے لکھا کہ مادہ خرگوش سال بھر میں 5 تا 7 مرتبہ بچے پیدا کرتی ہے اور ہر مرتبہ پانچ چھ بچے پیدا ہوتے ہیں۔اس طرح سال میں ایک مادہ تیس بچے پیدا کرتی ہے۔اس لحاظ سے خرگوش پروری کاروباری اعتبار سے مفید ہے۔خرگوش کے بالوں کے استعمال کا تذکرہ کرتے ہوئے پروفیسر محمد افضل الدین اقبال لکھتے ہیں:

خرگوش کے بالوں سے انسانی پوشاک بنائی جاتی ہے۔ یہ پوشاک ایک طرف ہلکی پھلکی ہوتی ہے تو دوسری طرف گرم بھی ہوتی ہے کہ برف باری اور سخت سردی کا مقابلہ کرسکتی ہے۔خرگوش کے ملائم بالوں سے انگریزی ٹوپیاں، ٹاپ ہیٹ بھی بنائی جاتی ہیں ۔۔۔۔۔خرگوش کی پوست سے فر کے کوٹ بھی بنائے جاتے ہیں۔قیمتی اونی کپڑوں یا پوشاک میں سوراخ پڑ جائیں تو پھٹ جائیں تو عموماً خرگوش کے رنگ کردہ ہم رنگ بالوں کو رفو کرنے کے لیے استعمال کیا جاتا ہے''۔[11]

خرگوش کی معاشی اہمیت بیان کرتے ہوئے پروفیسر محمد افضل الدین اقبال نے دیہات میں رہنے والے بے روزگاروں اور غریبوں کو خرگوش پروری کی طرف راغب کیا ہے۔ چناں چہ آگے وہ خرگوش پروری کے ضمن میں خرگوش کی غذاء کی تفصیلات بیان کرتے ہیں۔خرگوش کی غذائی عادات بیان کرتے ہوئے لکھتے ہیں:

''خرگوش، گھانس کھانے والا جانور ہے۔ ہری

گھانس، بھاجی اور ترکاری بڑی پسند سے کھاتا ہے۔ لانبی لانبی گھانس، بھاجی اور ترکاری کو کتر کر کھلائیں اور پلیٹ یا کھلے برتن میں رکھ دیں۔ بھاجیوں میں کرم کلہ، کاہو کی بھاجی، کاسنی اور چوکا کی بھاجی، خرفہ اور میتھی کی بھاجی، سویا کی بھاجی اور لہسن کے پتے خرگوش بڑی پسند سے کھاتے ہیں۔ ٹماٹر، آلو، رتالو، گاجر، چقندر، شلجم اور مولی بھی کھاتے ہیں۔۔۔۔ غلوں میں مکئی، جو، جوار، باجرہ اور گیہوں خصوصاً ہری بوٹ، پانی میں بھگویا ہوا چنا بھی خوب پسند سے کھاتے ہیں۔ کونڈا اور گیہوں کا بھوسا تک نہیں چھوڑتے۔ خرگوش کو موٹا تازہ بنانے کے لیے ایسی غذا دیتے ہیں جس سے روغن تیل نکلتا ہے۔ مثلاً ولایتی، مونگ پھلی، تلہن، السی، سرسوں، سیم کی پھلیاں، بینس کی پھلیاں، لوبیا، سویابین اور سورج مکھی کے پھول وغیرہ کھلائیں ''۔۱۲

خرگوش کی غذا اُسے مناسب صاف پانی پلانے، اس کے رہنے کی جگہ میں گھانس اور ہوا کا انتظام کرنے وغیرہ کی ہدایت دیتے ہوئے پروفیسر محمد افضل الدین اقبال نے کتاب خرگوش پروری کو ختم کیا ہے۔ کتاب کے آخر میں وہ لکھتے ہیں کہ '' ترقی یافتہ ملکوں کی طرح آزاد ہند کے باشندے بھی خرگوش پروری سے کافی دولت کما سکتے ہیں۔

کتاب خرگوش پروری اپنے موضوع کے مناسبت سے درکار بھرپور معلومات رکھتی ہے۔ اس کتاب میں پروفیسر محمد افضل الدین اقبال نے پالتو جانوروں کے شوقین افراد کے لیے خرگوش پروری سے متعلق اہم معلومات فراہم کی ہیں اور پہلی مرتبہ خرگوش کی معاشی واقتصادی اہمیت بیان کی۔ ایک ایسے دور میں جب کہ ہندوستان میں آبادی دھما کو انداز میں بڑھ رہی ہے

اور غذائی اجناس، گوشت اور دودھ کی مانگ بڑھ رہی ہے۔ خرگوش پروری کے ذریعہ گوشت کی بڑھتی مانگ کو پورا کیا جاسکتا ہے اور خرگوش کے بالوں اور چمڑے سے اشیائے ضروریہ تیار کرتے ہوئے روپیہ کمایا جاسکتا ہے۔ اس طرح پروفیسر محمد افضل الدین اقبال کی تصنیف خرگوش پروری خرگوش پالنے والے شوقین افراد اور کاروبار کرنے والے افراد دونوں کے لیے معلوماتی ہے کتاب میں معلومات کو رواں اُسلوب میں دلچسپی کے ساتھ پیش کیا گیا ہے۔ پڑھنے والوں کو کتاب کی تحریر اپنی دلچسپی برقرار رکھنے کے لیے مجبور کرتی ہے۔ اس کتاب میں بھی پروفیسر محمد افضل الدین اقبال نے موضوع سے متعلق اسلامی معلومات بہم پہونچائی ہیں۔ اس طرح یہ کتاب فاضل مصنف کی دینی و دنیاوی، ادبی و سائنسی معلومات کی گہرائی کا پتہ دیتی ہے۔ اس طرح اُردو کے سائنسی ادب میں کتاب ''خرگوش پروری'' نمایاں مقام رکھتی ہے۔ اگر ڈاکٹر محمد افضل الدین اقبال نے سائنسی ادب کو اپنی تحقیق و تخلیق کا مستقل ذریعہ بنایا ہوتا تو ان کے ذریعہ مزید معیاری و علمی ادبی کتابیں سامنے آسکتی ہیں۔ اس کے باوجود اُن کی سائنسی موضوعات پر لکھی ہوئی یہ چند کتابیں معلومات کا خزانہ رکھتی ہیں۔

ہوائی چکیاں

پروفیسر محمد افضل الدین اقبال کی سائنسی موضوع پر تحریر کردہ تیسری کتاب ''ہوائی چکیاں'' ہے۔ 16 صفحات پر مشتمل یہ مختصر کتاب ''تاج یوسف فاونڈیشن ٹرسٹ و ڈاکٹر محمد حمید اللہ لٹریری ٹرسٹ حیدرآباد کے زیرِ اہتمام حیدرآباد سے 1989ء میں شائع ہوئی۔ اس کتاب میں ہوا کے زور پر چلنے والی چکیوں کی افادیت بیان کی گئی ہے۔ کتاب کا پیش لفظ حیدرآباد ایجوکیشنل کانفرنس کے صدر بشیر الدین احمد صدر حیدرآباد ایجوکیشنل کانفرنس نے لکھا۔ پیش لفظ میں ہوائی چکیوں کی افادیت بیان کرتے ہوئے بشیر الدین احمد لکھتے ہیں:

”ہندوستانی کسان مقروض پیدا ہوتا ہے۔ مقروض زندگی بسر کرتا ہے اور پھر مرنے کے بعد اپنے ورثاء کو مقروض چھوڑ جاتا ہے۔ ہندوستان کے غریب کسان بھاری قیمتی مشنریاں ہنوز خرید نہیں سکتے۔ اگر ہر گاؤں میں یورپ اور امریکہ کی طرح ہوائی چکیاں نصب کی جائیں تو کنوؤں سے پانی بہ آسانی نکالا جاسکے گا۔ آٹا وغیرہ بھی آسانی سے پیسا جاسکے گا۔ ہلدی، مرچ وغیرہ کے علاوہ کھاد کے لیے ہڈیاں بھی پیسی جاسکیں گی۔ پھر ہوائی چکیوں کی بدولت ہر گاؤں میں زمینی پانی کو اُوپر لاکر مویشیوں کے لیے ہرے بھرے مرغزار چراگاہیں بھی بنائیں جاسکیں گی۔ اعلیٰ نسل کی گایوں کی پرورش سے دودھ، دہی، مکھن اور پنیر کی افراط ہوگی ۔۔۔۔ ہزاروں دیہات سے لاکھوں برقی یونٹ کی بچت ہوسکے گی اور ہماری بھاری مشنریوں کو چلانے کے لیے کام آئیں گے۔ غرض ”دیہات سدھار تحریک“ میں ہوائی چکیوں کو نمایاں مقام دینے کی ضرورت ہے“۔ ۱۳

ہوائی چکیوں کی افادیت بیان کرنے کے بعد بشیر الدین احمد نے اس کتاب کے مقدمے میں حیدرآباد ایجوکیشنل کانفرنس کی سرگرمیاں بیان کی ہیں اور پروفیسر محمد افضل الدین اقبال کی علمی وادبی خدمات کا احاطہ کیا ہے
چناں چہ وہ لکھتے ہیں:

”حیدرآباد ایجوکیشنل کانفرنس کا شعبہ نشر واشاعت گذشتہ چند سال سے ملک کی تعلیمی ترقی کے ساتھ ساتھ تمدنی

اور معاشی ترقی پر بھی زور دے رہا ہے تا کہ معاشی ترقی، تعلیمی ترقی کا ذریعہ بن جائے۔ اس سلسلے میں دو تین سال قبل خرگوش پروری' خرگوش کی نشو ونما اس کی تجرباتی اور معاشی اہمیت نامی معلومات کتاب حیدر آباد ایجوکیشنل کانفرنس کی طرف سے شائع کی گئی تھی۔ جو بڑی مقبول ہوئی۔ اب ایک جدید کتاب ''ہوائی چکیاں'' باشندگانِ ملک کے استفادہ کے لیے پیش ہے۔ اس کے مصنف ڈاکٹر افضل الدین اقبال لکچرار شعبۂ اُردو عثمانیہ یونیورسٹی علمی دنیا میں کسی تعارف کے محتاج نہیں۔ انھوں نے چند سال قبل پرنٹنگ ٹیکنالوجی پر ایک معلومات آفرین کتاب لکھی جو بڑی مقبول ہوئی۔ اور ہاتھوں ہاتھ فروخت ہوگئی۔ پھر اُردو صحافت پر ایک دلچسپ کتاب لکھی جو ہندو پاک میں بڑی قدر کی نگاہ سے دیکھی گئی اور جسے کئی ایوارڈ ملے۔ انھوں نے فورٹ سینٹ جارج کالج کا سائنسی لٹریچر پر بھی ایک معلومات آفرین کتاب لکھی جو زیرِ طبع ہے۔ اب اُن کا تحریر کردہ معلومات آفرین کتابچہ ''ہوائی چکیاں'' باشندگانِ ملک کے استفادہ کے لیے پیش ہے۔ یقین ہے یہ کتاب بھی شوق سے پڑھی جائے گی بلکہ ہوائی چکیاں قائم کرنے کے لیے علمی اقدام اُٹھایا جائے گا۔[۱۴]

پروفیسر محمد افضل الدین اقبال نے ''ہوائی چکیاں'' کتاب میں ہوا سے چلنے والی ان چکیوں کی مختصر تاریخ بیان کی اور مختلف سرخیوں جیسے آج بھی یورپ اور امریکہ میں ہزاروں ہوائی چکیاں ہیں' حضرت سلیمانؑ نے ہوا کو مسخر کیا تھا' عربوں نے ہوائی چکیاں ایجاد کیں' حضرت عمر

فاروقؓ نے ہوائی چکی بنانے کا حکم دیا تھا' حضرت عثمانؓ کے عہد میں مدینہ منورہ میں ہوائی چکیاں نصب ہو چکی تھیں' دریائے دجلہ فرات کے کنارے ہزاروں پن چکیاں' مصریوں نے پن چکیاں ایجاد کیں' حضرت عثمانؓ کے عہد میں جہاز سازی کے کارخانے وغیرہ کے ذریعہ موضوع سے متعلق مواد پیش کیا۔ پروفیسر محمد افضل الدین اقبال نے قرآن کی آیات کے حوالے سے مستقبل قریب میں توانائی کے متبادل کے طور پر ہوا کے استعمال کے احکامات کو پیش کیا ہے۔ حضرت سلیمانؑ کے لیے ہوا مسخر کر دی گئی تھی۔ اور وہ اُسے اپنی مرضی کے مطابق تیز یا آہستہ کر سکتے تھے اور ہوا کے دوش پر اڑ کر جاتے تھے۔ قرآن مجید میں رہتی دُنیا تک انسانیت کے تمام مسائل کا حل موجود ہے۔ ضرورت اس بات کی ہے کہ انسان کائنات کے پوشیدہ رازوں کو تلاش کرنے کی کوشش کرے۔ ہوا کی اہمیت بیان کرتے ہوئے پروفیسر محمد افضل الدین اقبال لکھتے ہیں:

> ''قرآن مجید کے اس اشارے سے اتنا ضرور معلوم ہوتا ہے کہ جس طرح آج دُنیا پر اسٹیم (Steam) اور گیس یا برق وغیرہ کی قوتوں کا راز واضح ہوا ہے اگر ذرا توجہ کی جائے تو طاقت کا ایک اور بڑا ذخیرہ ''ہوا'' کی صورت میں بھی مل سکتا ہے جس کو قابو میں لانے کے بعد انسان اپنی مرضی کے مطابق اس سے بیسوں کام لے سکتا ہے۔ کیا تعجب ہے کہ اس راز کے طشت از بام ہونے کے بعد وہ ساری قوتیں جس پر آج دُنیا کو ناز ہے وہ ہوا ہو جائیں کیوں کہ جتنی آسانی کے ساتھ ہوا ہر جگہ انسان کو میسر آتی ہے اتنی سہولت کے ساتھ نہ پٹرول ہر جگہ مل سکتا ہے اور نہ اسٹیم اور نہ برقی قوتوں کو اس آسانی کے ساتھ فراہم کر سکتے ہیں''۔ [۱۵]

ہوا کی طاقت کے استعمال کے امکانات بیان کرنے کے بعد پروفیسر محمد افضل الدین

اقبال نے عہدِ اسلامی میں ہوائی چکیوں کے استعمال کی تاریخ بیان کی۔اور بعد کے زمانے میں دُنیا کے مختلف ممالک میں ہوائی چکیوں کے استعمال کا تذکرہ کرتے ہوئے اپنی کتاب میں آگے یوں رقم طراز ہیں:

''قبرص' مالٹا' سسلی وغیرہ جزیروں میں ہر طرف جدید طرز کی ترقی یافتہ ہوائی چکیاں کام کرتی ہوئی دکھائی دیتی ہیں اسی طرح جرمنی' بلجیم' ناروے' سویڈن' ہالینڈ اور انگلینڈ میں بھی بکثرت ہوائی چکیاں دکھائی دیتی ہیں۔قدرت کی یہ مہربانی بھی کیا کم ہے کہ جس زمانے میں گیہوں' جو' جوار' باجرہ پک کر تیار ہوتے ہیں اور فصل کٹتی ہے۔ہوائیں بھی زوروں سے چلتی ہیں ہالینڈ میں ہوائی چکیوں سے نہ صرف آٹا پیسا جاتا ہے بلکہ نشیبی علاقوں سے پانی بھی نکالا جاتا ہے۔ہالینڈ کا ساحل' سطح سمندر سے کچھ ہی اُونچا ہے۔سمندر میں طوفانی تموج پیدا ہو تو ہالینڈ کا نشیبی علاقوں میں سمندری پانی گھس آتا ہے۔ہالینڈ کے جری بہادر' نڈر باشندوں نے ساحل سمندر پر مضبوط پشتے بنا رکھے ہیں اور جب کبھی نشیبی علاقوں میں پانی چلا آتا ہے تو ہوائی چکیوں سے تیزی سے پانی خارج ہوتا رہتا ہے۔غرض ہوائی چکیوں سے نہ صرف آٹا پیسا جاتا ہے بلکہ پانی بھی نکالا جاتا ہے اور برقی قوت بھی پیدا ہوتی ہے۔جن سے بیسوں کام لیے جاتے ہیں''۔[۱۶]

کتاب ''ہوائی چکیاں'' ہوا جیسے قدرتی وسیلے کو استعمال میں لانے کی ترغیب دیتی ہے ۔اُردو میں اس طرح کی کتابیں انسانی ترقی کے لیے راہیں ہموار کرتی ہیں۔ پروفیسر محمد افصل

الدین اقبال کی سائنسی موضوعات پر لکھی ہوئی کتابیں پرنٹنگ کی کہانی، خرگوش پروری اور ہوائی چکیاں ان کتابوں میں پیش کردہ موضوعات معاشی واقتصادی طور پر اہم ہیں۔ پرنٹنگ یا طباعت کا پیشہ اقتصادی اعتبار سے اہم ہے۔ خرگوش پروری کا پیشہ غریب کسانوں اور دیہات میں رہنے والوں کو معاشی طور پر خود مکتفی بنا سکتا ہے۔ ہوائی چکیوں کا استعمال ملک میں توانائی کے بحران کو قابو میں رکھنے میں مدد دے سکتا ہے۔ اس طرح پروفیسر محمد افضل الدین اقبال کی یہ کتابیں معلوماتی اور مفید ہیں۔ اور ادبی اہمیت کی حامل ہیں۔ بحیثیت ادیب ڈاکٹر محمد افضل الدین اقبال کی صلاحیتوں کا اعتراف کرتے ہوئے اُن کے رفیق پروفیسر مجید بیدار لکھتے ہیں:

> ''ڈاکٹر محمد افضل الدین اقبال کی کتابوں میں متن اور مواد کی ترسیل کا اندازہ نمایاں ہے۔ انھوں نے جس قدر بھی کتابیں لکھیں ہیں ان میں بہترین مواد اور اُس کو عوام تک پہونچانے کا جذبہ موجود ہے۔ انھوں نے کبھی اپنے ادیب ہونے کے علاوہ محقق اور نقاد ہونے کا دعویٰ نہیں کیا بلکہ اپنی تحریروں سے اپنی ذات کو منوایا اور بلاشبہ دکنی زبان وادب کی خدمت انھوں نے جس انداز سے کی اُس کی مثال ملنا مشکل ہے۔ وہ ایک روایت پرست ادیب تھے اور دکنی کے اہم متون میں سے روایتی انداز کی چیزوں کو پیش کرنے کے عادی تھے''۔[۱۶]

کتابوں کی زبان سادہ اور سلیس ہے۔ ان کتابوں کی اہم خصوصیت یہ ہے کہ مصنف نے موضوع سے متعلق قرآنی آیات کا حوالہ دیا اور سائنسی ایجادات میں مسلمانوں کی پہل اور اُن کے کارناموں کو اُجاگر کیا۔ اس طرح یہ کتابیں مسلمانوں کی علم کے فروغ میں خدمات کا احاطہ کرتی ہیں اور اُن کی عظمتِ رفتہ کی یاد باقی رکھنے میں معاونت کرتی ہیں۔ مجموعی طور پر یہ کتابیں

اُردو کے سائنسی ادب میں اہم اضافہ ہیں۔اس کے لیے قابل مصنف پروفیسر محمد افضل الدین اقبال قابلِ مبارکباد ہیں۔ کتابیں مختصر ہیں لیکن یہ جس دور میں لکھی گئی ہیں اس وقت مواد کی دستیابی بھی ایک مسئلہ تھا۔اس کے باوجود یہ کتابیں قاری کی تشنگی کو دور کرتی ہیں۔اس طرح ڈاکٹر محمد افضل الدین اقبال بچوں اور بڑوں کے لئے ایک کامیاب ادیب کے طور پر سامنے آتے ہیں۔ان کے تحقیقی اورتنقیدی مزاج نے انہیں مزید ادبی تخلیقات پیش کرنے کا موقع نہیں دیا۔اگر وہ اپنی ادبی تخلیقات کا سلسلہ جاری رکھتے تو اردو کے کامیاب اور صاحب طرز ادیب قرار پاتے۔ اس کے باوجودان کی یہ تین کتابوں کی ادبی مقبولیت دیکھتے ہوئے کہا جاسکتا ہے کہ وہ ایک مقبول ادیب رہے۔

حواشی

۱۔ محمد خلیل۔ مضمون۔ بچوں کا اُردو سائنسی ادب کس طرح لکھیں۔ مشمولہ۔ کتاب نما۔ اکتوبر 2006ء۔ ص۔۳

۲۔ ڈاکٹر محمد یوسف الدین۔ مقدمہ۔ پرنٹنگ کی کہانی۔ص۔ب

۳۔ ڈاکٹر محمد یوسف الدین۔ مقدمہ۔ پرنٹنگ کی کہانی۔ص۔ج

۴۔ پروفیسر محمد افضل الدین اقبال۔ پرنٹنگ کی کہانی۔ص۔۳

۵۔ پروفیسر محمد افضل الدین اقبال۔ پرنٹنگ کی کہانی۔ص۔۶

۶۔ پروفیسر محمد افضل الدین اقبال۔ پرنٹنگ کی کہانی۔ص۔۹

۷۔ پروفیسر محمد افضل الدین اقبال۔ پرنٹنگ کی کہانی۔ص۔۲۱

۸۔ ڈاکٹر محمد یوسف الدین۔ پیش لفظ۔ خرگوش پروری' حیدرآباد۔ 1985ء۔ ص۔ ۷

۹۔ پروفیسر محمد افضل الدین اقبال۔ خرگوش پروری۔ ص۔۱۲

۱۰۔ پروفیسر محمد افضل الدین اقبال۔ خرگوش پروری۔ص۔۱۹۔۲۰

۱۱۔ پروفیسر محمد افضل الدین اقبال 'خرگوش پروری' ص۔۲۲

۱۲۔ بشیر الدین احمد۔ مقدمہ۔ ہوائی چکیاں۔ از۔ پروفیسر محمد افضل الدین اقبال۔ حیدرآباد۔ 1989ء۔ص۔۴۔۵

۱۳۔ بشیر الدین احمد۔ مقدمہ۔ ''ہوائی چکیاں'' ص۔ ۶۔۷

۱۴۔ پروفیسر محمد افضل الدین اقبال۔ ''ہوائی چکیاں'' ص۔۱۴

۱۵۔ پروفیسر محمد افضل الدین اقبال۔ ''ہوائی چکیاں'' ص۔۱۴

۱۶۔ پروفیسر مجید بیدار۔ بہ حوالہ۔ پروفیسر محمد افضل الدین اقبال حیات اور کارنامے۔ مرتبہ ڈاکٹر احتشام الدین خرم۔ ص

☆ ساتواں باب

ڈاکٹر محمد افضل الدین اقبال بہ حیثیت مورخ

ڈاکٹر محمد افضل الدین اقبال ایک بلند پایہ محقق، مدون، مرتب، نقاد، ماہر دکنیات، مترجم ہونے کے علاوہ ایک اچھے مورخ بھی تھے۔ تاریخ نگاری بھی ایک مستقل فن ہے۔ جس میں مورخ گہرے مطالعے اور تحقیق کے بعد ٹھوس ثبوتوں کے ساتھ کسی دور کی انسانی تاریخ مرتب کرتا ہے۔ تاریخ گذشتہ زمانے کے حالات ہوتے ہیں۔ جنھیں مورخ محفوظ کرتا ہے تاکہ کوئی زمانۂ حال میں پڑھ کر اُس سے اپنے مستقبل کو بہتر بنا سکے۔ انسان کی ہمیشہ یہ جستجو رہی ہے کہ وہ اپنے حال اور مستقبل کو بہتر بنانا چاہتا ہے۔ اس کے لیے وہ ماضی کے لوگوں کے حالات پڑھتا ہے تاکہ اُن کے تجربات سے نقصانات سے بچ سکے اور اپنی زندگی کو خوب سے خوب تر بنا سکے۔ مورخ اگر جانبدار رہے تو وہ واقعات کو توڑ مروڑ کر پیش کرے گا اور آنے والی نسلیں مورخ کی نظر سے ماضی کو دیکھے گی۔ ہندوستان کی تاریخ شاہد ہے کہ انگریزوں کے دورِ حکومت میں 1857ء میں ہندوستانیوں نے جو جنگِ آزادی لڑی تھی اُسے انگریزوں نے غدر قرار دیا۔ اس طرح انگریزوں کی تاریخ میں 1857ء کے حالات غدر کہلاتے جب کہ ہندوستان کی تاریخی کتابوں میں ان واقعات کو ہندوستان کی جدوجہدِ آزادی کی پہلی لڑائی قرار دیا گیا۔

ڈاکٹر محمد افضل الدین اقبال کی تاریخ نگاری کو دو حصّوں میں تقسیم کیا جاسکتا ہے۔ ایک حصّہ وہ جس میں انھوں نے اپنی تحقیقی کتاب مدراس میں اُردو ادب کی نشوونما (جلد اوّل) میں

نوابانِ ارکاٹ کے دورِ حکومت کی تاریخ بیان کی ۔ دوسرا وہ حصّہ جس میں انھوں نے نوابانِ ارکاٹ اور فورٹ سینٹ جارج کالج کے تحت لکھے گئے ادب کی تاریخ بیان کی ۔اسی طرح انھوں نے اپنی تصنیف جنوبی ہند میں اُردو صحافت میں اُردو صحافت اور جنوبی ہند کی صحافت بیان کی ۔اس طرح اُن کی تاریخ گوئی ایک عہد کے سیاسی اور سماجی حالات پر اور اس عہد کے ادب کی نشوونما کی تاریخ پر مبنی ہے۔

ایک مورخ کے لیے ضروری ہے کہ وہ سائنٹفک طریقہ کار اختیار کرے اور تاریخ کے مصادر قدیم کتبوں، سکوں، کتابوں، آلات واوزار اور کھدائیوں سے حاصل ہونے والے نتائج اور قدیم مخطوطات سے قدیم سے قدیم انسانی تاریخ مرتب کرے۔ ہندوستان کی تاریخ کی دستیاب ابتدائی کڑیوں کے بارے میں ڈاکٹر محمد افضل الدین اقبال لکھتے ہیں:

> ’’ہندوستانی تمدن دُنیا کے قدیم تمدنوں میں سے ایک ہے۔ 1923ء میں موہنجودارو (سندھ) اور 1924ء میں ہڑپہ (پنجاب) کی کھدائیوں سے معلوم ہوا کہ ہندوستانی تمدن پانچ ہزار سال قبل مسیح یا کم از کم تین ہزار سال قدیم ہے اور وہ عراق کے سویری تمدن کا ہم عصر رہا ہے ۔ ہڑپا اور موہنجودارو کے لوگ دراوڑی نسل سے تعلق رکھتے تھے۔ وہ قدیم سندھی تہذیب کے بانی سمجھے جاتے تھے۔ سندھ اور عراق ملتی جلتی قدیم تہذیبوں کے مرکز تھے۔ دراوڑیوں نے تیسری صدی قبل مسیح سے تیرھویں صدی عیسوی تک بڑی بڑی سلطنتیں قائم کیں‘‘ [1]

ہندوستان کی تاریخ کے دستیاب نقوش بیان کرنے کے بعد ڈاکٹر محمد افضل الدین اقبال نے آندھرا خاندان، پالوا خاندان، چالوکیہ خاندان، چولا خاندان، پانڈیا خاندان کی مختصر تاریخ

بیان کی۔اس بیان میں عہد کا دورِ حکومت' اہم بادشاہ اور اُن کے اہم کارنامے شامل ہیں۔

ڈاکٹر محمد افضل الدین اقبال چوں کہ جنوبی ہند کے ارکاٹ علاقوں کی تاریخ بیان کرنا چاہتے تھے۔اس لیے انھوں نے دُنیا کی قدیم تہذیبوں یونان' یوروپ اور دیگر ممالک کے جنوبی ہند سے تعلقات بیان کئے۔مسلمانوں کی ہندوستان میں آمد اور ہندوستان کے تمدن پر مسلمانوں کے حصّہ کے عنوان سے اُنھوں نے تفصیلات بیان کیں۔اس ضمن میں وہ لکھتے ہیں:

> ''جنوبی ہند میں اسلام کی اشاعت کا آغاز محمد بن قاسم کے حملے سے بہت پہلے ہو چکا تھا۔۔۔گرم مسالوں' ہاتھی دانت اور جواہرات کی تجارت سینکڑوں برس سے ہندوستان اور یوروپ کے درمیان عربوں اور ایرانیوں کے ذریعہ سے جاری تھی۔اس لیے اسلام کا اثر جنوبی ہند کے مغربی ساحل پر برابر پہونچتا رہا۔باہر کے مسلمانوں کی کثرت آمد ورفت سے مغربی ساحل ہند کے تجارتی شہروں کی آبادی خلط ملط ہوگئی یہ تحقیق ہے کہ مسلمان تاجروں اور ہندو راجاؤں میں اچھے روابط پیدا ہو گئے تھے''۔ ۲

ڈاکٹر محمد افضل الدین اقبال نے چھوٹی چھوٹی سرخیوں کے ذریعہ ہندوستان کی تاریخ کے اہم موڑ بیان کئے ہیں۔جس میں ہندوستان میں بیرونی سیاحوں کی آمد' ہندوستان میں بزرگانِ دین کی آمد' واسکوڈی گاما کی آمد' انگریزوں کی آمد' ایسٹ انڈیا کمپنی کا قیام وغیرہ شامل ہیں۔ڈاکٹر محمد افضل الدین اقبال کی پیش کردہ تاریخ سے ہندوستان کی صدیوں کی تاریخ چند صفحات میں سمٹ آئی ہے۔

ہندوستان اور جنوبی ہند کے مختصر سلسلہ وار مربوط تاریخ بیان کرنے کے بعد ڈاکٹر محمد افضل الدین اقبال نے نوابانِ ارکاٹ کی تاریخ بیان کی ہے چناں چہ اورنگ زیب عالمگیر کے

جنوب پر حملے کے بعد نواب ذوالفقار خاں نصرت جنگ کے عہد (1692ء تا 1703ء) سے ارکاٹ کے نوابوں کی تاریخ کا سلسلہ شروع کیا گیا ہے۔ ارکاٹ کے نوابوں کی سلطنت کے قیام کے حالات بیان کرتے ہوئے ڈاکٹر محمد افضل الدین اقبال لکھتے ہیں:

> ''1686ء میں بیجاپور کی عادل شاہی اور 1687ء میں گولکنڈہ کی قطب شاہی سلطنتوں کا خاتمہ کرنے کے بعد شہنشاہ اورنگ زیب عالمگیر نے ہندوستان کے جنوبی علاقے کی طرف توجہ کی۔ عالمگیر کے جنرل نواب ذوالفقار خاں نے 1691ء میں کرناٹک پائین گھاٹ پر قبضہ کرلیا۔ علاقہ کرناٹک پائین گھاٹ میں گنٹور، نیلور، مدراس، چنگل پیٹ، جنوبی ارکاٹ، بارہ محل، سیلم، کوئمبتور، شمالی ارکاٹ اور ویلور شامل تھے۔ اس صوبے کے انتظام کے لیے شہنشاہ عالمگیر نے 1692ء میں نواب ذوالفقار خاں کو کرناٹک کا صوبہ دار (نواب) مقرر کیا''۔ ۳؎

نواب ذوالفقار خاں نے پالار ندی کے کنارے جنگل کاٹ کر ایک شہر بسایا۔ چناں چہ ڈاکٹر محمد افضل الدین اقبال کہتے ہیں کہ یہ شہر ارکاٹ کے نام سے مشہور ہوا۔ تامل زبان میں ''آر'' کے معنیٰ ندی کے اور ''کاٹ'' کے معنیٰ جنگل کے ہیں چوں کہ یہ شہر جنگل کاٹ کر بنایا گیا تھا اس لیے اس کا نام ارکاٹ پڑا۔

ڈاکٹر محمد افضل الدین اقبال نوابانِ ارکاٹ کی سیاسی تاریخ کے بیان کے ساتھ ادبی تاریخ بھی بیان کر رہے تھے اس لیے انھوں نے نواب ذوالفقار خاں کے عہد میں ہونے والی شعر و ادب کی سرپرستی و ترقی اور اس دور کے شعراء ہاشمی بیجاپوری، محمد رضا قزلباش خاں اُمید، کے احوال بیان کیے۔ نواب داؤد خاں پنی کے عہد (1703ء تا 1701ء) کے بیان کے بعد

کرناٹک میں خاندانِ نوائط کے دورِ حکومت (1701ء تا 1743ء) کو بیان کیا گیا۔ چناں چہ نواب سعادت اللہ خاں نائطی کے عہد کے ذکر سے اس خاندان کی تاریخ کا بیان شروع ہوتا ہے۔ ڈاکٹر محمد افضل الدین اقبال، نواب سعادت اللہ خاں کے احوال بیان کرتے ہوئے لکھتے ہیں:

"نواب سعادت اللہ خاں مذہب اثنائے عشری کے پیرو تھے۔ آپ نے اپنے دورِ حکومت میں بڑی نیک نامی حاصل کی اور اپنی داد و دہش کی وجہ سے ہر دلعزیز رہے۔ آپ بڑے دین دار اور خدا ترس شخص تھے۔ آپ کی سخاوت سے عوام کو بہت فائدہ پہنچا۔ نواب موصوف کے دورِ حکومت میں ہر طرف امن و امان قائم ہوا۔ ملک کی آمدنی بھی پہلے سے زیادہ ہونے لگی۔ یہ رقم دہلی کے شاہی خزانے میں پابندی سے ہر سال روانہ کی جاتی تھی۔ فوج اور دوسرے محکموں میں تنخواہیں ہر ماہ پابندی سے تقسیم ہوتی تھیں"۔[۹]

ڈاکٹر محمد افضل الدین اقبال نے مختلف کتب خانوں سے فرامین قدیم مخطوطوں، سرکاری کاغذات اور دیگر تاریخی کتاب سے حوالے دیتے ہوئے اس دور کی تاریخ کو مرتب کیا اور اسے اس انداز میں روانی کے ساتھ رقم کیا کہ قاری کو ایسا لگتا ہے کہ کوئی قصہ گو ایک دور کی کہانی سنا رہا ہو۔ اگر تاریخ نگار اُردو کا ادیب یا نثر نگار ہو تو اُس کی تاریخ میں ادبی چاشنی بھی شامل ہو جاتی ہے اور یہ بات ڈاکٹر محمد افضل الدین اقبال کی تاریخ نگاری پر صد فیصد لاگو ہوتی ہے کیوں کہ اُن کی تاریخ نگاری میں انشاء پردازی کی جھلک دکھائی دیتی ہے اور اُردو کا ایک قاری قدیم دور کی تاریخ پڑھتے ہوئے بھی بیزارگی کا اظہار نہیں کرتا۔

ڈاکٹر محمد افضل الدین اقبال نے لکھا کہ نواب سعادت خاں کے دورِ حکومت میں

کرناٹک میں کثیر تعداد میں مشائخین جمع ہو گئے تھے۔ جنھوں نے تبلیغِ اسلام کے لیے اُردو کو استعمال کیا۔ نواب صفدر علی خاں کا عہد اور خاندانِ نوائط کے خاتمے کے تذکرے کے بعد ڈاکٹر محمد افضل الدین اقبال نے کرناٹک میں والا جاہی خاندان کے دورِ حکومت (1744ء تا 1855ء) کی تاریخ بیان کی۔ اس دور میں نواب انورالدین خاں، نواب محمد علی خاں، نواب عمدۃ الامراء ممتاز، نواب عظیم الدولہ، نواب اعظم جاہ کے دور کی مختصر تاریخ بیان کی۔ یہ تاریخ چوں کہ اُردو ادب کے فروغ کے سلسلے میں لکھی گئی۔ اس لیے اس میں سیاسی و سماجی حالات تفصیل سے بیان نہیں کیے گئے بلکہ دور بیان کرتے ہوئے اُس دور میں ہونے والی شعروادب کی ترقی کا اجمالی جائزہ لیا گیا ہے۔

نوابانِ ارکاٹ کی تاریخ کے بیان کے اختتام پر ڈاکٹر محمد افضل الدین اقبال اس دور میں اُبھرنے والے اہم شعراء کا ذکر یوں کرتے ہیں:

> ''سلطنتِ گولکنڈہ اور بالخصوص بیجاپور کی تباہی کے بعد دکنی خاندان جوق در جوق میسور اور تامل ناڈو کا رُخ کر رہے تھے۔ اس طرح دکنی اُردو کی تامل کے علاقے میں توسیع ہو رہی تھی۔۔۔۔ ایک ایسے دور میں جو سیاسی اور سماجی اعتبار سے افراتفری کا عہد تھا اور شعروادیبوں کی سرپرستی کے تمام ذرائع دکن میں نیست و نابود ہو چکے تھے۔ ارکاٹ کے نوابوں نے انھیں سہارا دیا اور اسی سرپرستی اور قدردانی کی وجہ سے جنوبی ہند علم و ادب کا مرکز بن گیا۔ نوابانِ ارکاٹ کی علمی و ادبی خدمات کی اہمیت سے انکار نہیں کیا جا سکتا اور نہ اُن ادبی کاوشوں کو نظرانداز کیا جا سکتا ہے جو اس زمانے میں ولیؔ ویلوری، شاہ ترابؔ، خواجہ رحمت اللہ رحمتؔ، شاہ ابوالحسن قربیؔ،

والہ موسوی' ملک الشعراء ابجدی' شاہ عبداللطیف ذوقیؔ' باقر آگاہ' مرزا علی بخت اظفریؔ گورگانی' شاہ غوثیؔ' غلام محی الدین معجز اور ملک الشعراء منقسم جنگ نامیؔ وغیرہ کی وجہ سے معروض وجود میں آئیں اور جن کا تاریخ زبان اُردو میں ایک اہم مقام ہے''۔۵؎

تحقیقی کتاب ''مدراس میں اُردو ادب کی نشوونما'' کے دوسرے حصّے فورٹ سینٹ جارج کالج دکنی زبان و ادب کا ایک اہم مرکز اور اسی نام سے علاحدہ شائع ہونے والی کتاب میں بھی ڈاکٹر محمد افضل الدین اقبال نے فورٹ سینٹ جارج کالج کے قیام اور اُس کے اغراض و مقاصد پر مبنی ایک طویل تاریخ بیان کی ہے۔ انگریزوں کے دور میں دو کالج اُردو زبان کی سرپرستی کے لیے اُردو ادب کی تاریخ میں مشہور ہوئے۔ ایک فورٹ ولیم کالج اور دوسرے فورٹ سینٹ جارج کالج شمالی ہند کے مصنفین اور محققین نے اپنی کتابوں میں فورٹ ولیم کالج کا چرچا زیادہ کیا۔ کیوں کہ اس کالج سے زیادہ تر شمالی ہند کے ادیب اور داستان نگار وابستہ تھے۔ ان محققین نے جنوب میں اُردو کے لیے کام کرنے والے فورٹ سینٹ جارج کالج کو نظرانداز کیا' چناں چہ جنوبی ہند کے محقق ہونے کے ناطے اور علاقہ مدراس کے اُردو ادب کو اپنا تحقیق کا موضوع بنانے والے بلند پایہ محقق اور مورخ ڈاکٹر محمد افضل الدین اقبال نے فورٹ سینٹ جارج کالج کی علمی و ادبی و اردو کے فروغ کی خدمات کو اس انداز میں پیش کیا کہ یہ کالج بھی فورٹ ولیم کالج کے ہم پلہ دکھائی دینے لگا۔ چناں چہ ادبی مورخ کی طرح ڈاکٹر محمد افضل الدین اقبال نے اس کتاب میں زائد از (۲۰) مصنفین شعراء اور ادیبوں کے حالاتِ زندگی اور اُن کی شعری و ادبی خدمات کو متعارف کرایا۔ پہلی مرتبہ تاریخ لکھنے والے کو تمام ماخذات کی کھوج کرنا پڑتا ہے اور ڈاکٹر محمد افضل الدین اقبال اس مرحلے سے گذرتے ہوئے جنوبی ہند میں انیسویں صدی کے ادب کی ایک اچھی تاریخ لکھ دی جس سے اُردو ادب کے قدیم ہونے کا پتہ چلتا ہے۔ فورٹ سینٹ

جارج کالج کی ادبی خدمات کا اجمالی احاطہ کرتے ہوئے ڈاکٹر محمد افضل الدین اقبال لکھتے ہیں:

"فورٹ سینٹ جارج کالج کا ذکر اُردو ادب کے مورخین نے نہیں کیا حالاں کہ یہ کالج انیسویں صدی کے دو تین دھوں تک دکنی اُردو کی ترویج اور اشاعت کا ایک اہم مرکز تھا۔۔۔۔ یہ دکھنی زبان وادب کا وہ اہم ادارہ تھا جس کو تاریخِ ادب میں جگہ نہیں ملی لیکن جس نے زبان اُردو کی شائستگی میں حسبِ حیثیت حصّہ لیا۔۔۔۔ کمپنی کے عہد میں اُردو زبان نے بڑی مقبولیت حاصل کرلی"۔٦

اس طرح تحقیقی کتاب "مدراس میں اُردو ادب کی نشو ونما" میں ڈاکٹر محمد افضل الدین اقبال نے انیسویں صدی کے جنوبی ہند اور علاقہ کرناٹک و مدراس کی تاریخ محفوظ کردی۔ یہ تاریخ ادب کی گمشدہ کڑیوں کو جوڑنے میں معاون ثابت ہوتی ہے۔

ڈاکٹر محمد افضل الدین اقبال نے اپنی ایک اور تحقیقی کتاب "جنوبی ہند کی اُردو صحافت" میں دُنیا کے بیشتر ممالک اور ہندوستان کے مختلف شہروں میں صحافت کے آغاز وارتقاء کی تاریخ بیان کی ۔اس طرح وہ صحافت کے شعبے کے مورخ بھی قرار پاتے ہیں۔ ہندوستان میں اُردو صحافت کی ابتداء کے عوامل بیان کرتے ہوئے ڈاکٹر محمد افضل الدین اقبال لکھتے ہیں:

"1835ء میں گورنر جنرل ہندوستان سر چارلس مٹکاف نے اخبارات کو مختلف پابندیوں سے آزاد کردیا۔ جس کا نتیجہ یہ ہوا کہ دیسی زبانوں میں کئی اخبار نکل آئے۔ اوران زبانوں میں اُردو سرِ فہرست تھی کیوں کہ اسے سرکاری زبان کی حیثیت حاصل تھی۔ 1837ء میں لیتھوگرافی یعنی پتھر کی سستی چھپائی کا رواج شروع ہوا۔ اس طرح کتابت

> کے ذریعہ بہت سی نقلیں چھاپنے کا ارزاں ذریعہ ہاتھ آگیا۔ خود جرمنی میں یہ فن اٹھارویں صدی کے خاتمے کے قریب ایجاد ہوا تھا اور ہندوستان میں چالیس سال کے اندر ہی اُردو طباعت میں اُس کا رواج عام ہوگیا۔ اُردو اور فارسی چھاپہ خانوں کی تعداد بڑھنے لگی''۔ ۷

صحافت کی اس تاریخی کتاب میں ہندوستان میں اُردو صحافت کے آغاز و ارتقاء کے سبھی اہم موڑ شامل ہیں۔ اور آخر میں مدراس سے نکلنے والے ابتدائی دور کے اہم اخباروں کی تفصیلات شامل ہیں۔

تاریخ کے موضوع پر ڈاکٹر محمد افضل الدین اقبال کی ایک اور مختصر کتاب ''پرنٹنگ کی کہانی'' ہے۔ اس کتاب میں انھوں نے کاغذ کی تیاری سے لے کر چھپائی و طباعت کی مختصر تاریخ بیان کردی۔ ڈاکٹر محمد افضل الدین اقبال کی تاریخ سے متعلق کتابوں' مدراس میں اُردو ادب کی نشو ونما' جنوبی ہند کی اُردو صحافت اور پرنٹنگ کی کہانی کا تفصیلی جائزہ اس مقالے کے سابقہ ابواب میں لیا جاچکا ہے۔ اس باب میں ڈاکٹر محمد افضل الدین اقبال کو بہ حیثیت مورخ پیش کرنے کے لیے ان کتابوں کا سرسری ذکر کیا گیا ہے۔

ڈاکٹر محمد افضل الدین اقبال کی تاریخ نگاری پر اجمالی نظر ڈالیں تو پتہ چلتا ہے کہ انھیں تاریخ کے موضوع سے دلچسپی تھی یہی وجہ ہے کہ انھوں نے مدراس میں اُردو ادب کی نشو ونما کو پیش کرنے کے دوران علاقہ کرناٹک اور مدراس کی ایک صدی کی تاریخ سمیٹ کر پیش کردی۔ فورٹ سینٹ جارج کالج کی تاریخ کو محفوظ کرتے ہوئے انھوں نے اہم کارنامہ انجام دیا اور دُنیا بھر میں اور ہندوستان کے مختلف شہروں میں صحافت کی تاریخ بیان کی۔ جنوبی ہند کے اُردو کے قدیم اخباروں کی تاریخ بیان کی اور ایک کتاب پرنٹنگ کی کہانی میں طباعت کی تاریخ بیان کردی۔ ان کی تاریخ نگاری میں عبارت سادہ سلیس' رواں اور ہجری و عیسوی سنین کے ساتھ باحوالہ ہوتی

ہے۔اس تاریخ کو لکھنے کے لیے انھوں نے انسائیکلو پیڈیا آف برٹانیکا اور انگریزی کی کئی تاریخی کتابوں سے حوالے دیئے اور اپنی تاریخ کو مستند بنایا۔ڈاکٹر محمد افضل الدین اقبال کی تاریخ نگاری کی ستائش کرتے ہوئے جناب رشید انصاری لکھتے ہیں:

''ڈاکٹر افضل الدین اقبال بجا طور پر ایک عمدہ مورخ بھی کہے جاسکتے ہیں۔تاریخ سے دلچسپی اور تحقیق کا شوق اور سلیقہ اُن کے بہت کام آیا۔اگر پروفیسر افضل کو تاریخ وتحقیق سے ہمہ وقت دلچسپی نہ ہوتی تو اُن کی بیشتر کتابیں تاریخی لحاظ سے مستند اور تحقیق کے نکتہ نظر سے شائد معتبر نہ کہلاتیں ۔۔۔مورخ اور محقق اگر فرد واحد ہوتو تاریخ میں درج واقعات کی تحقیق ان واقعات کی حقیقت کے ساتھ مزید تاریخی حقائق بھی سامنے لاتی ہے۔ چناں چہ اسی وجہ سے پروفیسر صاحب کی مندرجہ ذیل کتابیں' مندرجہ بالا بیان کو اُجاگر کرتی ہیں۔تذکرہ سعید'مدراس میں اُردو ادب کی نشو ونما 'فورٹ سینٹ جارج کالج' دکنی زبان وادب کا ایک اہم مرکز ' جنوبی ہند کی اُردو صحافت' تاریخ ادب اُردو' حیدر آباد میں اُردو صحافت کا آغاز وارتقاء''۔8

ڈاکٹر محمد افضل الدین اقبال کی لکھی ہوئی تاریخ مختصر ہی سی لیکن اُردو میں سیاسی' سماجی' تمدنی' صحافتی تاریخ کی کتابوں میں اہم مقام رکھتی ہیں اور ڈاکٹر محمد افضل الدین اقبال ایک نامور محقق کے طور پر بھی یاد رکھے جائیں گے۔

حواشی

۱۔ ڈاکٹر محمد افضل الدین اقبال۔ مدراس میں اُردو ادب کی نشوونما۔ ص۔۲۳-۲۴

۲۔ ڈاکٹر محمد افضل الدین اقبال۔ مدراس میں اُردو ادب کی نشوونما۔ ص۔۴۴

۳۔ ڈاکٹر محمد افضل الدین اقبال۔ مدراس میں اُردو ادب کی نشوونما۔ ص۔۱۷

۴۔ ڈاکٹر محمد افضل الدین اقبال۔ مدراس میں اُردو ادب کی نشوونما۔ ص۔۸۷

۵۔ ڈاکٹر محمد افضل الدین اقبال۔ مدراس میں اُردو ادب کی نشوونما۔ ص۔۱۹۵-۱۹۶

۶۔ ڈاکٹر محمد افضل الدین اقبال۔ مدراس میں اُردو ادب کی نشوونما۔ ص۔۴۰۰-۴۰۶

۷۔ ڈاکٹر محمد افضل الدین اقبال۔ جنوبی ہند کی اُردو صحافت۔ ص۔۳۲

۸۔ رشید انصاری۔ بہ حوالہ۔ پروفیسر محمد افضل الدین اقبال حیات اور کارنامے۔ مرتبہ ڈاکٹر محمد احتشام الدین خرم۔ ص۔۳۱

☆ آٹھواں باب

ڈاکٹر محمد افضل الدین اقبال بہ حیثیت ماہر دکنیات

دکنی ادب اردو کا قدیم ترین ادب ہے۔ اردو زبان تیرھویں صدی میں شمالی ہند میں شروع ہوئی۔ لیکن اس زبان میں چار سو سال تک جنوبی ہند میں ادب فروغ پاتا رہا۔ اس عرصے میں شمالی ہند میں فارسی ادب کا چرچا تھا۔ جنوبی ہند میں صوفیائے کرام اور بزرگان دین نے اردو زبان کو مذہب اسلام کی تبلیغ کے لئے استعمال کیا۔ اس لئے اردو یا دکنی کا ابتدائی ادب مذہبی رسائل پر مبنی ہے۔ بعد میں یہاں ادبی تخلیقات پیش ہونے لگیں۔ اردو کی پہلی مثنوی ''کدم راؤ پدم راؤ'' دکن میں لکھی گئی۔ اردو کی پہلی نثری داستان ''سب رس'' یہیں لکھی گئی۔ دکنی اردو کے قدیم کارناموں کو بعد تحقیق منظر عام پر لانے والوں میں دکن کے محققین آگے رہے۔ نصیر الدین ہاشمی نے دکن میں اردو کتاب کے ذریعے دکنی اردو کی تحقیق کے کام کو جس انداز میں شروع کیا تھا۔ اسے ان کے ہی خاندان کے ایک چشم و چراغ ڈاکٹر محمد افضل الدین اقبال نے بڑی تن دہی سے آگے بڑھایا۔ انہوں نے دکنی تحقیق کو اپنا اوڑھنا بچھونا بنالیا۔ اور اپنی زندگی دکنی زبان کی تحقیق سے متعلق کتابوں کی تصنیف و تالیف میں گذاردی۔ دکنی زبان و ادب سے متعلق ان کی شاہکار کتابیں مدراس میں اردو ادب کی نشو نما' فورٹ سینٹ جارج کالج دکنی زبان و ادب کا اہم مرکز' تذکرہ سعید' نواب اعظم اور مثنوی اعظم نامہ' دکنی ادب کا مطالعہ حکایات لطیفہ' مجمع الامثال' امانتی کتب خانہ خاندان شرف الملک مدراس کے اردو مخطوطات' شمس العلماء قاضی عبید اللہ اورینٹل لائبریری مدراس کے اردو مخطوطات شامل ہیں۔ ان کتابوں کا تفصیلی جائزہ اس مقالے کے سابقہ ابواب میں لیا گیا ہے۔

دکنی کے فروغ میں ڈاکٹر محمد افضل الدین اقبال کا اہم کارنامہ جنوبی ہند کے بعض گمنام ادیبوں کے ادبی کارناموں کو منظر عام پر لانا ہے۔انہوں نے اپنی تحقیقی کتاب مدراس میں اردو ادب کی نشونما میں علاقہ مدراس میں شعر و ادب کے فروغ کا جائزہ لیا۔اور نوابان ارکاٹ کے عہد میں شعر و ادب کی سر پرستی اور اس دور میں ہونے والی ادبی ترقی کو سامنے لایا۔اپنے مطالعے کے دوران ڈاکٹر محمد افضل الدین اقبال نے دکن کے علاقے میں مختلف کتب خانوں میں موجود مخطوطوں کی موجودگی کا پتہ دیا ہے۔اپنی کتاب فورٹ سینٹ جارج کالج دکنی زبان و ادب کا اہم مرکز میں ڈاکٹر محمد افضل الدین اقبال نے انگریزوں کی جانب سے اپنے ملازمین کو اردو پڑھانے کے لئے علاقہ مدراس میں قائم کردہ کالج فورٹ سینٹ جارج کالج کے قیام سے لے کر اس کالج کے تحت کام کرنے والے اردو مصنفین اور ان کے اردو کارناموں کو تفصیلی طور بیان کیا ہے۔اس کالج کے نامور مصنف مہدی واصف کی حیات اور کارناموں کو مفصل بیان کیا۔اور کالج کے تحت لکھی گئی غیر مطبوعہ تصانیف ملکہ زماں و کام کندلہ‘ دکنی سنگھاسن بتیسی‘ گلستان ہندی فوجی قوانین اور دیگر تصانیف کا حوالہ دیا۔مہدی واصف کی تصانیف کا حوالہ دیتے ہوئے ڈاکٹر محمد افضل الدین اقبال لکھتے ہیں۔

> مہدی واصف نے عربی فارسی اور اردو میں متعدد کتابیں اپنی یادگار چھوڑی ہیں۔ایک لغات نویس کی حیثیت سے بھی ان کی خدمات قابل قدر ہیں۔ان کی فارسی کتابوں میں تذکرہ معدن الجواہر‘حکایات دلپسند‘دلیل شعرا‘رقعات واصفی‘ گلزار عجم‘املا نامہ واصفی‘اور عربی کتابوں میں تذکرہ حدیقۃ المرام فی تذکرہ العلماء بہت مشہور ہیں۔واصف نے اردو میں بھی متعدد کتابیں تصنیف کی تھی۔راقم الحروف کو ان کی ۲۲ کتابوں کا پتہ چلا ہے۔[۱]

ماہر دکنیات کے طور پر ڈاکٹر محمد افضل الدین اقبال کا ایک اہم کارنامہ مثنوی اعظم نامہ کی

تدوین ہے۔ یہ مثنوی ارکاٹ کے نواب غوث محمد خاں اعظم کے درباری قادر حسین جوہر کی ایک نایاب مثنوی ہے۔ ڈاکٹر محمد افضل الدین اقبال نے اس مثنوی کے مخطوطے کو حاصل کر کے اسے تدوین کے بعد شائع کیا۔ اور دکنی شاعری کے ایک قدیم نمونے کو منظر عام پر لایا۔ ڈاکٹر محمد افضل الدین اقبال کو دکنی زبان اور اس کے قواعد پر کافی عبور حاصل تھا۔ اس مثنوی کی تدوین کے دوران انہوں نے قدیم دکنی الفاظ کے اردو معنے دئے۔ اور دکنی زبان کے قواعد کی روشنی میں مثنوی کا جائزہ لیا۔ اسم کی جمع بنانے کے قاعدے کا ذکر کرتے ہوئے ڈاکٹر محمد افضل الدین اقبال لکھتے ہیں۔

اسم کی جمع بنانے کے لئے دکنی زبان میں عام طور پر ''ا'' اور ''ں'' کا استعمال کیا جاتا ہے۔ جیسے فقیر سے فقیراں اور امیر سے امیراں وغیرہ۔ جوہر نے بھی جمع بنانے کے اسی عام اصول پر بہ کثرت عمل کیا ہے۔ جیسے

بصد حشمت بصد شوکت بصد شاں　　　ہوئے چھٹی اور چھلے کے رساں
غریباں بے کساں بے دست و پایاں　　　فقیراں اور امیراں بے نوایاں
تھے روئے پیٹ کر سینے کو ہر آن ۲　　　گھراں میں عورتاں باہر سے مرداں

ڈاکٹر محمد افضل الدین اقبال نے اپنی استاد اور ایک اور ماہر دکنیات پروفیسر سیدہ جعفر کے ساتھ مل کر دکنی ادب کا مطالعہ کے نام سے ایک کتاب ترتیب دی۔ جس میں دکنی زبان کے اہم شعری کارناموں کا انتخاب شامل ہے۔ دکنی کے حوالے سے ان کی دو کتابیں خاندان شرف الملک مدراس اور قاضی عبید اللہ اورینٹل لائبریری کے مخطوطات کا تعارف

ہے۔ ان دونوں کتابوں میں ڈاکٹر محمد افضل الدین اقبال مخطوطے کی کیفیت کے ساتھ کئی مخطوطوں کا تعارف پیش کیا ہے۔ ان مخطوطوں پر آنے والے دور کے مصنفین کام کر سکتے ہیں۔ دکنی کے حوالے سے ڈاکٹر محمد افضل الدین اقبال کی ایک اہم کتاب ''نصیر الدین ہاشمی حیات اور ادبی خدمات'' ہے۔ اس کتاب میں انہوں نے دکنی کے نامور محقق کی حیات اور ان کی خدمات سے متعلق مشاہیر ادب کے مضامین شامل کئے۔ اس کتاب میں خود ڈاکٹر محمد افضل الدین اقبال کے

تین مضامین شامل ہیں۔اپنے ایک مضمون میں نصیرالدین ہاشمی کی خدمات کا احاطہ کرتے ہوئے ڈاکٹر محمد افضل الدین اقبال لکھتے ہیں:

> ہاشمی صاحب نے خصوصیت سے دو موضوع اپنے لئے منتخب کئے تھے۔ایک دکن میں اردو کے ارتقاء کی تاریخ اور دوسرا دکن کی تاریخ۔ان موضوعات پر انہوں نے بہت لکھا اور خوب لکھا۔اور مسلسل اپنے معلومات آفریں مقالات اور نئے نئے موضوعات پر مستند کتابوں سے اہل علم کو روشناس کراتے رہے ان موضوعات پر ان کی وفات ۲۶ ستمبر ۱۹۶۴ء تک ۳۳ کتابیں شائع ہو چکی تھیں۔دکن میں اردو کے ارتقاء کی تاریخ کے سلسلے میں ''دکن میں اردو'' ان کی اہم تصنیف ہے۔جس کے متعدد ایڈیشن ہندو پاک سے شائع ہو چکے ہیں۔اس کے علاوہ سلاطین دکن کی ہندوستانی شاعری' امجد کی شادی' مدراس میں اردو' مقالات ہاشمی' دکنی ہندو اور اردو دکنی (قدیم اردو) کے چند تحقیقی مضامین شائع ہو کر مقبول ہو چکے ہیں۔اس طرح ان کی تاریخ و سوانح کے موضوع پر حسب ذیل کتابیں ذکر بنی تذکرہ دار العلوم' تاریخ عطیات آصفی تذکرہ مرتضٰی' عہد آصفی کی قدیم تعلیم' آج کا حیدرآباد' جنگ آزادی کی کہانی' مولوی عبدالقادر' دکنی کلچر اور المحبوب منظر عام پر آچکی ہیں۔[۳]

نصیرالدین ہاشمی اردو کے ادبی حلقوں میں اپنی تصنیف ''دکن میں اردو'' کے ذریعے جانے جاتے ہیں۔تاہم ڈاکٹر محمد افضل الدین اقبال نے ان کی دیگر تصانیف اور مضامین کا تعارف

کراتے ہوئے ان کے مزید کارناموں کو منظر عام پر لایا۔ان کی غیر مطبوعہ تصانیف کا بھرپور تعارف پیش کیا ہے۔اس سے نصیر الدین ہاشمی کی دکنی کے فروغ میں خدمات کا احاطہ اور وسیع تر ہو جاتا ہے۔دکنی کے حوالے سے ڈاکٹر محمد افضل الدین اقبال کی ایک اور اہم کتاب ''ایسٹ انڈیا کمپنی کے علمی ادارے فورٹ ولیم کالج اور فورٹ سینٹ جارج کالج تقابلی وتنقیدی جائزہ'' ہے۔اس کتاب میں انہوں نے فورٹ ولیم کالج کی اردو خدمات کے بیان کے ساتھ جنوبی ہند میں فروغ اردو کے قدیم مرکز فورٹ سینٹ جارج کالج کے قیام کے اغراض و مقاصد کے بیان کے ساتھ اس کالج کے مصنفین کی خدمات کو پیش کیا۔اور یہاں لکھی جانی والی دکنی اردو کی تصانیف کو پیش کیا۔جن میں حکایات الجلیلہ 'دکنی سنگھاسن بتیسی' داستان ملکہ زماں وکام کندلہ وغیرہ شامل ہیں۔داستان ملکہ زماں وکام کندلہ کے بارے میں ڈاکٹر محمد افضل الدین اقبال لکھتے ہیں:

> فورٹ سینٹ جارج کالج کے کسی گمنام مصنف نے سرداران والاشان کے مطالعے کے لئے ایک دلچسپ عشقیہ داستان'' ملکہ کام کندلہ'' کے نام سے لکھی تھی۔جس کا ایک مخطوطہ کتب خانہ نواب سالار جنگ میں محفوظ ہے۔یہ داستان ایک سو چوراسی صفحات پر مشتمل ہے۔ہر صفحہ پر سات سطریں ہیں۔خط نستعلیق ہے۔پوری داستان چودہ عنوانات میں منقسم ہے۔جنہیں حکایتوں سے منسوب کیا گیا ہے۔تاریخ کتابت ۱۲۳۴ھ م ۱۸۱۹ء ہے۔جیسا کے ترقیمہ سے ظاہر ہے۔تمت تمام بتاریخ یازدھم رجب ۱۲۳۴ء افسوس کے مصنف کے نام اور سنہ کا پتہ نہیں چلتا۔یہ داستان ایک منظوم فارسی داستان ''جواہر سخن'' کا آزاد ترجمہ ہے۔زبان بڑی عام فہم اور سلیس ہے۔قصہ میں جگہ جگہ دکنی الفاظ اور محاورے ملتے

ہیں۔''[۴]

ڈاکٹر محمد افضل الدین اقبال کی مجموعی خدمات پر نظر ڈالی جائے تو وہ دکن کے ایک نامور محقق کے طور پر سامنے آتے ہیں۔ان کی تصانیف دکنی اردو کی ترقی کو متعارف کرانے میں اہم رول انجام دیتی ہیں۔ دکن کے کئی گمنام شعراء اور انکی تصانیف کو متعارف کرانے اور دکنی کے کئی کارناموں کو پیش کرنے میں انہوں نے بڑی خدمات انجام دی ہیں۔ بلاشبہ ان کے دکنی کے کارنامے جنوبی ہند کی اردو کی تاریخ مرتب کرنے میں اہم سنگ میل ثابت ہونگے۔اس طرح ڈاکٹر محمد افضل الدین اقبال دکنی شعر وادب اور دکن میں اردو کی تاریخ لکھنے والوں میں ایک ماہر دکنیات کے طور پر جانے جائیں گے۔

حواشی

۱۔ ڈاکٹر محمد افضل الدین اقبال فورٹ سینٹ جارج کالج دکنی زبان وادب کا اہم مرکز ص ۹۹

حیدرآباد ۱۹۷۹ء

۲۔ ڈاکٹر محمد افضل الدین اقبال نواب اعظم اور مثنوی اعظم نامہ

۳۔ ڈاکٹر محمد افضل الدین اقبال نصیر الدین ہاشمی حیات اور ادبی خدمات ص ۱۴۔۱۵۔

۴۔ ڈاکٹر محمد افضل الدین اقبال ایسٹ انڈیا کمپنی کے تعلیمی ادارے۔۔ص ۱۵۴۔۱۵۵

☆نواں باب

ڈاکٹر محمد افضل الدین اقبال بہ حیثیت مترجم

ڈاکٹر محمد افضل الدین اقبال علمی استعداد کے اعتبار سے ایک ہمہ پہلو شخص تھے۔ وہ ایک بلند پایہ محقق، نامور ادیب و نقاد، ماہرِ دکنیات اور مورخ کے علاوہ ایک اچھے مترجم بھی تھے۔ انھوں نے اپنے والد مولوی محمد شرف الدین مرحوم، بی۔اے (عثمانیہ)، معتمد اعزازی صنعتی نمائش حیدرآباد کی انگریزی میں تحریر کردہ کتاب ''قرآنی صنعتیں'' کے نام سے ترجمہ کی۔ اس کتاب کا انگریزی نام (Quranic Industries) ہے۔ اس کے علاوہ ترجمہ پر اُن کی ایک اور مختصر کتاب ''مکتوباتِ بنوی ﷺ کے عکس ہیں۔ اس کتاب میں انھوں نے حضور اکرم ﷺ کے اپنے عہد کے مختلف سربراہانِ مملکت کو عربی میں لکھے گئے خطوط کا اُردو اور انگریزی ترجمہ پیش کیا۔ ان دو کتابوں کے حوالے سے بہ حیثیت مترجم ڈاکٹر محمد افضل الدین اقبال کی خدمات کے احاطے سے قبل یہ ضروری ہو جاتا ہے کہ ترجمے کی تعریف اور اُس کی اہمیت اور اُصول بیان کئے جائیں۔

ترجمہ کی تعریف :-

کسی ایک زبان کی تحریر کو دوسری زبان میں اس طرح منتقل کرنا کہ پہلی زبان کے معنی و مفہوم اور مکمل عبارت کا خیال دوسری زبان میں منتقل ہو جائے اور دوسری زبان پڑھنے والا اس عبارت کو ترجمہ شدہ نہیں بلکہ اصل زبان قیاس کرے اُسے ترجمہ کہتے ہیں۔ جس زبان سے ترجمہ کیا جارہا ہے اُسے (Source Language) کہتے ہیں اور جس زبان میں ترجمہ کیا جارہا ہے اُسے (Target Language) کہتے ہیں۔ مثلاً اگر کوئی انگریزی سے اُردو میں ترجمہ کررہا ہو تو انگریزی زبان (Source Language) اور اُردو زبان (Target

(Language) کہلائے گی۔

ترجمہ ایک فن :-

انسانی زندگی میں کئی فن ہیں۔ جیسے مصوری، سنگ تراشی، موسیقی، رقص اور تعمیرات وغیرہ اُسی طرح ترجمہ نگاری بھی ایک فن ہے۔ ترجمہ کرنے والے کو مترجم (Translator) کہتے ہیں۔ مترجم کو اچھا ترجمہ نگار بننے کے لیے کئی خوبیوں کا حامل ہونا پڑتا ہے۔ ذیل میں مترجم کی خصوصیات بیان کی جارہی ہیں۔

مترجم کی خصوصیات :-

ترجمہ نگاری ایک فن ہے اور اس پر مہارت حاصل کرنے کے لیے مترجم کو بہت سے اوصاف کا حامل ہونا ضروری ہے۔ سب سے پہلے مترجم کو ترجمے سے شوق ہونا چاہیے۔ اگر کسی کو شوق نہ ہو تو وہ ترجمہ نگاری کے فن سے انصاف نہیں کرسکتا۔ مترجم کو کئی علوم کا ماہر ہونا ضروری ہے۔ اس کے علاوہ اُسے کم از کم دو تین زبانوں پر مکمل عبور رکھنا چاہیے۔ جس زبان سے وہ ترجمہ کر رہا ہو اور جس زبان میں وہ ترجمہ کر رہا ہو ان دونوں پر خاص طور سے مکمل عبور رکھتا ہو۔ ہر زبان کے اپنے محاورے، تشبیہات اور قواعد کی دیگر خصوصیات ہوتی ہیں۔ اگر ایک زبان میں کوئی بات محاورے میں کہی جارہی ہو تو وہی بات دوسری زبان میں الگ انداز میں کہی جائے گی۔ اگر لفظی ترجمہ کر دیا جائے تو ترجمہ کامیاب نہیں ہوگا۔ اُردو میں اگر یہ کہا جائے کہ ''عالمی کپ جیتنا سونے پہ سہاگہ ہوگا'' تو اس کا ترجمہ Winning the World Cup will be icing on the Cake) ہوگا۔ مترجم کو دونوں زبانوں کے اجزائے کلام جیسے اسم، فعل، ضمیر، صفت، جنس اور تعداد وغیرہ اور دونوں زبانوں کے علاماتِ وقف سے واقفیت رکھنا ہوگا اور لفظ کو سیاق و سباق کے مطابق استعمال کرنے کے فن سے واقف ہونا ہوگا۔ تب ہی ایک مترجم اپنے فن میں کامیاب ہوسکتا ہے۔ ترجمہ کسی بھی مرحلے میں ترجمہ نہ لگے بلکہ حقیقی عبارت لگے۔ یہی کسی ترجمہ کے کامیاب اور جامع ہونے کی علامت ہے۔

ترجمہ کی اہمیت:-

انسانی زندگی میں ترجمے کی بڑی اہمیت ہے۔ترجمہ کی بدولت یہ دُنیا ایک چھوٹے سے خاندان (گلوبل ویلیج) میں بدل گئی ہے۔ دُنیا میں کئی ممالک ہیں اور وہاں الگ الگ زبانیں بولنے والے لوگ رہتے ہیں۔علوم کی ترقی اور معلومات کے لمحہ بہ لمحہ اُٹھتے طوفان سے دُنیا کو باخبر رکھنے میں ترجمے نے اہم رول ادا کیا ہے۔ دُنیا میں علوم میں جو ترقی ہو رہی ہے جونئی ایجادات سامنے آرہی ہیں وہ ترجمے کی بدولت ساری دُنیا میں عام ہو رہی ہے اور ایک فرد یا ایک ملک کی ترقی سے دوسرے فائدہ اُٹھا رہے ہیں۔ دُنیا میں امن قائم کرنے کے لیے دو زبانیں بولنے والے عالمی قائدین کی آپسی گفتگو ہو' دو متضاد زبانیں بولنے والے دانشوروں کے خیالات ہوں یہ سب ترجمے کی بدولت دُنیا کو فائدہ پہونچا رہے ہیں۔آج دُنیا مارکس' فرائڈ' ارسطو' سقراط' بقراط اور جالینوس کے خیالات ترجمے کی بدولت ہی دُنیا میں عام ہوئے ۔قرآن شریف' عربی زبان کا فصاحت و بلاغت کا شاہکار ہے۔ترجمہ کی بدولت قرآن کی تفسیر معنیٰ و مفاہیم' حدیث کے تراجم' عام ہوئے ہیں اور دُنیا بھر میں اسلام پھیلتا گیا۔اس طرح ہم دیکھتے ہیں کہ انسانی زندگی کی معاشرتی ' تہذیبی' سماجی' ثقافتی اور سیاسی ترقی میں ترجمے نے اہم رول ادا کیا ہے۔اس طرح ہمارے سامنے ترجمہ زندگی کی بڑی اہمیت بن کر سامنے آتا ہے۔

قرآنی صنعتیں کتاب کا تنقیدی جائزہ:-

قرآنی صنعتیں نامی کتاب کے مصنف ڈاکٹر محمد افضل الدین اقبال کے والد مولوی محمد شرف الدین مرحوم ہیں۔ یہ کتاب انگریزی میں The Quranic Industries کے نام سے لکھی گئی تھی جس کا ترجمہ ڈاکٹر محمد افضل الدین اقبال نے کیا۔ انگریزی میں یہ کتاب 1995ء میں لکھی گئی تھی۔اس کا اُردو ترجمہ 2007ء میں یوسف شرف الدین ادبی و مذہبی ٹرسٹ کے زیرِ اہتمام شائع کیا تھا۔

کتاب کا تعارف محمد فاروق بی۔اے۔ایچ۔سی۔ایس' کراچی' پاکستان نے لکھا۔محمد

فاروق یوسف شرف الدین کے ماموں زاد بھائی تھے۔ تعارف میں محمد فاروق نے شرف الدین صاحب کے والد قادر مرتضیٰ حسین اور اُن کے خاندان کے حالات اور شرف الدین صاحب کی حیدرآباد صنعتی نمائش کی خدمات کے احوال بیان کیے۔ محمد فاروق نے شرف الدین صاحب کی جن تصانیف کا ذکر کیا اُن کے نام اس طرح ہیں۔

ہندوستانی معاشیات کے مبادی، موضع پھول مری کی معاشی تحقیق، عثمانین کے تراجم و تالیفات، تحفۂ نمائش، دنیائے نمائش، مملکتِ آصفیہ کی صنعتی ڈائرکٹری، اسامی دُنیا کے معاشی حالات، قرآنی صنعتیں (انگریزی واُردو)۔ کتابوں کے ناموں سے اندازہ ہوتا ہے کہ معاشیات اور صنعتیں اُن کے پسندیدہ موضوع تھا۔ تعارف کے بعد کتاب میں ڈاکٹر محمد افضل الدین اقبال کے نام ڈاکٹر محمد حمید اللہ کا لکھا ایک خط شائع کیا گیا ہے۔ جس میں اس کتاب کی اشاعت پر مبارکبادی کا ذکر کیا گیا ہے۔ ڈاکٹر محمد حمید اللہ لکھتے ہیں:

> اب سے شائد کوئی پچاس سال پہلے آپ کے والد مرحوم نے قرآن مجید کی ذکر کردہ صنعتوں پر ایک مضمون لکھا تھا۔ الحمد اللہ وہ آپ کو پسند آیا اور آپ اسے شائع کر رہے ہیں۔۔۔ اکثر یہ خیال ہوتا ہے کہ سورہ۔۳۸، آیت۔۳۶ وغیرہ کے مطابق کیا حضرت سلیمان علیہ السلام کے زمانے میں ایک قسم کے ہوائی جہاز نہ بن گئے تھے۔ آب پاشی، زراعت کے لیے بھی آدمی اور جانوروں کو پالنے کے لیے بھی ضمناً کنواں اور تالاب۔۔۔۔ بہرِ حال خوشی ہوئی کہ آپ نے والد مرحوم کا ایک اہم مضمون کتابی صورت میں شائع کر رہے ہیں۔[1]

اس خط کی اشاعت کے بعد ڈاکٹر محمد افضل الدین اقبال نے ''مولوی شرف الدین

مرحوم کی علمی خدمات'' کے عنوان سے اپنے والد کی تصانیف کا تعارف پیش کیا۔ ہندوستانی صنعتوں سے اُن کی دلچسپی کا اظہار کرتے ہوئے ڈاکٹر محمد افضل الدین اقبال لکھتے ہیں:

> ''مرحوم شرف الدین صاحب کو ملک کی صنعت و حرفت خصوصاً دیہی اگر گھریلو صنعتوں سے گہری دلچسپی تھی۔ اس غرض سے انھوں نے نہ صرف ہندوستان کے مختلف شہروں کا بلکہ بیرون ہند مختلف مما لک کا دورہ کر کے صنعت و حرفت اور تجارت کے متعلق گہری معلومات حاصل کی تھیں۔ انھوں نے متعدد تحقیقاتی مضامین لکھے اور کئی کتابیں شائع کیں۔۔۔
>
> اپنی کتابوں، مقالوں اور نمائش بلیٹن کے ذریعہ انھوں نے ملکی مصنوعات کی ترقی اور اُن کی تشہیر میں گراں قدر حصّہ لیا جس کی بدولت کریم نگر کے چاندی کے سامان، بیدر کے بیدری سامان، اورنگ آباد کے ہمرو، محبوب نگر کے بلانکٹ، ورنگل کی ریشمی کھادی اور قالین، نرمل کے کھلونوں اور سنگاریڈی کی ریشم کی ساڑیوں کی شہرت یورپ، امریکہ سے گذر کر سارے اقوامِ عالم میں ہونے لگی تھی۔۔۔ مرحوم کی بدولت قدیم ہندوستانی صنعتیں جو مٹ رہی تھیں نئی زندگی پالیں اور جدید صنعتیں رائج ہوئیں''۔[2]

کتابِ قرآنی مصنوعات میں شرف الدین صاحب نے قرآن کی مختلف آیتوں کے حوالے سے قرآن میں ذکر کی گئی صنعتوں کا ذکر کیا۔ چناں چہ جن مصنوعات کا اس کتاب میں تعارف پیش کیا گیا اُن کے نام اس طرح ہیں۔

(۱)صنعت پارچہ بافی (ٹکسٹائیل انڈسٹری)

(۲)صنعت ریشم سازی (سلک انڈسٹری)

(۳)صنعت اون سازی (اولن انڈسٹری)

(۴)صنعت قالین بافی (کارپٹ انڈسٹری)

(۵)صنعت چرم سازی (لیدر انڈسٹری)

(۶)غذائی اشیاء کی تیاری کی صنعت (فوڈ انڈسٹری)

(۷) کیمیائی صنعت (کیمیکل انڈسٹری)

(۸)دھاتی صنعتیں، لوہے اور فولاد کی صنعتیں (میٹل انڈسٹری)

(۹)صنعت زیور سازی (اورنا میٹل انڈسٹری)

(۱۰)ظروف سازی اور ترابیاتی صنعتیں (سرامک انڈسٹری)

(۱۱)صنعت فنِ تعمیر عمارت سازی (بلڈنگ انڈسٹری)

(۱۲)نجاری صنعت، فرنیچر سازی (ووڈ میکنگ انڈسٹری)

(۱۳)صنعت کاغذ سازی (پیپر انڈسٹری)

(۱۴)جہاز سازی (شپ انڈسٹری)

فوڈ انڈسٹری کے بیان میں سورہ فاطر کی آیات ۲۷۔۳۵، ترجمہ (کیا تم نے نہیں دیکھا کہ اللہ نے آسمان سے منہ برسایا۔ ہم نے اس سے طرح طرح کے رنگوں کے میوے پیدا کیئے) کے حوالے سے شرف الدین صاحب نے جو تبصرہ کیا ہے اس کا ترجمہ سلیس اُردو زبان میں ڈاکٹر محمد افضل الدین اقبال نے اس طرح کیا ہے:

"جاپان سے رسیلے تازہ سیب اور سیب کا شربت اور
میوے کی خشک ٹکیاں آتی ہیں کہ پانی میں گھول لوتو دو منٹ میں
بہترین شربت بن جاتا ہے۔ ہندوستان اور پاکستان بھی کشمیر

سے بہتر سے بہتر قسم کے تازہ سیب فراہم کرسکتے ہیں

۔۔۔۔بر اعظم آسٹریلیا سے گائے کا دودھ خشک کر کے بند ڈبوں

میں ساری دُنیا کو فراہم کیا جاتا ہے"۔ ۳ے

صنعتوں کے نام اور صنعتوں کی تفصیلات کا جائزہ لینے سے اندازہ ہوتا ہے کہ ڈاکٹر محمد افضل الدین اقبال نے سلیس اُردو میں انگریزی زبان سے ترجمہ کیا ہے اور اُن کا ترجمہ اصل عبارت لگتا ہے۔ عبارت کے دوران کہیں بھی جھول یا رکاوٹ نہیں ملتی یہ اُن کے کامیاب مترجم ہونے کی اچھی مثال ہے۔

مکتوبات نبوی کے عکس' کتاب کا تنقیدی جائزہ

ڈاکٹر محمد افضل الدین اقبال کی مرتبہ و ترجمہ شدہ دوسری کتاب مکتوبات نبوی صلی اللہ علیہ وسلم کے عکس ہے۔ یہ کتاب اسلامک پبلی کیشن سوسائیٹی حیدرآباد کے زیرِ اہتمام 1996ء میں شائع ہوئی۔ اس کتاب میں حضورِ اکرم صلی اللہ علیہ وسلم کے مختلف بادشاہوں کو لکھے ہوئے عربی خطوط کا اُردو اور انگریزی ترجمہ پیش کیا گیا ہے۔ کتاب کے پیشِ لفظ میں ان خطوط کی اہمیت اور اُن کے ترجمے کی اشاعت کے ضمن میں ڈاکٹر محمد افضل الدین اقبال لکھتے ہیں:

"سرکارِ دوعالم صلی اللہ علیہ وسلم کی زندگی کا ہر پہلو روز روشن کی طرح عیاں ہے۔ نبی کریم صلی اللہ علیہ وسلم نے مختلف حکمرانوں کو جو مکتوبات روانہ کئے تھے ان میں سے بہت سے دستیاب ہو چکے ہیں۔ اکثر مکتوبات چمڑوں پر لکھے گئے ہیں۔۔۔ قارئین کرام کی خدمت میں مکتوباتِ نبوی کے عکس اور اُن کے ترجمے پیش ہیں۔

"ان کی نہ صرف تاریخی اہمیت ہے بلکہ یہ ایک

مقدس اور خیر و برکت کی چیز ہے اس لیے انھیں علاحدہ کتابی
صورت میں شائع کیا گیا'' ؎

پیش لفظ کے بعد کتاب میں مہر نبوی صلی اللہ علیہ وسلم کے عکس کے علاوہ آپؐ کے تحریر کردہ چار خطوط کے عکس اور اُن کے اُردو اور انگریزی ترجمے دئے گئے ہیں۔ ذیل میں ایک خط کا اُردو اور انگریزی ترجمے کا متن دیا جا رہا ہے۔

''ترجمہ عکس تحریر نامہ مبارک بنام اُصحمہ بن نجاشی شاہ حبش''

بسم اللہ الرحمٰن الرحیم۔ محمد رسول اللہ کی جانب سے نجاشی عظیم حبشہ کے نام!

''اس شخص پر سلام جو ہدایت کی پیروی کرے۔ امّا بعد! میں تمہاری طرف اللہ کی حمد کرتا ہوں۔ جس کے سواء کوئی معبود نہیں جو قدوس اور سلام ہے۔ امن دینے والا محافظ اور نگران ہے اور میں شہادت دیتا ہوں کہ عیسیٰ ابن مریم اللہ کی روح اور اس کا کلمہ ہیں۔ اللہ نے انھیں پاکیزہ اور پاکدامن بتول کی طرف ڈال دیا ہے اور اُس کی روح اور پھونک سے مریم عیسیٰ کے لیے حاملہ ہوئیں۔ جیسے اللہ نے آدم کو اپنے ہاتھ سے پیدا کیا۔ اللہ وحدہٗ لاشریک کی جانب اور اُس کی اطاعت پر ایک دوسرے کی مدد کی جانب دعوت دیتا ہوں اور اس بات کی طرف بُلاتا ہوں کہ تم میری پیروی کرو اور جو کچھ میرے پاس آیا ہے اس پر ایمان لاؤ کیوں کہ اللہ کا رسول (صلی اللہ علیہ وسلم) ہوں اور میں تمہیں اور تمہارے لشکر کو اللہ عزوجل کی طرف بُلاتا ہو۔ اور میں نے تبلیغ و نصیحت کردی۔ لہٰذا میری نصیحت قبول کرو اور اُس شخص پر سلام جو ہدایت کی پیروی کرے۔''

The Holy Prophet's Letter to Abyssinia's King

In th name of Allah, The Beneficent , The Benevolent, From Mohammed the Prophet of Allah, to Negus, the King of Abyssinia,"Peace and Blessing of

Allah for those who follow the true guidance, Glory be to Allah , there is no God but he, the soeverign, the Holy, the Author of Safety, the Giver of peace, the protector, the Almighty, I bear witness that Jesus, the son of Mary is the Spirit of Allah(Roohullah) and his word which cast into Mary,the virgin the good, the pure so that She conceived Jesus. Allah created him from His spiritand His breathing as He created Adam by His hand and breathing, I call you to Allah, the Unique without any associate and to His obedience and to follow me and to believe in that which has come to me for learn the Messenger of Allah. I invite you and your subject to the Great Lord,Please listen to what I say and accept my advise,peace and blessing for those who follow true guidance.

۵۔

مکتوباتِ نبوی کے اُردو اور انگریزی تراجم سے اندازہ ہوتا ہے کہ ڈاکٹر محمد افضل الدین اقبال نے عبارت کے اعتبار سے ترجمے کیئے۔

اسلامی تحریروں کا انداز کچھ الگ ہوتا ہے۔ اس میں خطیبانہ رنگ پایا جاتا ہے اور اللہ اور اس کے رسول اللہ صلی اللہ علیہ وصلم کے اندازِ بیان کو ترجمے میں پیش کرنا کمال چاہتا ہے۔ اور ڈاکٹر محمد افضل الدین اقبال نے تحریر کی مناسبت سے ترجمہ پیش کیا۔

قرآنی مصنوعات اور مکتوباتِ بنوی کے عکس کتابوں میں ڈاکٹر محمد افضل الدین اقبال کی ترجمہ نگاری کو دیکھنے سے اندازہ ہوتا ہے کہ وہ ایک کامیاب مترجم تھے۔انھیں فنِ ترجمہ نگاری پر عبور تھا۔اُن کے ترجموں کو پڑھنے سے اندازہ ہوتا ہے کہ وہ دونوں زبانوں کے مزاج' جملوں کے رکھ رکھاؤ' ذخیرہ الفاظ اور اصطلاحات وغیرہ سے بخوبی واقف تھے اور وقتِ ضرورت مناسب انداز میں الفاظ کو استعمال کرنے کے فن سے واقف تھے۔اگر وہ کسی بڑی کتاب کا ترجمہ کرتے تو اُن کے فن میں مزید نکھار آسکتا تھا۔اس کے باوجود بہ حیثیت مترجم اُن کی ہمہ پہلو خدمات کا اندازہ ہوتا ہے اور وہ ایک کامیاب مترجم قرار پاتے ہیں۔

حواشی

۱۔ ڈاکٹر محمد حمید اللہ ۔بحوالہ ۔ قرآنی صنعتیں ۔ مترجم ڈاکٹر محمد افضل الدین اقبال ۔ص ۔۵۔حیدرآباد۔ 2007ء

۲۔ڈاکٹر محمد افضل الدین اقبال۔بحوالہ۔قرآنی صنعتیں۔ص۔۶۔۷

۳۔ڈاکٹر محمد افضل الدین اقبال۔بحوالہ۔قرآنی صنعتیں۔ص۔۱۷

۴۔ڈاکٹر محمد افضل الدین اقبال ۔بحوالہ۔مکتوباتِ نبوی کے عکس (مرتبہ)۔ص۔۴۔حیدرآباد ۔1996ء

۵۔بحوالہ۔مکتوباتِ نبوی کے عکس۔ص۔۷

☆ دسواں باب

ڈاکٹر محمد افضل الدین اقبال کا اسلوب نگارش

گذشتہ ابواب میں ڈاکٹر محمد افضل الدین اقبال کو بہ حیثیت محقق ‘نقاد‘ مورخ ‘مدون ‘مرتب‘ ماہر دکنیات ‘ادیب اور مترجم کے طور پر پیش کیا گیا زیر نظر باب میں اُن کے اسلوب نگارش کا جائزہ پیش ہے۔

ادب کی اصطلاح میں کسی کی تحریر کی مخصوص ومنفرد خصوصیات کو اسلوب کہتے ہیں۔ نامور ادیب وشعراء کی ایک پہچان اُن کا اسلوب بھی ہے۔اردو میں پریم چندر اپنے افسانوں میں دیہاتی عناصر کے سبب‘ رشید احمد صدیقی علی گڑھ کے بیان کے سبب‘ سرسید احمد خاں اپنے اصلاحی نظریات کے سبب اقبال خودی‘ شاہین ۔ مردمومن جیسی اصطلاحوں کے استعمال کے سبب میرؔ غم ویاس ودل ودلّی کے تذکروں کے سبب‘ غالبؔ اپنی شگفتگی کے سبب‘ پروین شاکر لفظ ’’خوشبو‘‘ کی تکرار کے سبب سعید شہیدی ’’بجلی‘نشیمن‘‘ جیسے اشاروں کے استعمال کے سبب پہچانے جاتے ہیں۔اُردو کا ایک عام قاری میرؔ کے یہ اشعار سُنے :

ے
دل کی ویرانی کا کیا مذکور ہے
یہ نگر سو مرتبہ لوٹا گیا

ے
دلی میں آج بھیک بھی ملتی نہیں اُنہیں
تھا کل تلک دماغ جنہیں تخت وتاج کا

ے
مرے آگے ترا جب کسو نے نام لیا
دل ستم زدہ کو ہم نے تھام تھام لیا

تو قاری شاعر کا نام معلوم نہ ہونے کے باوجود اگر اُس کی اردو کے شعر وادب پر تھو ڑی بہت نظر بھی رہی ہو تو وہ بے اختیار کہے گا کہ یہ تو میؔر کے اشعار لگ رہے ہیں۔ کیوں کہ دل، دلی اور عشق کے غم کے فسانے میؔر کے اسلوب کی خاص پہچان ہیں۔ اسلوب کے بارے میں اردو کے دیگر نامور شعراء، ادیبوں انشائیہ نگاروں، نقادوں وغیرہ کا یہی حال ہے جو اپنے مخصوص طرزِ نگارش سے پہچانے جاتے ہیں۔ چنانچہ کسی لکھنے والے کے طرز تحریر کی منفرد باتیں اور انداز کو اسلوب کہا جاسکتا ہے۔ ماہرین لسان نے اسلوب کی کئی تعریفیں کی ہیں۔ اور اسلوب کے تشکیل پانے کے عوامل پیش کیے ہیں۔

اسلوب کیا ہے؟ اسلوب کو انگریزی میں Style کہا جاتا ہے۔ اور عام لفظوں میں کسی مصنف کے

طرز بیان یا طرز نگارش کو اسلوب کہتے ہیں۔ ماہرین ادب نے اسلوب کی کئی طرح سے تعر یفیں پیش کی ہیں۔

آکسفورڈ انگلش ڈکشنری میں اسلوب کے بطور اسم ۲۸ معنی اور بطور فعل ۶ رمعنی دیئے گئے ہیں۔ مرزا خلیل بیگ نے اپنی تصنیف ''زبان اسلوب اور اسلوبیات'' میں مغربی ماہرین ادب کی پیش کردہ اسلوب کی تعریفیں پیش کی ہیں جس میں لکھا ہے کہ :

'' مشہور فرانسیسی مصنف اور نیچری ((Naturalist بفون (۱۷۰۷ء۔۱۷۸۸ء) کا کہنا ہے کے ''اسلوب ہی خود انسان ہے'' بفون کی اس بات کی وضاحت کرتے ہوئے انگریزی نثر نگار اور مورخ گبن (۱۷۳۷ء ۔ ۱۷۹۴ء) نے کہا ہے کہ ''اسلوب کردار یا شخصیت کا عکس ہے''۔

انگریزی کے معروف ادیب اور ہجو نگار سوئفٹ (۱۶۶۷ء۔۱۷۴۵ء) کے نزدیک ''مناسب الفاظ کا مناسب جگہوں پر

استعمال ہی اسلوب کی سچی تعریف ہے۔

امریکی انشا پرداز اور شاعر ایمرسن (۱۸۰۳ء ۔ ۱۸۸۲ء) کے مطابق ''انسان کا اسلوب اُسکی ذہنی آواز ہے''۔ مشہور جرمن فلسفی شوپنہار (۱۷۸۸ء ۔ ۱۸۶۰ء) کا قول ہے کہ '' اسٹائل خیال کا سایہ ہے''۔ اطالوی فلسفی اور مدبر کروچے (۱۸۶۶ء ۔ ۱۹۵۲ء) کا کہنا ہے کہ ''جب اظہار وجدان کی برابری کرے تو اسٹائل وجود میں آتا ہے''۔[1]

پروفیسر آل احمد سرور نے بیانیہ نثر کے اسلوب کو بیان کا طریقہ قرار دیا ہے۔ وہ ادبی زبان میں ''حسن بیان'' ضروری سمجھتے ہیں اور اس میں بھی ندرت' نیا پن اور انفرادیت چاہتے ہیں۔ اسلوب کی تشکیل میں عام طور سے تین عناصر کارفرما ہوتے ہیں۔ ایک مصنف کی انفرادی خصوصیت دوسرے عام انسانی رویہ اور تیسرے خیال اور زبان کی خصوصیات۔ اسلوب کی پہلی خصوصیت میں مصنف کی انفرادیت ہے۔ یعنی ہر منصنف کا زبان و بیان کے استعمال کے سلسلے میں مخصوص انداز ہوتا ہے جو اُسے دوسرے مصنفین سے ممتاز رکھتا ہے۔ یہی وجہہ ہے کہ مخصوص طرز کے اسلوب کی نقالی مشکل ہے۔ اسلوب کو کسی ادیب کی انفرادیت قرار دیتے ہوئے پروفیسر محسن عثمانی لکھتے ہیں:

جس طرح گلاب' بیلا' چنبیلی' موتیا' رات کی رانی اور دوسرے پھولوں کی خوشبو اور خوبصورتی ایک دوسرے سے الگ اور جداگانہ ہوتی ہے۔ اسی طرح سے ہر ادیب کا اسلوب نگارش بھی اپنی خالص انفرادیت رکھتا ہے۔ یہ انفرادیت رجحانات اور نظریات مشاہدات' ذاتی محنت اور کردار کی وجہہ سے پیدا ہوتی ہے۔ ادیب کی اپنی شخصیت جس قدر دلپذیر

ہوگی اظہار کا اسلوب بھی دلپذیر ہوگا۔فکر وخیال اور الفاظ و تعبیرات کے استعمال میں اس کے ذوق وذہن کا عکس نظر آئے گا۔۔اسی لئے کسی صاحب اسلوب ادیب کے اسلوب کی پیروی ممکن نہیں ہوتی۔ یہ بھی جائیداد غیر منقولہ کے مانند ہے جسے منتقل کرنا ممکن نہیں ہوتا کیونکہ یہ ممکن نہیں کہ دو شخصوں کے افکار وذوق وذہن، طبع ومزاج اور مطالعہ و مشاہد کی سطح بالکل یکساں ہو [۲]

سعادت حسن منٹو نے اپنے افسانوں میں جو اسلوب اختیار کیا ہے وہ مشکل سے ہی کوئی دوسرا افسانہ نگار نقل کرسکتا ہے۔مزاح نگاری میں مشتاق احمد یوسفی، کرنل محمد خاں، پطرس بخاری وغیرہ سب اپنے اپنے اسلوب کے مالک ہیں۔ان مزاح نگاروں نے زبان وبیان کے استعمال کا جو طریقہ اختیار کیا ہے اُس کی نقل کرنا دوسروں کے لئے ممکن نہیں۔اسلوب کی دوسری قسم میں مصنف کا رویہ کارفرما ہوتا ہے۔مصنف جس ماحول میں اُٹھتا بیٹھتا ہے۔وہ ماحول اُسکی بول چال، رہن سہن، وضع قطع، عادات واطوار کو ایک شکل دیتا ہے۔اور یہ عوامل کسی نہ کسی طرح اسلوب پر بھی اثر انداز ہوتے ہیں۔اردو میں شمالی ہند کے مصنفین اور جنوبی ہند کے مصنفین کے اسلوب میں ماحول کے اثرات پائے جاتے ہیں۔

اسلوب کی تیسری قسم میں خیال اور زبان کی خصوصیات ہوتی ہیں۔کوئی مصنف یا شاعر زبان وبیان کے مخصوص الفاظ کو مخصوص انداز میں استعمال کرتے ہوئے اپنے منفرد اسلوب کی صورت گری کرتا ہے۔کسی تخلیق کی تنقید کی طرح اسلوب کی پرکھ کی بھی کچھ اصطلاحیں موجود ہیں اور جدا جدا اسلوب کے لئے سادہ، بے تکلف، موزوں، خوش آہنگ، شگفتہ خوب صورت، مرصع اسلوب کے نام دئے جاتے ہیں۔

اسلوب کی تعریف اور اس کی انفرادیت اور خصوصیات کے ذکر کے بعد آیئے

دیکھیں کہ ڈاکٹر محمد افضل الدین اقبال کے اسلوب کی نمایاں خصوصیات کیا ہیں۔ اور وہ کس قسم کے اسلوب کے مالک ہیں۔ عام طور پر تحقیقی مقالوں اور کتابوں میں بیانیہ اسلوب ہوتا ہے۔ کیونکہ اس میں محقق کی جذباتیت کے بجائے حقائق کو اہمیت دی جاتی ہے۔ اور حقائق کو دلائل کے ساتھ سادھے اور رواں اسلوب میں پیش کیا جاتا ہے۔ ڈاکٹر محمد افضل الدین اقبال چونکہ بنیادی طور پر محقق اور مدون و مرتب ہیں۔ اس لئے ان کے اسلوب میں سادگی کا عنصر غالب ہے۔ اسلوب میں نکھار پیدا کرنے کی آزادی ادبی نوعیت کی کتابوں اور مضامین میں ہوتی ہے۔ ڈاکٹر محمد افضل الدین اقبال کے اسلوب کی ایک خصوصیت یہ ہے کہ وہ چھوٹے چھوٹے جملوں میں بات کو بیان کرتے ہیں۔ زیادہ مرکب جملے استعمال نہیں کرتے۔ اس لئے ان کی تحریر میں ترسیل کا عمل کامیاب رہتا ہے۔ مثنوی اعظم نامہ کا تعارف بیان کرتے ہوئے لکھتے ہیں۔

> ''اعظم نامہ امیر الہند والا جاہ نواب محمد غوث خاں بہادر اعظم کے درباری شاعر قادر حسین جوہر کی ایک نایاب غیر مطبوعہ مثنوی ہے۔ اس مثنوی میں نواب اعظم کی ولادت سے وفات تک کے حالات بڑے موثر انداز میں نظم کئے گئے ہیں۔ یہ تاریخی مثنوی زیادہ طویل نہیں۔ لیکن اس کے مطالعہ سے والا جاہی تہذیب کے خدوخال پر روشنی پڑتی ہے۔ تاریخ کی کتابوں میں بھی ہمیں ایسی بھرپور اور جامع تصویر نظر نہیں آتی۔ جیسی کہ اس مثنوی میں دکھائی دیتی ہے۔[۳]

ڈاکٹر محمد افضل الدین اقبال اسلوب اردو کے جدید اور قدیم الفاظ سے پر دکھائی دیتا ہے۔ وہ اپنی بات کو پیش کرنے کے لئے اپنے وسیع تر ذخیرہ الفاظ کو استعمال کرتے ہیں۔ اقبالؔ کی غزل گوئی کے حوالے سے اپنے خیالات پیش کرتے ہوئے ڈاکٹر محمد افضل الدین اقبال لکھتے ہیں۔

> اقبالؔ کی غزلوں میں درس حیات اور خودی کا پیام ملتا

ہے۔انہوں نے زندگی بسر کرنے کے جو طریقے بتلائے ہیں
وہ بہت گہرے مطالعے کا نتیجہ ہیں۔اور اقتصائے وقت کے
لحاظ سے نہایت موزوں اور مناسب ہیں۔اقبال ترک دنیا'
ترک خودی اور تن بہ تقدیر رہنے کے قائل نہ تھے وہ ان
خیالات کی شدید مخالفت کرتے ہیں۔ان کا یقین تھا جب یہ
عقائد کسی قوم میں جگہ پا لیتے ہیں۔تو وہ قوم جلد فنا ہو جاتی
ہے۔جن قوموں میں احساس خودی ہوتا ہے۔ وہ دنیا پر
حکمرانی کرتے ہیں۔اقبال نے تعمیر خودی اور اور احساس
خودداری کی بڑی پر جوش تبلیغ کی ہے۔وہ پیغمبری ولایت اور
قلندری کو خودی کے مختلف مظاہر سمجھتے ہیں۔۔۔اقبال اس
راز سے اچھی طرح واقف تھے کہ سخت کوشی اور جفاکشی کے
بغیر کوئی قوم ترقی نہیں کر سکتی۔اس لئے انہوں نے اس امر پر
زور دیا ہے کہ سختیاں اور تلخیاں زندگی میں لطف پیدا کر دیتی
ہیں۔اور جفاکشی انسان کو کامیابی کی طرف لے جاتی ہے۔
اس سے انسان بڑے بڑے کام کر جاتا ہے۔[۴]

ڈاکٹر محمد افضل الدین اقبال کی زیادہ تر تصانیف چونکہ تحقیق کے موضوع پر ہیں اور چونکہ ان میں حقائق کا بیان ہوتا ہے اس لئے ان کتابوں میں مصنف کی جذباتیت نہیں پائی جاتی۔اور کسی ادیب کا اسلوب اس کی تخلیقی تصانیف سے ہی تشکیل پاتا ہے۔تحقیقی وتنقیدی کتابوں میں اسلوب رواں ہوتا ہے۔اس لئے تحریر خشک دکھائی دیتی ہے۔لیکن ڈاکٹر محمد افضل الدین اقبال نے اپنے دلچسپ اور رواں اسلوب سے بھی ان تحقیقی کتابوں کو دلچسپ بنا دیا ہے اور قاری ان تحقیقی کتابوں کو پڑھتے ہوئے اکتاتا نہیں ہے۔ذیل کے اقتباس سے اس بات کا اندازہ لگایا جاسکتا ہے۔

فورٹ ولیم کالج کلکتہ کی طرح فورٹ سینٹ جارج کالج مدراس کے قیام کا مقصد بھی اہل ہند کا فائدہ نہیں تھا۔ بلکہ کمپنی تجارتی اور حکومتی اغراض کے لئے اپنے ملازمین کو ہندوستانی رسم ورواج اور ہندوستانی طور تریقوں سے واقف کروانا چاہتی تھی۔ ہندوستان کی تاریخ کا یہ وہ زمانہ ہے جب کہ سلطنت مغلیہ کے اقتدار کو زوال آچکا تھا۔ سرکاری زبان کی حیثیت سے فارسی کی وہ منزلت باقی نہیں رہی تھی۔ جو مسلمانوں کے عروج و اقبال کے زمانے میں تھی۔ اس وقت سارے ہندوستان میں اردو ہی ایک ایسی زبان تھی جو عام طور پر بولی اور سمجھی جاتی تھی۔ اس لئے ایسٹ انڈیا کمپنی نے دوسری ملکی زبانوں کے مقابلے میں اردو کی زیادہ سر پرستی کی۔ اور جہاں کلکتہ میں ہندوستانی میں کتابیں تیار کی جارہی تھیں۔ وہیں مدراس میں اردو کی قدیم شکل ''دکھنی'' کا پرچار ہورہا تھا۔ اور اس کی توسیع اور اشاعت سے خاطر خواہ دلچسپی لی جارہی تھی۔[۵]

ڈاکٹر محمد افضل الدین نے اپنے بعض تنقیدی مضامین میں اسلوب میں چاشنی پیدا کرنے کی کوشش کی ہے۔ اور ایسے الفاظ استعمال کئے ہیں جو جمالیاتی تحریروں کی طرف اشارہ کرتے ہیں۔ حسرتؔ کی غزل گوئی کے بارے میں ڈاکٹر محمد افضل الدین اقبال لکھتے ہیں:

حسرتؔ کا نظریہ حسن وعشق اردو کے عام شاعروں سے مختلف ہے۔ ان کی محبت روایتی نہیں اصلی اور حقیقی ہے۔ ان کا عشق رومانی نہی مادی اور زمینی ہے۔ ان کی

شاعری میں جنس کی مہک ہے۔اس جنسی شاعری میں ایک تقدس اور طہارت ہے۔اس کی مثال اردو شاعری میں بہت کم ملتی ہے۔حسرتؔ کے عشق میں غیرت اور خودداری ہے۔ گھر کی فضا اور مشرقی شائستگی ہے۔حسن میں وقار ہے اور محبت میں پاکیزگی ہے۔یہ محبت زندگی میں جینے کا حوصلہ بڑھا دیتی ہے۔بلندی کی طرف لے جاتی ہے۔ ان کی خارجیت نکھری ہوئی ہے۔جب اس میں داخلیت کا میل ہو جاتا ہے تو معاملہ بندی کا اعجاز نظر آنے لگتا ہے۔اس طرح ان کی معاملہ بندی میں ایک ندرت اور لطافت ہے۔حسرتؔ کا اصلی شاعرانہ رنگ حسن وعشق کے افسانے میں ظاہر ہوتا ہے۔ جسے وہ مزے لے لے کر بیان کرتے ہیں۔ان کے لب ولہجہ میں خاص نغمگی اور اچھوتا پن ہے۔جو دوسروں کے یہاں نہیں ملتا۔ وہ اپنے لب ولہجہ سے ایک خاص طلسمی فضاء پیدا کردیتے ہیں۔جو زندگی پر ہمارے اعتماد کو بڑھا دیتی ہے۔؎٦

ڈاکٹر محمد افضل الدین کے اس انداز تحریر سے اندازہ ہوتا ہے کہ وہ بھی اسلوب کی چاشنی سے واقف تھے۔اور اپنے ذخیرہ الفاظ سے ایسے الفاظ کا انتخاب کرنے پر قادر تھے جوان کے اسلوب میں جمالیاتی رنگ پیدا کرتا ہے۔

ڈاکٹر محمد افضل الدین اقبال کی ادبی تصانیف خرگوش پروری، ہوائی چکیاں اور پرنٹنگ کی کہانی ہیں۔ان کتابوں میں بھی ان کا اسلوب نگارش سادہ اور رواں ہے۔ اس طرح ہم کہہ سکتے ہیں کہ ایک محقق اور مدون، نقاد اور ماہر دکنیات ہونے کے ناطے ڈاکٹر محمد

افضل الدین اقبال کا اسلوب سادگی اور پرکاری کا حامل ہے۔ان کے اسلوب میں سادگی کے باوجود زبان کی چاشنی موجود ہے۔ وہ فقرے یا محاورے، تشبیہات اور اردو زبان کو نکھارنے کی دیگر صنعتیں اپنے اسلوب میں استعمال نہیں کرتے اس کے باوجود وہ کامیابی کے ساتھ اپنی بات پیش کرتے ہیں۔ان کا اسلوب ترسیل کے المیے کا شکار نہیں ہوتا۔اور قاری آسانی کے ساتھ ان کی بات کو سمجھ لیتا ہے۔اگر ڈاکٹر محمد افضل الدین اقبال کے ادبی اور تخلیقی کارنامے زیادہ ہوتے تو ان کا اسلوب کی مزید خوبیاں اجاگر ہوتیں اور وہ بھی رشید احمد صدیقی، ابوالکلام آزاد، مشتاق احمد یوسفی، شوکت تھانوی اور دیگر صاحب طرز اسالیب کے مالک ادیبوں کی فہرست میں جگہ پاتے اس کے باوجود ڈاکٹر محمد افضل الدین اقبال کا اسلوب جامع اور زبان و بیان کی خوبیوں کا حامل دکھائی دیتا ہے۔

حواشی

۱ مرزا خلیل بیگ۔''زبان اسلوب اور اسلوبیات۔ علی گڈھ ۱۹۸۳ء۔ ص ۱۵۸

۲ محسن عثمانی ندوی سیاست حیدرآباد ۱۹ دسمبر ادبی وثقافتی ایڈیشن

۳ ڈاکٹر محمد افضل الدین اقبال نواب اعظم و مثنوی اعظم نامہ ص ۶۹

۴ ڈاکٹر محمد افضل الدین اقبال مضمون ڈاکٹر سر محمد اقبالؔ مشمولہ کتاب برائے فاصلاتی تعلیم جدید اردو شاعری ایم اے اردو سال آخر عثمانیہ یونیورسٹی ص ۶۵

۵ ڈاکٹر محمد افضل الدین اقبال مدراس میں اردو ادب کی نشو نما ص ۴۰۱

۶ ڈاکٹر محمد افضل الدین اقبال ادبی تنقید عثمانیہ یونیورسٹی نصابی کتاب ص ۸۳-۸۴

☆ گیارہواں باب

ڈاکٹر محمد افضل الدین اقبال مشاہیر ادب' ناقدین اور معاصرین کی نظر میں

ڈاکٹر محمد افضل الدین اقبال اپنے عہد کے اساتذہ' مشاہیر ادب ناقدین اور معاصرین میں کافی مقبول تھے۔ مدراس میں اردو ادب کی نشونما کے نام سے ان کی تحقیقی کتاب کی اشاعت کے بعد ان کی شہرت میں اضافہ ہوا۔ ان کی اس تحقیقی کتاب اور دیگر کتابوں کی اشاعت پر ناقدین نے اپنی گراں قدر آراء پیش کی۔ اس کے علاوہ ان کے انتقال کے بعد ان کے معاصرین نے ان کے بارے میں کئی تاثراتی مضامین لکھے۔ ذیل میں ڈاکٹر محمد افضل الدین اقبال کے بارے میں مشاہیر ادب' معاصرین اور ناقدین کی جانب سے پیش کردہ تاثرات اور خیالات کو پیش کیا جارہا ہے۔

پروفیسر سیدہ جعفر

افضل الدین خلوص' شرافت اور مروت کا پیکر تھے۔ انکساری ان کے مزاج کا خاص وصف تھا۔ اپنی زندگی میں انہوں نے ترقی کی بہت سی منزلیں طے کیں۔ ممتاز کالج کے سائنس لیب سے لیکر عثمانیہ یونیورسٹی کے شعبہ اردو کی کرسی صدارت تک پہنچنا کوئی آسان کام نہیں تھا۔ غالبؔ نے کہا تھا کہ ''قطرے'' کو ''گہر'' بننے کے لئے ''حلقہ صد کام نہنگ'' سے گزرنا پڑتا ہے اور یہ معرکے سر کرنے کے بعد ہی اس کی قدر و قیمت اور آب و تاب میں اضافہ ہوتا ہے۔ آزمائش ہی

سے شخصیت کے جوہر نکھرتے اور وہ جلاء پاتے ہیں۔ افضل الدین پر یہ رمز آشکار ہو چکا تھا کہ زندگی ہر لمحے کی قیمت مانگتی ہے اور ہر سانس کا حساب دینا پڑتا ہے اس لئے مسلسل جدوجہد اور تگ ودوان کا مسلک حیات بن چکا تھا۔ افضل الدین نے مشکلات کا مردانہ وار مقابلہ کیا، نامساعد حالات سے نبرد آزما رہے، مگر کبھی آزردہ خاطر اور پست ہمت نہیں ہوئے اور اپنا سفر جاری رکھا۔ افضل الدین اپنی دھن کے پکے اور مستقل مزاج آدمی تھے۔ ادبی تحقیق کا ذوق ان کیلئے خاندانی ورثے کی حیثیت رکھتا تھا۔ وہ نصیر الدین ہاشمی اور بین الاقوامی شہرت یافتہ اسکالر ڈاکٹر حمید اللہ کے خاندان سے تعلق رکھتے تھے۔ یہ نوائط گھرانے کی ایک خصوصیت ہے کہ اس کے اکثر افراد علم وادب کیلئے اپنی زندگی وقف کر دیتے ہیں۔ افضل الدین اپنے زمانۂ حیات میں شاید ایک دن بھی اپنی اس خاندانی روایت سے غافل نہیں رہے۔ خرابی صحت کے باوجود ادبی مشغلہ جاری رکھا تھا کیونکہ یہ مصروفیت ان کی زندگی کا جز وہی نہیں وجہ حیات بھی تھی۔

افضل الدین متعدد تحقیقی کتابوں کے مصنف تھے۔ جیسے جیسے انکی کتابوں کی تعداد اور ان کے عہدے اور مرتبے میں اضافہ ہوتا گیا، ان کے مزاج کی انکساری اور لہجے کی نرمی بڑھتی گئی۔ افضل الدین کو کسی نے بھی سخت سست کہتے اور درشت لہجہ میں گفتگو کرتے ہوئے نہیں سنا۔

اقتصادی اعتبار سے افضل الدین کا ایک خوش حال گھرانے سے تعلق تھا۔ اپنے مرتبے اور حیثیت کے اعتبار سے وہ رکھ رکھاؤ، لباس اور وضع داری کے تقاضوں کو پورا کرنا ضروری سمجھتے تھے اور دوستوں کی تواضع کر کے خوش ہوتے تھے۔ افضل الدین کے اخلاص ومروت سے ان کے رشتہ دار، دوست احباب، طالبِ علم اور ملاقاتی سب ہی بہت متاثر ہوتے تھے۔ بعض لوگوں نے ان کی نرم دلی اور مروت سے غلط طور پر فائدہ اٹھانے کی بھی کوشش کی۔ وہ دامے درمے بھی دوسروں کی مدد کرتے تھے۔ خود زحمتیں اٹھا کر دوسروں کیلئے کام کرتے۔ دوسروں کے مسائل کو اپنا ذاتی مسئلہ تصور کر کے ان کی مدد میں مصروف رہتے تھے۔ اپنے طالبِ علموں کی اعانت کے سلسلے میں کوئی دقیقہ اٹھا نہ رکھتے اور نہایت خندہ پیشانی کے ساتھ یونیورسٹی اور گھر میں ان کی پذیرائی

کرتے تھے۔ افضل الدین ایک بے ریا اور سچے انسان تھے۔ کذب وافتراء اور ریا کاری سے وہ زندگی بھرنا آشنا رہے۔ کبھی ایسی مصلحت اندیشی اختیار نہیں کی جس کی سرحدیں جا کے ریا کاری سے مل جاتی ہوں۔ نام ونمود اور ظاہری نمائش سے وہ ہمیشہ دور رہے۔

حالانکہ بعض ایسے حضرات بھی جو متعدد ایوارڈ اور اعزازات سے نوازے جاتے ہیں، محفلوں میں اپنی در پردہ تشہیر میں مصروف نظر آتے ہیں۔ کوئی افضل الدین کی تعریف کرتا تو وہ گفتگو کا موضوع بدل دیتے۔ افضل الدین نے میری نگرانی میں پی ایچ ڈی کی ڈگری حاصل کی تھی۔ ان کے وائیوا میں اردو کے نامور نقاد پروفیسر شبیہہ الحسن صدر شعبہ اردو لکھنؤ یونیورسٹی نے ان کے مقالے کی تعریف کی تو انہوں نے توصیف وستائش کا رخ موڑ دیا اور پروفیسر صاحب سے طالب علمانہ عاجزی کے ساتھ ادب کے بارے میں ایک سوال پوچھنے کی جسارت کی۔ افضل الدین کم گو انسان تھے لیکن ضرورت پڑتی تو اس کم گوئی کو بالائے طاق بھی رکھ دیتے۔

افضل الدین ایک خداترس، عبادت گزار اور خوش عقیدہ انسان تھے۔ افضل الدین نے کبھی کسی کی خوشامد نہیں کی، کہتے تھے کہ جسے خدا کے فضل وکرم پر بھروسہ ہو وہ انسانوں کے تعلق سے اپنی زبان کیوں آلودہ کرے۔ افضل الدین فرشتہ نہیں تھے لیکن اب ان جیسے نیک طبیعت کتنے انسان نظر آتے ہیں؟

افضل الدین نے اپنی علمی برتری اور فوقیت جتانے کیلئے کسی کا مذاق نہیں اڑایا ہمیشہ معاصر مصنفین اور بالخصوص اپنے ساتھیوں کی تصانیف کو بہت سراہتے تھے۔ شعبہ اردو عثمانیہ یونیورسٹی میں مخلوط جماعتیں ہوتی ہیں یعنی لکچر میں لڑکے اور

لڑکیاں دونوں شریک رہتے ہیں۔ ایم فل اور پی ایچ ڈی کی تحقیق کے سلسلے میں طلباء سے ربط رکھنا پڑتا ہے اور جب تک ریسرچ اسکالر اور نگران کے درمیان مکمل ہم آہنگی نہ ہو مقالے کی تکمیل مشکل ہو جاتی ہے۔ کبھی لڑکیوں نے افضل الدین کی بے تکلفی، بیجا گفتگو اور قابل اعتراض طرز عمل کی شکایت نہیں کی بلکہ بڑے احترام اور خلوص کے ساتھ ان کی تعریف کرتی تھیں۔ افضل الدین

کی حسب ضرورت گفتگو اوران کی کم آمیزی کا طالبات کوشکوہ ہی رہا۔

بعض یونیورسٹیوں میں ایسا بھی ہوتا ہے کہ صدارت کا عہدہ سنبھالتے ہی صدر شعبہ کو اپنے دیرینہ رفقاء کار اور پرانے دوستوں میں نئے عیب نظر آنے لگتے ہیں اور انہیں اپنی شخصیت بہت عظیم نظر آنے لگتی ہے۔ افضل الدین نے بحثیت صدر خود کو اپنے ساتھیوں سے بالاتر اور احتساب سے ماوراء تصور نہیں کیا اور نہ اپنی بالادستی سے ناجائز فائدہ اٹھانے کی کوشش کی۔ میں خود کو خوش قسمت تصور کرتی ہوں کہ مجھے افضل الدین جیسا راست گو، شریف النفس، منکسر المز اج اور علم وادب کا پرستار شاگرد ملا۔

پروفیسر گیان چند جین

ڈاکٹر محمد افضل الدین اقبال بولتے کم ہیں تو کیا ہوا لکھتے تو بہت ہیں۔ 84ء کو آئے۔ ابھی جمعہ جمعہ آٹھ دن ہوئے ہیں اور اس عرصہ میں انہوں نے اردو کو دو نئی کتابیں دی ہیں۔ پہلی خرگوش پروری ہے جس میں خرگوش' اس کی نشو ونما نیز اس کی تجرباتی و معاشی اہمیت کا بیان ہے اس طرح وہ دنیائے اردو میں تنہا ماہر خرگوشیات ہیں۔ میں نے یہ کتاب نہیں دیکھی اس کا صرف اشتہار زیر تبصرہ کتاب میں دیکھا ہے جہاں اس کا سنہ تصنیف 84ء دیا ہے۔ دوسری کتاب اردو کا پہلا نثری ڈراما ہے۔ بہتر ہوتا کہ وہ اس کے عنوان میں ڈرامے کا نام بھی شامل کر دیتے تا کہ کسی فہرست میں اس کا نام دیکھتے ہی معلوم ہو جاتا کہ انہوں نے جس ڈراما کو اول قرار دیا ہے اس کے مصنف کا نام گرین آوے ہے۔ اس کتاب کے انتساب کا مجھ حقیر فقیر پر اس وقت انکشاف ہوا جب انہوں نے فروری کے تیسرے ہفتہ میں مجھے کتاب کی ایک جلد تفویض کی۔ اشاعت سے پہلے وہ مجھے اطلاع نہ دے سکے۔ بتایا گیا کہ وہ دو بار میرے شعبہ میں آئے تھے لیکن مجھ سے ملاقات نہ ہوسکی ویسے اجازت کی ضرورت بھی نہ تھی کون ایسا خاکسار شہرت دشمن ہے جو اپنے نام کسی کتاب کے انتساب پر یا کسی کتاب کے انتساب کا اپنے نام پر ہونے پر معترض ہوا ہو پروفیسر صدر شعبہ کے نام کچھ نہ کچھ کتابیں منسوب ہوں تو سراسر جائے حیرت ہے ویسے اگر ڈاکٹر اقبال مجھ سے مل لئے ہوتے اور اپنی زیر طبع کتابوں کی خبر دیتے تو میں خرگوش والی کتاب کو اپنے نام منسوب کرنا

پسند کرتا۔ یہ انوکھی کتاب رفیق حسن کی تصنیف شیر کیا سوچتا ہوگا پر خشک زن ہے افسوس کیا کہ کیسا اعزاز میرے ہاتھ سے نکل گیا۔ اس طرح ڈاکٹر اقبال کی کتاب اردو ڈرامے کی تحقیق میں غیر معمولی اہمیت کی حامل ہے۔

پروفیسر سلیمان اطہر جاوید

افضل اقبال سے میرے مراسم پرانے نہ سہی، گہرے ضرور تھے۔ تروپتی سے جب بھی حیدرآباد آتا زیادہ تر اپنی بہن کے ہاں رہتا جن کا گھر افضل اقبال کے گھر کے سامنے ہے۔ علیک سلیک ضرور ہوتی کبھی ملنا بھی ہوتا۔ مصروفیت عثمانیہ یونیورسٹی کے سلسلہ میں ہوتی تو ایک دوبار انہی کے ہمراہ گیا۔ افضل اقبال کہتے کم سنتے زیادہ۔ یہ ان کا مزاج تھا لیکن خواہ کوئی موضوع ہو وہ اس کے پیچ وخم اور خوب وخراب سے واقف رہتے۔ اپنی رائے رکھتے اور ادھر ادھر باتوں میں اپنی رائے کا اظہار بھی کردیتے۔ افضل اقبال کے دوستوں کا حلقہ محدود تھا اور دشمنوں کا حلقہ کم۔ دشمنوں کا حلقہ تو شاید تھا ہی نہیں۔ اس کی وجہ غالباً یہ تھی کہ وہ کسی کے معاملہ میں زیادہ دخیل نہیں ہوتے۔ دوستی دوستوں کی حد تک رہتی اور وہ اپنے کام میں مگن رہتے۔ لکھنا پڑھنا تو ان کا اوڑھنا بچھونا ہی نہیں ان کی زندگی تھا۔ وہ ہمیشہ کسی نہ کسی موضوع پر کام کرتے ہوتے اور زیادہ تر دکنیات پر۔ مدراس میں اردو شعر وادب پر توان کو اتھاریٹی حاصل تھی۔ دکنیات میں ان کی کتابیں

حرف آخر نہ سہی تا حال حرف آخر ضرور ہیں۔ انہوں نے نہایت لگن، محنت، جستجو اور توجہ کے ساتھ یہ کام کئے اور دکنیات کے ماہرین اور سینئر اساتذہ سے داد تحسین حاصل کی۔ دیگر موضوعات پر بھی ان کے کام قدر و قیمت رکھتے ہیں۔ اپنے اس قدر توصیفی اور تالیفی کاموں کے باوجود انہوں نے کبھی یہ اظہار نہیں کیا کہ میں بھی کچھ ہوں۔ ورنہ ایسے لوگ بھی ہیں جو دو تین کتابیں لکھ کر ہی خود کو اردو کا سکندر اعظم سمجھنے لگتے ہیں۔

انکساری، افضل اقبال کے مزاج کا جزو کیا وہ خود مجسم انکساری تھے۔ ہر کسی سے اسی خاکسارانہ انداز

میں ملتے۔ بڑوں کا ادب اور چھوٹوں کا لحاظ جیسے کہتے ہیں اس سے ان کا کردار متصف تھا۔افضل اقبال کی زندگی جہد مسلسل کی داستان ہے۔انہوں نے اپنی شخصیت اور زندگی بنانے کے لئے سخت محنت کی۔لیاب اسسٹنٹ کی خدمت انجام دی۔خانگی طور پر اردو میں ایم اے کیا۔لکھ پڑھ کر اپنا مقام بنایا اور پروفیسر وصدر شعبہ اردو' عثمانیہ یونیورسٹی کے اعلی منصب سے ملازمت پر سبکدوش ہوئے۔لیکن قلم ہاتھ میں پہلے بھی تھا اور بعد میں بھی رہا۔ابتداء سے تصنیف وتالیف زندگی تھی اور انتقال تک یہی کاروبار زندگی رہا۔ان کی کوئی 20 تا25 کتابیں تو ہوں گی ہی زیادہ تر دکنی سے متعلق ہیں یا جنوبی ہند کے شعروادب کے حوالے سے تحریر کی گئی ہیں۔ان کتابوں کی اعلی علمی وادبی حلقوں میں غیر معمولی پذیرائی ہوئی۔ ہمارے ہاں یہ کچھ فیشن سا ہوگیا ہے۔لکچرر کا انٹرویو ہوتو نئے نئے پی ایچ ڈی چاہتے ہیں کہ صاحب کتاب بن جائیں ۔ایک دو کتابیں تو شائع ہوجائیں۔ ریڈر کا انٹرویو ہوتو لکچرر اور پروفیسر کا انٹرویو ہوتو ریڈر (سارے نہیں بیشتر) اسی تگ ودو میں ہوتے ہیں۔افضل اقبال نے نہ لکچرر کے وقت عمداًاور نہ ریڈر یا پروفیسر کے وقت عمداًیاارادتاًایسی سعی کی۔ انہیں لکھنا تھا' انہوں نے لکھا اور اب ملازمت سے سبکدوش ہونے کے بعد کیا تھا؟ پھر بھی وہ لکھتے رہے۔ان کا قلم سفر'مدام سفر کا قائل رہا۔

بعض لوگ خود کو اپنے قد سے زیادہ اونچا دکھانے کی کوشش کرتے ہیں۔اپنے طور پر اس غلط فہمی کا شکار ہوتے ہیں کبھی کسی کے کاندھے پر چڑھ کر، کبھی لفاظی سے اور کبھی کسی نہ کسی دھاندلی سے کوشش کرتے ہیں کہ لوگ ان کے قد کو اونچا سمجھیں۔ ممکن ہے بعض لوگ اس غلط فہمی کا شکار ہوجاتے ہوں لیکن دنیا بھی اپنی آنکھیں رکھتی ہے اور ان کا قد اتنا ہی سمجھا جاتا اور رہتا ہے جتنا کہ وہ ہوتا ہے۔ پروفیسر افضل اقبال کی شخصیت اس کے برعکس ہے۔لوگ ان کی طبیعت کی سادگی و خاموشی، کم گوئی منکسر المزاجی مجلس گریزی اور مہمان نوازی کے باعث ان کے قد کو ان کے قد سے چھوٹا سمجھتے اور افضل اقبال جانتے ہوئے بھی چپ چاپ رہتے۔ یہی ان کی عظمت کی دلیل تھی۔اپنے آپ کو نمایاں نہ کرنا، اپنی ذات میں گم رہنا، ادبی میلوں ٹھیلوں سے خود کو بچائے رکھنا

اور جو بھی وقت ہو تصنیف و تالیف کے لئے رکھنا، کوئی افضل الدین اقبال کی زندگی سے سیکھے۔ انہوں نے دوستوں ہی سے نہیں دشمنوں سے بھی دوستی کی لیکن ان کے دوستوں کا حلقہ بہر حال محدود تھا۔ میں نے پروفیسر غیاث متین مرحوم کے علاوہ بہت کم کو ان کے گھر آتے دیکھا۔ غیاث متین کے بعد وہ شاید ہی کسی سے ایسے قریب رہے ہوں اور پھر یہ کہ ان کے بہت کم دوست ہوں گے جن کے گھر وہ آتے جاتے ہوں۔ ان کے ڈرائینگ روم کے دروازے سب کے لئے کھلے ہوئے تھے اور اب تو ان کے وظیفہ حسن خدمت پر سبکدوشی کے بعد انہوں نے اپنا ڈرائنگ روم اور اسٹڈی روم الگ سے بنوالیا بلکہ سجالیا تھا۔ ان کا وقت زیادہ تر یہیں گزرتا اور جو بھی ملنے آتا اس کی خاطر مدارت یہیں ہوتی۔ پہلے بھی ایسا ہی تھا اور اب وظیفہ حسن خدمت پر سبکدوشی کے بعد انہوں نے اپنی ذات کو تصنیف و تالیف کے لئے وقف کر دیا تھا۔ وہ جب دیکھئے اپنے اسٹڈی روم میں قلم ہاتھ میں لئے لکھتے لکھاتے ملتے۔ افضل اقبال کی تحقیقی و تنقیدی زندگی کا نقش اول بھاری بھر کم اور نہایت وقیع مقالہ ''مدراس میں اردو ادب کی نشو ونما ہے'' جو 1979ء میں زیور طبع سے آراستہ ہوا۔ قبل ازیں مدراس میں اردو ادب کے بارے میں تھوڑا بہت مواد ملتا تھا لیکن بکھرا ہوا، افضل اقبال نے اپنے وسائل سے کام لیا اور شبانہ روز محنت اور جستجو کے بعد یہ مقالہ تسوید اور پھر شائع کیا۔ ''مدراس میں اردو ادب کی نشو ونما'' کے بارے میں پروفیسر گیان چند لکھتے ہیں: ''مقالہ نگار نے علاقہ مدراس کے ادیبوں کا تذکرہ بڑی جامعیت سے کیا ہے۔ ادیبوں کی تفصیل اور ریل پیل دیکھ کر مقالہ نگار کی غیر معمولی عرق ریزی کا اندازہ ہوتا ہے۔ عام طور پر پی ایچ ڈی کے مقالوں کی تیاری میں اتنی محنت نہیں کی جاتی۔ علاقہ مدراس کی حد تک ان کا کارنامہ ایک جامع کام ہے اور تاریخ ادب کے احصار کا ایک خلاء پر کرتا ہے۔ بہت کم ایسے محقق ہوں گے جن کی پہلی تصنیف اتنے اونچے معیار کی ہو'' اور واقعی، مدراس میں اردو ادب کی نشو ونما' ایک اعلی اور اچھے معیار کی تصنیف ہے۔ اسی سے افضل اقبال کو شہرت اور مقبولیت حاصل ہوئی۔ افضل اقبال نے تخصیصی طور پر جنوبی ہند اور دکنیات کے موضوعات پر کام کیا۔ پروفیسر سیدہ جعفر کی زیر نگرانی کام کرنے

کے باعث افضل اقبال کا دکنیات کا ذوق اور نکھرا' شستہ اور شائستہ ہوا اور وزن و وقار کا حامل بھی چنانچہ اس خصوص میں ان کی ایک اور کتاب ہے۔ فورٹ ولیم کالج اور سینٹ جارج کالج کا تنقیدی و تقابلی جائزہ ''فورٹ سینٹ جارج کالج: دکنی زبان وادب کا ایک مرکز''۔ افضل اقبال کی اس کتاب سے قبل اردو والے فورٹ سینٹ جارج کالج کے بارے میں جانتے ہوں گے لیکن بہت کم۔ افضل اقبال نے تحقیق و جستجو سے کام لے کر فورٹ سینٹ جارج کالج پر ایک کتاب ہی لکھ دی۔ اس میں مناسب تفصیل کے ساتھ مدراس کے پہلے پبلک اسکول اور پھر فورٹ سینٹ جارج اسکول کے قیام' اس کی تنظیم جدید' اس کی عمارت، کالج کے تعلیمی، تصنیفی اور تالیفی شعبہ جات، اس کے پریس، تصانیف پر انعام واکرام، کالج کے کتب خانے سے مصنفین اور کالج کی مسدودی تک ساری باتیں سمیٹ لی ہیں۔ پروفیسر انا میری شمل نے اس کتاب کا خیر مقدم کرتے ہوئے تحریر کیا ہے: ''اردو زبان وادب کی نشو ونما میں مدراس اور جنوبی ہند کا حصہ نہایت اہمیت رکھتا ہے۔ کلکتہ کے فورٹ ولیم کالج کی طرح مدراس کے فورٹ سینٹ جارج کالج کا رول نہایت اہم ہے۔ ڈاکٹر افضل اقبال نے بڑی محنت کے ساتھ منتشر مواد کو جمع کیا ہے۔ ان کی تحقیقی کتاب اردو لٹریچر میں ایک خوشگوار اضافہ ہے'' جنوبی ہند کی اردو صحافت بھی ان کا ایسا ہی قابل ذکر تحقیقی کارنامہ ہے۔ معلوم ہوتا ہے کہ کسی زمانے ہی میں جنوبی ہند میں اردو صحافت کتنا اعتبار پا چکی تھی۔ پروفیسر مظفر حنفی نے ان نکات کو ملحوظ رکھتے ہوئے لکھا۔ ''اردو میں صحافت نگاری سے متعلق امداد صابری، عتیق صدیقی عبدالسلام خورشید وغیرہ کی کتابیں دستیاب ہیں لیکن ان تصانیف میں جنوبی ہند کی صحافت کو مناسب نمائندگی نہ مل سکی تھی۔ افضل الدین اقبال کی کاوشوں سے یہ گوشہ پوری طرح روشنی میں آگیا ہے۔ کتاب کے ہر صفحہ پر مصنف کی عرق ریزی اور جاں سوزی کا ذکر ملتا ہے''۔ ''حیدرآباد میں اردو صحافت کا آغاز وارتقاء'' بھی ان کی اسی نوعیت کی کتاب ہے۔ حیدرآباد میں اردو صحافت کے بارے میں بھی یہی ہے۔ ہندوستان میں اردو صحافت کا تذکرہ کرتے ہوئے شمالی ہند کے باب میں بہت کچھ لکھا گیا ہے لیکن جنوبی ہند اور حیدرآباد کے

بارے میں اس سے یقیناً نسبتاً کم۔ افضل اقبال نے اسی خلاء کو خوبی کے ساتھ پُر کیا اور ''حیدرآباد میں اردو صحافت'' جیسی کتاب ترتیب دی۔ حیدرآباد میں اردو صحافت پر یہ کتاب معلومات فراہم کرتی ہے اور ایک طرح بنیادی کتاب کی حیثیت رکھتی ہے۔ حکایات لطیفہ ''اردو کی قدیم ترین دلچسپ مختصر کہانیاں'' اور ''مجمع الامثال'' قدیم وجدید ضرب الامثال پر پہلی کتاب بھی ان کی تحقیق کے خوشگوار ثمر ہیں۔ ''حکایات لطیفہ'' کی وقعت کا اعتراف کرتے ہوئے پروفیسر سیدہ جعفر نے لکھا تھا'' حکایات لطیفہ'' اردو کی قدیم ترین دلچسپ مختصر کہانیوں کا مجموعہ ہے اسے شعبہ اردو عثمانیہ یونیورسٹی کے جواں سال محقق ڈاکٹر افضل الدین اقبال نے مرتب کر کے شائع کیا ہے۔ ڈاکٹر افضل اقبال دکن کے ان چند قابل ذکر مصنفین میں سے ہیں جنہوں نے اپنی تحقیقی کاوش سے یہ ثابت کر دیا ہے کہ جامعہ عثمانیہ کی نئی نسل شعبہ اردو کی گراں قدر روایات کی پاسداری سے غافل نہیں اردو کا پہلا نثری ڈراما بھی افضل اقبال کی ادبی تحقیقی جستجو کا حامل ہے۔ انہوں نے اس ڈرامے کو بڑی محنت اور لگن سے کام لے کر ترتیب دیا۔ اس کا اندازہ صرف وہی لوگ لگا سکتے ہیں جو اس نوعیت کا کام کر چکے ہیں۔ ڈاکٹر جمیل جالبی نے افضل اقبال کو اس کتاب کی اشاعت پر مبارکباد دیتے ہوئے لکھا تھا'' آپ نے جن دلائل اور حوالوں کے ساتھ یہ کتاب پیش کی ہے۔ اس سے یہ بات واضح ہو جاتی ہے کہ یہی ڈراما اردو کا پہلا نثری ڈراما ہے۔ افضل اقبال کا ایک اور اہم کام ''ایسٹ انڈیا کمپنی کے علمی ادارے: فورٹ ولیم کالج اور فورٹ سینٹ جارج کالج: تقابلی اور تنقیدی جائزہ'' ہے۔ جس میں انہوں نے نہایت توجہ کے ساتھ اول تو ایسٹ انڈیا کمپنی کے تاریخی پس منظر پر روشنی ڈالی ہے اور پھر ان دونوں کالجوں کی اردو خدمات کا جائزہ لیا ہے۔ دونوں کالجوں میں تحریر کردہ داستانوں پر روشنی ڈالی ہے۔ ونیز ان دونوں کالجوں کے علمی ادبی تاریخی وسائنسی لٹریچر کا محاسبہ کیا ہے اور ان دونوں کی خدمات پر تنقیدی نظر بھی۔ یہ کتاب فورٹ ولیم کالج اور فورٹ سینٹ جارج کالج دونوں کی خدمات کا اعتراف کرتی ہے۔ ہر دو کالجوں کے بارے میں اس سے بہتر معلومات اجمالی طور پر شاید ہی کہیں فراہم ہو سکیں۔ نواب اعظم اور مثنوی

اعظم نامہ بھی افضل اقبال کی اہم کتابوں میں شامل ہے۔انہوں نے مثنوی اعظم نامہ کی تدوین سلیقہ سے کی ہے اس کے علاوہ افضل اقبال کی کتابوں میں پرنٹنگ کی تاریخ (تاریخ فن طباعت) بھی ہے، تذکرہ سعید بھی شمس العلماء قاضی عبید اللہ اور ینٹل لائبریری کے اردو مخطوطات اور امانتی کتب خانہ اشرف المدارس کے اردو مخطوطات بھی انہوں نے بہ اشتراک، ڈاکٹر محمد غوث پیش کیں اور دکنی ادب کا مطالعہ بھی پروفیسر سیدہ جعفر کے اشتراک کے ساتھ منظر عام پر آیا۔افضل اقبال نے اور کئی مضامین بھی لکھے جو اخبارات کے ادبی ایڈیشنوں اور رسائل و جرائد میں منتشر ہوں گے۔ان کے صاجبزادوں محمد سعید الدین فرخ، ڈاکٹر احتشام الدین خرم اور حمید الدین حیدر سے توقع ہے کہ وہ اپنے والد کے ایسے مضامین اور نا تمام ادبی کاموں کی طرف توجہ دیں گے اور مضامین وغیرہ کو کتابی صورت میں شائع کیا جائے گا۔ان ادبی اور تحقیقی وتنقیدی خدمات کی روشنی میں یہ کہا جا سکتا ہے کہ افضل اقبال کے انتقال سے جنوبی ہند میں اردو ادب پر کام کرنے والا ایک اہم قلم ہم سے جدا ہو گیا۔قدرت اس خلاء کو کب پورا کرے گی یہ تو وقت ہی بتائے گا لیکن فی الوقت تو یہ جگہ خالی نظر آتی ہے۔رہے نام اللہ کا!

پروفیسر محمد علی اثر

حالیہ عرصہ میں عثمانیہ یونیورسٹی کے شعبہ اردو کے ساتھ المناک صورتحال یہ ہوئی کہ تین ہر دلعزیز اساتذہ یکے بعد دیگرے تھوڑے تھوڑے وقفہ سے اس جہانِ فانی سے اس عالمِ جاویدانی کی طرف کوچ کر گئے۔سب سے پہلے پروفیسر مرزا اکبر علی بیگ کو اس وقت پیام اجل آ پہنچا جب کہ صبح کی اولین ساعتوں میں صوفے پر بیٹھے وہ اخبار پڑھ رہے تھے کہ ان کی حرکت قلب بند ہوگئی۔ابھی ان کے ماتم سے دل سنبھلنے بھی نہ پایا کہ پروفیسر غیاث متین نے گھر میں پھسل جانے کی وجہ سے کچھ دن دواخانے میں رہ کر ملک عدم کی راہ لی۔ان کی جدائی کا زخم تازہ ہی تھا کہ پروفیسر محمد افضل الدین اقبال کی رحلت نے دل شکستہ کو ایک اور صدمہ پہنچایا۔آخر الذکر کی اہلیہ

(بلقیس صاحبہ) نے مجھے بتایا کہ وہ انتقال سے پہلے رات میں اچھے بھلے تھے' عشاء کی نماز ادا کرنے کے بعد وہ اپنی والدہ سے فون پر گفتگو کی اور محوخواب ہوگئے۔ بروز پنجشنبہ 15 مئی 2008ء کو بعد نماز فجر ان کی روح اس قفس عنصری سے پرواز کرگئی۔

خدا بخشے بہت سی خوبیاں تھیں مرنے والے میں

جامعہ عثمانیہ کے یہ تینوں سپوت میرے ہم منصب و ہم پیشہ قریبی احباب تھے۔ نہ جانے کیوں میرا دل نہیں مانتا کہ یہ لوگ ہمیشہ کے لئے مجھے داغ مفارقت دے چکے ہیں اور حسبِ سابق مجھ سے ملنے کے لئے غریب خانے پر نہیں آئیں گے۔

لوگ دنیا سے اٹھ گئے لیکن

جس کو سوچوں میں وہ دکھائی دے

افضل اقبال سے میری شناسائی بہت پرانی ہے لیکن اب یہ یاد نہیں رہا کہ ان سے پہلی ملاقات کب اور کہاں ہوئی تھی۔ 1977ء میں جب ان کی کتاب مدراس میں اردو ادب کی نشو ونما شائع ہوئی تو اس کتاب کے مصنف کی حیثیت سے میں ان کے نام سے واقف ہوا اور جب 1984ء میں شعبہ اردو جامعہ عثمانیہ میں لکچرر کی حیثیت سے ان کا تقرر ہوا تو مرحوم نے راقم سے بڑی گرمجوشی سے ملاقات کر کے اپنا تعارف کروایا تھا۔ وہ ایک خوش طبع' خوش پوشاک خوش شکل اور خوش اخلاق آدمی تھے۔ ان کا ہر ملاقاتی ان کے اخلاص ومروت انکسار اور شرافت نفس کا قائل تھا۔ پروفیسر سیدہ جعفر ڈاکٹر افضل اقبال کی شرافت اور انکساری کو ان کا وصف خاص قرار دیتے ہوئے لکھتی ہیں کہ ''میں خود کو خوش قسمت تصور کرتی ہوں کہ مجھے افضل الدین جیسا راست گو' شریف النفس' منکسر المزاج اور علم وادب کا پرستار شاگرد ملا''

نوشت وخواند اور تصانیف وتالیف پروفیسر کا اوڑھنا بچھونا تھا۔ ان کے مصنفہ' مولفہ اور مرتبہ کتابوں کی تعداد بیس تک پہنچتی ہے۔ جنوبی ہند کا شعروادب' مدراس میں اردو اور قدیم صحافت ان کے خاص موضوعات تھے۔ قدیم دکنی شعروادب پر انہوں نے شاذ ونادر ہی مضامین ومقالات

لکھے ہیں۔ پروفیسر افضل اقبال کی سب سے اہم کتاب ' مدراس میں اردو ادب کی نشوونما' ہے جو مدراس یونیورسٹی کے ایم اے (اردو) کے نصاب میں بھی شامل ہے۔ اس کے علاوہ انکی دوسری اہم تصانیف میں فورٹ سینٹ جارج کالج ' جنوبی ہند کی اردو صحافت ' اردو کا پہلا نثری ڈراما ' ایسٹ انڈیا کمپنی کے علمی ادارے اور حیدرآباد میں اردو صحافت کا آغاز وارتقاء قابل ذکر ہیں۔ افضل الدین اقبال نے مختلف محققین اور اہل علم کے تعاون سے چار کتابیں بھی مرتب کی ہیں۔ ان کی پہلی مشترکہ تصنیف ''خرگوش پروری'' ہے جسے انہوں نے ڈاکٹر محمد عماد الدین کے تعاون و اشتراک سے شائع کی تھی۔ اس کے بعد ڈاکٹر محمد غوث کی شراکت سے قاضی عبیداللہ لائبریری مدراس' اور امانتی کتب خانہ مدراس کے مخطوطات کی فہرست مرتب کرنے کا گراں قدر فریضہ انجام دیا اور ساتھ ہی ساتھ جیسا کہ مذکور ہوا ہے پروفیسر سیدہ جعفر کے اشتراک سے 'دکنی ادب کا مطالعہ' بھی مرتب کی۔ ان کے علاوہ پروفیسر افضل الدین کی دیگر تصانیفات و تالیفات میں پرنٹنگ کی کہانی ' ہوائی چکیاں ' تذکرہ سعید ' مکتوبات نبوی ؐکے عکس ' حکایات لطیفہ ' مجمع الامثال ' نواب اعظم اور مثنوی اعظم نامہ ' نصیر الدین ہاشمی حیات اور کارنامے اور تاریخ ادب اردو برائے فاصلاتی تعلیم جامعہ عثمانیہ شامل ہیں۔ ان کی متعدد کتابوں کو ریاستی اردو اکیڈمی کے علاوہ ملک کی کئی اور اردو اکیڈمیوں نے انعامات سے نوازا۔ پروفیسر افضل اقبال جامعہ عثمانیہ کے ان اساتذہ میں نمایاں مقام رکھتے تھے جنہوں نے اپنے آپ کو محض ایم اے ' ایم فل اور پی ایچ ڈی کے طلبہ کی رہنمائی اور درس و تدریس کی حد تک محدود نہیں رکھا بلکہ تصنیف و تالیف کا گراں قدر کارنامہ انجام دے کر اپنے نام کو ہمیشہ کے لئے تاریخ ادب کے اردو صفحات میں محفوظ کر لیا۔

پروفیسر مجید بیدار

دکنی تہذیب اور دکنی زبان و ادب سے دلچسپی رکھنے والے چند اہم ادیبوں میں پروفیسر افضل

الدین اقبال کا شمار ہوتا ہے جنہوں نے اپنی ذہانت اور لیاقت کے علاوہ وہ عمدہ کارکردگی کے نتیجہ میں اعلی عہدوں پر فائز ہوکر اپنی صلاحیتوں کا لوہا منوالیا۔ افضل الدین اقبال نے پڑھنے پڑھانے کے علاوہ اپنی زندگی کے لئے جو راستہ متعین کیا وہ تصنیف وتالیف کا رہا۔ یہ ثبوت فراہم نہیں ہوتا کہ افضل الدین اقبال نے ابتداء میں کیا لکھا تھا لیکن یہ ضرور مسلمہ حقیقت ہے کہ انہوں نے اپنی ڈاکٹریٹ کے لئے جو مقالہ لکھا تھا اس کی ہندوستانی گیر شہرت ہوئی اور جب یہ مقالہ ''مدراس میں اردوادب'' شائع ہوا تو نہ صرف سارے جنوبی ہند کی جامعات میں اسے حوالے کی کتاب کا درجہ حاصل ہوا بلکہ اس کی اشاعت کے بعد پھر اس کتاب کے نسخہ کو دیکھنے کے لئے ادب دوست حضرات ترس گئے لیکن دوسری جلد کی اشاعت عمل میں نہ آسکی۔ یہ عظیم شہرت اور ان کے تحقیقی کام کی مقبولیت کا ثبوت ہے کہ ان کی پہلی کتاب اشاعت پذیر ہوتے ہی اس قدر مانگ بڑھی کہ اس کا کوئی نسخہ باقی نہ رہا۔ افضل الدین اقبال ایک مذہبی' خداترس اور اخلاص ومحبت کے پیکر انسان تھے اور ہر انسان کے دکھ درد پر بے چین ہونا ان کی فطرت میں شامل تھا۔ ہمدردی اور خداترسی کی وجہ سے وہ دوسروں کی مدد کے لئے تیار ہو جاتے تھے۔ جس وقت انہیں جامعہ عثمانیہ میں ملازمت کا موقع حاصل ہوا اس وقت بھی وہ خدا کے صابر وشاکر بندوں میں شامل تھے اور تمام عمر انہوں نے اسی صبر وشکر کے ساتھ گزاردی۔ وہ اس قدر ہمدرد اور دوسروں کے دکھ درد کو اپنا سمجھنے والے انسان تھے کہ نایاب سے نایاب اور قدیم سے قدیم کتاب کوئی ان سے طلب کرتا تو وہ دور حاضر کے اساتذہ کی طرح بہانہ تراشی اور موقع پرستی سے کام لئے بغیر نایاب ونادر کتب بھی طلب کرنے والے کے حوالہ کردیتے تھے۔ انہوں نے کبھی اپنے آپ کیلئے اور اپنی ذات کے لئے جینا مناسب نہیں سمجھا بلکہ وہ دوسروں کیلئے جیتے تھے۔ چنانچہ طالب علموں کی مدد کرنا اور انہیں علم کے ذوق سے مالا مال کرنا ان کی فطرت میں شامل تھا اس لئے طالب علموں کی تعلیمی اور علمی ضرورتوں کی تکمیل کیلئے وہ ہمیشہ پیش پیش رہتے تھے۔ یہی خصوصیت خدا نے ان کی اولاد میں منتقل کی ہے۔ چنانچہ ان کی اولادیں بھی نہ صرف افضل الدین اقبال بلکہ ان کے والد محترم محمد شرف

الدین مرحوم اور ڈاکٹر حمید اللہ کی لکھی ہوئی کتابوں کی اشاعت کے ذریعہ علم کو پھیلانے اور کمپیوٹر سنٹر کے ذریعہ جدید ٹکنالوجی کو امت مسلمہ میں فروغ دینے کے لئے کام انجام دے رہی ہے۔ چنانچہ ورڈ ماسٹر اور ان کی جانب سے قائم کردہ طباعتی ادارہ خود اس بات کا ثبوت ہے کہ افضل الدین اقبال نے اپنی زندگی میں اشاعت کے جس کام کو مکمل نہیں کیا تھا ان کے صاحبزادوں نے اس کی تکمیل کیلئے ادارے قائم کردئے ہیں اور اس کے خاطر خواہ نتائج بھی سامنے آرہے ہیں۔فطری اعتبار سے افضل الدین اقبال اس قدر گھل مل جانے والی شخصیت کے مالک تھے کہ بلاشبہ پورے وثوق کے ساتھ کہا جاسکتا ہے کہ افضل الدین اقبال کا کوئی دشمن ہی نہیں تھا جو شخص اپنی ذات کو خدا کی ذات کے لئے مختص کردے بھلا اس کا کوئی دشمن ہوسکتا ہے۔اس کے علاوہ ان کی شخصیت میں انکساری اور فروتنی خلقی اس وجہ سے بھی داخل ہوگئی تھی کہ وہ اور ان کا خاندان ہی نہیں بلکہ ان کی اولادوں نے بھی اپنے عہد کی عظیم ہستی بحرالعلوم حضرت علامہ محمد عبدالقدیر حسرت مرحوم کے ہاتھ پر بیعت حاصل کی تھی اور وہ بیعت پر اس قدر اعتماد رکھتے تھے کہ اپنے پیرو مرشد کی تعلیمات پر عمل پیرا رہتے ہوئے تمام تر زندگی روحانی پس منظر میں گزارنا چاہتے تھے اس لئے معصومیت ان کی فطرت میں داخل ہوگئی تھی۔ وہ دنیا کے ہیر پھیر اور کج لیپ سے واقف نہیں تھے اور ہر کام اللہ کی راہ میں انجام دینے کی ایسی صلاحیت رکھتے تھے کہ جن کا کسی دوسری شخصیت میں پایا جانا ممکن ہی نہیں ہے۔ جہاں تک دنیاداری کا معاملہ ہے یہ حقیقت روز روشن کی طرح واضح ہے کہ خدائے تعالی نے دنیا میں رہتے ہوئے جدوجہد کی ترغیب دلائی ہے اور پروفیسر افضل الدین اقبال اسی جدوجہد سے وابستہ رہے وہ اپنے کام بنانے کے لئے دنیا کے تمام زائد طریقوں کو اختیار کرتے تھے اور ممکنہ طور پر یہ کوشش ہوتی تھی کہ کام کو بنانے کیلئے تمام اثر ورسوخ استعمال کیا جائے۔ یہ دنیاداری نہیں بلکہ دنیا میں کامیابی حاصل کرنے کے لئے ایسے طریقہ ہیں جن کو افضل الدین اقبال نے اپنی زندگی میں شامل کرکے کامیابی کے زینے طئے کئے اور یہ بھی حقیقت یہ کہ ایسے وقت بھی وہ خداترسی اور اخلاص کو نظر انداز نہیں کرتے تھے۔یہی وجہ ہے کہ کسی

نے بھی افضل الدین اقبال کو غصہ یا پریشان حال صورت حال میں نہیں دیکھا۔ اس کی سب سے بڑی وجہ یہی ہو سکتی ہے کہ ان کا خدا کی ذات پر کامل اعتماد تھا ہی اور بزرگان دین سے وابستگی رکھ کر وہ اپنی ہر خواہش کو خدا اور بزرگان دین کے سپرد کر دیتے تھے۔ ان کا اعتقاد پختہ تھا اس لئے ان کے ہر کام زینہ بہ زینہ بنتے آتے اور اندازہ ہوتا کہ بلاشبہ خدا کی مدد ان کی شامل حال ہے۔ محمد افضل الدین اقبال سے میرے مراسم اس دور سے ہیں جب کہ انہوں نے جامعہ عثمانیہ میں ڈاکٹریٹ کی ڈگری حاصل کرنے کے لئے اپنا نام درج کروایا تھا۔ اس اعتبار سے زائد از 35 سالہ تعلقات میں کبھی دراڑ نہیں آئی جب تک اورنگ آباد سے میری وابستگی رہی ان سے ملاقات کیلئے ان کے آبائی مکان جام باغ میں ربط و تعلق قائم رہتا اور جب وہ ملے پلی منتقل ہو گئے تو وہاں بھی رابطہ کا سلسلہ جاری رہا۔ یہ بھی حقیقت ہے کہ نہ انہوں نے کبھی مجھ سے مراسلت کی اور نہ میں نے کبھی انہیں کوئی خط لکھا۔ اس کی سب سے بڑی وجہ یہی تھی کہ وقفہ وقفہ سے حیدرآباد آنے کے دوران ملاقاتیں ہوا کرتی تھیں۔ افضل الدین اقبال خوش طبع اور خوش خوراک انسان تھے۔ ماہ رمضان میں ان کے گھر پر خصوصی دعوت لازمی تھی جس میں وہ تمام احباب کو بطور خاص مدعو کرتے اور ماہ رمضان کی رحمتوں کو لوٹنے کا موقع فراہم کرتے تھے۔ ان سے ملاقات کرنے والوں میں بلاشبہ ہر عمر کے لوگ شامل تھے وہ اپنے سے زائد عمر کے لوگوں سے بھی دوستی رکھتے تھے اور کم عمر لوگوں کو بھی اپنا دوست بناتے تھے۔ یہی وجہ ہے کہ ان کا حلقہ احباب زیادہ وسیع نہ ہو سکا۔ چند مشہور دوستوں کے علاوہ وہ کسی سے ربط و تعلق نہیں رکھتے تھے۔ جب بھی پروفیسر سلیمان اطہر جاوید سے ملاقات ہوتی تو ان کے گھر پر ہوتی اس کی ایک بڑی وجہ یہی رہی کہ غیاث متین کے بعد ان کے گہرے دوستوں میں کوئی شامل تھے تو وہ سلیمان اطہر جاوید رہے۔ افضل اقبال نے کبھی استاد اور شاگرد کے رشتہ کو مجروح ہونے نہیں دیا۔ وہ فاصلے رکھنے کے بھی قائل نہیں تھے بلکہ اپنے شاگردوں کو اسی طرح چاہتے تھے جس طرح اپنی اولاد کو چاہتے تھے۔ کیونکہ وہ خوش خوراک تھے اسلئے دوسروں کو مدعو کر کے اوران کی ضیافت کر کے خوش ہوا کرتے تھے اور یہ روزمرہ کا معمول بن

گیا تھا کہ جب عثمانیہ یونیورسٹی سے نکلتے تو اساتذہ کا پورا گروپ راستہ میں رک کر کسی نہ کسی ہوٹل میں بیٹھ کر چائے کی ضیافت سے لطف اندوز ہوتا اور ایسے وقت پیشکش کرنے والے افضل الدین قبال ہی ہوتے بلکہ کسی کام پر ان کے ساتھ روانہ ہوں تو راستہ میں کسی نہ کسی بہانے کے ذریعہ کے میرا حلق خشک ہو رہا ہے یا پیاس لگ رہی ہے ہوٹل میں لے جاتے اور موسم کی مناسبت کے لحاظ سے کوئی نہ کوئی چیز منگوا کر خود کھاتے اور دوسروں کو بھی کھلاتے۔ گھر کے ماحول میں وہ کسی قسم کی تبدیلی کو مناسب نہیں سمجھتے تھے اس لئے دوست احباب آئیں تو کمرے میں بات ہونے کے بعد قریبی ہوٹل کا رخ کرنا ان کی عادت ثانیہ بن چکی تھی۔ چنانچہ تمام احباب کو ضیافت کیلئے قریبی ہوٹلوں میں لے جا کر اپنی اعلی ظرفی کا ثبوت دیتے تھے۔ تدریس کے معاملہ میں کبھی یہ موقع نہیں ملا کہ افضل اقبال کو کلاس میں پڑھاتے ہوئے سنا جا سکے۔ البتہ محفلوں میں شریک ہوتے تو تقریر سے پرہیز کرتے تھے اور کاغذ پر جو کچھ لکھ کر لاتے اسے پڑھ کر سناتے تھے۔ خدا نے انہیں تحریر کی بہترین صلاحیتیں دی تھیں۔ جب کہ تقریر کے معاملے میں وہ اس قدر لا پرواہ تھے کہ کبھی انہوں نے خود کو مقرر کی حیثیت سے مقبولیت نہیں دلائی بلکہ محفلوں میں بھی تحریری تقریر پڑھنے کے عادی تھے۔ ان کی کتابوں میں متن اور مواد کی ترسیل کا انداز نمایاں ہے۔ انہوں نے جس قدر بھی کتابیں لکھیں ہیں ان میں بہترین مواد اور اس کو عوام تک پہونچانے کا جذبہ موجود ہے۔ انہوں نے کبھی اپنے ادیب ہونے کے علاوہ محقق اور نقاد ہونے کا دعویٰ نہیں کیا۔ بلکہ اپنی تحریروں سے اپنے آپ کو منوایا۔ اور بلا شبہ دکنی زبان و ادب کی خدمت انہوں نے جس انداز سے کی اس کی مثال ملنی مشکل ہے۔ وہ ایک روایت پرست ادیب تھے۔ اور دکنی کے اہم متون سے روایتی انداز کی چیزوں کو پیش کرنے کے عادی تھے۔ نیا پن جدیدیت اور ترقی پسندی کو انہوں نے اپنی تحریروں کے لئے ضروری نہیں سمجھا۔ البتہ تنقید کے معاملے میں وہ تقابلی تنقید کے روح رواں تھے۔ اور ان کی آخری کتاب بھی تقابلی تنقید کو پیش کرنے کا وسیلہ بن جاتی ہے۔ افضل اقبال ایک ایسے محقق اور نقاد ہیں جن کی نگرانی میں تحقیق کرنے والے افراد کو بھی ان سے

استفادے کا موقع ملا۔غرض ایک اخلاص ومروت کی ہستی جس نے شعروادب کے دکنی ادبیات پر کام کرتے ہوئے ادبی دنیا میں مقام بنایا۔اس عظیم ہستی کی رحلت نے دکنی کے قدیم ذخیرے کی چھان بین کے سلسلے کو منقطع کردیا ہے۔ دن بہ دن دکنی کے محققین کی تعداد میں کمی ہوتی جارہی ہے۔ بلاشبہ افضل کی رحلت سے دکنی ادبیات کے لئے جو خلا پیدا ہوا ہے۔خدا سے دعا ہے کہ وہ اس خلا کو پر کرنے کے لئے اسباب پیدا کرے۔اور ان کی اولادوں میں یہی جذبہ اور ولولہ ودیعت کردے کہ وہ اپنے والد کے نقش قدم پر چلتے ہوئے ان کے نقوش کی حفاظت اور ان کی توسیع کا کام انجام دے سکیں۔

ڈاکٹر امیر علی

پروفیسر محمد افضل الدین اقبال کی شخصیت کسی تعارف کی محتاج نہیں ہے۔ وہ حیدرآباد کی علمی و ادبی شخصیت تھے۔ وہ ایک علمی وادبی گھرانے کے چشم و چراغ تھے۔ انہوں نے اردو زبان وادب کی بے پناہ خدمت انجام دی۔ انہوں نے بہت لکھا اور متعدد موضوعات پر لکھا۔ اردو زبان و ادب کی خدمت ان کا اوڑھنا بچھونا تھی۔میر تقی میر کا یہ شعر ان کی زندگی پر صادق آتا ہے۔

بارے دنیا میں رہو غم زدہ یا شاد رہو

ایسا کچھ کر کے چلو یاں کہ بہت یاد رہو

پروفیسر محمد افضل الدین اقبال عثمانیہ یونیورسٹی کے شعبہ اردو کے سینئر پروفیسر تھے۔ وہ صدر شعبہ اردو اور چیرمین بورڈ آف اسٹڈیز کے اہم عہدوں پر بھی فائز رہے۔ ڈاکٹر صاحب میں علم کی جو لگن تھی وہ آخری دم تک ان کے ساتھ رہی۔ وہ تلاش علم میں ہمیشہ سرگرداں رہے۔اردو کے ممتاز محققین میں ان کا شمار ہوتا ہے۔ دو درجن سے زیادہ کتابوں کے مصنف ہیں انہیں اردو زبان و ادب کی گراں قدر خدمات کے صلے میں کئی ایوارڈ دئے گئے۔ ڈاکٹر افضل اقبال نے 15 مئی 2008ء کی اولین ساعتوں میں اپنے گھر پر انتقال فرمایا۔ ہمیشہ کے لئے ہم سے جدا ہوگئے۔ وہ ایک خاموش اور بے لوث خدمت گزار تھے۔ آج بھی ان کے شاگروں، دوست احباب اور ان کے

چاہنے والوں کی کثیر تعداد موجود ہے۔ڈاکٹر صاحب ہمیشہ اپنے شاگردوں اور دوست احباب سے خلوص اور ہمدردی سے پیش آتے تھے۔محسن علم و ادب پروفیسر افضل الدین اقبال حیدرآبادی تہذیب وتمدن کے علمبردار تھے۔ وہ ایک خداترس، عبادت گزار اور خوش عقیدہ انسان تھے۔ان کے دل میں غرور وتکبر کی کوئی جگہ نہ تھی۔امیروں سے بھی دوستانہ تعلقات رکھتے تھے اور غریبوں سے بیزار نہیں ہوتے تھے۔شرافت مروت اور ہمدردی ان پر ختم ہوگئی۔ان کی شخصیت کئی خصوصیات کی حامل تھی۔ڈاکٹر افضل اقبال حیدرآبادی تہذیب وثقافت کی ایک زندہ تاریخ تھے۔انہیں اردو زبان وادب اور حیدرآباد کی گلی کوچوں اس کی روایات اور تہذیب سے بے پناہ عشق تھا۔حیدرآباد کی ادبی تاریخ جن کے کارناموں سے روشن ہے ان میں ڈاکٹر صاحب کا نام نہایت روشن ہے ان میں ڈاکٹر صاحب کی علمی، ادبی اور تدریسی خدمات کو ہمیشہ یاد رکھا جائے گا۔ ڈاکٹر افضل اقبال کی شخصیت کئی خصوصیات کی حامل تھی۔ان میں ظاہر داری نام کو نہ تھی۔ان کی سیدھی سادی زندگی اور جستجو ضرب المثل ہوکر رہے گی اور آنے والی نسلوں کو گرمائے گی۔ڈاکٹر صاحب نے علمی شغف اور تصنیف وتالیف سے حیدرآباد کے ساتھ اپنے خاندان اور قبیلے کی اہمیت اور عزت بڑھا دی۔ڈاکٹر صاحب ایک خداترس، عبادت گزار اور خوش عقیدہ انسان تھے۔ وہ ہمیشہ کہتے تھے کہ جسے اللہ تعالی کے فضل وکرم پر بھروسہ ہو وہ انسانوں کے تعلق سے اپنی زبان کیوں آلودہ کرے۔یوں تو شہر حیدرآباد کو یہ امتیاز حاصل ہے کہ اس سرزمین دکن نے بڑی بڑی علمی وادبی شخصیتوں کو جنم دیا اور ان ادبی ہستیوں نے بھی اپنی ذاتی محنت اور کاوشوں سے سرزمین حیدرآباد کو ادبی گلشن بنادیا۔ان ہی ادبی شخصیتوں میں ڈاکٹر افضل الدین اقبال کا شمار ہوتا ہے۔ڈاکٹر صاحب کی خوبی یہ تھی کہ وہ پابند ڈسپلن اور وقت کے بڑے پابند تھے وہ سخت محنت کے عادی تھے۔ پیشہ تدریس سے وابستہ ہونے کے باوجود بھی وہ علمی وادبی سرگرمیوں سے دلچسپی رکھتے تھے۔پروفیسر افضل الدین اقبال ایک خوش اخلاق، مہذب اور ملنسار انسان تھے وہ ہر ایک سے خوش اخلاقی سے پیش آتے تھے اور مفید مشوروں سے نوازتے تھے وہ اپنے کام سے مطلب رکھتے تھے اور ہر کام کو وقت مقررہ پر پورا کرنے پر یقین

رکھتے تھے۔ایسی صفات بہت کم لوگوں میں پائی جاتی ہیں۔قدرت نے انہیں ہر چیز سے نوازا تھا وہ اس بات کا ذکر اکثر ملاقاتوں میں کیا کرتے تھے۔ڈاکٹر محمد افضل الدین اقبال عثمانیہ یونیورسٹی کے ممتاز محقق، پروفیسر اور صدر شعبہ اردو تھے بقول پروفیسر سیدہ جعفر ''ڈاکٹر افضل الدین اقبال نے اپنی تحقیقی کاوشوں سے یہ ثابت کردیا ہے کہ جامعہ عثمانیہ کی نئی نسل شعبہ اردو کی گراں قدر روایات کی پاسداری سے غافل نہیں اور انکی نگرانی میں کئی ریسرچ اسکالرس نے ایم فل اور پی ایچ ڈی کی ڈگریاں حاصل کیں۔وہ خاموش اور بےلوث ادبی خدمت گزار تھے۔ڈاکٹر محمد افضل الدین اقبال کی علمی و ادبی زندگی جہد مسلسل کی داستان ہے اور ہمارے لئے مشعل راہ بھی۔

ڈاکٹر بشیر الحق (ویلور)

15 مئی 2008ء روز جمعرات ڈاکٹر افضل الدین اقبال حیدرآبادی سفر آخرت پر روانہ ہوگئے۔انا للہ و انا الیہ راجعون۔ان کی وفات سے اردو زبان و ادب، تحقیق و تنقید تعلیم و تدریس اور صحافت کی دنیا میں خلاء پیدا ہوگیا۔کوئی اور افضل الدین اقبال کا لبادہ اوڑھے ظاہر ہوگا۔جس سے یہ خلاء پُر ہوجائیگا۔بھلے سے مدت قلیل ہو یا کثیر۔انتظار کی زحمت اٹھانی ہی پڑے گی۔موجودہ زمانے میں یکے بعد دیگرے اہل علم کی دنیا سے رخصتی کو کائنات کا اختتامی علمی منظرنامہ کہا جائے تو بےجا نہ ہوگا۔زبان نبوتؐ نے قربِ قیامت کی ایک علامت یہ بتلائی ہے کہ دنیا سے علم اٹھالیا جائے گا: یرفع العلم۔اہل علم کی وفات ہی رفع علم ہے۔ڈاکٹر افضل اقبال کی رخصت بھی رفع علم کی ایک ہلکی سی جھلک ہے۔خواہ یہ علم قلیل ترین ہی کیوں نہ ہو۔

'ڈاکٹر افضل الدین اقبال حیدرآبادی'' کے مصداق بن جائیں گے۔علم، سچائی کا نام ہے اگر اس کے نام سے تصور غیر مطابق کا سکہ چل پڑے تو دنیائے علم میں اندھیرا اچھل جائے گا اور اس تاریکی میں صاحب کمال، بےکمال اور بےکمال صاحب کمال بن جائیں گے۔ڈاکٹر افضل اقبال آج ہمارے درمیان نہیں ہیں۔لیکن وہ اپنی علمی و ادبی شخصیت و خدمت اور حسن کردار کے باعث ہمیشہ زندہ رہیں گے۔اللہ تعالیٰ انہیں کروٹ کروٹ جنت نصیب فرمائے اور ان کی نیکیوں

کو قبول فرمائے اور ان کی خطاؤں اور لغزشوں کو معاف فرمائے اور ان کے پس ماندگان کو صبر جمیل اور اجر جزیل عطا فرمائے اور ان کی اولاد کو نیک اور صالح بنا دے۔ (آمین) اذامات الانسان انقطع عمله الامن ثلاث صدقة جارية اوعلمه تنقع به او ولد صالح يدعوله آدمی مرجاتا ہے تو اس کے عمل کا سلسلہ بھی منقطع ہو جاتا ہے لیکن صدقہ جاریہ اور نفع بخش علم اور صالح اولاد کے ذریعہ قبر میں ثواب پہنچتا رہتا ہے۔

ڈاکٹر محمد طیب انصاری

ضرب الامثال کے تعلق سے ارسطو کا یہ قول بڑی اہمیت رکھتا ہے۔ وہ کہتا ہے "قدیم فلسفہ کے بچے کچھے سچے اور مختصر ٹکڑے ہیں"۔ ضرب الامثال کی اہمیت اس کے برمحل استعمال میں ہے ضرب الامثال کو زبان کا جوہر کہا جاتا ہے۔ ضرب الامثال کی اہمیت کے پیش نظر حضرت مہدی واصف نے ان کو یکجا کرنے کی کوشش کی۔ یہ ان کا ایک اہم لسانی کارنامہ ہے۔

افضل الدین اقبال معاصرین محققین میں اپنی ذمہ دارانہ تحقیق کی وجہ سے قدر و عزت کی نظروں سے دیکھے جاتے ہیں۔ ذاتی شہرت سے بے نیاز اپنے اہل نائط بزرگوں کی طرح صرف کام سے کام رکھتے ہیں۔ افضل الدین اقبال نے بڑی محنت اور لگن سے مجمع الامثال پر تحقیقی کام کیا ہے اور اس کی ترتیب کے بعد اپنے پر مغز مقدمہ کے ساتھ شائع کیا ہے۔ اس کام کی یقیناً قدر ہوگی۔

علیم صبا نویدی

ڈاکٹر افضل الدین اقبال کی شخصیت اردو دنیا میں محتاج تعارف نہیں ہے۔ ہندو پاک میں آپ کی شخصیت اور خدمات کو کافی شہرت ملی ہے۔ آپ کی تصنیفات متعدد ہی سہی مگر معیار میں ان کا مقابلہ سینکڑوں تصنیفات کے برابر ہے۔

اردو دکنیات کے محققین مثلاً مولوی نصیر الدین ہاشمی، ڈاکٹر محی الدین قادری زور، وغیرہ کے نامی گرامی جہاں ذہن میں ابھرتے ہیں وہاں ڈاکٹر افضل الدین اقبال بھی اپنے طور پر منفرد انداز میں اپنی شناخت قائم کئے ہوئے ہیں۔ یقیناً تاریخ ادب اردو آپ کے احسانات سے ہمیشہ

مستفیض ہوتی رہے گی۔

ڈاکٹر افضل الدین اقبال اس لئے بھی میرے نزدیک ممتاز ہیں کہ افضل الدین اقبال نے حیدرآباد کی ان جلیل القدر، معتبر اور عظیم المرتبت ہستیوں مثلاً پروفیسر اکبرالدین صدیقی صاحب، اور پروفیسر حسینی شاہد صاحب کے آگے زانوئے ادب تہہ کیا ہے۔ جن کی علمی و ادبی خدمات کا سلسلہ آج بھی حیدرآباد کے خزانہ ادب کی زینت بنا ہوا ہے۔

افضل الدین اقبال کی علمی ادبی خدمات کا ایک بڑا کاروان ہمارے سامنے ہے۔ اس کاروان سے لاکھوں عاشقان اردو کو تحقیقی ادب کی خوراک ضرور ملتی ہے افضل الدین کی تحقیقی روش کو دیکھتے ہوئے مجھے اس بات کا ضرور احساس ہوتا ہے کہ موصوف کو اس تحقیقی کائنات میں ڈاکٹر محمد حمید اللہ کی سرپرستی حاصل تھی۔ یہی وجہ ہے کہ افضل الدین کی دو کتابوں ''تاریخ فن وطباعت'' مطبوعہ 1965 اور تذکرہ سعید مطبوعہ 1973 میں ڈاکٹر حمید اللہ کے نیک مشوروں کی جھلک نظر آتی ہے۔ ان دو کتابوں کے بعد افضل الدین نے ڈاکٹر حمید اللہ کی علمی و ادبی خدمات پر بھی تفصیلی روشنی ڈالتے ہوئے ایک طویل مضمون لکھا جو ممتاز کالج کے میگزین میں 1962 میں زیور طباعت سے آراستہ ہوا۔ کتاب مدراس میں اردو کی نشو ونما اور جنوبی ہند میں اردو صحافت مطبوعہ 1981 بہت جلد ساری تحقیقاتی اور معلوماتی انکشافات پر مشتمل تاریخی دستاویز ہیں۔ کتاب اردو کا پہلا ڈراما مطبوعہ 1984 بھی موصوف کا ایک اہم ترین تحقیقی کارنامہ ہے۔ کتاب نواب اعظم ومثنوی اعظم نامہ مطبوعہ 1987 بھی ایک تاریخی اہمیت اور افادیت کی حامل ہے۔ کتاب فورٹ ولیم کالج اور فورٹ سینٹ جارج کالج میں ان دونوں کالجوں کی تقابلی وتنقیدی جائزہ لیا گیا ہے جو بے حد معلومات انگیز ہے۔ کتاب ریاست حیدرآباد میں اردو صحافت کا آغاز اور ارتقاء بدقسمتی سے راقم کی نظر سے نہیں گزری ہے لیکن یقین ہے کہ افضل الدین نے اس موضوع سے بھرپور انصاف کیا ہوگا اور حیدرآباد کی صحافتی خدمات پر مفصل روشنی ڈالی ہوگی۔

ڈاکٹر موسیٰ اقبال

پروفیسر افضل الدین اقبال کا شمار ان ہستیوں میں ہوتا ہے جنہوں نے اپنی محنت لگن جستجو اور کاوشوں سے اپنی ایک علحدہ شناخت بنالی تھی۔ وہ اردو ادب کے ایک مایہ ناز ادیب نامور محقق، معتبر نقاد اور مورخ ماہر دکنیات اور صاحب طرز ادیب تھے۔ حق تو یہ ہے کہ ان کی نگارشات نے اسلاف کی روایات کو زندہ تابندہ رکھا یعنی ڈاکٹر حمید اللہ کی تخلیقی اپچ اور نصیر الدین ہاشمی کا تحقیقی ذہن انہیں وراثت میں ملا تھا۔

پروفیسر افضل الدین اقبال نے ایک ہنر مند استاد کی حیثیت سے اردو زبان کی صحیح معنوں میں آبیاری کی اور سینکڑوں شاگردوں کو لکھنے پڑھنے کا ہنر دیا اور ایک درجن سے زائد ایم فل کے مقالوں کی نگرانی کی اور پانچ اسکالرس نے ان کی نگرانی میں ڈاکٹریٹ کی ڈگری حاصل کی جن میں یہ راقم الحروف بھی شامل ہے۔ راقم الحروف کا مقالہ ''محمد مہدی واصف حیات اور ادبی خدمات'' کی تیاری میں ڈاکٹر صاحب کی رہنمائی قدم قدم پر مشعل راہ ثابت ہوئی جس کی وجہ سے راقم الحروف کو اسسٹنٹ پروفیسر اور چیرمین بورڈ آف اسٹڈیز شعبہ اردو تلنگانہ یونیورسٹی کا موقع مل سکا۔ پروفیسر افضل الدین اقبال کا ہمیشہ یہی وطیرہ رہا کہ وہ اپنے شاگردوں کو اولاد معنوی سمجھتے تھے خصوصاً مجھ کو اس پر فخر ہے کہ پروفیسر صاحب کے بہت ہی قریب رہا اور مجھے اپنے ہی گھر کا ایک فرد تصور کرتے تھے۔ چنانچہ ایک دن استاد زادہ محمد احتشام الدین خرم نے مجھ سے کہا کہ موسی بھائی کیا بات ہے ابا ہم کو اتنی دعائیں نہیں دیتے جتنی کہ آپ کو کل دعا رہے تھے۔ استاذ روحانی باپ ہوتا ہے۔ افسوس آج وہ ہاتھ ساکت ہو چکے ہیں جو میرے لئے دعا کیلئے کبھی اٹھا کرتے تھے جب میرا تقرر تلنگانہ یونیورسٹی میں بحیثیت اسسٹنٹ پروفیسر ہوا تو راقم الحروف کو گلے لگا کر ڈھیر ساری دعائیں دیں اور راقم الحروف کو اس تپاک سے ایک انجانا سا خوف محسوس ہوا اور یہی خوف 15 مئی 2008 کو ڈاکٹر صاحب کی رحلت کی صورت میں ظاہر ہوا۔ اس داغ مفارقت پر اور کیا کہا جاسکتا ہے۔

نہ تو اور نہ میں اور نہ وہ جاودانی
ازل کے مصور کا ہر نقش فانی

پروفیسر افضل الدین اقبال خاموش طبع ملنسار اور منکسر المزاج شخصیت کے حامل تھے۔ ان کی شخصیت غیر متنازعہ تھی۔ یونیورسٹی کے اساتذہ نے ان کو ایک مخلص انسان کے روپ میں دیکھا تو شاگردوں نے انہیں ایک شفیق استاد تصور کیا۔ دوست واحباب میں ان کی منکسر المزاجی ایکلحاظ سے ضرب المثل کی حیثیت رکھتی تھی۔ پروفیسر افضل الدین اقبال نے اپنے گھر میں ایک جگہ مختص کر لی تھی اور اس مختصر سی جگہ میں ان کی علمی وادبی کائنات بکھری پڑی' ہر وقت مطالعہ میں غرق رہنا ان کی فطرت ثانیہ تھی۔ راتوں میں جب افراد خاندان محوخواب رہتے ان کی تنہائی مطالعہ گاہ میں ان کے ساتھ رہتی اور وہ اس تنہائی سے بھر پور فائدہ اٹھاتے تھے۔ راتوں کی لمبی تنہائی میں ان کا قلم ایک دریا کے مانند رواں دواں رہتا تھا۔ ان کی نگارشات اور تحقیقی کارہائے نمایاں اس بات کے گواہ ہیں کہ انہوں نے کتنا خون جگر صرف کر کے علم وادب کو درخشاں رکھا۔ ان کی ادبی علمی تخلیقات اہل نظر کے لئے خصوصی اہمیت کی حامل ہیں۔ نصیر الدین ہاشمی حیات اور ادبی خدمات' پروفیسر افضل الدین اقبال کی آخری تصنیف ثابت ہوئی۔ نصیر الدین ہاشمی حیات اور ادبی خدمات کی رسم اجراء عالمی شہرت یافتہ نقاد نامور محقق پروفیسر معین الدین عقیل وزیٹنگ پروفیسر اوسا کا یونیورسٹی جاپان کے ہاتھوں اقبال اکیڈمی حیدرآباد میں 7 مارچ 2008 کو عمل میں آئی۔ اس کے باوجود پروفیسر افضل الدین اقبال کا کام ادھورا رہی ہے۔ اگر پروفیسر صاحب کی زندگی وفا کرتی تو یہ مشت خاک اپنے کار علمی کو صحرا میں تبدیل کر دیتی۔ میرے خیال میں زندگی کے قلیل وقفہ میں جس انداز سے ڈاکٹر صاحب نے علمی سفر طئے کیا اس کی نظیر ملنی مشکل ہے۔

بقول غالبؔ:۔

ایسا کہاں سے لاؤں کہ تجھ سا کہیں جسے

پروفیسر صاحب نے اپنی تصانیف کی آمدنی سے فریضہ حج ادا کیا۔ اگر ان کی جگہ کوئی

اور مصنف ہوتا تو پہلے بنگلہ گاڑی خریدتا۔لیکن پروفیسر افضل الدین اقبال نے خانہ کعبہ کی زیارت کو مقدم سمجھا اور حج کی سعادت حاصل کی۔ پروفیسر افضل الدین اقبال نے اپنے اسلاف کی روایات کو جاری رکھتے ہوئے اردو زبان کی آبیاری اور سینکڑوں شاگردوں کو لکھنے پڑھنے کا ہنر سکھایا۔

رشید انصاری

پروفیسر افضل الدین اقبال جیسی نامور علمی وادبی شخصیت کی وفات بلاشبہ اردو دنیا کے لئے ایک ناقابل تلافی نقصان ہے وہ ایک قابل قدر استاذ ہی نہیں بلکہ ایک ممتاز ادیب' نامور محقق اور معتبر و محترم نقاد و مورخ اور دکنی ادب کے ماہر ہونے کے ساتھ حیدرآبادی تہذیب کا مثالی نمونہ بھی تھے۔ایک ایسے دور میں جب کہ اردو درس وتدریس کا معیار تحتانوی سطح سے لے کر جامعاتی سطح تک انحطاط پذیر قرار دیا جارہا ہے اردو پڑھانے والوں کی قابلیت وصلاحیت کے ساتھ ان کے معیار تدریس پر انگلیاں اٹھنے لگی ہیں۔ 2004 میں جامعہ عثمانیہ کے شعبہ اردو کے صدر کی حیثیت سے سبکدوش ہونے والے ڈاکٹر افضل الدین اقبال جامعہ عثمانیہ کی ان اعلی روایات کی جو تدریس کے میدان میں اس عظیم جامعہ کے اساتذہ نے ماضی میں قائم کی تھیں اپنی ملازمت کے طویل دور میں پاسداری کرتے رہے۔یہی وجہ ہے کہ ان کے ساتھی اساتذہ اور ان کے طالب علموں کی نظروں میں وہ ہمیشہ عزت واحترام کی نظروں سے دیکھے جاتے تھے یا اسی لئے یہ بات کسی شک و شبہ سے بالاتر ہے کہ مرحوم کا شمار عہد حاضر کے ان اساتذہ میں ہرگز نہیں کیا جاسکتا ہے جن سے تعلیم پانے والوں کی قابلیت اور علمیت مشکوک ہوجاتی ہے۔افضل الدین اقبال صاحب کی تحقیقی اور تخلیقی صلاحیتوں کا ثبوت ان کی تحریر کردہ متعدد کتابیں ہیں جو جنوبی ہند میں اردو زبان اور ادب کے فروغ دکنی ادب' اردو صحافت کا تاریخی جائزہ' تاریخ ادب اردو' اردو ڈراما' قدیم حکایات اور ضرب المثل' سوانح عمریوں اور دیگر کئی موضوعات پر قلمبندی کی گئی ہیں اس لئے ان کی موت کو اردو علم وادب کا عظیم نقصان کہنا برحق ہے۔

فروغ شمع تو باقی رہے گی صبح محشر تک
مگر محفل تو پروانوں سے خالی ہو جاتی ہے

مختار احمد فردین

پروفیسر افضل الدین اقبال اردو کے ایک ممتاز ادیب، نامور محقق، معتبر نقاد و مورخ، ماہر دکنیات اور صاحب طرز ادیب گزر رہے ہیں، اسی کے ساتھ وہ شعبہ اردو عثمانیہ یونیورسٹی کے صدر بھی رہ چکے ہیں۔ عثمانیہ یونیورسٹی کے لکھنے والوں میں ایک نمایاں حیثیت رکھتے تھے۔ خاص طور پر صحافت، ڈراما، قدیم حکایتوں اور ضرب المثال پر انہوں نے بڑا کام کیا ہے۔ مدراس میں اردو کی نشو ونما' فورٹ سینٹ جارج کالج والا جاہی حکمرانوں اور خاص طور پر ارکاٹ کے آخری حکمران نواب محمد غوث خاں اعظم اور ان کے عہد کی ادبی اور لسانی خدمات تو ان کے اہم موضوعات ہیں۔ ''ڈاکٹر افضل الدین اقبال نے اپنی تخلیقی کاوشوں سے یہ ثابت کر دیا ہے کہ جامعہ عثمانیہ کی نئی نسل، شعبہ اردو کی گراں قدر ادبی روایات کی پاسداری سے غافل نہیں اور اس کو برقرار رکھنے کی مساعی میں مصروف ہے''۔

ڈاکٹر افضل الدین نے نگران کار اور سوپروائزر کی حیثیت سے اپنے درجنوں شاگردوں کی رہنمائی کی اور ان سب نے اہم ترین موضوعات پر ایم فل اور پی ایچ ڈی کے معیاری مقالے تحریر کر کے ادب میں اضافہ کیا۔ ان کا سانحہ ارتحال بالخصوص اردو ادب کے لئے ایک نا قابل تلافی نقصان ہے۔

میر تراب علی ید اللّٰہی (شکاگو)

دنیا میں دو طرح کے لوگ ہوتے ہیں ایک وہ جنکی تعداد بے شمار ہوتی ہے اور جو ہوا کے رخ کو دیکھ کر چلتے ہیں اور پانی کے بہاؤ کے ساتھ تیرتے ہیں۔ یہ وہ لوگ ہوتے ہیں جو حالات سے سمجھوتہ کر لیتے ہیں اور حالات کو بدلنے کے بجائے خود ہی حالات کے مطابق ڈھل جاتے ہیں۔ دوسرے وہ جو اپنی محنت کی طاقت' اپنے عزم کی استقامت اور جذبہ کی حرارت سے نا مساعد حالات کو اپنے بس میں کر لیتے ہیں۔ ڈاکٹر افضل الدین اقبال کا شمار دوسری صفت کے لوگوں

میں ہوسکتا تھا۔آپ پر یہ شعر پوری طرح صادق آتا تھا۔۔

عزم محکم ہو تو ہوتی ہیں بلائیں پسپا
کتنے طوفان اُلٹ دیتا ہے ساحل تنہا

ڈاکٹر افضل الدین اقبال کی شخصیت ہماری صدیوں کی روایتی تہذیب کی سربلندیوں کی نمائندہ تھی۔ان کی ذات شرافت' عالی ظرفی' انکساری اور بُردباری کا چارمینار تھی۔حیدرآباد کی تہذیب ان کی رگ وپے میں رچی بسی تھی۔ان کی نرم گفتاری میں بڑا مخلصانہ طلسم تھا۔ان کی اہمیت اور بڑائی کے دوسرے لوگ تو قائل تھے جب کہ وہ اپنی اہمیت سے بے نیاز رہے۔انہوں نے کبھی اپنی قابلیت کا ڈھنڈورا نہیں پیٹا۔دو درجن سے زیادہ کتابوں کے مصنف ہونے کے باوجود کبھی فخر نہیں کیا۔اپنی دنیا آپ پیدا کر کے اس کے اندر مطمئن اور خوش رہنے کی خوددار طبیعت ان کو ملی تھی۔

یہ بھی قدرت کی فیاضی تھی کہ مرحوم کی شخصیت کو اتنی فیاضی کے ساتھ عطیات بخشے کہ اکثر بہت سے لوگ ان کی ذات پر رشک کرتے رہے۔اعلیٰ اور علمی خاندان سے وابستگی' اعلیٰ تعلیم واعلیٰ منصب' موثر تقریری صلاحیت اور بے پناہ تحریری قوت' مشرقی علوم پر دسترس اور جنوبی ہند کے ادب وصحافت کی بھرپور علمیت' نثر ہو کہ شاعری' ناول ہو کے افسانہ' ڈراما ہو کہ حکایات لطیفہ صحافت ہو کہ فکشن' قومی اور ملی تحریریں ہوں کہ ادبی اور علمی مضامین' ہر شعبہ ادب میں مرحوم کے افکار وخیالات کے اُجلے نقوش موجود ہیں۔

ڈاکٹر افضل الدین اقبال کی وجیہ شخصیت میں بڑی مقناطیسیت تھی۔مرحوم نے اپنی زندگی میں کھویا زیادہ تھا اور پایا کم۔اسکا سبب ان کی خوددار اور بے نیاز طبیعت رہی ہے۔دوسروں کے کام آجانا' ان پر احسان کرنا اور پھر ساری باتیں بھول جانا' ان کی فطرت کی خصوصیت تھی۔دراصل ان کے کردار میں اندیشہ سود وزیاں سے برتر ہوجانے کا بانکپن موجود تھا۔اقبال صاحب کی مختلف الجہت شخصیت نے علم وادب کے کئی گوشوں کو روشن کیا۔کہیں ان کی صلاحیت وفراست کی روشنی

بہت تیز رہی اور کہیں مدھم اور دھندلی۔ ان کی تحریریں ان کے شگفتہ اور سحر خیز اُسلوب کی وجہ سے ہمارے نثری سرمایہ ایک قیمتی سرمایے کا ایک قیمتی حصہ رہیں گی۔

کچھ شخصیتیں ایسی ہوتی ہیں جو نام ونمود اور شہرت و پذیرائی سے بے نیاز ہوتی ہیں جبکہ یہی بے نیازی ان کی شخصیت کی پہچان بن جاتی ہے۔ مرحوم کی اسی بے نیازی نے ان کے کئی شاگردوں کو ان کا نیاز مند بنادیا تھا۔ ڈاکٹر افضل الدین اقبال نے دنیا چھوڑ دی مگر جو دیئے انہوں نے اپنے طلباء وطالبات کی شکل میں روشن کیے ہیں، ان کی تھرتھراتی لو میں بھی انکا روشن اور چمک دار چہرہ ہمیشہ روشنی فراہم کرتا رہے گا۔

شام در شام جلیں گے تری یادوں کے چراغ
نسل در نسل ترا درد نمایاں ہو گا

محمد نصراللہ خان (اڈیٹر دکن نیوز سرویس)

پروفیسر افضل الدین اقبال صاحب کا نام تعلیمی دنیا میں بڑا ہی جانا پہچانا ہے بالخصوص حیدرآباد کی تعلیمی سرگرمیوں اور اردو زبان کی خدمت میں آپ کو ایک نمایاں مقام حاصل ہے۔ پروفیسر افضل الدین اقبال سے میرا کوئی تعلق نہ تھا لیکن صحافتی میدان میں کام کرنے کی بناء اور تنظیموں، یونیورسٹی اور اردو کے پرچم تلے آپ کا نام سننے کو ملا اور مجھے اس وقت بڑی مسرت بھی ہوئی کہ پروفیسر افضل الدین اقبال ڈاکٹر احتشام الدین خرم کے والد بزرگوار ہیں اس لحاظ سے وہ ورڈ ماسٹر کمپیوٹر سنٹر (ملے پلی) کے بانی ہیں۔

جناب افضل الدین اقبال کی خاص بات یہ بھی تھی کہ انہوں نے ملت اسلامیہ کو تہذیبی، ثقافتی خدمات سے پُر کرنے کے لئے کتابچے لکھے جو طبع ہو کر منظر عام پر آرہے ہیں۔ انہوں نے اپنے نصب العین و مقاصد کو ان کے بعد بھی جاری رکھنے کے لئے ان کے فرزند سعید الدین فرخ احتشام الدین خرم، اور حمید الدین حیدر کے کاندھوں پر ذمہ داری ڈالی جو بحسن وخوبی انجام دے

رہے ہیں۔آج ورڈ ماسٹر کمپیوٹر سنٹر کے تحت کئی طلباء ونو جوانوں نے مختلف کورسس میں تعلیم حاصل کرتے ہوئے اپنے روزگار کو مستحکم کیا ہے۔

پروفیسر معین الدین عقیل (جاپان)

ڈئیر سعید الدین فرخ

یہ بہت صدمے کی خبر ہے۔ یہ جان کر کہ آپ کے والد محترم ڈاکٹر محمد افضل الدین اقبال صاحب کا وصال ہو چکا ہے یہ بہت بڑی خلاء ہے میرے لئے اور میری اور مرحوم افضل اقبال صاحب کی دوستی کے لئے جو نہ صرف میرے بہت اچھے دوست بلکہ دل کے قریب اور خیر خواہ انسان تھے۔وہ بہت عمدہ انسان اوراعلی عالم تھے۔ جو وقت میں نے حیدرآباد میں پچھلے سال مارچ میں ان کے ساتھ گزارہ وہ میری زندگی کے بہت یادگار دن قائم رہیں گے۔

فقط

معین الدین عقیل (جاپان)

مظہر ممتاز قریشی (پاکستان)

ڈئیر سعید الدین فرخ

یہ جان کر بہت افسوس ہوا کہ آپ کے والد محترم ڈاکٹر محمد افضل الدین اقبال صاحب کا انتقال ہو چکا ہے۔ میرے لئے یہ بہت بڑے صدمے کی بات ہے۔ خلاء ہے میرے لئے اور میری اور مرحوم افضل اقبال صاحب کی دوستی کے لئے جو نہ صرف میرے بہت اچھے دوست بلکہ دل کے قریب اور خیر خواہ انسان تھے۔ وہ بہت عمدہ انسان اوراعلی عالم تھے۔ وہ مجھ سے ہمیشہ خط وکتابت کرتے تھے اوران کے ذریعہ سے حیدرآباد دکن کے بہت سی معلومات حاصل ہوتی تھیں۔

فقط

مظہر ممتاز قریشی (پاکستان)

محمد امجد الدین (پاکستان)

میرے بڑے بھائی

میں اپنے بھائی کو بھول نہیں سکتا۔ میں اپنا بچپن ان کے ساتھ گزار چکا ہوں۔ ہمارے والد صاحب کے اچانک انتقال کے بعد بھائی اقبال صاحب کم عمری میں ملازمت پر فائز ہوئے اور ہم سب بھائیوں کی سرپرستی بڑی ہی شفقت کے ساتھ کی۔ بھائی اقبال صاحب میرے انڈیا چھوڑ کر دوسرے ملک میں جا بسنے کے خلاف تھے وہ مجھے بہت چاہتے تھے ان کا وصال سب کے لئے بڑی شاک کی بات ہے۔ آج بھی ہم سب ان کی بڑی عزت کرتے ہیں۔ ہم سب اللہ تعالی سے دعا کرتے ہیں کہ مرحوم کی روح کو سکون اور جنت الفردوس میں جگہ دے۔ ہمارے بھائی صاحب خود Self Made شخصیت رہے ہیں۔ بچپن ہی سے وہ Ph.D کی تعلیم مکمل کرنے کے خواہشمند تھے۔ اللہ پاک نے ان کی تمنا پوری کی اور سرپرست اعلی Head of the Department بننے میں بھی مدد فرمائی۔ یہ ہمارے خاندان کے لئے بڑے اعزاز کی بات ہے ان کا کیا ہوا کام کبھی ختم نہیں ہوگا۔ ہم سب اللہ سے دعا کرتے ہیں کہ اللہ پاک بھائی افضل اقبال صاحب کے اہل و عیال کو ہمت صبر عزم و حوصلے سے نوازے تا کہ ان کا چھوڑا ہوا کام وہ مکمل کر سکیں۔ (آمین)

ماہنامہ سب رس، حیدرآباد (اداریہ)

پہلی بات

ایک دیا اور بجھا...... پروفیسر افضل الدین اقبال نے 15 مئی 2008 کی صبح داعی اجل کو لبیک

کہا۔انا للہ وانا الیہ راجعون۔ پروفیسر افضل اقبال 15 اپریل 1944 کوحیدرآباد میں پیدا ہوئے۔ ان کے والد محمد شرف الدین صاحب مرحوم کل ہند صنعتی نمائش حیدرآباد کے سکریٹری تھے۔ پروفیسر افضل اقبال نے اپنی تعلیم عثمانیہ یونیورسٹی سے مکمل کی اور پھر اسی یونیورسٹی کے شعبہ اردو میں بہ حیثیت لکچرران کا تقرر عمل میں آیا۔ جہاں سے وہ 2004 میں پروفیسر وصدر شعبہ اردو عثمانیہ یونیورسٹی کی حیثیت سے وظیفہ پر سبکدوش ہوئے۔

جنوبی ہند کے شعروادب اور خاص طور پر دکنیات پر پروفیسر افضل اقبال کی گہری نظر تھی۔ اپنی منکسر المزاجی طبیعت کی خاموشی اور شہرت کی گریزی کے باعث وہ اپنے آپ میں مگن تحریرو تصنیف اور تالیف وتدوین کے کاموں میں مصروف رہے۔ ان کی تحریر کردہ مرتبہ کوئی دو درجن کتابیں ہیں جن میں مدراس میں اردوادب کی نشوونما' فورٹ سینٹ جارج کالج' جنوبی ہند کی اردو صحافت' اردو کا پہلا نثری ڈراما' نواب اعظم اور مثنوی اعظم نامہ' ایسٹ انڈیا کمپنی کے علمی ادارے اور حیدرآباد میں اردو صحافت کا ارتقاء زیادہ اہمیت رکھتے ہیں۔ علمی وادبی حلقوں میں ان کی کتابوں کی غیر معمولی پذیرائی ہوئی۔ کئی کتابوں پر ملک کی مختلف اردو اکیڈمیوں نے انعامات سے نوازا۔ پروفیسر افضل اقبال کے انتقال سے جنوبی ہند کے شعروادب اور دکنیات نے اپنا ایک پرستار اور پارکھ کھودیا۔ ادارہ ماہنامہ سب رس پروفیسر افضل اقبال کے انتقال پر اپنے گہرے دکھ کا اظہار کرتا ہے۔ خدائے پاک انہیں قرب خاص سے سرفراز فرمائے اور ان کے پسماندگان کو صبر کی دولت سے نوازے۔ آمین

ڈاکٹرعقیل ہاشمی

پروفیسر محمد افضل الدین اقبال کا نام دکن کے اہم محققین علمی وادبی اداروں کی تاریخ مرتب کرنے والے ادیب نقاداور بالخصوص دکنی ادب کے لئے تحقیقی خدمات انجام دینے والے تخلیق کار کی حیثیت سے مشہور رہا ہے۔ان کی تصنیف ''مدراس میں اردو'' مختلف جامعات میں حوالہ جاتی کتاب کا درجہ رکھتی ہے۔وہ جامعہ عثمانیہ کے صدر شعبہ اردو بھی رہے ان کی رحلت سے دکنی تحقیق میں ایک بڑا سا خلاء پیدا ہوگیا ہے۔ذیل میں ان کے انتقال پر دو تاریخی قطعات پیش ہیں۔

تاریخی قطعات (صوری ومعنوی)

برسانحہ ارتحال عزیز دوست پروفیسر افضل الدین اقبال (سابق صدر شعبہ اردو عثمانیہ یونیورسٹی)

آہ! وہ استاد جامعہ' محقق' برملا
سادہ لوح، مخلص، رفیق وپیکر صدق وصفا
نو جمادی الاولی بعد فجر' پنجشنبہ کا دن
چودہ سوانتیس ہجری کو ہوا افضل جدا

(1429ہجری)

اخلاق میں آداب میں زیبا' افضل
وہ علم 'کا رسیا' وہ ہمارا' افضل
تحقیق کہ تنقید کا' ماہر بیشک
ترتیب کہ تسوید میں اچھا' افضل
فطرت میں عجب اس کے تھی اعلی ظرفی
ایمان وعمل میں بھی انوکھا افضل
سرکار کی نسبت کا شرف تھا' محکم

راسخ تھا عقیدہ میں سراپا، افضل
رحلت پہ عقیلؔ اس کی مرے دل نے کہا
اب ''خلد بریں میں ہے یگانہ افضل''

عالم اعظمی

اے کہ افضل اقبال زباں! روح روانِ اردو
سرنگوں ہے تیری رحلت پہ نشان اردو
یک بہ یک رک سی گئی نبض جہانِ اردو
اپنی محرومی پہ گریاں ہے زبانِ اردو

روح تو گلشن جنت میں تری سوتی ہے
یاد کر کے تجھے اردو زباں روتی ہے

اختتامیہ

تحقیقی کتاب 'ڈاکٹر افضل الدین اقبال کی علمی و ادبی خدمات'' کے گذشتہ ابواب میں حیدرآباد دکن کے نامور محقق و نقاد استاد اردو اور دکنی کے عظیم سپاہی ڈاکٹر محمد افضل الدین اقبال کی علمی و ادبی خدمات کا بہ حیثیت محقق' مدون و مرتب' مورخ 'ادیب' مترجم اور بہ حیثیت انسان تفصیلی جائزہ لیا گیا۔ اس جائزے سے یہ نتیجہ نکلتا ہے کہ ڈاکٹر محمد افضل الدین اقبال دکن میں اردو کے فروغ کے نئے سنگ میل طے کرنے والوں میں وہ سرفہرست ہیں۔ایک فرد واحد نے اپنی کوشش سے جنوبی ہند کے علاقے کی اٹھارویں اور انیسویں صدی کی ادبی اور سیاسی و سماجی تاریخ رقم کردی۔ دکنی کے کئی گمنام شعراء اور ان کی تصانیف کا پہلی مرتبہ تعارف پیش کیا۔فورٹ ولیم کالج کے مقابلے میں فورٹ سینٹ جارج کالج کو متعارف کراتے ہوئے شمال والوں کے مقابلے میں جنوبی ہند کے ادیبوں کو ہم پلہ قرار دیا اور ان کی خدمات کو تاریخ ادب میں محفوظ کرادیا۔ اردو کے پہلے نثری ڈرامہ اور ڈرامہ نگار کی سابقہ تحقیق کو دلائل کے ساتھ رد کرتے ہوئی اپنی تحقیق پیش کی اور اس کے بارے میں پروفیسر گیان چند جین اور دیگر نامور محققین سے داد تحسین حاصل کیا۔اس طرح ڈاکٹر محمد افضل الدین اقبال کے علمی و ادبی کارنامے انہیں ایک عظیم محقق بناتے ہیں۔

ڈاکٹر محمد افضل الدین اقبال کی تحقیقی و تنقیدی زندگی کا پہلا نقش اان کا وقیع مقالہ ''مدراس میں اردو ادب کی نشو و نما ہے'' جو 1979ء میں زیور طبع سے آراستہ ہوا۔قبل ازیں مدراس میں اردو ادب کے بارے میں تھوڑا بہت مواد ملتا تھا لیکن بکھرا ہوا'لیکن ڈاکٹر محمد افضل الدین اقبال نے اپنے وسائل سے کام لیا اور شبانہ روز محنت اور جستجو کے بعد یہ مقالہ تسوید اور پھر شائع کیا۔اس کتاب کی اشاعت سے اڈاکٹر محمد افضل الدین اقبال کو شہرت اور مقبولیت حاصل ہوئی۔ انہوں نے تخصیصی طور پر جنوبی ہند اور دکنیات کے موضوعات پر کام کیا۔ پروفیسر سیدہ جعفر کی زیر نگرانی کام

کرنے کے باعث افضل اقبال کا دکنیات کا ذوق اور نکھرا' شستہ اور شائستہ ہوا اور وزن و وقار کا حامل بھی چنانچہ اس خصوص میں ان کی ایک اور کتاب ہے۔ فورٹ ولیم کالج اور سینٹ جارج کالج کا تنقیدی و تقابلی جائزہ ''فورٹ سینٹ جارج کالج: دکنی زبان وادب کا ایک مرکز''۔ افضل اقبال کی اس کتاب سے قبل اردو والے فورٹ سینٹ جارج کالج کے بارے میں جانتے ہوں گے لیکن بہت کم۔ افضل اقبال نے تحقیق و جستجو سے کام لے کر فورٹ سینٹ جارج کالج پر ایک کتاب ہی لکھ دی۔ اس میں مناسب تفصیل کے ساتھ مدراس کے پہلے پبلک اسکول اور پھر فورٹ سینٹ جارج اسکول کے قیام' اس کی تنظیم جدید' اس کی عمارت، کالج کے تعلیمی، تصنیفی اور تالیفی شعبہ جات، اس کے پریس، تصانیف پر انعام واکرام، کالج کے کتب خانے سے مصنفین اور کالج کی مسدودی تک ساری باتیں سمیٹ لی ہیں۔ پروفیسر انا میری شمل نے اس کتاب کا خیر مقدم کیا اور اس کی بھر پور تعریف کی۔ ''جنوبی ہند کی اردو صحافت'' بھی ان کا ایسا ہی قابل ذکر تحقیقی کارنامہ ہے۔ اس کتاب سے معلوم ہوتا ہے کہ کسی زمانے ہی میں جنوبی ہند میں اردو صحافت کتنا اعتبار پا چکی تھی۔ پروفیسر مظفر حنفی نے ان نکات کو ملحوظ رکھتے ہوئے لکھا۔ ''اردو میں صحافت نگاری سے متعلق امداد صابری، عتیق صدیقی عبدالسلام خورشید وغیرہ کی کتابیں دستیاب ہیں لیکن ان تصانیف میں جنوبی ہند کی صحافت کو مناسب نمائندگی نہ مل سکی تھی۔ افضل الدین اقبال کی کاوشوں سے یہ گوشہ پوری طرح روشنی میں آ گیا ہے۔ کتاب کے ہر صفحہ پر مصنف کی عرق ریزی اور جاں سوزی کا ذکر ملتا ہے''۔ ''حیدرآباد میں اردو صحافت کا آغاز وارتقاء'' بھی ان کی اسی نوعیت کی کتاب ہے۔ حیدرآباد میں اردو صحافت کے بارے میں بھی یہی ہے۔ ہندوستان میں اردو صحافت کا تذکرہ کرتے ہوئے شمالی ہند کے باب میں بہت کچھ لکھا گیا ہے لیکن جنوبی ہند اور حیدرآباد کے بارے میں اس سے یقیناً نسبتاً کم۔ ڈاکٹر محمد افضل الدین اقبال نے اسی خلاء کو خوبی کے ساتھ پُر کیا اور ''حیدرآباد میں اردو صحافت'' جیسی کتاب ترتیب دی۔ حیدرآباد میں اردو صحافت پر یہ کتاب معلومات فراہم کرتی ہے اور ایک طرح بنیادی کتاب کی حیثیت رکھتی ہے۔ حکایات لطیفہ،

''اردو کی قدیم ترین دلچسپ مختصر کہانیاں'' اور'' مجمع الامثال'' قدیم وجدید ضرب الامثال پر پہلی کتاب بھی ان کی تحقیق کے خوشگوار ثمر ہیں۔'' حکایات لطیفہ'' کی وقعت کا اعتراف کرتے ہوئے پروفیسر سیدہ جعفر نے لکھا تھا'' حکایات لطیفہ'' اردو کی قدیم ترین دلچسپ مختصر کہانیوں کا مجموعہ ہے اسے شعبہ اردو عثمانیہ یونیورسٹی کے جواں سال محقق ڈاکٹر افضل الدین اقبال نے مرتب کر کے شائع کیا ہے۔ڈاکٹر افضل اقبال دکن کے ان چند قابل ذکر مصنفین میں سے ہیں جنہوں نے اپنی تحقیقی کاوش سے یہ ثابت کر دیا ہے کہ جامعہ عثمانیہ کی نئی نسل شعبہ اردو کی گراں قدر روایات کی پاسداری سے غافل نہیں اردو کا پہلا نثری ڈراما بھی افضل اقبال کی ادبی تحقیقی جستجو کا حامل ہے۔ انہوں نے اس ڈرامے کو بڑی محنت اور لگن سے کام لے کر ترتیب دیا۔اس کا اندازہ صرف وہی لوگ لگا سکتے ہیں جو اس نوعیت کا کام کر چکے ہیں۔ ڈاکٹر جمیل جالبی نے افضل اقبال کو اس کتاب کی اشاعت پر مبارکباد دیتے ہوئے لکھا تھا'' آپ نے جن دلائل اور حوالوں کے ساتھ یہ کتاب پیش کی ہے۔اس سے یہ بات واضح ہو جاتی ہے کہ یہی ڈراما اردو کا پہلا نثری ڈراما ہے۔ افضل اقبال کا ایک اور اہم کام'' ایسٹ انڈیا کمپنی کے علمی ادارے: فورٹ ولیم کالج اور فورٹ سینٹ جارج کالج: تقابلی اور تنقیدی جائزہ'' ہے۔جس میں انہوں نے نہایت توجہ کے ساتھ اول تو ایسٹ انڈیا کمپنی کے تاریخی پس منظر پر روشنی ڈالی ہے اور پھر ان دونوں کالجوں کی اردو خدمات کا جائزہ لیا ہے۔ دونوں کالجوں میں تحریر کردہ داستانوں پر روشنی ڈالی ہے۔ونیز ان دونوں کالجوں کے علمی ادبی تاریخی وسائنسی لٹریچر کا محاسبہ کیا ہے اور ان دونوں کی خدمات پر تنقیدی نظر بھی۔ یہ کتاب فورٹ ولیم کالج اور فورٹ سینٹ جارج کالج دونوں کی خدمات کا اعتراف کرتی ہے۔ ہر دو کالجوں کے بارے میں اس سے بہتر معلومات اجمالی طور پر شاید ہی کہیں فراہم ہو سکیں۔نواب اعظم اور مثنوی اعظم نامہ بھی افضل اقبال کی اہم کتابوں میں شامل ہے۔ انہوں نے مثنوی اعظم نامہ کی تدوین سلیقہ سے کی ہے اس کے علاوہ افضل اقبال کی کتابوں میں پرنٹنگ کی تاریخ (تاریخ فن طباعت) بھی ہے، تذکرہ سعید بھی شمس العلماء قاضی عبید اللہ اورینٹل لائبریری کے اردو

مخطوطات اور امانتی کتب خانہ اشرف المدارس کے اردو مخطوطات بھی انہوں نے بہ اشتراک ڈاکٹر محمد غوث پیش کیں اور دکنی ادب کا مطالعہ بھی پروفیسر سیدہ جعفر کے اشتراک کے ساتھ منظر عام پر آیا۔ افضل اقبال نے اور کئی مضامین بھی لکھے جو اخبارات کے ادبی ایڈیشنوں اور رسائل و جرائد میں شائع ہوئے۔

ڈاکٹر محمد افضل الدین اقبال ہمہ پہلو شخصیت کے حامل رہے۔ انہوں نے تحقیق، تصنیف اور تالیف کو اپنا اوڑھنا بچھونا بنایا۔ تاریخ نگاری بھی ان کا پسندیدہ موضوع تھا۔ یہی وجہ ہے کہ انہوں نے اپنی تحقیقی کتابوں میں نہ صرف جنوبی ہند اور مدراس کے شعر و ادب کی تاریخ مرتب کی بلکہ اس دور کی سیاسی و سماجی تاریخ بھی انہوں نے بیان کر دی۔ یہ دور چونکہ مسلمانوں کے اقتدار کا تھا۔ اور ان کے کارناموں کو ایک مسلمان مورخ ہی صحیح طور پر بیان کر سکتا ہے۔ ہندوستان میں تاریخ نگاری کے بدلتے رجحانات پر جب نظر ڈالی جائے تو پتہ چلتا ہے کہ یہاں کے اکثر مورخین نے مسلمانوں کے ہندوستان میں اقتدار کی تاریخ بیان کرنے میں جانب داری اور تعصبیت کا اظہار کیا ہے۔ ایسے میں ڈاکٹر محمد افضل الدین اقبال جیسے راست باز اور راست گو مورخین کا تاریخ کو مستند مانا جا سکتا ہے۔ ڈاکٹر محمد افضل الدین اقبال نے جنوبی ہند اور حیدرآباد میں بھی اردو صحافت کی تاریخ مرتب کی ہے۔ اس طرح انہوں نے اردو صحافت کی تاریخ میں بھی جنوبی ہند کے کارناموں کو مقام دلانے میں اہم رول انجام دیا۔ جب کہ صحافت کی دیگر تاریخی کتابوں میں جنوبی ہند کی صحافت کا سرسری تذکرہ ملتا ہے۔

ڈاکٹر محمد افضل الدین اقبال ایک اچھے مترجم بھی رہے۔ قرآنی مصنوعات نامی انگریزی کتاب کا انہوں نے سلیس اردو زبان میں ترجمہ کیا۔ مکتوبات نبوی ﷺ کے عکس نامی کتاب میں اردو اور انگریزی میں حضور اکرم ﷺ کے مکاتیب کا ترجمہ اسلامی تاریخ کی کتابوں میں اہم اضافہ ہے۔ عثمانیہ یونیورسٹی کے ایم اے اردو فاصلاتی نصابی کتب میں تحریر کردہ ڈاکٹر محمد افضل الدین اقبال کے تنقیدی و معلوماتی مضامین اردو ادب کے طالب علموں کو ادب کے مختلف گوشوں کو بہتر طور پر سمجھنے

میں معاونت کرتے ہیں۔ادب کی تاریخ ‘اہم شعرا کی غزلوں کی تشریح اور تنقید سے متعلق ان کے مضامین اردو ادب میں اہم اضافہ ہیں۔اردو میں بچوں کا ادب اور سائنسی ادب بہت کم لکھا گیا۔ ڈاکٹر محمد افضل الدین اقبال نے اپنی تصانیف ’’خرگوش پروری‘پرنٹنگ کی کہانی اور ہوائی چکیاں‘‘ سے اس کمی کو پورا کیا۔ضرب الامثال کی ترتیب بھی ان کا اہم کارنامہ ہے۔اس طرح ڈاکٹر محمد افضل الدین اقبال کی تصانیف اردو تحقیق اور تنقید میں قابل قدر اضافہ ہیں۔اس مقالے میں ان کی مجموعی علمی وادبی خدمات کے احاطے کی کوشش کی گئی ہے۔ ہر بڑے فنکار کے گذر جانے پر جو خلا محسوس کیا جاتا ہے اسے حتمی طور پر پُر نہیں کیا جا سکتا۔لیکن خلا کو پر کرنا نئی نسل کی ذمہ داری ہے۔ ڈاکٹر محمد افضل الدین اقبال دکنی تحقیق کے ایک قد آور ستون تھے۔انہوں نے دکنی تحقیق کے جو نقوش چھوڑے اگر ان کے نقش قدم پر آنے والے محققین چلیں تو دکنی ادب کے مزید شہ پارے گوشہ گمنامی سے باہر آسکتے ہیں۔ یہ کام ڈاکٹر محمد افضل الدین اقبال کے شاگرد بھی کر سکتے ہیں۔کیونکہ وہ اپنے استاد کی راست تربیت میں رہ چکے ہیں۔ڈاکٹر محمد افضل الدین اقبال کی رحلت سے دکنی زبان وادب‘تحقیق وتنقید‘صحافت ترجمہ وتاریخ کا ایک بڑا باب ختم ہوا۔ان کے علمی کارنامے اوران کی بے داغ شخصیت کی خوبیاں ضرور نئی نسل کے لئے مشعل راہ ثابت ہونگی۔اور ان کے چھوڑے ہوئے کام کو آگے بڑھاتے ہوئے انہیں صحیح خراج پیش کرسکیں گی۔

شام در شام جلیں گے تری یادوں کے چراغ
نسل در نسل ترا درد نمایاں ہوگا

☆☆☆☆☆☆

☆☆☆

☆

کتابیات

سلسلہ مصنف تصنیف مقام اشاعت سنہ اشاعت

۱) آدم شیخ (ڈاکٹر) انشائیہ ممبئی ۱۹۶۵ء

۲) آل احمد سرور تنقیدی اشارے لکھنوء ۱۹۶۴ء

۳) احتشام حسین سید تنقیدی نظریات لکھنوء ۱۹۷۴ء

۴) احتشام الدین خرم (ڈاکٹر) پروفیسر محمد افضل الدین اقبال حیات اورادبی خدمات (مرتبہ) حیدرآباد ۲۰۰۹ء

۵) احتشام الدین خرم (ڈاکٹر) ڈاکٹر محمد حمید اللہ حیات اورادبی خدمات حیدرآباد ۲۰۰۷ء

۶) اطہر پرویز ادب کا مطالعہ علی گڑھ ۱۹۶۴ء

۷) افضل الدین اقبال (ڈاکٹر) پرنٹنگ کی کہانی حیدرآباد ۱۹۶۵ء

۸) افضل الدین اقبال (ڈاکٹر) تذکرہ سعید (اردو وانگریزی) حیدرآباد ۱۹۷۳ء

۹) افضل الدین اقبال (ڈاکٹر) مدراس میں اردوادب کی نشوونما (جلد اول) حیدرآباد ۱۹۷۹ء

۱۰) افضل الدین اقبال (ڈاکٹر) فورٹ سینٹ کالج دکنی زبان وداب کا ایک اہم مرکز حیدرآباد ۱۹۷۹ء

۱۱) افضل الدین اقبال (ڈاکٹر) جنوبی ہند کی اردو صحافت (1857 سے پیشتر) حیدرآباد ۱۹۸۱ء

۱۲) افضل الدین اقبال (ڈاکٹر) اردو کا پہلا نثری ڈراما اور کیپٹن گرین آوے

حیدرآباد ۱۹۸۴ء

۱۳) افضل الدین اقبال (ڈاکٹر) نواب اعظم و مثنوی اعظم نامہ حیدرآباد ۱۹۸۷ء

۱۴) افضل الدین اقبال (ڈاکٹر) شمس العلماء قاضی عبید اللہ اورینٹل لائبریری مدراس کے اردو مطبوعات حیدرآباد ۱۹۸۷ء

۱۵) افضل الدین اقبال (ڈاکٹر) امانتی کتب خانہ خاندان شرف الملک مدراس کے اردو مخطوعات حیدرآباد ۱۹۸۷ء

۱۶) افضل الدین اقبال (ڈاکٹر) دکنی ادب کا مطالعہ حیدرآباد ۱۹۹۰ء

۱۷) افضل الدین اقبال (ڈاکٹر) حکایات لطیفہ۔ اردو کی قدیم ترین دلچسپ مختصر کہانیاں حیدرآباد ۱۹۹۳ء

۱۸) افضل الدین اقبال (ڈاکٹر) تاریخ اردو زبان و ادب 1998 تا 2001 حیدرآباد ۱۹۹۸ء

۱۹) افضل الدین اقبال (ڈاکٹر) مجمع الامثال۔ قدیم و جدید ضرب الامثال پر پہلی کتاب حیدرآباد ۱۹۹۹

۲۰) افضل الدین اقبال (ڈاکٹر) حیدرآباد میں اردو صحافت کا آغاز و ارتقاء 1866 تا 1950 حیدرآباد ۲۰۰۲ء

۲۱) افضل الدین اقبال (ڈاکٹر) ایسٹ انڈیا کمپنی کے علمی ادارے فورٹ ولیم اور فورٹ سینٹ جارج کالج تقابلی و تنقیدی جائزہ حیدرآباد ۲۰۰۳ء

۲۲) افضل الدین اقبال (ڈاکٹر) نصیر الدین ہاشمی حیات اور ادبی خدمات حیدرآباد ۲۰۰۷ء

۲۳) افضل الدین اقبال (ڈاکٹر) قرآنی صنعتیں (انگلش اور اردو) حیدرآباد ۲۰۰۷ء

۲۴) افضل الدین اقبال (ڈاکٹر) تذکرہ تاج الاولیا

حیدرآباد ۲۰۰۸ء

۲۵) افضل الدین اقبال (ڈاکٹر) خرگوش پروری

حیدرآباد ۱۹۸۴ء

۲۶) افضل الدین اقبال (ڈاکٹر) ہوائی چکیاں حیدرآباد ۱۹۸۹ء

۲۷) افضل الدین اقبال (ڈاکٹر) علامہ اقبال کی نظمیں حیدرآباد ۲۰۰۹ء

۲۸) اکبر علی بیگ (پروفیسر) خوش نفساں حیدرآباد ۱۹۸۳ء

۲۹) الطاف حسین حالی مقدمہ شعروشاعری لکھنو ۱۹۸۸ء

۳۰) امداد صابری روح صحافت دہلی ۱۹۶۸ء

۳۱) انور دہلوی اردو صحافت (مرتبہ) دہلی ۱۹۸۷ء

۳۲) انیسہ سلطانہ حیدرآباد میں طنزومزاح کی نشونما حیدرآباد ۱۹۸۶ء

۳۳) جمیل جالبی (ڈاکٹر) ارسطو سے ایلیٹ تک دہلی ۱۹۸۲ء

۳۴) حامد حسین قادری داستان تاریخ اردو آگرہ ۱۹۶۸ء

۳۵) راحت محمودہ (ڈاکٹر) مضامین یوسف (مرتبہ) حیدرآباد ۱۹۹۹ء

۳۶) رحم علی ہاشمی فن صحافت دہلی ۱۹۴۳ء

۳۷) رفیعہ سلطانہ اردو نثر کا آغاز وارتقاء حیدرآباد ۱۹۶۱ء

۳۸) سلطان محمود برطانیہ میں اردو صحافت لاہور ۱۹۹۵ء

۳۹) سلیم اختر انشائیہ کی بنیاد دہلی ۱۹۸۸ء

۴۰) سید اقبال قادری رہبر اخبار نویسی دہلی ۲۰۰۰ء

۴۱) سیدہ جعفر (پروفیسر) اردو مضمون کا ارتقاء ۱۹۵۰ء تک حیدرآباد ۱۹۷۲ء

۴۲) سیدہ جعفر (پروفیسر) دکنی نثر کا انتخاب دہلی ۱۹۸۸ء

۴۳) سیدہ جعفر (پروفیسر) ماسٹر رام چندر اور اردو نثر کے ارتقا میں ان کا حصہ

حیدرآباد ۱۹۶۰ء

۴۴) سید حامد حسین (ڈاکٹر) نثر اور انداز نثر لکنھوء ۱۹۸۴ء

۴۵) سید عاشور کاظمی بیسویں صدی کے اردو نثر نگار مغربی دنیا میں دہلی ۲۰۰۲ء

۴۶) سید عاشور کاظمی بیسویں صدی کے اردو اخبارات و رسائل مغربی دنیا میں دہلی ۲۰۰۲ء

۴۷) شارب ردولوی جدید اردو تنقید اُصول و نظریات لکھنوء ۱۹۸۱ء

۴۸) شمیم حنفی (پروفیسر) آزادی کے بعد دہلی میں اردو خاکہ دہلی ۱۹۹۳ء

۴۹) صابرہ سعید اردو میں خاکہ نگاری حیدرآباد ۱۹۹۰ء

۵۰) صالحہ عابد حسین یادگارِ حالؔی دہلی ۱۹۸۶ء

۵۱) عبادت بریلوی اردو تنقید کا ارتقاء علی گڑھ ۱۹۹۵ء

۵۲) عبدالحق (ڈاکٹر) چند ہم عصر دہلی ۱۹۴۲ء

۵۳) عبدالسلام خورشید فن صحافت لاہور ۱۹۶۶ء

۵۴) عبیدہ بیگم فورٹ ولیم کالج کی ادبی خدمات الہ آباد ۱۹۸۳ء

۵۵) قمر رئیس (ڈاکٹر) ترجمہ کا فن اور روایت دہلی ۱۹۷۶ء

۵۶) گوپی چند نارنگ ادبی تنقید اور اسلوبیات دہلی ۱۹۸۹ء

۵۷) گیان چند جین تحقیق کا فن لکھنوء ۱۹۹۰ء

۵۸) گیان چند جین اردو کی نثری داستانیں کراچی ۱۹۵۴ء

۵۹) محمد احسن فاروقی (ڈاکٹر) اردو میں تنقید دہلی ۱۹۹۰ء

۶۰) محمد افتخار کھوکھر تاریخ صحافت اسلام آباد ۱۹۹۵ء

۶۱) منور راناؔ ماں لکھنوء ۲۰۰۵ء

٦٢) نصیر احمد خاں (ڈاکٹر) آزادی کے بعد دہلی میں اردو انشائیہ
دہلی ۱۹۹۳ء

٦٣) نصیر الدین ہاشمی دکن میں اردو دہلی ۱۹۸۵ء

٦٤) نورالحسن نقوی فن تنقید اور اردو تنقید نگاری علی گڑھ ۱۹۸۱ء

٦٥) وقار عظیم ہماری داستانیں لاہور ۱۹٦۴ء

تحقیقی مقالے

ایم فل کے مقالے

(1) اردو ڈرامے پر انگریزی ڈرامے کے اثرات۔

مقالہ برائے ایم۔فل 1990 سید اصغر مخزونہ عثمانیہ یونیورسٹی حیدرآباد

(2) تحریک آزادی نسواں اور خواتین حیدرآباد کی اردو خدمات

مقالہ برائے ایم۔فل۔1990 اکبر عبدالحفیظ مخزونہ عثمانیہ یونیورسٹی حیدرآباد

(3) حافظ محمد مظہر حیات اور کارنامے

مقالہ برائے ایم۔فل۔1993 بدر مخزونہ عثمانیہ یونیورسٹی حیدرآباد

(4) اشاریہ نوائے ادب' 11 سالہ نوائے ادب بمبئی کا صنف وار اشاریہ

مقالہ برائے ایم۔فل۔1993 سید عزیز الدین مخزونہ عثمانیہ یونیورسٹی حیدرآباد

(5) روح ترقی توضیحی اشاریہ

مقالہ برائے ایم۔فل۔1993 محمد عبدالرؤف مخزونہ عثمانیہ یونیورسٹی حیدرآباد

(6) تدوین داستان ملک زماں وکام کندلہ

مقالہ برائے ایم۔فل۔2000 خواجہ مبشر الدین احمد مخزونہ عثمانیہ یونیورسٹی حیدرآباد

(7) جہاں دار افسر۔حیات اور ادبی خدمات

مقالہ برائے ایم۔فل۔2000 محمد موسیٰ قریشی مخزونہ عثمانیہ یونیورسٹی حیدرآباد

(8) مولانا ابوالکلام آزاد بحیثیت صحافی

مقالہ برائے ایم۔فل 2002   امیر علی   مخزونہ عثمانیہ یونیورسٹی حیدرآباد

(9) پروفیسر حبیب الرحمٰن کی ادبی خدمات

مقالہ برائے ایم۔فل 2003   مبینہ   مخزونہ عثمانیہ یونیورسٹی حیدرآباد

(10) پروفیسر معین الدین عقیل کی اردو خدمات

مقالہ برائے ایم۔فل 2003   فرحت سلطانہ   مخزونہ عثمانیہ یونیورسٹی حیدرآباد

(11) پروفیسر سلیمان اطہر جاوید کی ادبی خدمات

مقالہ برائے ایم۔فل 2004   افسری بیگم   مخزونہ عثمانیہ یونیورسٹی حیدرآباد

(12) مولانا ابوالحسن علی ندوی کے سفرنامے

مقالہ برائے ایم۔فل 2004   عشرت جہاں   مخزونہ عثمانیہ یونیورسٹی حیدرآباد

(13) سید معین الدین قریشی، حیات اور ادبی کارنامے

مقالہ برائے ایم۔فل 2005   محمد ناہید علی   مخزونہ عثمانیہ یونیورسٹی حیدرآباد

(14) حیدرآباد میں اردو ذرائع ترسیل و ابلاغ، بیسویں صدی کی آخری دہائی میں

مقالہ برائے ایم۔فل 2008   محمد مصطفیٰ علی   مخزونہ عثمانیہ یونیورسٹی حیدرآباد

پی ایچ۔ڈی کے مقالے

(15) مولوی نصیرالدین ہاشمی بحیثیت محقق

مقالہ برائے پی ایچ ڈی 1998   فاطمہ آصف   مخزونہ عثمانیہ یونیورسٹی حیدرآباد

(16) خمسہ متحیرہ اوج آگاہی (از باقر آگاہ)

مقالہ برائے پی ایچ ڈی 2003   حنیف رفعت بنت غلام احمد   مخزونہ عثمانیہ یونیورسٹی حیدرآباد

(17) محمد مہدی واصف حیات اور ادبی خدمات

مقالہ برائے پی ایچ ڈی۔2004 موسی اقبال مخزونہ عثمانیہ یونیورسٹی حیدرآباد

(18) مولانا ابوالحسن علی ندوی کے سفر نامے

مقالہ برائے پی ایچ ڈی۔2004 عشرت جہاں مخزونہ عثمانیہ یونیورسٹی حیدرآباد

(19) دکنی ادب کے فروغ میں پروفیسر سیدہ جعفر کا حصہ

مقالہ برائے پی ایچ ڈی ۔ 2007 امیر علی مخزونہ عثمانیہ یونیورسٹی حیدرآباد

20) ڈاکٹر محمد حمید اللہ کے خطوط کا ادبی تہذیبی اور تمدنی مطالعہ

مقالہ برائے پی ایچ ڈی۔ 2007 احتشام الدین خرم مخزونہ

عثمانیہ یونیورسٹی حیدرآباد

اخبارات

۱)	سیاست	حیدرآباد	۱۴ جون ۲۰۰۴ء
۲)	سیاست	حیدرآباد	۴ جولائی ۲۰۰۹ء
۳)	رہنمائے دکن	حیدرآباد	۳ نومبر ۲۰۰۸ء
۴)	ہماری زبان	دہلی	یکم ستمبر ۲۰۰۸ء
۵)	سیاست	حیدرآباد	۱۹ دسمبر ۲۰۰۹ء)

رسائل

۱) کتاب نما دہلی اکتوبر ۲۰۰۶ء

۲) قومی زبان حیدرآباد نومبر ۲۰۰۸ء

۳) قومی زبان حیدرآباد فروری ۲۰۰۹ء

۴) سب رس حیدرآباد جون ۲۰۰۴ء

درسی کتابیں

۱)	تاریخ ادب اردو	ایم اے سال اول	پروفیسر جی رام ریڈی مرکز
	برائے فاصلاتی تعلیم عثمانیہ یونیورسٹی حیدرآباد		
۲)	دکنی ادب	ایم اے سال اول	پروفیسر جی رام ریڈی مرکز
	برائے فاصلاتی تعلیم عثمانیہ یونیورسٹی حیدرآباد		
۳)	جدید اردو شاعری	ایم اے سال دوم	پروفیسر جی رام ریڈی مرکز
	برائے فاصلاتی تعلیم عثمانیہ یونیورسٹی حیدرآباد		
۴)	ادبی تنقید	ایم اے سال دوم	پروفیسر جی رام ریڈی مرکز
	برائے فاصلاتی تعلیم عثمانیہ یونیورسٹی حیدرآباد		

شخصی انٹرویو

۱)	بلقیس اقبال	ملے پلی حیدرآباد	۱۰ دسمبر ۲۰۰۹ء
۲)	ڈاکٹر احتشام الدین خرم	ملے پلی حیدرآباد	۱۰ دسمبر ۲۰۰۹ء
۳)	محمد سعید الدین فرخ	ملے پلی حیدرآباد	۱۰ دسمبر ۲۰۰۹ء
۴)	محمد حمید الدین حیدر	ملے پلی حیدرآباد	۱۰ دسمبر ۲۰۰۹ء

☆☆☆☆☆☆☆
☆☆☆
☆